실무에서 SQL을 다루는 기술

실무에서 SQL을 다루는 기술
PostgreSQL부터 MySQL, SQLite까지

초판 1쇄 발행 2025년 6월 30일

지은이 마크 사이먼 / **옮긴이** 조은옥 / **펴낸이** 전태호
펴낸곳 한빛미디어(주) / **주소** 서울시 서대문구 연희로2길 62 한빛미디어(주) IT출판2부
전화 02-325-5544 / **팩스** 02-336-7124
등록 1999년 6월 24일 제25100-2017-000058호 / **ISBN** 979-11-6921-400-1   93000

책임편집 박지영 / **기획·편집** 김종찬
베타리더 김용회, 김준성, 박경호, 윤수혁, 이석곤, 임승민, 전영식, 전준규
디자인 표지 정성민, 박정우 내지 박정우 / **전산편집** 이소연
영업마케팅 송경석, 김형진, 장경환, 조유미, 한종진, 이행은, 김선아, 고광일, 성화정, 김한솔 / **제작** 박성우, 김정우

이 책에 대한 의견이나 오탈자 및 잘못된 내용은 출판사 홈페이지나 아래 이메일로 알려주십시오.
파본은 구매처에서 교환하실 수 있습니다. 책값은 뒤표지에 표시되어 있습니다.
한빛미디어 홈페이지 www.hanbit.co.kr / **이메일** ask@hanbit.co.kr

© HANBIT MEDIA INC. 2025.

First published in English under the title
Leveling Up with SQL; Advanced Techniques for Transforming Data into Insights
by Mark Simon, edition: 1
Copyright © Mark Simon, 2023

This edition has been translated and published under licence from
APress Media, LLC, part of Springer Nature.
APress Media, LLC, part of Springer Nature takes no responsibility and shall not be made
liable for the accuracy of the translation.

이 책의 저작권은 Apress와 한빛미디어(주)에 있습니다.
저작권법에 의해 보호를 받는 저작물이므로 무단 전재와 무단 복제를 금합니다.

지금 하지 않으면 할 수 없는 일이 있습니다.
책으로 펴내고 싶은 아이디어나 원고를 메일(writer@hanbit.co.kr)로 보내주세요.
한빛미디어(주)는 여러분의 소중한 경험과 지식을 기다리고 있습니다.

지은이·옮긴이 소개

지은이 마크 사이먼 Mark Simon

수학 교사로 커리어를 시작했지만, 고등학생보다 컴퓨터를 다루는 것이 훨씬 쉬워 IT 컨설팅 및 교육 쪽으로 빠르게 방향을 전환했습니다. 여러 프로그래밍 및 코딩 언어를 다뤄왔으며 현재는 웹 개발과 데이터베이스 언어에 집중하고 있습니다. 일을 하지 않을 땐 주로 음악을 듣거나 악기를 연주하고, 책을 읽거나 그냥 돌아다닙니다.

옮긴이 조은옥

'관계 Relations'의 가치를 커뮤니케이션 전략에 담아내는 IT 종사자. 경영과 PR Public Relations을 전공하고 광고회사에서 디지털 마케터로 첫 커리어를 시작했다가, 세상의 변화를 이끌어가는 IT 기술을 동경해 IT 업계로 발을 들였습니다. 디벨로퍼 릴레이션 Developer Relations을 통해 국내외 IT 기업의 기술조직에서 개발자의, 개발자에 의한, 개발자를 위한 전략을 고민해 왔으며, 현재는 개발자뿐만 아니라 전 직군 구성원을 대상으로 일 문화와 소통 경험을 만들며 조직문화를 가꾸고 있습니다. 번역서로는 『오라클 레벨업』, 『기업의 성공을 이끄는 Developer Relations』 (이상 한빛미디어)가 있습니다.

베타리더의 말

데이터를 쌓는 것만큼이나, 그것을 제대로 활용하는 것이 더욱 중요한 시대입니다. 많은 실무자가 이미 정형화된 쿼리를 사용하고 있지만, 막상 효율적인 쿼리를 직접 작성하거나 새로운 요구에 맞춰 응용하는 데에는 어려움을 겪는 경우가 많습니다. 특히 여러 DBMS를 동시에 사용하는 환경에서는 각 DB의 특성과 주의점을 고려한 효율적인 쿼리 작성이 더욱 까다롭습니다. 이 책은 여타 기술서와 달리 쉽고 친절하게 설명되어 있어 접근성이 높습니다. 그렇다고 내용이 가볍다는 의미는 아닙니다. 다양한 DBMS에 적용할 수 있는 SQL 지식을 실무적인 맥락 속에서 이해할 수 있도록 구성되어 있으며, 독자가 실질적인 경험을 쌓을 수 있도록 상세하게 안내합니다. 이제 막 SQL을 배우려는 입문자부터 기초를 탄탄히 다지고 실무 역량을 키우고자 하는 분들까지 꼭 참고해야 할 책입니다.

김용희, (주)씨에스피아이 SA사업본부 시스템 운영 사업부장

이 책은 SQL 사전 지식이 없어도 A부터 Z까지 차근차근 배울 수 있는 훌륭한 길라잡이입니다. 비전공자도 단계적으로 지식을 습득할 수 있도록 구성되어 있으며, SQL을 알고 있는 독자에게도 깊이 있는 참고 자료로 추천할 만합니다.

김준성, (주)쿠프마케팅

이 책은 SQL 입문자에게도 도움이 되지만, 특히 SQL의 기본기를 이미 갖춘 분들, 예를 들어 SQLD와 같은 자격증을 취득한 후 다음 단계의 역량을 키우고자 하는 분들께 더 적합합니다. 또한 실무에서 SQL을 직접 다루는 분들에게도 유익한 내용을 담고 있습니다. 무엇보다 MySQL뿐만 아니라 다양한 DBMS에서의 SQL 활용 사례를 폭넓게 다루고 있다는 점이 『실무에서 SQL을 다루는 기술』의 가장 큰 강점이라고 생각합니다.

박경호, (주)엘에스일렉트릭 매니저

베타리더의 말

데이터베이스를 학습한 후에는 이론과 실제 SQL 작성 간의 괴리감을 느끼기 쉽습니다. 특히 실무에서는 다양한 요구 사항에 맞춰 쿼리를 작성해야 하는 경우도 많습니다. 이 책은 실무에서 어떤 요구가 있을 수 있는지 간접적으로 경험하게 해 주며, 필요한 데이터를 뽑아내는 실력도 함께 키워줍니다. 일종의 쿡북처럼 활용할 수 있는 책으로, 회사 책상 한켠에 두고 필요할 때마다 찾아보기에 좋은 책입니다.

윤수혁, (주)코나아이

『실무에서 SQL을 다루는 기술』은 기초부터 고급 쿼리까지 실무에 꼭 필요한 내용을 단계적으로 설명합니다. 복잡한 개념도 친절하게 풀어내 누구나 쉽게 따라갈 수 있으며, 입문자는 물론 실무 역량을 키우고 싶은 개발자에게도 추천합니다.

이석곤, (주)아이알컴퍼니 부설연구소 수석

데이터 활용을 위한 SQL 사용 능력이 더욱 중요해지고 있습니다. 이 책은 SQL의 기초를 Oracle과 MySQL, MariaDB와 PostgreSQL 그리고 SQLite까지 다양한 DBMS에 적용하는 방법을 자세하게 설명합니다. 또한, ANSI SQL을 기준으로 DB별 특징과 함께 업무에 바로 사용할 수 있는 SQL 구문을 제공하는 점이 강점입니다. SQL을 보다 명확하게 이해하고 실무에 사용하고 싶은 분들께 추천합니다.

임승민, 씨에스리

최근 인기를 끌고 있는 생성형 AI의 핵심에는 LLM을 통한 방대한 학습과 추론이 자리하고 있으며, 이를 가능하게 하는 가장 중요한 요소는 바로 엄청난 양의 학습 데이터입니다. 이처럼 중요한 데이터를 효과적으로 관리하고 활용할 수 있게 해 주는 DBMS에서 SQL의 역할은 매우 큽니다. 이 책은 실무에서 SQL을 자유롭게 활용할 수 있도록 도와주는 실용적인 내용을 담고 있습니다. 일반적인 SQL 서적이 특정 DBMS에 국한된 내용을 다루는 반면, 이 책은 여러 DBMS에서 동일한 결과를 어떻게 구현하는지를 실제 코드와 함께 상세하게 설명합니다. 또한 DBMS별 SQL의 차이점뿐 아니라, 장단점과 주의 사항까지 함께 다루고 있어 다양한 데이터베이스 환경에서 유연하게 대응할 수 있는 실무 역량을 키우는 데 큰 도움이 됩니다. AI 시대에 각광받는 데이터 인재가 되기 위한 기초를 다질 수 있어, 모든 데이터 실무자에게 일독을 적극 추천하는 책입니다.

전영식, Oracle 프로덕트 매니저

『실무에서 SQL을 다루는 기술』은 SQL 학습의 새로운 지평을 열어주는 책이라고 생각합니다. 이 책의 가장 큰 강점은 '실무'라는 키워드에 충실하다는 점입니다. 단순히 SQL 문법을 나열하는 데 그치지 않고, 실제 온라인 서점 운영이라는 구체적인 시나리오를 바탕으로 독자가 데이터를 직접 다루고 문제를 해결하는 과정을 경험하게 해 줍니다. 특히 고객 등록, 장바구니 추가, 결제 및 배송으로 이어지는 업무 프로세스를 SQL로 어떻게 구현할 수 있는지를 보여주는 점이 인상 깊었습니다. 이 책은 SQL 기초는 있으나 실무 적용에 어려움을 느끼는 주니어 개발자나 초보 데이터 분석가뿐만 아니라, 비즈니스 로직을 SQL로 구현해야 하는 모든 분께 SQL을 통한 문제 해결 능력을 한 단계 끌어올리는 계기가 될 것이라 확신합니다.

전준규, 농협정보시스템 프로젝트 매니저

옮긴이의 말

저는 무엇을 공부하거나 배울 때 '실제 상황에서 어떻게 활용할 수 있을까?', '이걸로 어떤 문제를 해결할 수 있을까?'에 관심을 가지며 시작하는 편입니다. 이런 고민과 함께 시작하면 금방 몰입하게 되고, 공부 효과도 더 높아지더라고요.

SQL도 마찬가지입니다. SQL의 개념과 문법을 익히는 것도 중요하지만, SQL의 기능들을 이용해 어떤 상황에서 어떻게 문제를 해결할 수 있을지를 고민하며 연습해 본다면 공부하는 과정이 더 와닿게 느껴지고, 금방 실력을 높일 수 있는 트리거가 될 수 있겠죠.

그런 점에서 이 책은 단순한 기능 설명에 머물지 않고, '서점을 운영한다'는 흥미로운 시나리오를 통해 독자들이 실전처럼 SQL을 익힐 수 있도록 구성되어 있습니다.

책 속 예제는 모두 서점이라는 일상적이고 친숙한 공간에서 벌어지는 상황을 바탕으로 합니다. 제공되는 샘플 데이터베이스를 가지고 서점을 운영하는 기분으로 책을 따라가 보세요. 어렵게 느껴졌던 부분도 자연스럽게 이해되고, 그동안 부족했던 지식도 하나씩 채워질 것입니다.

이 책이 여러분의 SQL 실력을 한 단계 끌어올리는 계기가 되기를 바랍니다.

조은옥

들어가며

1970년대 초, 에드거 F. 커드의 연구를 바탕으로 데이터베이스 관리를 위한 새로운 설계가 개발되고 있었습니다. 오늘날 관계형 모델로 알려진 것을 바탕으로 수학적 원리를 사용해 데이터를 수집하고 데이터에 접근하고 조작하는 방식이었습니다. 그 후 10년 동안 SQL 언어는 발전했고, 관계형 모델을 완전히 따르지는 않지만 간단한 언어를 사용해 데이터베이스에 접근할 수 있게 되었습니다.

SQL 언어는 수년에 걸쳐 개선되고, 향상되고, 발전했습니다. 1980년대 후반에는 ANSI(미국 국립표준협회)와 ISO(국제표준화기구)가 SQL의 표준을 만들고 관리하기 시작했습니다. 이 짧은 역사에서 얻을 수 있는 시사점이 몇 가지 있습니다.

- SQL은 오래전부터 사용된 언어입니다.
- SQL은 견고한 수학적 원리를 기반으로 합니다.
- SQL은 공식적인 표준이 존재합니다. 아무도 딱히 신경 쓰지 않더라도 말입니다.
- SQL은 계속해서 개발되고 있는 언어이며, 새로운 기능과 테크닉이 계속해서 추가되고 있습니다.

세 번째 시사점의 뒷부분이 주목할 만합니다. SQL 표준을 고수하는 사람은 별로 없습니다. 여기에는 여러 가지 이유가 있는데, 좋은 이유도 있고 나쁜 이유도 있습니다. 하지만 SQL의 다양한 방언들은 서로 80~90% 정도는 호환이 됩니다. 자세한 건 뒤에서 더 설명하겠습니다.

이 책을 통해 여러분은 기초를 뛰어넘는 수준으로 SQL을 사용할 수 있게 될 것입니다. 이 책에서 배우게 될 내용 중에는 SQL의 새로운 기능도 있지만, 여러분이 몰랐을 수도 있는 오래된 기능도 있습니다. 몇 가지 비표준 기능을 살펴보고, 이미 알고 있는 기능을 더 강력하게 사용하는 방법도 살펴봅니다.

이 책은 초보자를 위한 책이 아닙니다. SQL에 대한 지식과 경험이 어느 정도 있는 분들을

● 들어가며

대상으로 합니다. 만약 여러분이 초보자라면 이전 책인 『Getting Started with SQL and Databases』(Apress, 2023)를 먼저 읽어보세요. SQL에 대한 탄탄한 기초를 다진 상태에서 자신감과 열정을 갖고 이 책을 볼 수 있을 겁니다.

SQL에 대한 지식과 경험이 이미 있다면, 이 책의 첫 번째 장에서 필요한 지식에 대해 간략하게 살펴보실 수 있습니다.

샘플 데이터베이스

연습 문제를 풀기 위해 몇 가지 준비가 필요합니다.

- 데이터베이스 서버 및 데이터베이스 클라이언트
- 원하는 모든 작업을 데이터베이스에서 수행할 수 있는 권한(소프트웨어를 로컬에 설치했다면 필요한 모든 권한이 있겠지만, 다른 사람의 시스템에서 작업을 수행할 경우에는 확인이 필요합니다.)
- 샘플 데이터베이스를 생성할 스크립트

첫 번째 장에서는 DBMS 소프트웨어와 샘플 데이터베이스를 준비하는 방법에 대해 자세히 설명하겠습니다. 샘플 데이터베이스에 대한 비하인드 스토리도 살짝 확인할 수 있습니다.

참고 사항

데이터 작업을 위해 SQL을 작성하는 동안, 다른 쪽에는 SQL에 응답하는 소프트웨어가 있습니다. 이러한 소프트웨어를 일반적으로 데이터베이스 서버라고 하며, 좀 더 구체적으로 말하면 데이터베이스 관리 시스템, 즉 DBMS$^{\text{database management system}}$라고 합니다. 이 책 전체에서 이 용어가 나올 예정입니다.

이 책에서 다룰 DBMS는 PostgreSQL, MariaDB/MySQL, MSSQL, SQLite 및 Oracle입니다. 여기에서는 최신 버전의 DBMS로 작업하고 있다고 가정합니다. 1장에서는 DBMS 설정과 샘플 데이터베이스 다운로드 및 설치에 대해 자세히 설명합니다.

소스 코드

이 책에 사용된 모든 소스 코드는 다음 주소에서 다운로드할 수 있습니다.

- 한국어판: https://github.com/silverjade/leveling-up-sql
- 원서: https://github.com/apress/leveling-up-sql

CONTENTS

지은이·옮긴이 소개 ·· 4
베타리더의 말 ·· 5
옮긴이의 말 ·· 8
들어가며 ·· 9

CHAPTER 01 준비하기

1.1 샘플 데이터베이스에 대해 ································· 25
1.2 설정하기 ··· 27
 1.2.1 데이터베이스 관리 소프트웨어 ····················· 27
 1.2.2 데이터베이스 클라이언트 ····························· 28
 1.2.3 샘플 데이터베이스 ······································ 28
1.3 알 수도 있는 내용 ··· 29
 1.3.1 몇 가지 철학적 개념 ··································· 30
 1.3.2 SQL 작성하기 ·· 34
 1.3.3 SQL 기초 ··· 34
 1.3.4 데이터 유형 ·· 35
 1.3.5 SQL 절 ·· 36
 1.3.6 열 계산하기 ·· 39
 1.3.7 JOIN ·· 41
 1.3.8 집계 ··· 43
 1.3.9 테이블로 작업하기 ······································ 44
 1.3.10 데이터 조작하기 ······································· 46
 1.3.11 집합 연산 ··· 46

1.4	앞으로 다룰 내용	47

CHAPTER 02 테이블 디자인 작업

2.1	정규화된 테이블 이해하기	50
2.2	독립적이어야 하는 열	52
	2.2.1 towns 테이블 추가하기	53
	2.2.2 외래 키 추가하기	53
	2.2.3 customers 테이블 업데이트하기	54
	2.2.4 이전 town 열 제거하기	56
	2.2.5 도시 변경하기	59
	2.2.6 국가 추가하기	61
	2.2.7 추가 코멘트	63
2.3	데이터베이스 무결성 개선하기	63
	2.3.1 Nullable 열로 문제 수정하기	65
	2.3.2 그 밖의 조정	71
2.4	인덱스 추가하기	74
	2.4.1 books 및 authors 테이블에 인덱스 추가하기	76
	2.4.2 고유한 인덱스 만들기	77
2.5	복습하기	80
	2.5.1 정규형	80
	2.5.2 여러 값	80
	2.5.3 테이블 변경	81
	2.5.4 뷰	81

CONTENTS

2.5.5 인덱스 ·· 81
2.5.6 최종 결과 ·· 82
2.5.7 요약 ·· 83
2.6 앞으로 다룰 내용 ·· 83

CHAPTER 03 테이블 관계와 JOIN

3.1 관계 훑어보기 ·· 86
3.2 일대다 관계 ·· 87
    3.2.1 일대다 JOIN 카운트하기 ··································· 90
    3.2.2 NOT IN의 특이한 점 ······································ 95
    3.2.3 도서 및 저자 뷰 만들기 ···································· 96
3.3 일대일 관계 ·· 98
    3.3.1 일대불확실 관계 ·· 98
3.4 여러 값 ·· 101
    3.4.1 다대다 관계 ·· 103
    3.4.2 다대다 테이블 JOIN ······································ 107
    3.4.3 여러 값 요약하기 ·· 109
    3.4.4 JOIN 결합하기 ·· 111
    3.4.5 흔하게 생기는 다대다 관계 ································ 115
3.5 또 다른 다대다 관계의 예 ······································ 116
3.6 관련 테이블에 데이터 삽입하기 ·································· 119
    3.6.1 도서 및 저자 추가하기 ···································· 119
    3.6.2 새로운 판매 내역 추가하기 ································ 123

3.7 복습하기 ··· 128

    3.7.1 관계의 유형 ·· 129

    3.7.2 테이블 JOIN ·· 130

    3.7.3 뷰 ·· 130

    3.7.4 연관된 테이블에 데이터 삽입하기 ································· 130

    3.7.5 요약 ·· 131

3.8 앞으로 다룰 내용 ·· 131

CHAPTER 04 계산된 데이터로 작업하기

4.1 계산의 기본 개념 ·· 134

    4.1.1 별칭 사용하기 ·· 135

    4.1.2 NULL 처리하기 ·· 141

    4.1.3 다른 절에서 계산하기 ·· 146

4.2 계산 더 자세히 들여다보기 ··· 150

    4.2.1 형변환 ·· 151

    4.2.2 숫자 계산 ··· 155

    4.2.3 문자열 계산 ··· 161

    4.2.4 날짜 연산 ··· 168

4.3 CASE 표현식 ··· 180

    4.3.1 CASE 표현식의 다양한 활용 ·· 181

    4.3.2 CASE의 특별한 경우인 coalesce ································ 183

    4.3.3 CASE 표현식의 중첩 ·· 183

4.4 복습하기 ··· 187

CONTENTS

      4.4.1 별칭 ·· 187

      4.4.2 NULL 값 ··· 188

      4.4.3 데이터 형변환 ·· 188

      4.4.4 숫자 계산 ··· 189

      4.4.5 문자열 계산 ··· 189

      4.4.6 날짜 계산 ··· 189

      4.4.7 CASE 표현식 ·· 190

4.5 앞으로 다룰 내용 ··· 190

CHAPTER 05 데이터 집계

5.1 기본 집계 함수 ··· 192

      5.1.1 NULL ··· 194

5.2 집계 이해하기 ·· 194

5.3 일부 값 집계하기 ··· 198

      5.3.1 고윳값 ··· 198

      5.3.2 집계 필터 ··· 199

5.4 계산된 값으로 그룹화하기 ··· 201

      5.4.1 CASE 문을 이용한 그룹화 ································· 205

      5.4.2 배송 상태 다시 살펴보기 ····································· 207

      5.4.3 임의의 문자열로 정렬하기 ································· 209

5.5 그룹 연결하기 ·· 212

5.6 GROUPING SETS로 요약 데이터 추가 요약하기 ··· 213

      5.6.1 요약을 위한 데이터 준비하기 ··························· 215

　　　　5.6.2 UNION으로 요약 결합하기 ·· **217**

　　　　5.6.3 GROUPING SETS, CUBE, ROLLUP 활용하기 ················· **223**

　5.7　히스토그램, 평균, 최빈값, 중앙값 ·· **229**

　　　　5.7.1 평균 계산하기 ·· **231**

　　　　5.7.2 빈도표 생성하기 ··· **231**

　　　　5.7.3 최빈값 계산하기 ··· **233**

　　　　5.7.4 중앙값 계산하기 ··· **235**

　　　　5.7.5 표준 편차 ··· **236**

　5.8　복습하기 ·· **237**

　　　　5.8.1 기본 집계 함수 ··· **238**

　　　　5.8.2 NULL ·· **238**

　　　　5.8.3 집계 과정 ·· **238**

　　　　5.8.4 집계 필터 ·· **239**

　　　　5.8.5 GROUP BY 절 ··· **239**

　　　　5.8.6 소계 혼합 ·· **240**

　　　　5.8.7 통계 ··· **240**

　5.9　앞으로 다룰 내용 ·· **241**

CHAPTER 06　뷰와 관련 도구 활용하기

　6.1　뷰로 작업하기 ··· **244**

　　　　6.1.1 뷰 생성하기 ·· **246**

　　　　6.1.2 MSSQL에서 ORDER BY 사용하기 ···································· **249**

　　　　6.1.3 뷰 작업 팁 ··· **249**

CONTENTS

6.2	테이블 반환 함수	251
	6.2.1 PostgreSQL에서의 TVF	252
	6.2.2 MSSQL에서의 TVF	254
6.3	뷰로 할 수 있는 일들	255
	6.3.1 편의성 높이기	255
	6.3.2 인터페이스로서의 역할	255
	6.3.3 외부 애플리케이션과의 연동	257
6.4	데이터 캐싱과 임시 테이블	258
6.5	계산 열	261
6.6	복습하기	263
	6.6.1 뷰	263
	6.6.2 테이블 반환 함수	264
	6.6.3 임시 테이블	264
6.7	앞으로 다룰 내용	265

CHAPTER 07 서브쿼리와 공통 테이블 표현식(CTE)

7.1	상관 서브쿼리와 비상관 서브쿼리	271
7.2	SELECT 절에서의 서브쿼리	275
7.3	WHERE 절에서의 서브쿼리	278
	7.3.1 단순 집계를 사용한 서브쿼리	278
	7.3.2 우수고객 찾기	279
	7.3.3 마지막 주문 조회하기	282
	7.3.4 중복 고객	284

- **7.4** FROM 절에서의 서브쿼리 ········· 286
  - 7.4.1 중첩 서브쿼리 ········· 288
- **7.5** WHERE EXISTS 사용하기 ········· 291
  - 7.5.1 WHERE EXISTS와 비상관 서브쿼리 ········· 292
  - 7.5.2 WHERE EXISTS와 상관 서브쿼리 ········· 293
  - 7.5.3 WHERE EXISTS와 IN( ) 표현식 비교 ········· 293
- **7.6** LATERAL JOIN(CROSS APPLY)과 관련 기능 ········· 295
  - 7.6.1 열 추가하기 ········· 297
  - 7.6.2 다중 열 ········· 299
- **7.7** 공통 테이블 표현식으로 작업하기 ········· 301
  - 7.7.1 공통 테이블 표현식 구문 ········· 302
  - 7.7.2 공통 테이블 표현식으로 계산 준비하기 ········· 303
- **7.8** 복습하기 ········· 306
  - 7.8.1 상관 및 비상관 서브쿼리 ········· 306
  - 7.8.2 WHERE EXISTS 표현식 ········· 307
  - 7.8.3 LATERAL JOIN(CROSS APPLY) ········· 307
  - 7.8.4 공통 테이블 표현식 ········· 307
- **7.9** 앞으로 다룰 내용 ········· 308

CHAPTER 08 윈도우 함수

- **8.1** 윈도우 함수 작성하기 ········· 310
  - 8.1.1 단순 집계 윈도우 ········· 311
- **8.2** 집계 함수 ········· 314

CONTENTS

    8.3 집계 윈도우 함수와 ORDER BY ··· **318**
        8.3.1 프레이밍 절 ·· **319**
        8.3.2 일일 판매 뷰 생성하기 ·· **321**
        8.3.3 슬라이딩 윈도우 ··· **323**
    8.4 윈도우 함수 소개 ··· **325**
        8.4.1 PARTITION BY로 여러 열 사용하기 ··································· **328**
    8.5 순위 함수 ··· **331**
        8.5.1 기본 순위 함수 ··· **332**
        8.5.2 PARTITION BY를 사용한 순위 매기기 ······························ **335**
        8.5.3 결과 페이지 작업하기 ·· **337**
    8.6 ntile로 작업하기 ··· **340**
        8.6.1 ntile에 대한 해결 방안 ··· **342**
    8.7 이전 및 다음 행 다루기 ··· **344**
    8.8 복습하기 ··· **347**
        8.8.1 윈도우 절 ·· **347**
    8.9 앞으로 다룰 내용 ··· **348**

CHAPTER 09 공통 테이블 표현식(CTE) 더 알아보기

    9.1 CTE를 변수로 활용하기 ·· **349**
        9.1.1 하드코딩된 상수 설정하기 ··· **350**
        9.1.2 상수 도출하기 ··· **352**
    9.2 CTE에서 집계 함수 사용하기 ··· **353**
        9.2.1 고객별 최근 구매 내역 찾기 ·· **354**

	9.2.2	중복된 이름을 가진 고객 찾기	355
9.3		CTE 매개변수 이름	357
9.4		다중 공통 테이블 표현식 사용하기	357
	9.4.1	다중 CTE를 사용하여 중복된 이름 요약하기	359
9.5		재귀적 CTE	361
	9.5.1	시퀀스 생성하기	364
	9.5.2	시퀀스 CTE를 JOIN해 누락된 값 채우기	368
	9.5.3	누락된 날짜를 포함한 일별 비교	369
	9.5.4	계층 구조 탐색	373
9.6		테이블 리터럴 다루기	379
	9.6.1	테이블 리터럴로 테스트하기	381
	9.6.2	테이블 리터럴로 정렬하기	385
	9.6.3	테이블 리터럴을 조회 테이블로 사용하기	388
	9.6.4	문자열 분할하기	390
9.7		복습하기	399
	9.7.1	간단한 CTE	400
	9.7.2	매개변수 이름	400
	9.7.3	다중 CTE	400
	9.7.4	재귀적 CTE	401
9.8		앞으로 다룰 내용	401

CHAPTER 10 트리거, 피벗 테이블, 변수 등 더 많은 기법 알아보기

10.1	트리거 이해하기	404

CONTENTS

  10.1.1 트리거 기초 · 405
  10.1.2 보관할 데이터 준비하기 · 407
  10.1.3 트리거 생성하기 · 409
  10.1.4 트리거의 장단점 · 417
 10.2 데이터 피벗팅 · 418
  10.2.1 데이터 피벗하기 · 419
  10.2.2 수동으로 데이터 피벗하기 · 421
  10.2.3 MSSQL, Oracle에서 피벗 기능 사용하기 · 426
 10.3 SQL 변수 다루기 · 430
  10.3.1 코드 블록 · 431
  10.3.2 판매 데이터 추가를 위한 코드 업데이트 · 433
 10.4 복습하기 · 441
  10.4.1 트리거 · 441
  10.4.2 피벗 테이블 · 442
  10.4.3 SQL 변수 · 442
 10.5 마치며 · 443

APPENDIX A 문화적 참고 사항

 A.1 주소 및 전화번호 · 445
 A.2 이메일 주소 · 447
 A.3 측정 단위, 가격, 통화 · 447
 A.4 날짜 · 448

APPENDIX B DBMS별 차이

- **B.1** SQL 작성하기 ·· 450
- **B.2** 정렬 ··· 452
- **B.3** 필터링 ·· 452
- **B.4** 계산 ··· 453
- **B.5** DBMS별 특이 사항과 차이점 ·· 458

APPENDIX C 파이썬에서 SQL 사용하기

- **C.1** 데이터베이스 커넥터 모듈 설치 ··· 462
- **C.2** 데이터베이스 연결하기 ·· 465
- **C.3** 데이터베이스에서 가져오기 ··· 468
- **C.4** 쿼리에서 매개변수 사용하기 ·· 470
- **C.5** 새로운 판매 데이터 추가하기 ·· 473

찾아보기 ··· 484

CHAPTER 1

준비하기

이 책을 읽고 있는 여러분이라면 예전에 SQL을 공부해 봤거나 SQL에 대한 쓰디쓴 경험을 가지고 있을 겁니다. 어쩌면 둘을 동시에 겪었을지도 모릅니다. 그 과정에서 중요한 부분을 놓치거나 잊어버린 부분이 몇 가지 있을 수도 있습니다.

이 책은 여러분이 SQL로 하나 이상의 테이블에서 데이터를 가져오는 것과 같은 기본적인 SQL 작업을 수행할 수 있다고 가정합니다. 어떤 분들은 일부 데이터나 테이블 자체를 조작해 본 경험이 있을 수도 있습니다. 그러나 여러분이 SQL에 대해 모두 다 알고 있을 것이라 생각하지 않았습니다. 헷갈리는 부분이 있다면 '알 수도 있는 내용' 절을 살펴보면서 어떤 부분을 알고 있는지 확인해 보세요. 잘 모르는 내용이 나오더라도 당황할 필요는 없습니다. 각 장마다 다음 단계로 나아가기 위해 필요한 기본적인 개념들을 다룰 예정입니다.

그래도 어렵게 느껴진다면 저의 또 다른 책인 『Getting Started with SQL and Databases』 (Apress, 2023)를 추천합니다.

1.1 샘플 데이터베이스에 대해

샘플 데이터베이스에서는, 우리가 '북웍스BookWorks'라는 온라인 서점을 운영한다고 가정합니다.

운영에는 다음과 같은 시나리오가 있습니다.

- 고객이 웹 사이트를 방문합니다.
- 고객은 자신의 세부 정보를 등록하기도 합니다.
- 그다음 장바구니에 한 권 이상의 책을 추가합니다.
- 이후 결제까지 넘어가 책을 구매합니다.
- '북웍스'는 책을 확보한 후 고객에게 배송합니다.

이를 관리하기 위한 데이터베이스 테이블은 [그림 1-1]과 같습니다.

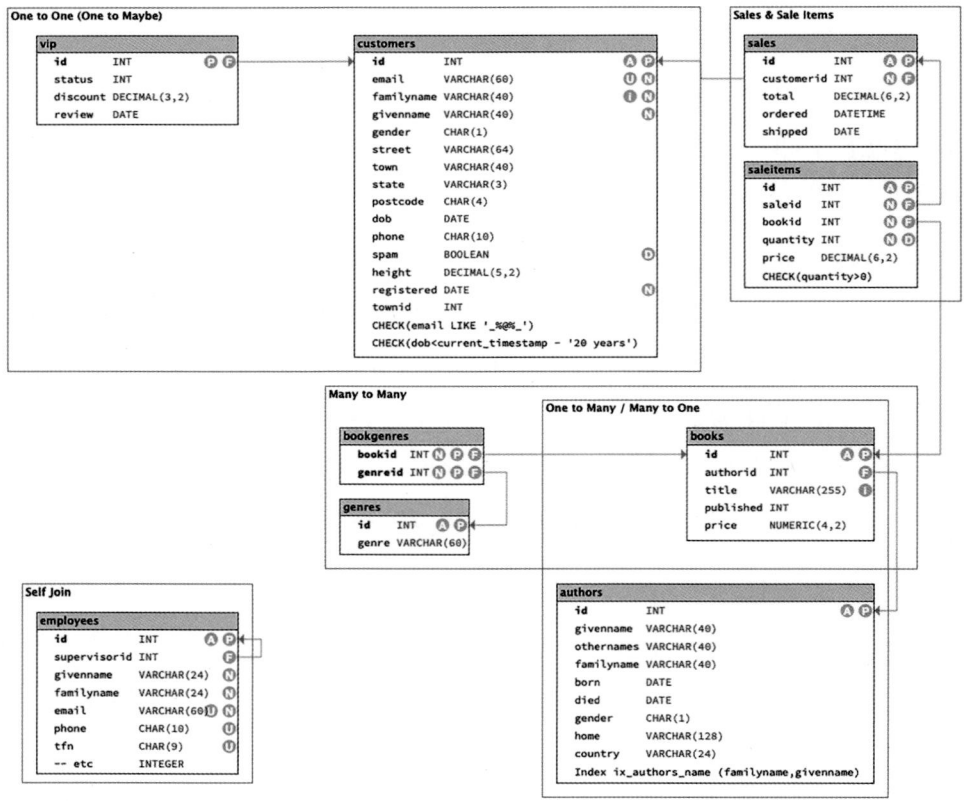

그림 1-1 북웍스 스키마

실제 상황에서는 더 많은 일이 일어나지만 여기에 다 포함시키지 않았습니다. 예를 들어, 결제, 배송 방법, 로그인 자격 증명을 제외했고, 고객의 주문을 받은 후 책을 확보한다고 했지만 실제로 재고도 없습니다. **하지만 SQL 스킬을 다지기에는 이 정도 데이터베이스로도 충분합니다.**

1.2 설정하기

의자에 앉아 팝콘을 들고 책을 넘겨볼 수도 있겠지만, 예제를 함께 풀어본다면 더 많이 배울 수 있을 겁니다.

1.2.1 데이터베이스 관리 소프트웨어

먼저 데이터베이스 관리 소프트웨어^{database management software}(DBMS)에 액세스할 수 있어야 합니다. 이 책에서 다루는 DBMS는 다음과 같습니다.

- PostgreSQL
- MariaDB/MySQL
- Microsoft SQL Server (이하 MSSQL)
- SQLite
- Oracle

PostgreSQL, MariaDB/MySQL, SQLite는 모두 무료입니다. MSSQL과 Oracle은 유료 제품이지만 무료 버전도 있습니다. MariaDB는 MySQL의 스핀오프 격이기 때문에 함께 취급합니다. 기능은 거의 동일하지만 일부 다른 점이 있습니다.

> **NOTE** MariaDB/MySQL을 사용하는 경우, **ANSI 모드**에서 실행하고 있다고 가정합니다. ANSI 모드에서 실행하려면 세션을 시작할 때 다음과 같이 설정하면 됩니다.

```
SET SESSION sql_mode = 'ANSI';
```

앞으로 책에서 이 메시지가 자주 등장할 텐데 그 이유는 부록에서 확인하실 수 있습니다.

이미 DBMS가 설치되어 있다면 다음 사항을 확인하세요.

- **DBMS가 최신 버전인지 확인하세요.** 책에서 다룰 몇몇 기능들은 오래된 버전의 DBMS에서는 사용할 수 없습니다. 특히 MySQL의 경우, 보다 정교한 기능을 사용하려면 2018년에 출시된 MySQL 버전 8 이상이 필요합니다.
- **데이터베이스를 만들고 테이블을 생성 및 수정할 수 있는 충분한 권한이 있는지 확인하세요.** 책 대부분의 내용을 살펴보는 데 크게 문제가 없지만, 2장에서는 꼭 필요합니다. 최소한 샘플 데이터베이스를 설치할 수 있어야 합니다.

데이터베이스를 변경할 수 없더라도 이 책에서 다루는 대부분의 내용을 따라 할 수 있습니다. 데이터베이스를 일부 변경해야 하는 2장의 경우에는 고개를 끄덕이며 읽기만 해도 괜찮습니다. 뷰를 만들 때 약간의 어려움이 있을 수 있는데, 이에 대해서는 6장 및 다른 장에서 다룰 예정입니다.

1.2.2 데이터베이스 클라이언트

데이터베이스 클라이언트도 필요합니다. 모든 DBMS 벤더사는 자체 무료 클라이언트를 제공하고 있고, 무료 및 유료 서드파티도 많이 있어 대안으로 사용해도 좋습니다.

1.2.3 샘플 데이터베이스

샘플 데이터베이스도 설치해야 합니다. 이 책에서 다루는 샘플 데이터베이스와 코드 파일은 도서의 깃허브[1]에서 다운로드 받을 수 있습니다. 샘플 데이터베이스는 아래 사이트를 통해 클릭 몇 번만으로 스크립트를 직접 다운로드할 수도 있습니다.

- https://sample-db.net/

그 다음 아래와 같은 순서대로 준비해 주세요.

1. 샘플 데이터베이스를 만듭니다. 적당한 이름이 떠오르지 않는다면 'bookworks'로 설정해도 좋습니다. 대부분의 DBMS에서 아래의 명령어를 실행할 수 있습니다.

    ```
    CREATE DATABASE bookworks;
    ```

    그 다음 데이터베이스에 연결합니다.
2. DBMS 옵션을 설정합니다. 이 책에서 제공하는 샘플의 경우 2단계에서 'Book Works(북웍스)' 샘플을, 4단계에서 추가적으로 'Towns and Countries(도시 및 국가)' 테이블을 선택해야 합니다.

    파일을 다운로드하고, 압축을 풀어줍니다(파일 형태가 기본적으로 ZIP 파일입니다).
3. 데이터베이스를 사용해 새로운 데이터베이스에 연결합니다. 다운로드한 스크립트 파일을 열어 실행합니다.

1.3 알 수도 있는 내용

여기서 한 번 SQL을 단기 속성으로 한번 훑어봅시다. 이전에 저의 책인 『Getting Started with SQL and Databases』(Apress, 2023)를 읽으셨다면 아래 내용이 낯설지 않을 수도 있습니다. 아래의 개념들에 대해 자신이 있다면 다음 장으로 건너 뛰어도 되지만, 새롭게 다시 익히기 위해 한번 살펴보는 것을 추천합니다.

이 절에서는 다음과 같은 개념을 살펴봅니다.

- 몇 가지 철학적 개념
- 데이터 유형
- SQL 작성하기
- SQL 절
- SQL 기초
- 열 계산하기

---

[1] 한국어판: https://github.com/silverjade/leveling-up-sql, 원서: https://github.com/Apress/leveling-up-sql

- JOIN
- 데이터 조작하기
- 집계
- 집합 연산
- 테이블로 작업하기

이 개념들에 대해 이전 책에서 다루었던 내용을 요약해 소개하겠습니다. 일부는 다음 장에서 더 자세히 다루겠습니다.

1.3.1 몇 가지 철학적 개념

컴퓨터가 하는 일, 특히 데이터베이스에서 일어나는 일에 대해 잘못된 개념을 가진 사람들이 가끔 있습니다. 여기에서는 이런 부분을 바로잡고 용어뿐만 아니라 그 용어가 뜻하는 의미를 확실하게 짚고 가겠습니다.

당연하겠지만 **데이터베이스**는 데이터의 집합입니다. SQL에서 데이터는 특정 방식으로 구성되고 액세스되는 것을 말합니다. 우선, 데이터베이스의 설계는 기본적으로 관계형 모델이라는 것을 따릅니다. 관계형 모델은 데이터 구성 방식에 대한 일련의 원칙으로, 순도^{purity}와 명확성^{clarity}이 중요합니다. 각 데이터 항목은 정확히 한 곳에 위치하며 가장 순수한 형태로 저장됩니다. 관련 데이터 항목은 함께 수집됩니다.

관계형 데이터베이스 순수주의자들이 보기에 SQL 데이터베이스는 이러한 원칙을 전혀 따르지 않는다고 지적할지도 모르겠습니다. 그럼에도 관계형 모델은 SQL 데이터베이스를 구성하는 방식의 기본입니다.

데이터 vs 정보 vs 값

데이터베이스는 **데이터**를 저장합니다. 이름 자체로 그 의미가 보이지만, 데이터베이스를 **정보**라고 부르고 싶은 유혹이 들더라도 정보와 데이터는 다르다는 것을 이해하는 것이 중요합니다.

기본적으로 데이터는 중립적입니다. 어떠한 의미도 가지지 않습니다. 예를 들어, 여러분의 키가 175 cm라고 합시다. 데이터베이스 입장에서는 그 키가 큰 것인지 작은 것인지 알 수 없을 뿐만 아니라 딱히 신경 쓰지도 않습니다. 단지 숫자일 입니다. 심지어 정확하지 않은 숫자라 해도 상관하지 않습니다.

데이터베이스는 입력된 데이터가 데이터베이스 설계에 미리 정의된 규칙을 따르는지만 봅니다. 입력된 데이터의 유형이나 가능한 값의 범위 등이 여기에 포함될 수 있습니다. 이에 반해 정보는 인간이 만드는 것입니다. 의미를 부여하고 판단을 내립니다. 아까 예로 들었던 키가 예상했던 대로의 숫자인지, 아니면 다른 의미가 있는지를 결정하게 됩니다. 이것이 왜 중요할까요? 예를 들어, 생년월일을 생각해 봅시다. 변경될 가능성이 있나요?

답은 '아니요'입니다. 우리는 태어난 때를 되돌릴 수 없습니다. 하지만 생년월일을 잘못 입력했거나, 자주 생기는 일은 아니지만 달력에 변경이 생긴다면 생년월일 **데이터** 자체는 변경될 수 있습니다.

이는 데이터베이스 설계 방식에 영향을 미칩니다. 오류가 있을 수 있다는 것을 고려해야 하고, 정의에 어떤 합리성 검사를 추가해야 할지 확인해야 합니다. 예를 들어, 생년월일이 변경되는 일은 없을 것이라는 이유로 생년월일을 수정할 수 없게 잠가 두거나 해서는 안 됩니다.

이제 **값**이라는 개념을 살펴보겠습니다. 데이터는 '**질문**'이고 값은 '**답**'이라고 생각하면 됩니다. 여러분의 이름(데이터)은 무엇인가요? 여러분의 답이 바로 값입니다. 데이터베이스 설계의 대부분은 실제 값이 아닌 데이터를 중심으로 하기 때문에 이 부분이 중요합니다.

예를 들어, 잘 구축된 데이터베이스는 여러분의 이름 데이터를 정확히 한 번만 저장합니다. 하지만 동명이인이 있을 경우 여러분의 이름은 다른 사람의 데이터와 함께 나타날 수도 있습니다. 이런 식으로 동일한 값이 반복해서 나올 수 있으며, 동일한 값이 있을 경우엔 우연의 일치로 간주합니다. 또한 어떤 사람의 이름 값을 변경하려 한다면, 다른 곳에서 여러 번 반복할 필요 없이 변경할 수 있습니다.

간단히 말하면 다음과 같습니다.

- 데이터는 자리 표시자 placeholder 입니다. 다른 곳으로 복제되어서는 안 됩니다.
- 값은 데이터 안의 내용입니다. NULL은 값이 존재하지 않음을 의미하고, 중복된 값이 있을 수 있습니다.

- 정보는 우리가 데이터베이스에 어떤 의미를 부여한 것입니다. 데이터베이스는 이 의미를 알지 못하며 상관하지도 않습니다. 이 책에서도 정보에 대해서는 별로 다루지 않을 것입니다.

보통 '데이터'를 지칭할 때 '정보'라는 용어를 쓰곤 하지만 실제로 두 용어는 서로 다릅니다.

데이터베이스 테이블

SQL 데이터베이스는 하나 이상의 테이블에 데이터를 저장합니다. 테이블은 데이터를 행과 열 단위로 표시합니다. 아래의 [그림 1-2]를 참고하세요.

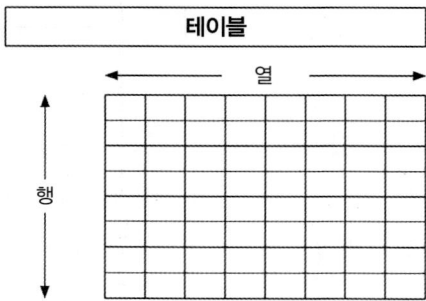

그림 1-2 데이터베이스 테이블

행 부분은 데이터의 인스턴스입니다. 예를 들어, 책 테이블에는 책이, 고객 테이블에는 고객이 들어있습니다. 열 부분은 세부 정보를 뜻합니다. 고객의 이름이나 책 제목이 여기에 해당합니다. 아래의 [그림 1-3]을 보면 쉽게 이해하실 수 있습니다.

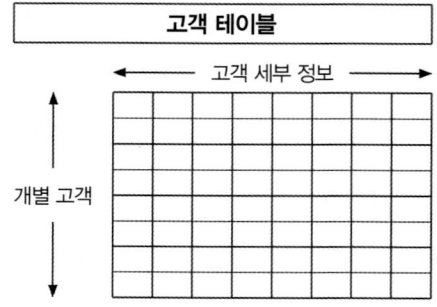

그림 1-3 고객 테이블

잘 만들어진 테이블은 다음과 같은 특징을 가지고 있습니다.

- 데이터가 원자 단위 atomic 로 되어있습니다. 각 행과 열은 단 하나의 데이터만 저장합니다.
- 행의 순서는 중요하지 않습니다. 원한다면 정렬할 수 있지만 행 순서는 큰 의미가 없습니다.
- 각 행은 고유하며, 동일한 내용을 설명하는 다른 행이 존재하지 않습니다.
- 각 행은 독립적이어서 한 행의 데이터가 다른 행에 영향을 미치지 않습니다.
- 각 열은 독립적이어서 한 열의 내용을 변경해도 다른 열의 내용에 영향을 미치지 않아야 합니다.
- 각 열의 유형은 한 가지여야 합니다. 한 열에 여러 가지 유형을 섞을 수 없습니다.
- 각 열의 이름은 고유해야 합니다.
- 열의 순서는 중요하지 않습니다. 열의 순서를 보고 어떤 것이 어떤 내용인지 알 수 있는 단서를 얻을 수 있다 보니 이 부분이 헷갈릴 수도 있겠지만, 어떤 순서든 상관없습니다.

이로부터 알 수 있는 중요한 사실은 열에는 여러 값이 들어가서는 안 된다는 것입니다. 단독으로든 조합된 형태든 어느 쪽이든 안 됩니다. 이는 다음을 의미합니다.

- 하나의 열에 여러 값을 포함해서는 안 됩니다.
- 여러 열이 동일한 역할을 가질 수는 없습니다.

몇 가지 규칙이 더 있지만 이러한 기본 원칙으로부터 파생된 것들이니 넘어갑시다. SQL은 '테이블'이라는 용어를 두 가지 방식으로 사용합니다.

- 데이터는 데이터베이스에 테이블의 형태로 저장되며 행과 열을 통해 데이터에 액세스할 수 있습니다.
  임시 테이블이라는 것도 있는데, 앞서 설명한 실제 테이블과 동일하지만 세션이 끝나면 자동으로 삭제된다는 점이 다릅니다.
- 데이터는 때로는 실제로 저장되지 않더라도 테이블 형식으로 일시적으로 보관될 수도 있습니다.
  이러한 테이블 데이터는 JOIN, 공통 테이블 표현식 common table expression (CTE), 뷰 또는 다른 SELECT 문을 통해서 만들어집니다.

이렇게 생성된 테이블을 참조해야 할 때는 개념을 명확히 구분하기 위해 가상 테이블이라는 용어를 사용하겠습니다.

1.3.2 SQL 작성하기

SQL은 간단한 언어이며, 가독성을 위해 몇 가지 규칙과 권장 사항을 가지고 있습니다.

- SQL에서는 공백을 충분히 사용하는 것이 좋습니다. 가독성 있는 SQL을 작성하기 위해 필요하다면 공백을 많이 사용해 주세요.
- SQL 문은 세미콜론(;)으로 끝납니다.
- SQL 언어는 대소문자를 구분하지 않습니다. 열 이름처럼요. 단, 테이블 이름의 경우 사용하는 운영체제에 따라 대소문자를 구분하기도 합니다.

> **NOTE** MSSQL은 세미콜론 사용에 관대한 편이라서, MSSQL 개발자들은 세미콜론을 깜빡하는 나쁜 습관을 가지고 있기도 합니다. 하지만 마이크로소프트는 세미콜론을 사용할 것을 매우 권장하고 있습니다. 너무 엉성하게 작성할 경우엔 SQL이 제대로 작동하지 않을 수도 있습니다(참고링크: https://docs.microsoft.com/en-us/sql/t-sql/language-elements/transact-sql-syntax-conventions-transact-sql#transact-sql-syntax-conventions-transact-sql).

세미콜론만 잘 사용해도 많은 문제를 방지할 수 있습니다. SQL은 유연한 언어지만, 꼭 지켜야 할 엄격한 구문이 있다는 것도 기억하세요.

1.3.3 SQL 기초

테이블에서 데이터를 가져오는 데 사용하는 기본문은 **SELECT table**입니다. 가장 간단하게 나타내면 다음과 같습니다.

```
SELECT ...
FROM ...;
```

- SELECT 문은 테이블에서 하나 이상의 데이터 열을 선택합니다.
- 열은 어떤 순서든 상관없이 선택할 수 있습니다.

- SELECT * 표현식은 모든 열을 선택하는 데 사용됩니다.
- 열을 계산할 수 있습니다.

계산된 열에는 별칭을 붙여 이름을 지정해야 합니다. 계산되지 않는 열에도 별칭을 지정할 수 있습니다.

주석은 사람을 위해 적은 설명으로, SQL을 실행할 때 해당 부분은 무시됩니다.

- SQL은 한 줄 주석을 표준으로 지원합니다(-- etc).
- 대부분의 DBMS는 비표준 블록 주석(/* ... */)도 지원합니다.
- 주석은 무언가를 설명하거나 섹션 헤더 역할을 하는 데 사용할 수 있습니다. 또한 문제를 해결하거나 테스트할 때처럼 일부 코드를 비활성화하는 데 사용할 수도 있습니다.

1.3.4 데이터 유형

주요 데이터 유형으로는 크게 세 가지가 있습니다.

- 숫자
- 문자열
- 날짜 및 시간

숫자 리터럴은 따옴표 없이 그대로 표시합니다. 숫자는 **수직선 순서**로 비교되며 기본 비교 연산자를 사용하여 필터링할 수 있습니다. **문자열 리터럴**은 작은따옴표로 작성합니다. 일부 DBMS에서는 큰따옴표도 허용하지만 값보다는 열 이름에 큰따옴표를 사용하는 것이 더 정확합니다.

- 일부 DBMS 및 데이터베이스에서는 대문자와 소문자가 일치하지 않을 수 있습니다.
- 후행 공백은 무시할 수 있지만, 항상 그런 것은 아닙니다.

날짜 리터럴도 작은따옴표로 묶습니다.

- 선호하는 날짜 형식은 ISO8601(yyyy-mm-dd)이지만, Oracle은 이 형식을 선호하지 않습니다.
- 대부분의 DBMS는 다른 형식도 허용하고 있지만, '??/??/yyyy'의 형식은 피하는 것이 좋습니다. 모든 곳에서 동일한 의미를 가지는 형식이 아니기 때문입니다.

날짜는 과거순으로 비교합니다.

1.3.5 SQL 절

일반적인 SELECT 문에서는 대부분의 경우 최대 6개의 절을 사용합니다. SQL 절은 특정 순서에 따라 작성합니다. 그러나 처리되는 순서는 [그림 1-4]처럼 약간 다릅니다.

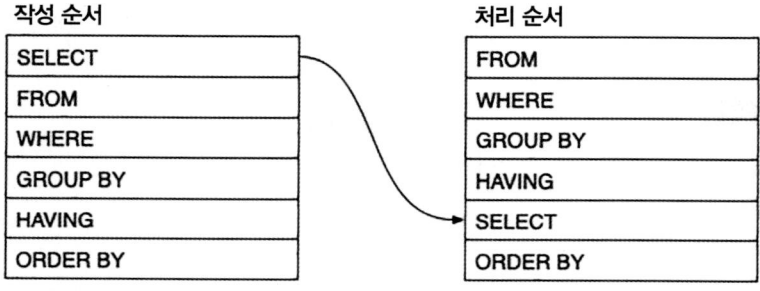

그림 1-4 SQL 절 순서

특히 SELECT 절이 ORDER BY 절 이전에 마지막으로 평가된다는 것이 중요합니다. 즉, SELECT 절에서 생성된 값과 별칭을 사용할 수 있는 것은 ORDER BY 절뿐이라는 것입니다.[2] 이 책의 뒷부분에서 더 살펴보겠지만, 여기서 다룬 것의 확장된 버전의 다른 절들도 있습니다.

WHERE 절로 데이터 필터링하기

WHERE 절을 사용하여 행이 많아 복잡한 테이블을 필터링할 수 있습니다. WHERE 절 뒤에는 참 또는 거짓을 평가하는 하나 이상의 어설션 assertion이 붙어서 특정 행을 결과 세트에 포함할지

---

[2] SQLite는 예외로, 다른 절에서 별칭을 사용할 수 있습니다.

여부를 결정합니다.

WHERE 절의 구문은 다음과 같습니다.

```
SELECT 열
FROM 테이블
WHERE 조건식;
```

여기서 조건식은 참 또는 거짓을 평가하는 표현식인 하나 이상의 어설션입니다. 어설션이 참이 아니라고 해서 반드시 거짓인 것은 아닙니다. 보통 표현식에 NULL이 포함된 경우 결과를 알 수 없는데, 이 경우 참이 아니라고 나옵니다.

- NULL은 정해지지 않은 값을 나타내므로 테스트하기 까다롭습니다.
- NULL은 항상 등호 연산자(=)와 같은 비교 연산에 실패합니다.

NULL을 테스트하려면 특수 표현식 IS NULL 또는 IS NOT NULL을 써야 합니다.

다중 어설션

여러 개의 어설션을 논리 연산자 AND 및 OR로 결합할 수 있습니다. 이렇게 결합할 경우 AND가 OR보다 우선합니다. IN 연산자는 목록을 살펴볼 때 사용되며 여러 개의 OR 표현식을 쓴 것과 동일한 기능을 갖습니다. 또한 IN 연산자는 단일 열에서 값을 가져오는 서브쿼리와 함께 사용할 수도 있습니다.

와일드카드

와일드카드 패턴과 LIKE 연산자를 사용하여 부분적으로 일치하는 문자열을 찾을 수 있습니다.

- 와일드카드에는 특수 패턴 문자가 포함됩니다.
- 일부 DBMS에서는 문자열이 아닌 데이터에 LIKE를 사용해 암묵적으로 문자열로 변환한 후 비교할 수 있습니다.

- 일부 DBMS는 추가 패턴을 통해 표준 와일드카드 문자를 보완합니다.
- 일부 DBMS는 와일드카드 패턴 매칭보다 더 정교한 정규 표현식을 지원합니다.

ORDER BY 절로 정렬하기

SQL 테이블의 행은 정렬되어 있지 않습니다.

- 행 순서는 중요하지 않으며 예상치 못한 순서로 섞여 있을 수 있습니다.
- ORDER BY 절을 사용하여 결과를 정렬할 수 있습니다.

```
SELECT 열
FROM 테이블
-- WHERE ...
ORDER BY ...;
```

ORDER BY 절은 마지막에 작성하며 평가 역시 마지막에 이뤄집니다.

- 테이블을 정렬해도 실제 테이블은 변경되지 않으며, 현재 쿼리에 대한 결과 순서만 변경됩니다.
- 원본 열 또는 계산된 값을 사용하여 정렬할 수 있습니다.
- 여러 열을 사용하여 정렬하면 행을 효과적으로 그룹화할 수 있으며, 열 순서는 제멋대로지만 그룹화 방식에 영향을 미칩니다.
- 기본적으로 각 정렬 열은 증가하는(오름차순) 순서로 정렬됩니다. 각 정렬 열은 DESC 절에 한정해 감소하는 (내림차순) 순서로 정렬할 수 있습니다. ASC를 추가할 수도 있지만 어찌 됐든 기본값이므로 아무것도 변경되지 않습니다.
- 정렬된 NULL을 어디에 배치할지에 대한 접근 방식은 DBMS마다 다르지만, 보통 시작 또는 끝에 그룹화해 배치합니다.
- 데이터 유형은 정렬 순서에 영향을 줍니다.
- 일부 DBMS는 대문자와 소문자 값을 별도로 정렬합니다.

결과 행 제한하기

SELECT 문에 행 수 제한을 넣을 수도 있습니다. 이 기능은 오랫동안 비공식적으로 쓰였는데 이제 공식 기능이 되었습니다. 공식적인 양식은 다음과 같습니다.

```
SELECT ...
FROM ...
ORDER BY ... OFFSET ... ROWS FETCH FIRST ... ROWS ONLY;
```

이 기능은 PostgreSQL, MSSQL 및 Oracle에서 지원됩니다. 많은 DBMS가 여전히 자신들만의 비공식 LIMIT 절을 제공하고 있는데, 가장 흔한 비공식 버전은 다음과 같습니다.

```
SELECT ...
FROM ...
ORDER BY ... LIMIT ... OFFSET ...;
```

이 기능은 OFFSET ... FETCH도 지원하는 PostgreSQL과 MariaDB/MySQL 및 SQLite에서 지원됩니다. MSSQL에는 SELECT 절에 간단한 TOP 절도 추가되어 있습니다.

문자열 정렬하기

알파벳순으로 정렬하는 것은 대체로 별 의미가 없습니다. 하지만 문자열을 보다 의미 있는 순서로 정렬하는 기법이 있습니다.

1.3.6 열 계산하기

SQL에는 세 가지 주요 데이터 유형이 있습니다. 바로 숫자, 날짜, 문자열입니다. 각 데이터 유형에는 값을 계산하는 고유한 메서드와 함수가 있습니다.

- 숫자의 경우, 간단한 산술뿐만 아니라 더 복잡한 함수를 사용한 계산도 할 수 있습니다. 숫자의 근사치를 구해주는 함수도 있습니다.
- 날짜의 경우, 두 날짜를 통해 나이를 계산하거나 특정일을 기준으로 해서 날짜를 계산할 수도 있습니다. 날짜의 다양한 부분을 추출할 수도 있습니다.
- 문자열의 경우, 문자열을 연결해 합칠 수 있고 문자열의 일부를 변경하거나 추출할 수도 있습니다.
- 숫자와 날짜의 경우, 좀 더 보기 쉽도록 여러 형식의 포맷을 적용할 수 있습니다.

NULL로 계산하기

계산에 NULL이 포함되면 결과에 치명적인 영향을 미치며, 결과는 보통 NULL이 됩니다. 경우에 따라 coalesce()를 사용해 NULL 값을 다른 합리적인 값으로 대체할 수 있는데, 여기서 '합리적'이라는 것이 무엇을 의미하는지 생각할 필요가 있습니다.

별칭

모든 열에는 고유한 이름이 있어야 합니다. 값을 계산할 때 AS를 사용해 별칭aliases을 적용해줌으로써 고유한 이름을 붙여주세요. 계산되지 않은 열에도 이 작업을 통해 더 적합한 이름을 붙일 수 있습니다. **별칭과 이름은 고유해야 합니다.** SQL 키워드와 달라야 하고 특수 문자를 사용해서는 안 되는 등 열 이름을 짓기 위한 표준 규칙을 따라야 합니다. 만약 열 이름을 표준 규칙에 따라 짓기 어려운 경우에는 이름 앞뒤에 큰따옴표(")를 붙여주거나 DBMS가 제안하는 다른 방법을 통해 적용할 수 있습니다. 일부 DBMS에서는 큰따옴표 대신 작은따옴표(')를 사용할 수도 있지만 가능하면 큰따옴표를 사용하는 것이 좋습니다.

서브쿼리

서브쿼리subquerie는 부가적인 SELECT 문으로, 메인쿼리의 일부로 사용됩니다. 열은 서브쿼리에서 파생된 값을 포함하기도 합니다. 이는 관련된 별도 테이블의 데이터를 포함하려는 경우에 특히 유용합니다. 서브쿼리에 주 테이블의 값이 포함되면 상관 관계가 있다고 합니다. 이러한 서브쿼리는 리소스가 많이 들어갈 수 있지만 그럼에도 유용한 테크닉입니다.

CASE 표현식

'CASE ... END'를 사용해 카테고리를 생성할 수 있습니다. 이 방법은 일치할 가능성이 있는 항목의 값을 테스트하고 대안이 될 수 있는 여러 값 중 하나를 결과로 표시합니다.

값 형변환

cast() 함수를 사용해서 형변환casting(값의 데이터 유형을 변경)할 수 있습니다.

- 기본 유형 내에서 더 디테일하거나 심플한 유형으로 변경할 수 있습니다.
- 다른 유형과 값이 서로 유사한 경우 주요 유형끼리 변경할 수 있습니다.

자동으로 형변환이 실행되는 경우도 있지만, 직접 해야 하는 경우도 있습니다. 예를 들어, 문자열을 형변환해야 하는 경우 중 하나는 날짜 리터럴로 지정해야 할 때입니다. 문자열과 날짜 리터럴 모두 작은따옴표를 사용해서 SQL이 날짜를 문자열로 잘못 해석할 수 있기 때문입니다.

뷰

뷰view를 생성해서 데이터베이스에 SELECT 문을 저장할 수 있습니다. 뷰를 사용하면 복잡한 SQL 문을 가상 테이블로 저장하여 나중에 더 간단한 형태로 사용할 수 있습니다. 뷰는 유용한 SQL 문을 모아두기 좋은 방법입니다.

1.3.7 JOIN

보통 여러 테이블의 데이터를 포함하는 쿼리를 작성하는 경우가 많습니다. JOIN(조인)은 다른 테이블에서 상응하는 행을 연결하여 테이블을 효과적으로 확장합니다. JOIN의 기본적인 구문은 다음과 같습니다.

```
SELECT 열
FROM 테이블 JOIN 테이블;
```

WHERE 절을 사용하는 오래된 방법도 있지만, JOIN에는 그다지 유용하지 않습니다. 보통 두 개의 테이블을 JOIN하지만, 원하는 만큼 여러 테이블을 JOIN해서 관련된 테이블로부터 결과를 얻을 수도 있습니다.

테이블을 JOIN할 때는 열을 구분하는 것이 좋습니다. 특히 테이블에 공통된 열 이름이 있는 경우 더더욱 그렇습니다.

- 모든 열 이름은 모호하지 않게 규칙에 따라 명확히 표기해야 합니다.
- 테이블 별칭을 사용해 이름을 단순하게 만드는 것도 도움이 됩니다. 별칭을 사용하면 열을 더 명확하게 할 수 있습니다.

ON 절

ON 절은 각 테이블의 어떤 열이 일치해야 하는지 선언함으로써 한 테이블의 어떤 행이 다른 테이블의 어떤 행에 JOIN되는지 설명하는 데 사용합니다. 가장 확실한 JOIN은 자식 테이블의 외래 키에서 부모 테이블의 기본 키로의 JOIN입니다. 더 복잡한 JOIN도 가능합니다. 또한 고정된 관계가 아닌, 열과 일치하는 임시 JOIN을 만들 수도 있습니다.

JOIN 유형

기본적인 JOIN 유형은 INNER JOIN(내부 조인)입니다. JOIN 유형이 지정되지 않은 경우 INNER JOIN으로 간주합니다.

- INNER JOIN은 부모가 있는 자식 행만 가능합니다. NULL 외래 키가 있는 행은 생략됩니다.
- OUTER JOIN(외부 조인)은 내부 JOIN에서 서로 일치하지 않는 행까지 결합된 것입니다. OUTER JOIN에는 세 가지 유형이 있습니다.
    - LEFT JOIN(왼쪽 조인) 또는 RIGHT JOIN(오른쪽 조인)을 할 경우, JOIN된 테이블 중 어느 한 쪽의 서로 일치하지 않는 행이 포함됩니다.
    - FULL JOIN(전체 조인)을 하면 두 테이블에서 서로 일치하지 않는 행을 포함합니다.
    - NATURAL JOIN(자연 조인)은 동일한 이름을 가진 두 열을 JOIN하며 ON 절이 필요하지 않습니다. 일대일 관계의 테이블을 JOIN할 때 특히 유용합니다. 다만, 모든 DBMS가 이를 지원하지는 않습니다.

한 테이블의 모든 행을 다른 테이블의 모든 행과 결합하는 CROSS JOIN(교차 조인)도 있습니다. 일반적으로 잘 사용하지는 않지만, 한 행의 변수들을 서로 CROSS JOIN할 때 유용합니다.

1.3.8 집계

데이터베이스 테이블에서 단순하게 데이터만 가져오는 대신 집계^{aggregate} 쿼리를 사용하여 다양한 요약을 생성할 수 있습니다. 집계 쿼리는 하나 이상의 집계 함수를 사용하며 데이터의 일부를 그룹화하는 것을 의미합니다.

집계 쿼리는 데이터를 보조 요약 테이블로 효과적으로 바꿔 보여 줍니다. 총합계 집계에서는 요약만 선택할 수 있습니다. 집계가 아닌 값도 역시 선택할 수 없습니다.

주요 집계 함수는 다음과 같습니다.

- count(): 열의 행 또는 값의 개수를 계산
- min() 및 max(): 정렬을 했을 때 첫 번째 또는 마지막 순서의 값을 가져옴

숫자의 경우는 다음과 같습니다.

- sum(), avg() 및 stdev() 또는 stddev(): 숫자 열의 합계, 평균 및 표준 편차를 계산

숫자를 가지고 작업할 때 주의할 점은, 모든 숫자가 같은 방식으로 사용되고 있는 것은 아니므로 모든 숫자를 요약해서는 안 됩니다.

문자열의 경우는 다음과 같습니다.

- string_agg(), group_concat() 또는 listagg()도 있으며, 열의 문자를 연결하는 DBMS에 따라 달라집니다.

집계 함수는 값이 있어야만 작동하며, NULL은 모두 건너뜁니다. 열에 어떤 값이 포함될지 제어하는 것도 가능합니다.

- DISTINCT를 사용하여 각 값의 단 하나의 인스턴스를 계산할 수 있습니다.
- CASE ... END를 특정 값에 대한 필터로 사용할 수 있습니다.

GROUP BY 절을 사용하지 않거나 GROUP BY ()를 사용하면 집계는 총합계가 되며, 행에 대한 요약을 얻을 수 있습니다. GROUP BY를 사용하면 서로 다른 여러 그룹으로 요약을 만들 수도 있습니다. 이렇게 하면 각 그룹에 대한 요약과 그룹 값 자체가 포함된 열을 더 표시해 줍니다.

집계는 한 테이블에만 국한되지 않습니다.

- 여러 테이블을 JOIN하고 결과를 집계할 수 있습니다.
- 집계한 것을 하나 이상의 다른 테이블에 JOIN할 수 있습니다.

보통 집계 작업을 할 때는 두 단계 이상으로 진행하는 것이 좋습니다. 그러기 위해서는 첫 번째 단계에서 수행한 작업을 그 다음 단계에서 사용할 수 있는 가상 테이블인 공통 테이블 표현식에 넣는 것이 편합니다. 데이터를 그룹화할 때 일부 그룹을 필터링 하고 싶을 때는, GROUP BY 절 뒤에 HAVING 절을 추가하면 됩니다.

1.3.9 테이블로 작업하기

테이블은 CREATE TABLE 문을 사용하여 생성합니다. 이 구문은 다음을 포함합니다.

- 열 이름
- 데이터 유형
- 기타 테이블 및 열 속성

트리로 구성하거나 인덱스를 추가하는 등 테이블 디자인은 나중에 변경할 수 있습니다. 열을 추가하거나 삭제하는 것과 같은 커다란 변경을 수행할 경우엔 ALTER TABLE 문을 사용합니다.

데이터 유형

데이터에는 세 가지 주요 유형이 있습니다.

- 숫자
- 문자열
- 날짜

이와 같은 유형의 다양한 변형이 있는데, 데이터 저장과 처리를 보다 효율적으로 수행하고 데이터 값의 유효성을 검사하는 데 도움이 됩니다. 일반적인 데이터베이스에서는 많이 볼 수 없는 불리언 boolean 또는 바이너리 binary 데이터와 같은 유형도 있습니다.

제약 조건

제약 조건 constraint 은 어떤 값을 유효한 것으로 간주할지 정의합니다. 표준적인 제약 조건은 다음과 같습니다.

- NOT NULL
- UNIQUE
- DEFAULT
- 외래 키(REFERENCES)

CHECK 제약 조건을 사용하면 자신만의 제약 조건을 추가해 구성할 수 있습니다. 이 책에서는 **WHERE** 절과 유사한 조건을 추가해 여러분만의 고유한 유효성 검사 규칙을 정의합니다.

외래 키

외래 키 foreign key 는 다른 테이블을 참조하는 키입니다. 다른 테이블과 일치하는 값만 허용한다는 점에서 제약 조건으로도 볼 수 있습니다. **외래 키는 자식 테이블에서 정의합니다.** 외래 키의 여부는 부모 테이블에서 행을 삭제하려고 할 때 영향을 줍니다. 기본적으로, 자식 행이 있는 경우 부모 행을 삭제할 수 없습니다. 그러나 외래 키를 NULL로 설정하거나 모든 자식 행을 순차적으로 삭제하는 경우에는 가능합니다.

인덱스

테이블은 어떤 특정한 순서로 저장되지 않아서 찾는 데 시간이 오래 걸릴 수 있습니다. 자주 검색하는 열에 대해 인덱스^{index}를 추가해 두면 빠르게 찾을 수 있습니다.

1.3.10 데이터 조작하기

데이터 조작문^{data manipulation statement}(DML)은 데이터를 추가하거나 변경하는 데 사용합니다. SELECT 문 외에도 다음과 같은 것이 있습니다.

- **INSERT**: 테이블에 새 행을 추가합니다.
- **UPDATE**: 테이블에서 하나 이상의 행에 있는 데이터를 변경합니다.
- **DELETE**: 테이블의 하나 이상의 행을 삭제합니다.

SELECT와 마찬가지로 UPDATE 및 DELETE 문은 WHERE 절을 통해 어떤 행에 영향을 줄지 결정할 수 있습니다. 단, SELECT와 달리 SQL에는 실행 취소가 없기 때문에 이 경우 데이터베이스를 엉망으로 만들 수도 있습니다.

1.3.11 집합 연산

SQL에서 테이블은 행의 수학적 집합입니다. 즉, 중복이 없고 순서가 지정되어 있지 않으며, 집합 연산^{set operation}을 통해 테이블과 가상 테이블을 합칠 수 있다는 뜻입니다. 집합 연산에는 다음과 같은 세 가지가 있습니다.

- **UNION**: 두 개 이상의 테이블을 결합하여 중복을 없앤 모든 행을 결과로 가져옵니다. 중복을 없애지 않고 가져오려면 UNION ALL 절을 사용합니다.
- **INTERSECT**: 모든 테이블에 공통적으로 있는 행만 반환합니다.
- **EXCEPT(Oracle에서는 MINUS)**: 첫 번째 테이블에 있는 행 중 두 번째 테이블에는 없는 행을 반환합니다.

집합 연산을 적용할 때 각 SELECT 문의 열과 관련된 몇 가지 규칙이 있습니다.

- 열의 갯수와 유형이 일치해야 합니다.
- 첫 번째 SELECT 문의 이름과 별칭만 사용됩니다.
- 값을 기준으로 매칭하기 때문에, 여러 SELECT 문에서 열 순서를 변경하거나 다른 열을 선택해도 값이 호환된다면 서로 매칭이 됩니다.

SELECT 문은 WHERE 및 GROUP BY와 같은 모든 표준 절을 포함하지만 ORDER BY 절은 포함할 수 없습니다. 하지만 ORDER BY를 마지막에 사용해서 최종 결과를 정렬하는 것은 가능합니다. 집합 연산은 샘플 데이터 생성, 결과 집합 비교, 집계 결합과 같은 특수한 테크닉에도 사용할 수 있습니다.

1.4 앞으로 다룰 내용

앞서 말했듯이, 여러분이 이 모든 것을 전문가처럼 다 알고 있을 것이라 생각하지 않습니다. 그래서 앞으로 다룰 장에서 몇 가지 기본 원칙을 소개하며 다시 한번 정리하는 시간을 가져보겠습니다.

다음 장에서는 아래와 같은 방법을 살펴보겠습니다.

- 데이터베이스 테이블의 안정성과 효율성을 개선하는 방법(2장)
- 테이블이 서로 연관되는 방식과 여러 테이블로 작업하는 방법(3장)
- 값을 조작해 값에서 더 많은 가치를 얻어내는 방법(4장)
- 데이터 요약과 분석 방법(5장)
- 쿼리 및 중간 결과를 저장하는 방법(6장)
- 여러 테이블의 데이터와 집계를 혼합하는 방법(7장)
- 다른 쿼리 위에 빌드해 더 복잡한 쿼리를 처리하는 방법(6장, 7장, 9장)
- 실행 중인 집계 및 순위 데이터를 데이터 세트에 추가하는 방법(8장)

2장에서는 데이터베이스 테이블을 몇 가지 변경하고 전체 디자인을 개선하기 위해 테이블을 몇 개 더 추가하겠습니다. 완벽하지는 않겠지만 데이터베이스를 어떻게 더 발전시킬 수 있는지 알 수 있을 것입니다.

CHAPTER 2

테이블 디자인 작업

SQL 데이터베이스는 몇몇 강력한 원칙에 따라 구축해야 합니다. 실제로 작업을 할 때는 이러한 원칙들이 느슨해지기도 하지만, 원칙을 준수한다면 데이터베이스의 안정성과 효율성은 더욱 높아집니다.

이번 장에서는 기존 데이터베이스와 이러한 원칙 중 일부를 사용해 데이터베이스를 개선할 수 있는 방법을 살펴보며 아래와 같은 내용을 다루겠습니다.

- 핵심 원칙에 따라 구성된 일반적인 테이블에 대한 기본적인 이해
- 원칙에 맞춰 테이블 수정하기
- CHECK와 제약 조건을 추가해 데이터베이스의 신뢰성 및 무결성 향상시키기
- 데이터를 더 효율적으로 찾을 수 있도록 인덱스를 추가해 데이터베이스의 성능 향상시키기

물론 완벽한 테이블을 만들려면 오랜 시간과 데이터베이스에 대한 많은 경험이 필요합니다. 또한, 여러분의 데이터베이스로 이런 작업을 할 수 있는 상황이 아닐 수도 있습니다. 하지만 최소한 이 장을 통해 데이터베이스를 더 잘 작동하게 하려면 무엇이 필요한지 더 잘 이해할 수 있을 것입니다.

2.1 정규화된 테이블 이해하기

우선 각 테이블이 어떻게 설계 및 구성되어 있는지 파악하는 것이 좋습니다. 각 데이터 조각이 서로 구분되고 식별 가능한 위치를 가지며 가장 단순한 형태로 되어있는지를 확인하는 것이 중요합니다.

수학자들은 어떤 사물을 가장 순수한 형태로 표현할 때 '노멀normal'이라는 용어를 사용하곤 합니다. 많은 수학 용어가 그렇듯이, 이 말은 겉으로 보이는 것과는 다른 의미를 갖는데, 일반적common이라는 뜻이 아니라 **최종적**definitive이라는 뜻입니다.

데이터베이스 테이블을 만들 때는 저장할 데이터의 종류에 대한 대략적인 아이디어로 시작한 다음, 테이블의 기능을 검토하고 정규 테이블의 요구 사항에 더 잘 맞도록 변경하는 정규화 과정을 거치는 경우가 많습니다. 정규화에는 다양한 규칙과 수준이 있습니다. 일반적으로 정규화된 데이터베이스는 다음과 같은 요구 사항을 충족합니다.

- 데이터가 원자 단위로 되어있습니다.
- 데이터가 가장 작은 단위로 세분화되어 있습니다.
- 행이 정렬되어 있지 않습니다. 물론, 어떤 순서대로 표시될 수는 있지만 행 순서는 중요하지 않습니다.
- 행이 고유합니다. 중복이 있어서는 안 됩니다. 우연히 중복이 있는 건 다른 문제지만요.
- 행이 독립적입니다. 한 행에 표시되는 내용이 테이블 내의 다른 행에 표시되는 내용에 영향을 미치지 않아야 합니다.
- 열이 서로 독립적입니다. 열은 기본 키primary key에만 종속됩니다.
- 열이 단일 유형입니다. 단일 열에 데이터 유형을 혼합할 수 없습니다. 엄밀히 말하면 허용되는 값의 집합인 도메인을 혼합할 수 없어야 하지만, SQL은 이를 확인하기가 어렵습니다.
- 열 이름이 고유합니다.
- 열이 정렬되어 있지 않았습니다.

다시 말하지만, 열은 기본적으로 테이블이 디자인된 순서대로 표시됩니다. 그러나 열 순서는 중요하지 않습니다 정규화로 해결할 수 있는 설계 문제 중 하나는 여러 값을 다루는 것입니다. 데이터가 원자 단위로 되어있고 열이 독립적이어야 하는 경우 여러 값을 어떻게 관리할 수 있을까요? 예를 들어, 판매 품목이 여러 개 포함된 매출이나 장르가 여러 개인 책은 어떻게 처리해야 할까요?

이에 대한 해결책은 이러한 값을 행당 하나의 값씩 별도의 테이블에 넣고 테이블이 첫 번째 테이블을 다시 참조하도록 하는 것입니다. 3장에서는 테이블 간의 관계, 특히 여러 값을 처리하는 경우에 대해 살펴보겠습니다. 기본적인 방법은 추가 테이블에 여러 행의 여러 값을 저장하고 첫 번째 테이블에 기본 키를 참조하는 **외래 키**를 포함하는 것입니다.

2장에서는 정규화 원칙 중 몇 가지를 들여다보고 우리의 데이터베이스를 이러한 원칙과 비교하며 살펴보겠습니다. 고쳐야 할 부분들을 발견하면 테이블 자체를 변경하고 테이블을 몇 개 더 추가해 데이터베이스를 이러한 원칙에 더 적합하게 만들어 보겠습니다. 또한 데이터의 신뢰성을 높이고 효율성도 어느 정도 높일 수 있는 방법도 살펴볼 것입니다.

먼저 상호 의존적인 열의 문제를 해결하는 것부터 시작합니다. 일부 테이블을 변경하거나 테이블을 추가해야 할 수도 있습니다. 이러한 변경 사항을 덜 불편하게 만들기 위해 추가 테이블에 넣을 뷰를 만드는 방법에 대해 다루겠습니다. 또한 제약 조건, 즉 데이터 규칙을 추가하여 테이블에 내용이 들어가는 단계에서부터 어떤 것이 들어가는지 확인함으로써 보다 안정적인 데이터베이스를 구축하는 방법도 살펴볼 것입니다.

마지막으로 데이터베이스의 성능을 개선하기 위해 인덱스를 추가하는 방법을 살펴보겠습니다. 여러 값에 대한 질문과 관련해서는 테이블이 서로 연관되는 방식을 다루는 3장에서 자세히 살펴보겠습니다.

완벽한 데이터베이스는 없으며, 데이터베이스를 완벽하게 만드는 것이 우리의 목표가 아니므로 많은 작업을 미완성으로 남겨둘 것입니다. 어차피 여러분이 해야 할 일이 아닐 수도 있습니다. 하지만 적어도 좋은 데이터베이스의 작동 원리를 더 잘 이해할 수 있을 것입니다.

2.2 독립적이어야 하는 열

테이블 설계의 기본 원칙 중 하나는 열이 서로 독립적이어야 한다는 것입니다. 즉, 한 열을 변경해도 다른 열에 영향을 미치지 않아야 합니다. 하지만 다음 예제의 고객 주소를 살펴보면 일부 주소 열 사이에 실제로 관계가 있음을 알 수 있습니다.

```sql
SELECT
  id, givenname, familyname,
  street, town, state, postcode
FROM customers;
```

id	...	street	town	state	postcode
85	...	1313 Webfoot Walk	Kingston	ACT	2604
355	...	345 Stonecave Road	Kingston	ACT	2604
147	...	Apartment 5A, 129 West 81st Street	Kingston	ACT	2604
112	...	890 Fifth Avenue	Kingston	ACT	2604
489	...	Apartment 42, 2630 Hegal Place	Gordon	ACT	2906
592	...	0001 Cemetery Lane	Rosebery	NSW	1445

~ 303 rows ~

예를 들어, 한 도시에서 다른 도시로 주소를 변경하는 경우 postcode(우편번호)와 state(주(州))도 변경해야 할 수 있습니다. 게다가 같은 마을에 사는 사람들은 우편번호도 같을 테니 당연히 같은 주에 있을 것입니다. 이로 인해 유지 관리 문제가 발생합니다.

- 주소를 변경하려면 한 번 변경할 때마다 세 개의 열을 변경해야 합니다.
- 실수로 일부 데이터만 변경될 경우, 불일치가 발생하여 데이터가 쓸모 없어집니다.

올바른 해결책은 이 데이터를 다른 테이블로 옮기는 것입니다.

2.2.1 towns 테이블 추가하기

`towns.sql`이라는 SQL 파일이 있습니다. 이 파일은 `towns`(도시) 테이블을 생성하고 채워줍니다. 테이블의 구조는 다음과 같습니다.

```sql
CREATE TABLE towns (
  id INT PRIMARY KEY, -- 자동으로 번호 부여
  name VARCHAR(...),
  state VARCHAR(...),
  postcode CHAR(4),
  UNIQUE(name,state,postcode)
);
```

이 테이블에는 자동으로 넘버링을 하는 `id` 열도 포함되어 있는데 이것이 기본 키입니다. 기본 키는 각 행을 고유하게 식별할 수 있도록 해 주는 열입니다. 여기에서는 임의의 숫자로 되어있는데, 실제 세부 사항은 사용 중인 DBMS에 따라 다릅니다.

`name`(이름), `state`, `postcode`는 중복될 수 있지만 이를 조합한다면 고유하게 만들 수 있습니다. 앞의 `UNIQUE` 절은 인덱스도 생성하므로 테이블을 더 빠르게 검색할 수 있게 해 줍니다. 인덱스에 대해서는 나중에 자세히 알아보겠습니다. 이 스크립트를 실행해서 `towns` 테이블을 생성하고 채워보세요.

> **NOTE** 사용 중인 DBMS에 따라 이 테이블을 올바른 데이터베이스에 설치했는지 확인해야 할 수도 있습니다.

2.2.2 외래 키 추가하기

다음으로 `customers`(고객) 테이블에 열을 추가하여 `towns` 테이블의 `town`을 참조합니다. 이 작업은 ALTER 문을 사용해 수행합니다.

```
ALTER TABLE customers
ADD townid INT
  CONSTRAINT fk_customers_town REFERENCES towns(id);
```

townid 열과 towns 테이블에 있는 id 열의 데이터 유형이 일치해야 하며, 여기에서는 정수여야 합니다.

외래 키라는 용어를 사용하지 않은 것을 알 수 있을 텐데요, 외래 키를 만드는 키워드는 REFERENCES입니다. 여기에서는 towns 테이블의 id를 참조합니다. 또한 외래 키의 이름은 제약 조건 fk_customers_town을 사용하여 지어진 것을 확인할 수 있습니다. 모든 제약 조건은 실제로 이름이 있지만, DBMS가 알아서 이름을 설정하도록 설정해 두었다면 직접 이름을 지정할 필요는 없습니다. 이 경우 더 짧은 형식을 사용할 수 있습니다.

```
ALTER TABLE customers
ADD townid INT REFERENCES towns(id);
```

이미 열이 있는 경우 아래처럼 외래 키 제약 조건을 소급하여 추가할 수 있습니다.

```
ALTER TABLE customers
ADD CONSTRAINT fk_customers_town FOREIGN KEY(townid)
 REFERENCES towns(id);
```

기본적으로 새 열을 만들면 NULL로 채워집니다. 기본값을 추가할 수도 있겠지만 이 경우, 모두가 다른 곳에 거주하고 있고 때로는 고객의 주소가 전혀 없는 경우도 있기 때문에 의미가 없습니다.

2.2.3 customers 테이블 업데이트하기

이제 외래 키 열이 생겼으니 towns 테이블에 해당하는 참조로 채워야 합니다. 외래 키가 무엇인지 확인하려면 서브쿼리를 사용하면 됩니다.

```
SELECT
  id, givenname, familyname,
  town, state, postcode, -- 기존 데이터
  (SELECT id FROM towns AS t WHERE -- 새로운 데이터
    t.name=customers.town
    AND t.postcode=customers.postcode
    AND t.state=customers.state
  ) AS reference
FROM customers;
```

일부 결과는 기록된 주소가 없는 고객도 있기 때문에 NULL이 될 수도 있습니다.

id	givenname	familyname	town	state	postcode	reference
85	Corey	Ander	Kingston	ACT	2604	35
355	Joe	Kerr	Kingston	ACT	2604	35
147	Aiden	Abet	Kingston	ACT	2604	35
112	Jerry	Cann	Kingston	ACT	2604	35
489	Justin	Case	Gordon	ACT	2906	135
592	Paddy	Wagon	Rosebery	NSW	1445	386
~ 303 rows ~						

서브쿼리는 쿼리 내의 쿼리를 뜻합니다. 여기에서는 다른 테이블에서 무언가를 조회할 수 있는 간단한 방법으로 쓰였습니다. 이 서브쿼리는 **상관 서브쿼리**correlated subquery입니다. 메인쿼리의 모든 행에 대해 실행되며 메인쿼리의 값을 사용하여 서브쿼리와 비교합니다. 일반적으로 리소스가 많이 드는 쿼리 유형인데, 여기에서는 많이 사용하지 않고 다음 단계에서 유용할 겁니다.

서브쿼리에 대해서는 나중에 더 자세히 알아보겠습니다. 서브쿼리에서 towns 테이블에 별칭을 붙인 이유는 코드를 더 쉽게 읽고 쓸 수 있도록 하기 위해서 입니다. customers 테이블에 별칭을 지정할 수도 있지만, 다음 단계로 넘어갔을 때 일부 DBMS에서 작동하지 않을 수 있습니다.

단순히 참조를 보는 데 그치지 않고 참조를 customers 테이블에 추가해 보겠습니다. 이 작업은 UPDATE 문을 사용하여 수행합니다.

```
UPDATE customers
SET townid=(
 SELECT id FROM towns AS t
 WHERE t.name=customers.town
  AND t.postcode=customers.postcode
  AND t.state=customers.state
);
```

UPDATE 문은 기존 테이블의 값을 변경하는 데 사용됩니다. 이 경우처럼 값을 일정한 값, 계산된 값 또는 다른 테이블의 값으로 설정할 수 있습니다. 동일한 서브쿼리를 사용하여 townid 열에 복사할 id를 가져옵니다. 일부 DBMS에서는 customers 테이블의 별칭을 지정할 수 있어서 UPDATE 문을 조금 더 간단하게 만들 수 있습니다

> **NOTE** 상관 서브쿼리는 리소스가 많이 들 수 있으므로 가능하면 JOIN을 사용하는 것이 좋습니다. SELECT 문에 JOIN을 사용할 수도 있지만, 모든 DBMS가 UPDATE 문과 잘 호환되는 것은 아닙니다. 여기에서는 서브쿼리가 직관적이고 잘 작동하며, 한 번만 실행하므로 리소스가 많이 들지 않습니다.

2.2.4 이전 town 열 제거하기

이제 곧 이전 주소 열을 제거할 텐데 지금은 도시 데이터가 별도의 테이블에 있기 때문에 나중에 불편함이 생길 수 있습니다. 즉, 테이블을 JOIN하지 않으면 전체 주소를 포함한 고객의 세부 정보를 가져올 수 없습니다. 이 불편함을 해결하는 데에 고객 데이터와 도시 데이터를 결합하는 뷰를 만드는 것이 유용할 것입니다.

고객 세부 정보 뷰 만들기

뷰는 가상 테이블로 사용할 수 있게 저장된 쿼리입니다. 이번 실습에서는 뷰에 도시 데이

터를 제외한 customers 테이블의 모든 열을 추가하기만 하면 됩니다. 도시 데이터의 경우 towns 테이블에 JOIN해야 합니다.

먼저 간단한 SELECT 문을 사용해 보겠습니다.

```
SELECT
  c.id, c.email, c.familyname, c.givenname,
  c.street,
  -- 본래 값
   c.town, c.state, c.postcode,
  c.townid,
  -- towns 테이블로부터
   t.name AS town, t.state, t.postcode,
  c.dob, c.phone, c.spam, c.height
FROM customers AS c LEFT JOIN towns AS t ON c.townid=t.id;
```

Oracle에서 이 작업을 수행하는 경우 테이블 별칭에 AS를 사용할 수 없다는 점을 기억하세요.

```
SELECT
  ...
FROM customers c LEFT JOIN towns t ON c.townid=t.id;
```

- 주소가 없는 고객을 포함하려면 LEFT JOIN을 사용합니다.
- 편의상 customers 테이블 및 towns 테이블에 별칭을 붙입니다.
- towns 테이블에는 town 열 대신 name 열이 있습니다. 그러나 쿼리의 맥락상 town으로 별칭을 지정하는 것이 합리적입니다.
- 꼭 필요하진 않지만 유지 관리를 더 쉽게 해 줄 수 있는 c.townid 열도 포함했습니다.

SELECT 문이 제대로 작동하는지 확인했다면 이제 뷰를 만들 수 있습니다. 물론, JOIN된 데이터의 데이터를 사용하는 것이 목적이므로 이전 도시 데이터는 제외해야 합니다.

```
CREATE VIEW customerdetails AS
SELECT
 c.id, c.email, c.familyname, c.givenname,
```

```
  c.street,
  -- c.town, c.state, c.postcode 제외
  c.townid, t.name AS town, t.state, t.postcode,
  c.dob, c.phone, c.spam, c.height
FROM customers AS c LEFT JOIN towns AS t ON c.townid=t.id;
```

MSSQL에서는 한 쌍의 GO 키워드 사이에 CREATE VIEW 문을 감싸야 합니다.

```
-- MSSQL:
GO
 CREATE VIEW customerdetails AS
 SELECT
  c.id, c.email, c.familyname, c.givenname,
  c.street,
  c.townid, t.name as town, t.state, t.postcode,
  c.dob, c.phone, c.spam, c.height
 FROM customers AS c LEFT JOIN towns AS t ON c.townid=t.id;
GO
```

뷰에 대해서는 나중에 더 자세히 다루겠습니다.

주소 열 삭제하기

이전 주소 열을 삭제하려면 다음을 실행합니다.

```
-- PostgreSQL, MariaDB/MySQL
 ALTER TABLE customers
 DROP COLUMN town, DROP COLUMN state, DROP COLUMN postcode;
-- Oracle: DROP COLUMN이 아님
 ALTER TABLE customers DROP (town, state, postcode);
-- SQLite: 한번에 하나의 열을 삭제해야 합니다
 ALTER TABLE customers DROP COLUMN town;
 ALTER TABLE customers DROP COLUMN state;
 ALTER TABLE customers DROP COLUMN postcode;
-- MSSQL: 작동하지 않음 (아직)
 ALTER TABLE customers
 DROP COLUMN town, state, postcode;
```

여기에서는 하나 이상의 열과 해당 열의 모든 데이터를 제거하는 DROP COLUMN을 사용하므로 앞으로 더 이상 쓸 일이 없는지 확인해야 합니다. 앞서 살펴보았듯이 DBMS마다 구문에 약간의 차이가 있습니다.

MSSQL에서는 기존 제약 조건이 있기 때문에 우편번호 열을 삭제할 수 없는 오류가 발생합니다. 제약 조건은 유효한 값에 대한 추가 규칙입니다.

여기에서는 `ck_customers_postcode`라는 제약 조건이 있어서 우편번호는 4자리로만 구성되어야 합니다. 이제 열을 삭제할 것이니 이 제약 조건은 필요하지 않습니다. 제약 조건을 삭제하기 위해 아래를 실행합니다.

```
-- MSSQL
ALTER TABLE customers
DROP CONSTRAINT ck_customers_postcode;
```

제약 조건을 잘 삭제했다면 이제 열을 제거할 수 있습니다.

```
ALTER TABLE customers DROP COLUMN town, state, postcode;
```

이제 불필요한 주소 열이 삭제되었습니다.

> **NOTE** 다른 열을 잘못 삭제하면 되돌리기 매우 까다롭거나 불가능하다는 점을 주의하세요.

2.2.5 도시 변경하기

이번 연습의 핵심은 이제 한 번의 변경만으로 다른 도시로 이동할 수 있어야 한다는 것입니다. 고객 `id` 번호 42를 예로 살펴보겠습니다.

먼저 고객 42의 주소, 특히 `townid`를 찾습니다.

```
SELECT * FROM customerdetails WHERE id=42;
```

그러면 아래와 같이 나옵니다.

id	...	townid	town	state	postcode	...
42	...	846	Kings Park	NSW	2148	...

우리는 고객 세부 정보 뷰에서 읽고 있는 중이라는 점에 유의하세요. 도시 데이터는 더 이상 customers 테이블에 없지만 townid는 있기 때문입니다. 이제 고객의 townid를 원하는 대로 변경합니다. towns 테이블에서 가장 높은 숫자의 아이디를 넘지 않는 수준으로 변경해 주세요.

```
UPDATE customers SET townid=12345 WHERE id=42;
```

이제 해당 고객을 확인하고 싶다면 아래처럼 실행합니다.

```
SELECT * FROM customerdetails WHERE id=42;
```

그러면 아래와 같이 나옵니다.

id	...	townid	town	state	postcode	...
42	...	12345	Swan Marsh	VIC	3249	...

원하는 경우 원래 값으로 되돌릴 수 있습니다. 여기서는 customers 테이블에 townid를 설정했습니다.

일부 DBMS에서는 이 값을 변경하는 데 약간 간접적인 접근 방식을 취하여 뷰를 통해 변경할 수 있습니다.

```
-- PostgreSQL 또는 SQLite 제외:
UPDATE customerdetails SET townid = ... WHERE id=42;
```

보시다시피, 여기에는 PostgreSQL이나 SQLite가 포함되지 않습니다. 물론 뷰는 실제로 데이터를 포함하지 않는 SELECT 문일 뿐이므로 실제로 업데이트할 수는 없습니다. 대신 DBMS는 특정 열이 어느 테이블에 속하는지 파악하여 변경 사항을 테이블에 전달합니다. 단, 계산된 열을 업데이트하려고 할 때와 같이 이 작업을 수행할 수 없는 경우가 있습니다. 이 경우 업데이트에 실패하므로 사용자가 직접 테이블을 업데이트해야 합니다.

2.2.6 국가 추가하기

국가에 대한 참조를 추가하여 더 완전하게 만들 수 있습니다. 단순히 국가 이름이 있는 다른 열을 추가해 만들 수도 있습니다. 하지만 많은 국가가 다양하게 변경된 국가 이름을 사용하는 경우가 있다 보니 같은 테이블에 세 가지 버전의 국가 이름을 기입하고 싶은 것이 아니라면 추천하지 않습니다.

별도의 countries(국가) 테이블을 만들고 이 테이블에 외래 키를 포함하는 방법이 좋습니다. 이 참조를 customers 테이블에 추가할 수도 있지만 towns 테이블에 추가하는 것이 더 합리적일 수 있습니다. 도시는 국가 안에 위치하기 때문입니다.

countries 테이블에는 본래 목적을 위해 필요한 것보다 훨씬 많은 정보가 들어 있습니다. 당장은 국가의 인구나 면적 같은 정보가 필요하지 않지만, 나중에 해당 국가의 통화, 시간대 또는 국제전화 국가번호 등이 필요할 수 있으므로 지금 준비해 두는 것도 나쁘지 않습니다. 아주 큰 테이블은 아니므로 원하지 않는 항목은 무시해도 되고, 정말 필요하지 않은 열은 언제든지 삭제할 수 있습니다.

1. countries.sql이라는 테이블에 대한 SQL 파일이 있습니다. 이 파일에는 여러 가지 세부 정보가 있지만 가장 중요한 두 가지는 다음과 같습니다.

    ```sql
    CREATE TABLE countries (
      id CHAR(2) PRIMARY KEY,
      name VARCHAR(...),
      -- 기타
    );
    ```

기본 키는 두 글자 문자열입니다. 모든 국가에는 영어 또는 해당 국가 언어로 된 국가 이름을 기반으로 미리 정의된 두 글자 코드가 있습니다. 새로운 키를 만드는 것보다 이 코드를 기본 키로 사용하는 것이 좋습니다. 이것은 임의의 코드가 아닌 실제 데이터를 기반으로 하는 기본 키인 자연 키$^{natural\ key}$의 예입니다. 스크립트를 실행하여 테이블을 설치합니다.

2. customers 테이블에 townid를 추가한 방식과 유사하게 towns 테이블에 countryid 열을 추가합니다. 데이터 유형은 앞의 기본 키와 일치해야 한다는 점을 기억하세요.

```
-- PostgreSQL, Oracle, MSSQL, SQLite
ALTER TABLE towns
ADD countryid CHAR(2)
CONSTRAINT fk_town_country REFERENCES countries(id);
-- MariaDB/MySQL
ALTER TABLE towns
ADD countryid CHAR(2) REFERENCES countries(id);
```

3. towns 테이블을 업데이트하여 countryid 값을 국가에 따라 설정합니다. 한국이라면 'kr', 호주라면 'au'처럼요. 이 방법은 서브쿼리에서 설정하는 것보다 훨씬 간단합니다.

```
UPDATE towns SET countryid='au';
```

4. 이제 뷰를 수정해야 합니다. 먼저 이전 버전을 삭제합니다.

```
-- Oracle이 아닌 경우:
DROP VIEW IF EXISTS customerdetails;
-- Oracle인 경우:
DROP VIEW customerdetails;
```

5. 그런 다음 국가 이름으로 다시 만들어야 합니다.

```
-- Oracle이 아닌 경우
CREATE VIEW customerdetails AS
SELECT
  ...
  c.townid, t.name AS town, t.state, t.postcode,
  n.name AS country
  ...
FROM
  customers AS c
```

```
      LEFT JOIN towns AS t ON c.townid=t.id
      LEFT JOIN countries AS n ON t.countryid=n.id;
   -- Oracle인 경우
    CREATE VIEW customerdetails AS
    SELECT
      ...
      c.townid, t.name AS town, t.state, t.postcode,
      n.name AS country
      ...
    FROM
      customers c
      LEFT JOIN towns t ON c.townid=t.id
      LEFT JOIN countries n ON t.countryid=n.id;
```

> **NOTE**
> - 여기에는 countries 테이블에 대한 추가 JOIN이 포함되며, 더 긴 절을 수용하기 위해 JOIN을 여러 줄로 분할했습니다.
> - countries 테이블의 별칭은 국가를 뜻하는 n으로 설정했는데, 이는 이미 사용 중인 c를 사용할 수 없기 때문입니다.

2.2.7 추가 코멘트

street(도로 주소) 열에 대해 아무것도 하지 않은 것을 눈치채셨나요? 엄밀히 말하면 이 부분도 나머지 주소와 동일한 문제가 발생할 수 있으므로 비슷한 작업을 수행했다면 더 좋았을 것입니다. 하지만 도로 주소는 훨씬 더 복잡하고 고객 수도 많지 않아서 그대로 두었습니다. 그 결과 불완전하지만 훨씬 개선된 설계가 되었습니다.

2.3 데이터베이스 무결성 개선하기

지금까지는 열 간의 종속성과 데이터의 반복을 줄여 테이블을 일반적인 형태에 가깝게 만드는 데 중점을 두었습니다. 다른 테이블과 외래 키를 추가하면서요.

여기에서는 데이터베이스 무결성$^{database\ integrity}$을 더 개선할 수 있는 방법을 살펴보겠습니다. 데이터베이스 무결성은 데이터의 품질을 의미합니다. 데이터에 어떤 의미가 있길래 그럴까요?

DBMS는 실제로 무슨 일이 일어나고 있는지 전혀 알지 못하며, 사용자가 진실을 말하고 있는지 여부는 전혀 신경 쓰지 않는다는 점을 기억하시나요? 대신 DBMS는 데이터가 유효한지 여부에 깊이 관여합니다. 즉, 데이터가 다양한 규칙을 준수하는지 여부를 봅니다.

이론적으로 데이터는 유효한 값의 집합인 **도메인**에 속합니다. 그러면 하나 이상의 열에 대한 도메인을 정의할 수 있어야 합니다. 하지만 이런 기능은 대부분의 DBMS에서 지원하고 있지 않습니다. 대신 열에 **제약 조건**을 쉽게 적용할 수 있습니다. 제약 조건은 데이터 규칙입니다.

몇 가지 표준 제약 조건 유형을 이미 알고 있을 수도 있습니다.

- INTEGER 또는 VARCHAR(16)과 같은 데이터 유형은 허용되는 데이터의 유형과 범위를 제한합니다.
- NOT NULL 제약 조건은 값이 NULL일 수 없음을 의미하며, 즉 필수로 기입되어야 합니다.
- UNIQUE 제약 조건은 다른 행에 이미 해당 열(또는 열의 조합)에 동일한 값이 있는 경우 값을 허용하지 않습니다.
- REFERENCES 제약 조건은 외래 키를 정의하며, 외래 키는 다른 키의 기존 값과 일치해야 합니다.

물론 모든 경우에 해당 값이 참이라는 보장은 없으며, 단지 유효할 뿐입니다. 무엇이 유효한지 좀 더 구체적으로 정의하고 싶다면 CHECK 제약 조건도 있습니다. CHECK는 WHERE 절과 유사한 표현식을 사용하여 자신만의 규칙을 설정할 수 있는 기타 제약 조건입니다. 비즈니스 규칙이라고 부르기도 합니다. 이 절에서는 데이터베이스의 몇 가지 약점을 살펴보고 몇 가지 제약 조건을 추가하여 설계상의 갭을 메우려고 합니다.

> **NOTE** 앞으로 할 작업은 대부분 기존 열을 변경하게 됩니다. SQLite를 사용하는 경우 안타깝게도 그렇게 할 수 없습니다. SQLite는 **ALTER TABLE** 기능이 매우 제한되어 있어 기존 열을 변경할 수 없습니다. 변경을 꼭 해야하는 경우에는 열을 삭제하고 새 열을 만드는 더 복잡한 프로세스를 거쳐야 합니다.

2.3.1 Nullable 열로 문제 수정하기

salesitems(판매 항목) 테이블에는 quantity(수량)이라는 열이 있으며, 이는 책의 판매 부수입니다.

```
SELECT * FROM saleitems ORDER BY saleid,id;
```

다음과 같은 내용이 표시됩니다.

id	saleid	bookid	quantity	price
1	1	1403	1	11.5
2	1	1861	1	13.5
3	1	643	[NULL]	18
4	2	187	1	10
5	2	1530	1	12.5
6	2	1412	2	16
~ 13964 rows ~				

그러나 이 열은 NULL을 허용하는 실수를 했습니다. 자세히 살펴보면 여러 행에서 NULL을 발견할 수 있습니다. 이는 사실 말이 안 되는데, 판매 품목의 부수를 모른다면 판매 품목이 있을 수 없습니다.

누락된 값은 1권을 의미한다고 추측하는 것이 합리적으로 보입니다. coalesce()를 사용하여 추측한 대로 구현해 봅니다.

```
SELECT
  id, saleid, bookid,
  coalesce(quantity,1) AS quantity, price
FROM saleitems
ORDER BY saleid, id;
```

이제 앞과 동일하지만 NULL이 1로 대체된 결과를 얻을 수 있습니다.

id	saleid	bookid	quantity	price
1	1	1403	1	11.5
2	1	1861	1	13.5
3	1	643	1	18
4	2	187	1	10
5	2	1530	1	12.5
6	2	1412	2	16
~ 13964 rows ~				

> **NOTE** 항상 그렇듯이 coalesce() 함수를 사용할 때는 추측한 내용을 다시 한번 생각해 보아야 합니다. 1이 정말 합리적인 추측일까요? 판매 부수가 0이거나 다른 숫자일 가능성은 낮지만 상황에 따라 달라질 수 있습니다. 실습을 계속해야 하니 여기에서는 이대로 진행하겠습니다.

매번 이런 일이 반복되면 안 되니 이전 값을 수정해 앞으로는 NULL이 발생하지 않도록 할 것입니다.

> **NOTE** 앞으로 다룰 내용은 SQLite에서는 작동하지 않습니다. 그래서 그 다음에 SQLite에서 실행하기 위한 내용을 추가해 두었으니 참고하세요.

NULL로 표시되는 수량 대체하기

먼저 NULL을 허용하지 않도록 하겠습니다. 곧 quantity 열에 NOT NULL 제약 조건을 추가할 것입니다. 하지만 기존 NULL을 삭제할 때까지는 그렇게 할 수 없는데, DBMS가 제약 조건을 위반하는 것을 절대 허용하지 않기 때문입니다. 설령 제약 조건이 나중에 추가된다 해도 말입니다. 이것이 괜찮다고 가정하면 NULL을 1로 대체할 수 있습니다.

```
UPDATE saleitems
SET quantity=1
WHERE quantity IS NULL;
```

여기부터는 기존 데이터에 coalesce()를 사용할 필요가 없지만, 그래도 앞으로 NULL을 방지해야 합니다.

수량에 NOT NULL 제약 조건 설정하기

다음과 같이 열에 **NOT NULL** 제약 조건을 설정할 수 있습니다.

```
-- PostgreSQL
ALTER TABLE saleitems ALTER COLUMN quantity SET NOT NULL;
-- MariaDB/MySQL
ALTER TABLE saleitems MODIFY quantity INT NOT NULL;
-- MSSQL
ALTER TABLE saleitems ALTER COLUMN quantity INT NOT NULL;
-- Oracle
ALTER TABLE saleitems MODIFY quantity NOT NULL;
-- SQLite에서는 불가능
```

이전에는 **ALTER TABLE** 문을 사용하여 열을 추가하거나 삭제했습니다. 이 문을 사용하여 기존 열을 변경할 수도 있습니다. 여기서는 **NOT NULL** 제약 조건을 추가하는 데 사용합니다. 앞서 살펴본 것처럼, 각 DBMS마다 ALTER TABLE 문에 미묘한 차이가 있습니다.

수량에 기본값 설정하기

원칙적으로 NULL이 표시되는 원인이 무엇이든 다시 발생할 수 있고 오류를 낼 것입니다. 더 좋은 방법은 향후 거래에서 수량 데이터가 누락될 경우를 대비해 1을 기본값으로 설정하는 것입니다.

```
-- PostgreSQL
ALTER TABLE saleitems
ALTER COLUMN quantity SET DEFAULT 1;
-- MariaDB/MySQL
ALTER TABLE saleitems
MODIFY quantity INT DEFAULT 1;
-- MSSQL
ALTER TABLE saleitems
```

```
    ADD DEFAULT 1 FOR quantity;
-- Oracle
ALTER TABLE saleitems
MODIFY quantity DEFAULT 1;
-- SQLite에서는 불가능
```

DEFAULT 값은 사용자가 직접 값을 입력하지 않은 경우 사용되는 값입니다. 열이 NOT NULL일 필요는 없으며 NOT NULL 열에 DEFAULT가 있을 필요도 없습니다. 하지만 이 경우에는 합리적인 조합입니다. 다시 한번 말씀드리지만, 각 DBMS마다 구문에 미묘한 차이가 있다는 점에 유의하세요.

수량에 대한 양수 CHECK 제약 조건 추가하기

quantity 열의 동작을 미세 조정하는 동안 다른 오류 가능성을 방지할 수 있습니다. 원칙적으로 정수는 음수 값을 포함할 수 있는데, 음수와 0은 판매 부수로는 적절하지 않습니다. CHECK 제약 조건을 사용하여 범위를 벗어난 값을 방지할 수 있습니다.

```
CHECK (quantity>0)
```

BETWEEN 표현식을 사용하여 상한선을 설정할 수도 있습니다.

```
CHECK (quantity BETWEEN 1 AND 5)
```

여기서 BETWEEN은 포괄적이라는 점을 기억하세요. 하지만 '최대 5개'와 같이 임의의 한도를 설정할 때는 주의해야 하는데, 예를 들어, 6개도 문제될 것이 없기 때문입니다. 이에 대해서는 나중에 다시 논의하도록 하겠습니다. CHECK 제약 조건을 추가하려면 다시 ALTER TABLE을 사용합니다.

```
-- PostgreSQL
ALTER TABLE saleitems
ADD CHECK (quantity>0);
```

```
-- MariaDB/MySQL
ALTER TABLE saleitems
MODIFY quantity INT CHECK(quantity>0);
-- MSSQL
ALTER TABLE saleitems
ADD CHECK(quantity>0);
-- Oracle
ALTER TABLE saleitems
MODIFY quantity CHECK(quantity>0);
-- SQLite에서는 불가능
```

이제 quantity 열을 더 안정적으로 만들었습니다.

변경된 사항 결합하기

일부 DBMS에서는 변경된 사항을 하나의 ALTER TABLE 문으로 결합할 수 있습니다.

```
-- PostgreSQL
ALTER TABLE saleitems
ALTER COLUMN quantity SET NOT NULL,
ALTER COLUMN quantity SET DEFAULT 1,
ADD CHECK (quantity>0);
-- MariaDB/MySQL
ALTER TABLE saleitems MODIFY quantity INT
  NOT NULL
  DEFAULT 1
  CHECK(quantity>0);
-- Oracle
ALTER TABLE saleitems MODIFY quantity
  DEFAULT 1
  NOT NULL
  CHECK(quantity>0);
-- MSSQL에서는 불가능
-- SQLite에서는 불가능
```

실제로 이런 종류의 변경을 자주 하지는 않기 때문에, 단계를 잘 분리하여 진행한다면 문제없습니다.

SQLite에서 변경하기

보셨다시피 SQLite에서 변경을 하는 것은 매우 제한적입니다. 일반적으로 SQLite는 테이블에 다음과 같은 변경만 수행할 수 있습니다.

- 열 추가
- 열 이름 바꾸기
- 열 삭제

하지만 이것만으로도 원하는 만큼 변경하는 데는 충분합니다. 열 순서가 다른 것만 상관없다면요.

앞에서 다뤘던 내용들을 모두 반영하고 싶다면 다음과 같이 진행합니다.

1. 원래 quantity 열의 이름을 변경합니다.

   ```
   ALTER TABLE saleitems
   RENAME quantity TO oldquantity;
   ```

2. 필요한 속성이 포함된 새 quantity 열을 추가합니다.

   ```
   ALTER TABLE saleitems
   ADD quantity INT NOT NULL DEFAULT 1 CHECK(quantity>0);
   ```

3. 이전 열의 데이터를 새 열로 복사합니다.

   ```
   UPDATE saleitems
   SET quantity=oldquantity;
   ```

4. 이전 열을 삭제합니다.

   ```
   ALTER TABLE saleitems
   DROP oldquantity;
   ```

새로운 열은 원래 열이 있던 위치가 아닌 끝에 위치하게 되지만 크게 문제되지는 않습니다.

2.3.2 그 밖의 조정

개발 과정에서 흔히 그렇듯이 무언가를 작동시키는 것은 어렵지 않지만, 제대로 작동하도록 만드는 데는 가장 많은 노력을 기울여야 합니다. 다음은 데이터베이스의 무결성과 성능을 모두 개선하기 위한 몇 가지 제안 사항입니다. 다음 절에서는 인덱스에 대해 설명하겠습니다. 인덱스는 데이터를 더 쉽게 검색하거나 정렬하는 데 도움이 됩니다.

테이블	열	제안
customers		
	height	CHECK (height>0) – or height BETWEEN 60 and 260
	dob	CHECK (dob<current_timestamp)
	registered	CHECK (registered<current_timestamp)
authors		
	names	INDEX
	dates	CHECK (born<died)
	gender	CHECK (gender IN('m','f'))
		CHECK (givenname IS NOT NULL OR familyname IS NOT NULL)
books		
	authorid	INDEX
	title	INDEX
	published	CHECK (published < year(current_timestamp))
	price	CHECK (price>=0)
sales		
	total	CHECK (total>=0)
	ordered	CHECK (ordered<current_timestamp)
	customerid	INDEX
		CHECK (shipped>=ordered)
saleitems		
	saleid	INDEX
	bookid	INDEX
	quantity	NOT NULL CHECK(quantity>0) DEFAULT 1
	price	CHECK(price>=0)

일부 CHECK 제약 조건이 단일 열과 연결되어 있지 않다는 것을 알 수 있습니다. 일부 제약 조건은 한 열이 다른 열과 어떻게 관련되어 있는지를 더 중요하게 봅니다.

앞에 제안된 내용을 모두 다루지는 않을 것입니다. 이것은 실제 작동하는 데이터베이스가 아니며 어차피 여러분이 해야 할 일이 아닐 수도 있기 때문입니다. 두 가지만 더 살펴보겠습니다.

가격이 음수가 되지 않게 하기

데이터 유형을 음수가 아닌 것으로 정의할 수 있다면 많은 열에 해당 유형을 사용할 수 있습니다. 예를 들어, MariaDB/MySQL에는 `UNSIGNED INT`라는 데이터 유형이 있는데, 부호가 없으면 Unsigned 항상 0이거나 양수이므로 수량뿐만 아니라 숫자를 세는 데에 유용합니다.

물론 다른 방법으로 CHECK 제약 조건을 사용하여 값에 제한을 거는 것도 있습니다. 여기서는 책 가격에 반영할 수 있습니다. 또한 적절한 최소 또는 최대 가격을 생각해 보는 것도 방법인데, 이 경우 BETWEEN 조건을 사용할 수 있습니다. 그러나 이는 시간이 지남에 따라 변경될 수 있으므로 항상 유용한 것은 아닙니다.

여기서 중요한 것은 가격이 결코 0보다 작지 않도록 하는 것입니다. 무료로 주는 물건이 있다면 0을 허용하겠지만, 절대 0보다 작아서는 안 됩니다. 이 제약 조건은 간단히 추가할 수 있지만, 구문은 DBMS마다 다르니 유의하세요.

```
-- PostgreSQL
ALTER TABLE books ADD CHECK (price>=0);
-- MariaDB/MySQL
ALTER TABLE books MODIFY price INT CHECK(price>=0);
-- MSSQL
ALTER TABLE books ADD CHECK(price>=0);
-- Oracle
ALTER TABLE books MODIFY price CHECK(price>=0);
```

다시 말하지만, SQLite를 사용하여 이 작업을 수행하려면 앞서 판매 품목의 수량에 대한 예제를 풀었던 단계를 따르면 됩니다.

저자의 출생일과 사망일이 올바른 순서가 되게 하기

유사한 데이터가 있는 열이 여러 개 있으면 열이 엉뚱하게 정렬될 리스크가 있습니다. '이름'은 악명 높은 예 중 하나입니다. `familyname`(성)과 `givenname`(이름)으로 전체 이름을 나눈 후 저장하는 것이 합리적이겠지만 실제로는 다른 방식으로 작동하는 경우가 많습니다. 이름이 어떻게 잘못 입력될지는 쉽게 상상할 수 있습니다.

`authors`(저자) 테이블에는 저자의 `born`(출생)과 `died`(사망), 두 가지 `DATE`(날짜)가 있습니다. 이 경우 시간순으로 저장되지만 그래도 확인하는 것이 좋습니다.

여기서는 테이블 제약 조건을 추가하겠습니다. 개별 열이 아닌 테이블에 적용되는 제약 조건입니다. 열 제약 조건도 이 방법으로 추가할 수 있지만 일부 제약 조건은 단일 열에 적용되지 않습니다. 테이블을 처음부터 다시 만들 수 있다면 다음과 같이 할 것입니다.

```
CREATE TABLE authors (
  id int PRIMARY KEY, -- DBMS에 따라 자동으로 번호를 지정
  -- givenname(이름), othernames(기타 이름), familyname(성),
  born DATE,
  died DATE,
  -- gender(성별), home(집),
  -- 테이블 제약 조건:
  CONSTRAINT ck_author_dates CHECK(born<died)
);
```

여기서 제약 조건은 일반적으로 꼭 그런 것은 아니지만 마지막에 추가 속성으로 나타납니다. 테이블이 있고 데이터도 이미 들어있기 때문에 테이블을 처음부터 다시 만들 기회는 이미 지나갔습니다. 그러나 테이블 제약 조건을 소급하여 추가할 수 있습니다. 물론 그 전에 먼저 제약 조건을 위반할 수 있는 데이터가 있는지 확인해야 합니다.

```
SELECT * FROM authors WHERE born<died;
```

이에 해당하는 결과는 없어야 합니다. 만약 있다면 직접 해결해야 합니다. 정확한 날짜가 어떻게 되는지 직접 조사하거나 정말 급하다면 `NULL`로 설정할 수도 있습니다.

다음으로 테이블 제약 조건을 추가합니다.

```
ALTER TABLE authors ADD CHECK (born<died);
```

열 제약 조건을 추가하는 것과 달리, 테이블 제약 조건은 여러 DBMS가 모두 동일한 구문을 사용합니다. 단, SQLite는 예외입니다. SQLite에는 간단하게 테이블 제약 조건을 추가하는 방법이 없습니다. 열을 삭제했다가 다시 생성하는 것과 유사하게 테이블 전체를 삭제했다가 다시 생성하거나 데이터베이스 내부를 조작하는 등 복잡한 방법이 필요한데, 결코 쉬운 일이 아닙니다.

2.4 인덱스 추가하기

SQL은 테이블의 순서를 정의하지 않습니다. 따라서 가장 효율적이라고 판단되는 방식으로 테이블을 저장하는 것은 DBMS에 달려 있습니다. 문제는 특정 행을 검색할 때 해당 행이 어디에나 있을 수 있고, 이를 찾는 유일한 방법은 전체 테이블을 살펴보면서 시간이 너무 오래 걸리지 않기를 바라는 것뿐이라는 점입니다.

반면에 표가 순서대로 정리되어 있다면 원하는 것을 찾기가 훨씬 쉬울 것입니다. 하지만 정돈되어 있다 하더라도 엉뚱한 순서로 되어 있을 가능성이 높습니다. 예를 들어, customers 테이블이 id 순서로 되어 있으면 고객의 성으로 검색을 할 때 별 도움이 되지 않을 겁니다. 또한 성 순으로 되어 있다면 전화번호를 검색할 때 도움이 되지 않습니다.

해결책은 테이블을 그대로 둔 다음 하나 이상의 **인덱스**로 테이블을 보완하는 것입니다. 인덱스는 테이블에서 일치하는 행에 대한 포인터와 함께 검색 순서대로 나열되는 추가 목록입니다. 예를 들어, customers 테이블에는 성에 대한 인덱스가 있습니다. 성을 검색할 때 DBMS는 자동으로 인덱스를 조회하여 원하는 것을 찾은 다음 실제 테이블로 돌아가 나머지 데이터를 가져옵니다.

인덱스에는 두 가지 비용이 들어갑니다.

- 각 인덱스는 데이터베이스에서 조금씩 더 많은 공간을 차지합니다.
- 테이블에 행을 추가하거나 변경할 때마다 각 인덱스도 업데이트해야 합니다.

이러한 이유 때문에 테이블 설계 단계에서 인덱스가 특별히 요청된 경우에만 열에서 인덱스를 찾을 수 있을 겁니다. 그리고 검색 기능을 개선하는 것이 저장 및 관리 비용을 감당할 만한 가치가 있다고 판단되는 경우에만 인덱스가 들어갑니다.

자동으로 포함되는 두 개의 인덱스가 있습니다.

- 모든 UNIQUE 열은 항상 인덱싱됩니다. 중복된 값을 방지하는 가장 좋은 방법은 기존 값이 순서대로 정렬된 목록을 유지하는 것입니다.
- 기본 키는 항상 인덱싱됩니다. 정의상 고유 식별자이기 때문에 자주 검색할 수 있습니다.

생각해 봐야 할 또 다른 유형의 열은 외래 키입니다. 검색 및 정렬에 크게 관여하기 때문입니다.

> **NOTE** 학계에서는 여전히 외래 키를 인덱싱하는 장점에 대한 논의가 이루어지고 있는데, 전반적으로 좋은 생각인 것 같습니다. 각 키에 인덱스를 추가하는 것을 한번 고려해 보세요.

다른 열들의 경우 어떻게 판단하느냐에 따라 다릅니다. 인덱스를 추가할지 제거할지 나중에 생각을 바꾸는 것은 어렵지 않기 때문입니다.

> **NOTE** 일부 DBMS에는 테이블을 한 열 또는 다른 열의 순서대로 저장하는 기능이 포함되어 있습니다. 이를 **클러스터형 인덱스** clustered index **또는 인덱스 일체형 테이블** index organized table 이라고 합니다. MSSQL과 같은 일부 DBMS에서는 클러스터링이 영구적으로 유지되는데, DBMS가 테이블을 해당 순서대로 유지하도록 합니다. 반면, 일부 DBMS에서는 일시적으로 유지되며, DBMS가 테이블을 한 번 정렬해 주긴 하지만 나중에 다시 정렬해야 합니다.
>
> 이번 실습에서는 클러스터링을 무시하겠습니다. 어떤 경우든 여전히 테이블을 여러 순서로 정렬할 수는 없으므로 어쨌든 인덱스가 필요합니다.

2.4.1 books 및 authors 테이블에 인덱스 추가하기

보통 자주 검색하는 열 중 하나는 books(책) 테이블의 제목 열일 것입니다. CREATE INDEX를 사용해 인덱스를 추가합니다.

```
CREATE INDEX ix_books_title
ON books(title);
```

ON 절은 나열할 테이블과 열을 식별합니다. 단일 구문에서 여러 열을 인덱싱할 수 있지만 이 경우 여러 개의 개별 인덱스가 생성되지는 않습니다. 대신 결합된 값에 대한 인덱스를 만듭니다. 예를 들어, 다음을 보겠습니다.

```
CREATE INDEX ix_authors_name
ON authors(familyname, givenname, othernames);
```

이렇게 하면 저자의 familyname(성), givenname(이름), othernames(기타 이름)에 대한 단일 인덱스가 생성됩니다.

인덱스는 저자 이름을 구성하는 세 부분을 중심으로 만들어졌지만 성만 검색해도 인덱스가 사용됩니다. 하지만 부분 인덱스partial index를 사용하면 적어도 인덱스의 첫 번째 구성 요소를 사용한다고 가정하므로 열이 그 순서대로 정렬됩니다.

앞의 두 구문에서 인덱스에 이름이 설정되었다는 점에 주목하세요. 인덱스 이름이 어떻게 설정되어야 하는지에 대한 규칙은 없지만 개발자마다 자신만의 패턴과 스타일을 가지고 있습니다. 예를 들어, 다음과 같습니다.

```
ix_table_columns
```

꼭 지켜야 할 규칙은 아니지만 이렇게 하면 작업을 더 쉽게 만들어 줍니다. 인덱스에 이름이 필요한 이유는 무엇일까요? 대부분의 사람들은 별로 신경 쓰지 않지만, 다음과 같은 두 가지 이유가 있습니다.

- 유지보수 오브젝트를 포함하여 데이터베이스에 저장된 모든 항목은 내부 관리를 위해 고유한 이름을 가져야 합니다.
- 인덱스를 삭제해야 하는 경우 인덱스 이름을 사용하여 인덱스를 식별해야 합니다.

이름이 없는 인덱스를 만드는 데 성공하더라도 DBMS는 자동으로 고유한 이름을 할당하는데, 항상 예쁜 이름이 붙는 것은 아닙니다.

또 다른 인덱스는 books 테이블의 외래 키 authorid입니다. 다음과 같이 추가할 수 있습니다.

```
CREATE INDEX ix_books_authors
ON books(authorid);
```

물론 고객 세부 정보나 다른 세부 정보에 대한 인덱스를 포함할 수도 있습니다.

2.4.2 고유한 인덱스 만들기

일부 열에는 중복된 값이 들어가지 않게 하고싶을 수도 있습니다. 예를 들어, customers 테이블에서 두 고객이 같은 이메일 주소를 사용해 로그인하는 경우는 없을 것이라고 생각하거나, 마찬가지로 서로 다른 고객이 동일한 전화번호를 가지는 경우는 없다고 생각할 수 있습니다. 성이나 생년월일과 같은 다른 열은 중복을 허용해야 합니다. 단순히 우연의 일치로 중복되는 경우도 있기 때문입니다.

customers 테이블은 이미 이메일 주소가 중복되지 않도록 열에 UNIQUE 속성을 포함하고 있습니다. 전화번호도 마찬가지입니다. 그래도 작업에 들어가기 전에 기존에 중복되는 값이 있는지 없는지 확인해야 합니다. SQL은 데이터베이스의 제약 조건을 위반하는 모든 작업을 거부하므로 전화번호가 중복된 경우 해당 중복이 해결될 때까지 UNIQUE 제약 조건을 추가할 수 없습니다.

중복된 값을 찾으려면 집계 그룹 쿼리를 사용합니다. 예를 들어, 이름이 중복된 고객을 찾아보겠습니다.

```
SELECT familyname, givenname, count(*) AS number   - Oracle이 아닌 경우
FROM customers
GROUP BY familyname, givenname;
```

이름을 그룹화하면 각 이름이 몇 개씩 있는지 개수를 표시할 수 있습니다. 우리는 중복된 값을 찾고 있으니 두 번 이상 표시되는 항목만 볼 수 있도록 HAVING 절을 사용하여 결과를 필터링할 수 있습니다.

```
SELECT familyname, givenname, count(*) AS number
FROM customers
GROUP BY familyname, givenname
HAVING count(*)>1;
```

다음과 같은 리스트가 나옵니다.

familyname	givenname	number
Free	Judy	2
Mate	Annie	2
Christmas	Mary	2
Tuckey	Ken	2
Ander	Corey	2
Dunnit	Ida	2
Bearer	Paul	2
Bell	Terry	2

SELECT 절에 count(*)는 꼭 필요하지 않지만 결과를 더 명확하게 하는 데 도움이 됩니다. 중복된 성을 발견하더라도 괜찮습니다. 중복된 이름을 가진 사람들이 많기 때문입니다. 하지만 전화번호가 중복된 경우에는 문제가 될 수 있습니다.

```
SELECT phone, count(*) AS number
FROM customers
GROUP BY phone
HAVING count(*)>1;
```

phone	number
[NULL]	17

중복을 발견했다면 이러한 중복이 정당한 경우인지를 확인해야 합니다. 만약 중복된 전화번호가 나오더라도 이를 정상이라고 결론을 내린다면 다음 단계를 더 진행하지 않을 수도 있습니다. 중복을 방지하려면 중복을 허용하지 않는다고 가정하고, 고유 인덱스를 추가합니다.

```
-- MSSQL이 아닌 경우
CREATE UNIQUE INDEX uq_customers_phone
  ON customers(phone);
```

MSSQL은 여러 개의 NULL을 중복으로 간주하는 문제가 있어서[3] 아래와 같은 방법이 필요합니다.

```
-- MSSQL
CREATE UNIQUE INDEX uq_customers_phone
  ON customers(phone)
WHERE phone IS NOT NULL;
```

이번에는 고유한 인덱스임을 표시하기 위해 인덱스 이름을 uq로 시작했습니다. 인덱스 이름을 지정하는 방법에 대한 규칙은 없지만, 보통 일반적이고 이해하기 쉬운 패턴에 따라 이름을 붙입니다.

> **NOTE** 중복된 전화번호를 허용할지 말지의 여부는 또 다른 문제입니다. 같은 집이나 조직에 속한 두 고객이 같은 전화번호를 공유할 수도 있기 때문에 중복을 허용하지 않는 경우 문제가 될 수 있습니다.
>
> 단, 이번 예제는 **중복을 허용하지 않는 방법**을 연습하는 것이지, 중복을 허용할지 여부를 결정하는 것은 아닙니다. 이러한 결정은 각 데이터베이스의 요구 사항에 따라 내리는 것이 가장 좋습니다.

---

3 제약 조건은 일반적으로 NULL을 무시하고, NULL은 어차피 NULL과 일치하지 않기 때문에 이상한 일이긴 합니다.

2.5 복습하기

잘 설계된 SQL 데이터베이스는 데이터를 신뢰할 수 있도록 몇 가지 규칙을 따릅니다. 데이터가 진실인지 아닌지는 알 수 없지만 적어도 유효합니다.

2.5.1 정규형

특정한 설계 원칙을 따르는 테이블을 정규형 normal form 이라고 합니다. 이는 일반적인 형태라는 뜻이 아니라 최종적인 형태라는 뜻입니다.

정규화된 테이블은 다음과 같은 속성을 가지고 있습니다.

- 데이터는 원자 단위로 되어있습니다.
- 행이 정렬되어 있지 않습니다.
- 행이 고유합니다.
- 행이 서로 독립적입니다.
- 열이 서로 독립적입니다.
- 열은 단일 유형입니다.
- 열 이름이 고유합니다.
- 열이 정렬되어 있지 않습니다.

2.5.2 여러 값

테이블을 개발할 때 발생하는 문제 중 하나는 여러 값 multiple value 과 반복 값을 어떻게 처리할지입니다. 일반적인 해결책은 테이블을 추가로 만들고 외래 키를 사용하여 연결하는 것입니다.

2.5.3 테이블 변경

데이터베이스를 재구성하거나 강화하려면 기존 테이블과 열을 변경해야 합니다. ALTER TABLE 문을 사용하여 다음과 같은 작업을 수행할 수 있습니다.

- 외래 키를 포함한, 새로운 열 추가
- 열 삭제
- 제약 조건 추가 또는 삭제
- 인덱스 추가 또는 삭제

제약 조건에는 NOT NULL, 기본값 및 추가 CHECK 제약 조건이 포함됩니다.

2.5.4 뷰

뷰^{view}는 SELECT 문이 저장된 것입니다. 뷰를 만드는 이유 중 하나는 하나 이상의 테이블에 있는 데이터를 한곳에 모아 편하게 사용할 수 있기 때문입니다.

결합된 데이터로 뷰를 만들 때 더 이상 모든 정규화 규칙을 따르지 않는 결과가 나오는 경우가 있습니다. 이를 비정규화^{denormalization}라고 합니다. 비정규화된 데이터는 일반적으로 데이터를 유지하는 데는 좋지 않지만, 데이터를 추출하는 데는 매우 편리한 경우가 많습니다. 원래 테이블에 데이터가 그대로 남아있기 때문에 두 가지 장점을 모두 누릴 수 있습니다.

일부 DBMS는 뷰의 데이터를 업데이트하는 기능을 지원합니다. 실제로 업데이트는 뷰에 전혀 영향을 미치지 않고 테이블에 전달됩니다.

2.5.5 인덱스

인덱스는 테이블을 보완하는 역할을 합니다. 원래 테이블의 데이터에 대한 참조와 함께 선택한 데이터를 순서대로 저장합니다. 인덱스를 사용하면 DBMS가 데이터를 더 빠르게 검색할 수 있습니다.

기본 키와 고유 열에 대해 인덱스는 자동으로 생성됩니다. 다른 열에 인덱스를 추가하는 것도 가능합니다. 물론 인덱스에는 저장 및 유지보수를 위한 리소스가 어느 정도 들어가기 때문에 아무 이유 없이 추가해서는 안 됩니다. 특정 열 또는 열 조합의 값이 고유한지 확인하기 위해 고유 인덱스를 추가할 수도 있습니다.

2.5.6 최종 결과

테이블 구조를 변경하고 나면 데이터베이스 디자인이 [그림 2-1]과 비슷해집니다.

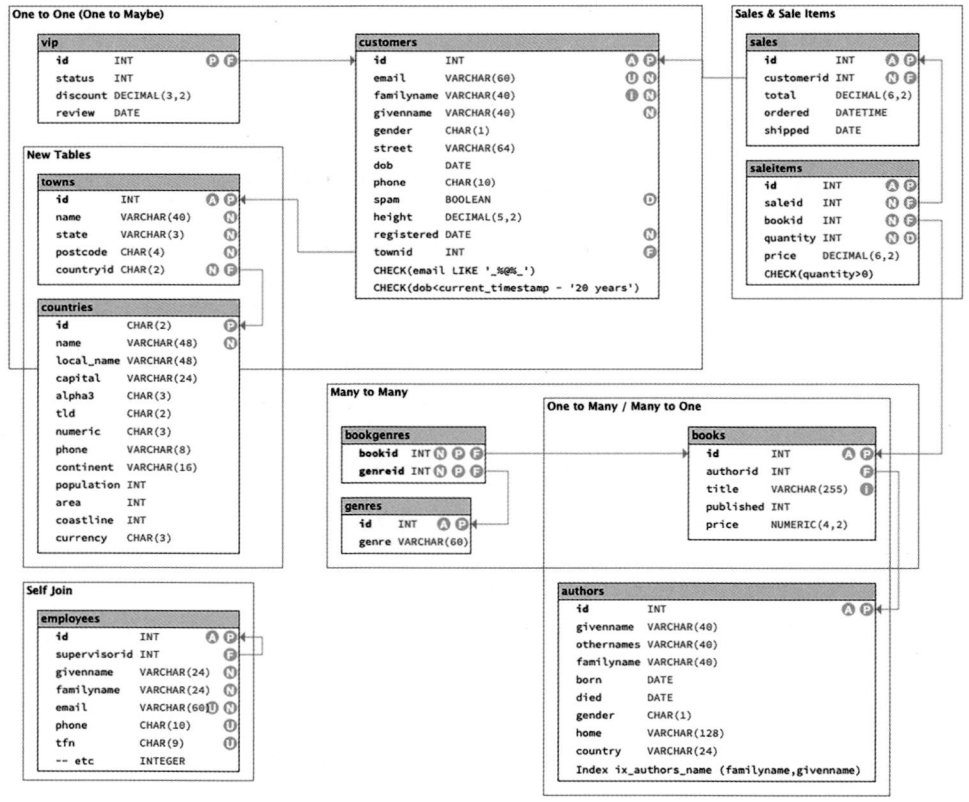

그림 2-1 개선된 데이터베이스 디자인

2.5.7 요약

2장에서는 개별 테이블의 속성에 초점을 맞춰 데이터베이스를 더 안정적이고 효율적으로 만들 수 있는 방법을 살펴봤습니다.

- 정규화된 SQL 테이블의 원리
- 정규화된 테이블에서 여러 값을 처리하는 방법
- 테이블의 안정성을 개선하고 정규 테이블의 원칙에 잘 맞도록 테이블 변경하기
- 여러 테이블에 대한 액세스를 개선하는 뷰 만들기
- 인덱스 추가를 통한 효율성 향상

데이터베이스를 개선하는 과정은 완전하지 않았지만, 데이터베이스를 더 안정적이고 효율적으로 만드는 요소에 대해 더 잘 이해할 수 있었을 것입니다.

2.6 앞으로 다룰 내용

2장에서는 테이블의 무결성과 효율성을 개선하는 데 도움이 되는 개별 테이블의 속성에 중점을 두었습니다.

3장에서는 여러 테이블이 상호 작용하는 방식에 대해 자세히 살펴보겠습니다.

CHAPTER 3

테이블 관계와 JOIN

데이터베이스는 단순히 한 테이블에 그치는 것이 아닙니다. 물론 그럴 수도 있지만, 온라인 서점을 관리하는 데 사용하는 정교한 데이터베이스는 각각 다른 데이터 모음을 처리하는 여러 개의 테이블로 구성되어 있습니다. 각각의 테이블을 검토하며 유용한 정보를 얻을 수도 있지만, 테이블을 결합하면 훨씬 더 많은 정보를 얻을 수 있습니다. 3장에서는 여러 테이블로 작업하는 방법과 테이블이 서로 어떻게 연관되어 있는지, 그리고 필요할 때 테이블을 결합하는 방법을 살펴봅니다.

구체적으로 살펴볼 내용은 다음과 같습니다.

- 테이블 관계의 의미와 주요 유형
- 일대다 관계를 사용하여 여러 값을 관리하는 방법
- 일대일 관계를 사용하여 한 테이블을 다른 테이블로 확장하는 방법
- 다대다 관계를 사용하여 보다 복잡하게 되어있는 여러 값을 관리하는 방법
- 여러 테이블에 데이터를 삽입하고 업데이트하는 방법

데이터베이스가 왜 이렇게 여러 테이블로 구성되는지 그 이유와 JOIN을 사용하여 가상 테이블로 결합하는 방법을 알아보겠습니다.

3.1 관계 훑어보기

잘 구조화된 데이터베이스는 여러 가지 중요한 설계 원칙을 준수합니다. 그 중 두 가지는 다음과 같습니다.

- 각 테이블에는 한 가지 유형의 데이터만 있으며 다른 테이블에 있는 데이터는 포함하지 않습니다. 예를 들어, customers(고객) 테이블은 책의 세부 정보를 포함하지 않고, books(도서) 테이블은 고객 세부 정보를 포함하지 않습니다. 이는 books 및 authors(저자) 테이블에도 마찬가지로 적용됩니다.
- 그렇다고 books 테이블이 authors 테이블을 전혀 인식하지 못한다는 것은 아닙니다. 이에 대해서는 잠시 후에 살펴보겠습니다.
- 데이터는 절대 반복되지 않습니다. 동일한 데이터 항목이 다른 테이블에서 발견되는 일은 없으며, 동일한 테이블에서 반복되는 일도 없습니다.
- 예를 들어, books 테이블에 저자 이름과 기타 세부 정보를 넣었다면, 같은 저자의 다른 도서에 대해서도 동일한 세부 정보를 반복해서 입력해야 합니다.

이 두 가지 원칙은 서로 연관되어 있습니다. 도서에 저자 세부 정보를 넣는 바람에 첫 번째 원칙을 위반하게 된다면, 결국 여러 책에 대한 세부 정보를 반복하게 되어 두 번째 원칙도 위반하게 됩니다.

도서와 저자를 관리하는 올바른 방법은 저자 세부 정보를 별도의 테이블에 넣고, 도서 테이블에 저자 중 한 명에 대한 **참조**^{reference}를 포함하는 것입니다. 이런 식으로 되어 있는 것을 두 테이블 사이에 **관계**^{relationship}가 있다고 말합니다. 이는 books 및 customers 테이블에도 동일하게 적용됩니다. 고객은 책을 구매하므로 이 테이블 사이에도 관계가 있어야 합니다. 나중에 살펴보겠지만 이러한 관계는 조금 더 복잡합니다.

관계에는 크게 세 가지 유형이 있습니다.

- **일대다 관계**^{one-to-many relationship}는 한 테이블의 기본 키와 다른 테이블의 외래 키 사이를 의미합니다. 예를 들어, 저자와 책 사이에는 일대다 관계가 있습니다. 한 명의 저자가 여러 권의 책을 쓸 수 있기 때문입니다.
- **일대일 관계**^{one-to-one relationship}는 한 테이블의 기본 키와 다른 테이블의 기본 키 사이를 의미합니다. 일반적으로 드문 경우라서, 일대일 관계의 변형을 보게 될 가능성이 더 큽니다. 예를 들어, 고객을 위한 추가 기능의 vip 테이블 있습니다. 각 고객마다 vip 엔트리는 하나만 있을 수 있으며, 두 테이블 사이에는 (수정된) 일대일 관계가 있다고 할 수 있습니다.

- **다대다 관계**many-to-many relationship는 직접적인 관계가 아니라 두 메인 테이블 사이에 JOIN 테이블이 있는 관계를 뜻합니다. 예를 들어, 도서에 대한 장르 레이블이 포함된 장르 테이블을 보면 하나의 책에 여러 가지 장르가 있을 수 있고, 하나의 장르가 여러 권의 책에 적용될 수 있습니다. 이 때 두 테이블 사이에는 다대다 관계가 있다고 말하는데, 추가 테이블로 구현된 것을 볼 수 있습니다.

이러한 관계는 계획된 관계planned relationship라고 할 수 있습니다. 보통 외래 키 제약 조건으로 실행이 되고, 기본 키를 포함하며, 데이터베이스에 대한 엄격한 구조를 따릅니다.

'계획되지 않은 관계'도 있을 수 있습니다. 예를 들어, 고객과 저자의 생일이 일치하는 경우를 생각해 볼 수 있습니다. 이런 관계는 우연일 수도 있지만 어떤 상황에서는 살펴볼 가치가 있을 수도 있습니다. 별자리가 전갈자리인 사람이 다른 전갈자리에게 친밀감을 느낀다거나 하는 상황처럼요. 계획되지 않은 관계를 '임시 관계ad hoc relationship'라고 하겠습니다. 이에 대해서는 나중에 더 살펴보겠습니다. 계획된 관계 또는 계획되지 않은 관계에 여러 테이블이 있는 경우 JOIN을 사용하여 조합을 검사할 수 있습니다.

3.2 일대다 관계

일대다 관계는 두 테이블 간 가장 일반적인 관계 유형입니다. 이 관계는 한 테이블의 기본 키와 다른 테이블의 외래 키 사이를 뜻합니다. 그러나 실제로는 외래 키에서 기본 키로의 참조로 구현됩니다.

이 관계는 여러 가지 시나리오를 나타내는 데 사용할 수 있습니다. 예를 들면 다음과 같습니다.

- 한 저자가 많은 책을 집필함
- 한 고객에게서 많은 매출이 나옴
- 한 판매 건에 많은 품목이 포함됨

여기서 '많은many'이라는 단어는 0에서 ∞까지의 모든 숫자를 의미할 수 있습니다. 이와 같은 경우 하나의 테이블을 '일one', 나머지 다른 테이블을 '다many'로 볼 수 있는데, 그닥 도움이 되는 방법은 아닙니다. 하나의 테이블을 '부모' 테이블로, 다수의 테이블을 '자식' 테이블로 생각하는 것이 좋습니다.

일대다 관계는 자식 테이블에서 부모 테이블로의 참조를 통해 구현됩니다. 예를 들어, books 테이블과 authors 테이블을 살펴보겠습니다.

```
CREATE TABLE authors (      -- 부모 테이블: '일(one)'
  id INT PRIMARY KEY
  -- 기타 열
);
CREATE TABLE books (        -- 자식 테이블: '다(many)'
  id INT PRIMARY KEY,
  bookid INT REFERENCES parent(id)
  -- 기타 열
);
```

시각적으로 나타내면 [그림 3-1]과 같습니다.

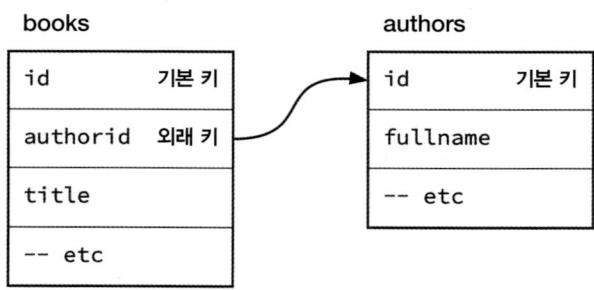

그림 3-1 일대다 JOIN

자식 테이블에는 부모 테이블에 대한 참조가 있지만 부모 테이블에는 자식 테이블에 대한 참조가 없다는 점에 유의하세요. JOIN을 사용하여 부모 테이블과 자식 테이블을 결합할 수 있습니다.

```
-- Oracle이 아닌 경우
SELECT
  b.id, b.title, -- 기타
```

```
    a.givenname, a.familyname -- 기타
 FROM books AS b JOIN authors AS a ON b.authorid=a.id;
-- Oracle인 경우: AS를 통한 테이블 별칭 설정 불가능
 SELECT
   b.id, b.title, -- 기타
   a.givenname, a.familyname -- 기타
 FROM books b JOIN authors a ON b.authorid=a.id;
```

그러면 해당 저자가 쓴 도서가 표시됩니다.

id	title	givenname	familyname
2078	The Duel	Heinrich	von Kleist
503	Uncle Silas	J.	Le Fanu
2007	North and South	Elizabeth	Gaskell
702	Jane Eyre	Charlotte	Brontë
1530	Robin Hood, The Prince of ...	Alexandre	Dumas
1759	La Curée	Émile	Zola
~ 1172 rows ~			

Oracle에는 테이블 별칭을 설정하는 데에 **AS**를 사용할 수 없는 단점이 있습니다. Oracle을 사용하는 경우 예제에 **AS**가 포함되어 있는지 확인하세요. 저자 이름이 없는 책(authorid가 NULL인 책)이 있는 경우 **OUTER JOIN**이 필요합니다.

```
-- Oracle이 아닌 경우
 SELECT
   b.id, b.title, -- etc
   a.givenname, a.familyname -- etc
 FROM books AS b LEFT JOIN authors AS a ON b.authorid=a.id;
-- Oracle인 경우: AS를 통한 테이블 별칭 설정 불가능
 SELECT
   b.id, b.title, -- etc
   a.givenname, a.familyname -- etc
 FROM books b LEFT JOIN authors a ON b.authorid=a.id;
```

이와 같이 하면 저자 이름이 없어도 모든 책을 확인할 수 있습니다.

id	title	givenname	familyname
1868	The Tenant of Wildfell Hall	Anne	Brontë
661	The Narrative of Arthur Gordon Pym ...	Edgar	Poe
91	My Bondage and My Freedom	Frederick	Douglass
848	The Charterhouse of Parma	[NULL]	Stendhal
440	The Princess and the Goblin	George	MacDonald
881	Against Nature	Joris-Karl	Huysmans
~ 1201 rows ~			

일대다 관계는 가장 일반적인 테이블 간 관계입니다.

> **NOTE** SQLite는 RIGHT JOIN을 지원하지 않습니다. OUTER JOIN을 하려면 일치하지 않는 행 테이블을 왼쪽에 배치하고 LEFT JOIN을 사용하세요.

3.2.1 일대다 JOIN 카운트하기

데이터베이스가 어떻게 설정되어 있는지, 적절한 열을 해당하는 열에 제대로 JOIN했는지 확실하지 않은 경우, JOIN을 사용해서 결과를 몇 개나 얻을 수 있는지 그 수를 추정하면 도움이 됩니다. 어떤 방법인지 알기 쉽게 [그림 3-2]와 같이 books와 authors 테이블을 단순하게 표현해 봤습니다.

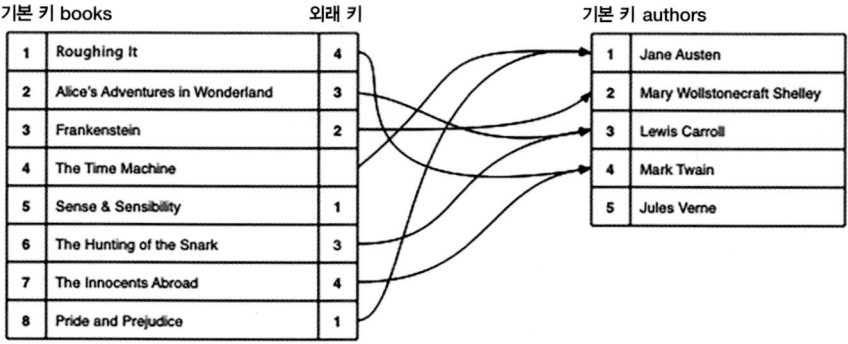

그림 3-2 books 및 authors 테이블

이전 예제에서는 LEFT JOIN을 사용했습니다. 자식 테이블을 부모 테이블에 JOIN하는 경우 일반적으로 네 가지 옵션이 있습니다.

- 서로 일치하는 행만 출력
- 자식 테이블에만 있는 행을 출력
- 부모 테이블에만 있는 행을 출력
- 서로 일치하는 행을 제외한 모든 자식 테이블과 부모 테이블의 행을 출력

첫 번째 옵션은 INNER JOIN, 더 간단하게는 JOIN에 해당합니다. 결과는 [그림 3-3]과 같습니다.

기본 키	books		외래 키	기본 키	authors
1	Roughing It		4	4	Mark Twain
2	Alice's Adventures in Wonderland		3	3	Lewis Carroll
3	Frankenstein		2	2	Mary Wollstonecraft Shelley
5	Sense & Sensibility		1	1	Jane Austen
6	The Hunting of the Snark		3	3	Lewis Carroll
7	The Innocents Abroad		4	4	Mark Twain
8	Pride and Prejudice		1	1	Jane Austen

그림 3-3 INNER JOIN(내부 조인)

앞선 그림을 살펴보면 도서 및 저자 테이블에서 서로 일치하는 것만 JOIN으로 포함된 것을 볼 수 있습니다. 두 번째 및 세 번째 옵션은 왼쪽과 오른쪽 중 어느 쪽의 행을 가져올 것인지에 따라 LEFT OUTER JOIN 또는 RIGHT OUTER JOIN을 사용합니다. 간단하게 LEFT JOIN 또는 RIGHT JOIN을 사용해도 됩니다. 여기에서는 [그림 3-4]와 같이 LEFT JOIN을 사용해서 도서 중 저자가 매치되지 않는 책도 결과에 포함했습니다.

기본 키	books		외래 키	기본 키	authors
1	Roughing It		4	4	Mark Twain
2	Alice's Adventures in Wonderland		3	3	Lewis Carroll
3	Frankenstein		2	2	Mary Wollstonecraft Shelley
4	The Time Machine				
5	Sense & Sensibility		1	1	Jane Austen
6	The Hunting of the Snark		3	3	Lewis Carroll
7	The Innocents Abroad		4	4	Mark Twain
8	Pride and Prejudice		1	1	Jane Austen

그림 3-4 OUTER JOIN(외부 조인)

대부분의 DBMS(SQLite 또는 MariaDB/MySQL 제외)에는 자식 테이블과 부모 테이블에서 서로 일치하는 행을 제외한 나머지 모든 행을 출력하는 네 번째 옵션이 있습니다. 이를 FULL OUTER JOIN(전체 외부 조인) 또는 FULL JOIN(전체 조인)이라고 합니다. FULL JOIN을 하면 [그림 3-5]와 같이 양쪽 테이블에서 일치하지 않는 행을 가져옵니다.

기본 키	books		외래 키	기본 키	authors
1	Roughing It		4	4	Mark Twain
2	Alice's Adventures in Wonderland		3	3	Lewis Carroll
3	Frankenstein		2	2	Mary Wollstonecraft Shelley
4	The Time Machine				
5	Sense & Sensibility		1	1	Jane Austen
6	The Hunting of the Snark		3	3	Lewis Carroll
7	The Innocents Abroad		4	4	Mark Twain
8	Pride and Prejudice		1	1	Jane Austen
				5	Jules Verne

그림 3-5 FULL JOIN(전체 조인)

이번 예제에서는 **LEFT JOIN**을 했습니다. 자식 테이블이 왼쪽에 있고, 일치하는 항목이 있든 없든 모두 가져오기 위해서 입니다.

겉보기에는 대칭이지만 사실 모든 JOIN이 동일하지 않은 상태입니다. 자식 테이블을 부모 테이블에 JOIN하는 경우, 일반적으로 자식 테이블을 바탕으로 결과 수가 나옵니다. 이는 많은 자식 테이블이 같은 부모 테이블을 공유하기 때문입니다. 따라서 예상되는 결과 수를 제대로 추정하려면 먼저 행 수부터 세어 봐야 합니다.

```
-- 자식 테이블 INNER JOIN
SELECT count(*) FROM books WHERE authorid IS NOT NULL;
```

그러면 **INNER JOIN**하기 이전의 행 수를 알 수 있습니다.

count
1172

자식 테이블에만 있는 행 수를 계산하려면 외래 키가 **NULL**인 행을 세기만 하면 됩니다.

```
-- 자식 테이블에만 있는 행의 수
SELECT count(*) FROM books WHERE authorid IS NULL;
```

그러면 **INNER JOIN**에서 누락된 행 수가 표시됩니다.

count
29

이 숫자를 **INNER JOIN**한 결과의 숫자와 더하면 총 도서 수를 구할 수 있는데, 이는 앞서 자식 테이블 **OUTER JOIN**의 행 수이기도 합니다. 부모 테이블에만 있는 행의 수를 구하는 것은 더 까다롭습니다. 부모 테이블의 기본 키 중 자식 테이블의 외래 키가 아닌 행의 수를 세어야 합니다.

```
-- 부모 테이블에만 있는 행의 수
SELECT count(*) FROM authors
WHERE id NOT IN(SELECT authorid FROM books WHERE authorid IS NOT NULL);
```

이렇게 하면 부모 테이블에만 있는 행의 수를 알 수 있습니다.

count
45

서브쿼리는 저자 중 id가 도서 테이블에 표시되는 저자를 선택합니다. NOT IN 표현식은 나머지 저자를 선택합니다. 서브쿼리에 WHERE authorid IS NOT NULL 절이 포함되는 이유는 NOT IN이 특이하게 NULL을 사용하기 때문입니다. 이에 대해서는 나중에 설명하겠습니다.

이제 JOIN의 행 수를 추정하는 데 필요한 모든 숫자를 확보했으니 다음과 같은 조합을 사용해 볼 수 있습니다.

JOIN	계산 방법
내부 조인	INNER JOIN
자식 외부 조인	INNER JOIN + 자식 테이블에만 있는 행 = 자식 테이블
부모 외부 조인	INNER JOIN + 부모 테이블에만 있는 행
전체 외부 조인	INNER JOIN + 자식 테이블에만 있는 행 + 부모 테이블에만 있는 행

이를 통해 자식 외부 조인에서 기대할 수 있는 행 수를 구할 수 있습니다. 자식 테이블을 배치하는 위치에 따라 LEFT JOIN 혹은 RIGHT JOIN을 사용하게 됩니다. 물론 여전히 INNER JOIN이 있고, 일부 NULL 외래 키가 있는 경우 생각보다 적은 수의 행만이 남게 됩니다. 부모 외부 조인을 선택하면 일치하는 자식이 없는 부모가 있을 경우 더 많은 행이 나옵니다. 아직 끝나지는 않았지만, 이는 좋은 출발점이 되어 줄 것입니다.

3.2.2 NOT IN의 특이한 점

IN(...)이 무언가와 일치하는 행을 찾는 것이라면 NOT IN(...)은 반대라고 생각할 수 있지만, 목록에 NULL이 포함된 경우를 제외하면 대부분 맞습니다.

예를 들어, 두 개의 주에 대한 고객 데이터를 찾으려면 다음과 같이 할 수 있습니다.

```
SELECT * FROM customerdetails
WHERE state IN ('VIC','QLD');
```

다른 주에 대한 고객 데이터를 찾으려면 NOT IN을 사용하면 됩니다.

```
SELECT * FROM customerdetails
WHERE state NOT IN ('VIC','QLD');
```

여기까지는 예상대로 잘 되겠지만, 목록에 NULL이 있다면 결과가 엉망이 됩니다. IN(...)이 어떻게 해석되는지 알아야 하는데 예를 들어, 다음을 살펴보겠습니다.

```
SELECT * FROM customerdetails
WHERE state IN ('VIC','QLD',NULL);
```

이 경우는 다음과 같습니다.

```
SELECT * FROM customerdetails
WHERE state='VIC' OR state='QLD' OR state=NULL;
```

NULL은 비교를 할 수 없기 때문에 마지막 조건 state=NULL도 항상 실패할 수밖에 없지만, 다른 조건 중 하나와 일치하면 괜찮습니다. 그러나 NOT IN 버전은 그렇지 않습니다.

```
SELECT * FROM customerdetails
WHERE state NOT IN ('VIC','QLD',NULL);
```

이 경우는 다음과 같습니다.

```
SELECT * FROM customerdetails
WHERE state<>'VIC' AND state<>'QLD' AND state<>NULL;
```

논리표현식을 무효화하면 각 용어뿐만 아니라 용어 사이의 연산자도 무효화됩니다. 다시 한 번 말하자면, state<>NULL은 항상 실패하는데 이제 AND로 묶였으니 나머지 전체 표현식 또한 실패하게 됩니다.

이 결과로 알 수 있는 것은 목록에 NULL이 포함되어 있으면 NOT IN을 사용할 수 없다는 것입니다.

3.2.3 도서 및 저자 뷰 만들기

보통 복잡한 작업은 한 번 하고 나면 다시 하고싶지 않습니다. books 및 authors 테이블을 JOIN하는 것은 그리 복잡한 일은 아니지만 더 간단한 방법을 고민해 봅시다.

SELECT 문을 뷰로 만들면 데이터베이스에 영구적으로 저장할 수 있습니다. 뷰는 저장된 쿼리일 뿐이라서, 테이블처럼 사용할 수 있지만 실제로 데이터를 저장하지는 않아 비용이 저렴합니다.

구체화 뷰^{materialized view}라는 것도 있지만 새 데이터를 영구적으로 저장하지는 않습니다. 구체화 뷰는 상당히 복잡한 뷰를 가지고 작업을 해야 하거나 결과를 가지고 많은 처리를 해야 하는 경우 유용한데, 매번 결과를 다시 계산할 필요가 없기 때문입니다.

```
-- 이전 버전 삭제 (Oracle이 아닌 경우)
 DROP VIEW IF EXISTS bookdetails;
-- 이전 버전 삭제 (Oracle인 경우)
 DROP VIEW bookdetails;
-- 뷰 (다시) 만들기
 CREATE VIEW bookdetails AS
```

```
  SELECT
    b.id, b.title, b.published, b.price,
    a.givenname, a.othernames, a.familyname,
    a.born, a.died, a.gender, a.home
  FROM
    books AS b
    LEFT JOIN authors AS a ON b.authorid=a.id
  ;
```

DROP VIEW를 사용해서 기존 뷰를 삭제할 수 있습니다. 뷰가 존재하는지 확실하지 않은 경우에는 Oracle을 제외하고 대부분의 DBMS에서 DROP VIEW IF EXISTS를 사용할 수 있습니다.

MSSQL에는 까다로운 점이 하나 있는데, CREATE VIEW가 해당 배치에서 유일한 구문이어야 합니다. 그래서 다음과 같이 한 배치의 끝과 다른 배치의 시작을 표시하는 GO 키워드 사이에 구문을 넣어줘야 합니다.

```
  DROP VIEW IF EXISTS bookdetails;
  -- MSSQL에서만 해당:
  GO
   CREATE VIEW bookdetails AS
   SELECT
    b.id, b.title, b.published, b.price,
    b.authorid, a.givenname, a.othernames, a.familyname,
    a.born, a.died, a.gender, a.home
   FROM
    books AS b
    LEFT JOIN authors AS a ON b.authorid=a.id
   ;
  GO
```

저자 세부 정보에 대해 더 많은 정보를 얻어야 할 경우를 대비해 authorid를 포함했습니다. 뷰를 저장하고 나면 아래와 같이 하나의 테이블인 것처럼 사용할 수 있습니다.

```
  SELECT * FROM bookdetails;
```

그러면 이제 많은 노력을 들이지 않고도 이전과 동일한 결과를 얻을 수 있습니다.

3.3 일대일 관계

일대일 관계는 한 테이블의 단일 행을 다른 테이블의 단일 행과 연결합니다. 일반적으로 두 개의 기본 키 사이에서 존재합니다.

만약 한 테이블의 모든 행이 다른 테이블의 한 행과 연결되어 있다면, 두 번째 테이블은 첫 번째 테이블의 확장이라고 생각할 수 있습니다. 그렇다면 여기서 모든 열을 같은 테이블에 넣지 않는 이유는 무엇일까요? 그 이유는 다음과 같습니다.

- 세부 정보를 더 추가하고 싶지만 원래 테이블은 변경하고 싶지 않은 경우
- 세부 정보를 더 추가하고 싶지만 권한 때문에 원래 테이블을 변경할 수 없는 경우
- 추가 테이블이 선택 사항일 수도 있는 세부 정보를 포함하고 있는 경우(오리지널 테이블의 모든 행이 추가 열을 필요로 하는 것은 아님)
- 일부 세부 정보를 별도의 테이블에 보관해 추가적인 세부 정보에 또 다른 보안 계층을 추가하고 싶을 경우

3.3.1 일대불확실 관계

기술적으로, 진정한 일대일 관계는 두 테이블이 서로를 참조하는 것이 필요합니다. 이 관계는 구현이 어렵기도 한데, 예를 들어, 두 테이블의 행을 동시에 추가해야 할 수도 있기 때문입니다.

> **NOTE** 테이블 A의 행이 테이블 B의 행을 참조해야 한다면, 테이블 A에 추가하기 전에 테이블 B의 행이 먼저 존재해야 합니다. 그러나 테이블 B의 행도 테이블 A의 행을 참조해야 한다면, 테이블 B에 추가하기 전에 테이블 A에 먼저 추가해야 합니다. 이는 명백히 모순입니다.
>
> 이를 해결하는 한 가지 방법은 외래 키 제약 조건을 두 테이블에 데이터를 추가한 이후로 미루는 것입니다. 그러나 대부분의 DBMS는 이를 허용하지 않기 때문에, 이 불가능한 상황에 갇히게 됩니다.

이 관계의 더 일반적인 변형은 **일대불확실 관계**_{one-to-maybe relationship} 입니다.[4] 이는 두 번째 테

---

[4] 일대불확실 관계라는 것은 제가 만든 용어입니다. 다른 사람들은 이를 "일대제로또는일"이라고 부르는데, 덜 간결합니다.

이블에 있는 데이터가 반드시 첫 번째 테이블의 모든 행에 해당하지 않아도 되도록 허용합니다. 예를 들어, vip 테이블은 일부 고객에 대한 추가 세부 정보를 포함하고 있습니다. SQL에서는 다음과 같은 형태로 나타낼 수 있습니다.

```
CREATE TABLE customers ( -- 메인 테이블
  id INT PRIMARY KEY
  -- 메인 데이터
);
CREATE TABLE vip ( -- 보조 테이블
  id INT PRIMARY KEY REFERENCES customers(id)
  -- 추가 열
);
```

시각적으로 나타내면 [그림 3-6]과 같습니다.

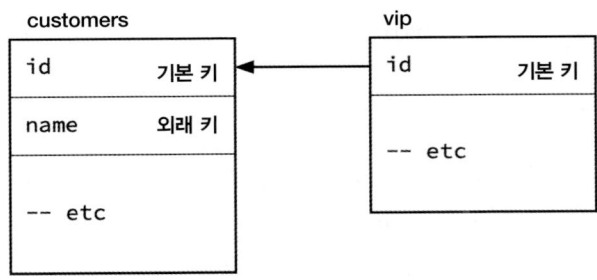

그림 3-6 일대불확실 JOIN

여기에서 보조 테이블은 메인 테이블의 일부 행에 대한 추가 데이터를 포함합니다. 이 관계는 보조 테이블에서 id를 기본 키이자 외래 키로 만들어 구현된다는 점에 유의하세요. 예를 들어, vip 테이블은 아래와 같이 일부 고객에 대한 추가 정보를 포함하고 있습니다.

```
SELECT * FROM customers ORDER BY id;
SELECT * FROM vip ORDER BY id;
```

이렇게 하면 모든 고객을 볼 수 있으며, 그 중 일부는 다음처럼 VIP의 데이터도 가지고 있습니다.

id	givenname	familyname	...
1	Pierce	Dears	...
2	Arthur	Moore	...
5	Ray	King	...
6	Gene	Poole	...
9	Donna	Worry	...
10	Ned	Duwell	...

~ 303 rows ~

id	status	discount	review
5	3	0.05	2023-12-01
10	2	0.1	2023-08-23
21	1	0.15	2024-03-14
26	1	0.15	2024-02-24
40	1	0.15	2023-11-11
41	3	0.05	2024-03-09

~ 81 rows ~

vip 테이블에 있는 행의 수가 customers 테이블보다 적다는 것을 결과를 보면 알 수 있습니다. 모든 고객이 VIP였다면 행의 수가 같았겠지만, 이 경우는 그렇지 않습니다. 이들이 어떻게 연결되는지 아래와 같이 JOIN을 사용하여 확인할 수 있습니다.

```
SELECT c.*, v.*
FROM customers AS c LEFT JOIN vip AS v ON c.id=v.id;
```

이렇게 하면 사실상 확장된 customers 테이블이 됩니다.

id	givenname	familyname	...	id	status	discount	review
42	May	Knott	...	42	3	0.05	2024-01-03
459	Rick	Shaw	...				
597	Ike	Andy	...				

id	givenname	familyname	...	id	status	discount	review
186	Pat	Downe	...				
352	Basil	Isk	...	352	1	0.15	2023-08-06
576	Pearl	Divers	...				
~ 303 rows ~							

이렇게 하면 모든 고객이 표시되며, 추가 열에는 VIP의 데이터 또는 **NULL**이 표시됩니다.

> **NOTE** **LEFT JOIN**을 사용한 이유는 VIP가 아닌 고객도 포함시키기 위해서입니다. 만약 VIP 고객만 원한다면, 더 간단하게 (**INNER**) **JOIN**을 사용하는 것이 더 좋습니다.
>
> **SELECT** *를 사용할 수도 있지만 c.*, v.*를 사용하면 어떤 테이블의 데이터에 더 관심이 있는지 선택할 수 있습니다.

때로는 특별 케이스로, 추가적인 vip 열 없이 VIP 고객만 선택할 수도 있습니다.

```
SELECT c.*
FROM customers AS c JOIN vip AS v ON c.id=v.id;
```

여기서 **INNER JOIN**은 VIP 고객만 선택하고, c.*는 VIP를 제외한 고객 열만 선택합니다. 어떻게 할지는 물론 여러분의 선택에 달려 있습니다.

3.4 여러 값

데이터베이스 설계의 핵심 문제 중 하나는 '여러 값$^{multiple\ value}$을 어떻게 처리할 것인가'입니다. 적절히 정규화된 테이블에서는 한 행에 여러 값을 포함하는 것을 금지하는 것을 원칙으로 합니다.

- 하나의 열에는 여러 값을 포함할 수 없습니다.

    예를 들어, 0270101234, 0355505678과 같이 하나의 열에 여러 전화번호를 넣어서는 안 됩니다. 이렇게 하면 데이터를 정렬하거나 검색하기 어렵고, 유지 관리가 매우 어려워집니다.

- 동일한 역할을 하는 여러 열을 만들지 않아야 합니다.

    예를 들어, phone1, phone2, phone3 등과 같이 여러 개의 전화번호 열을 만들면 안 됩니다. 이렇게 하면 어떤 열에서 검색해야 할지 확실하지 않기 때문에 검색하기 어려워질 수 있습니다. 또한, 열이 너무 많아지거나 충분하지 않은 문제가 발생할 수도 있습니다.

    다만, 전화번호 유형마다 명확한 구분이 있는 경우에는 예외적으로 이를 허용할 수 있습니다. 예를 들어, 팩스(아직 기억하시는 분 계신가요?), 휴대전화, 유선 전화번호에 대해 별도의 열을 두는 것은 적절할 수 있습니다.

예를 들어, 책의 여러 장르를 기록하려 한다고 가정해 봅시다. 다음은 잘못된 해결 방법에 대한 두 가지 예입니다.

- 구분자^{delimiter}를 사용해 여러 값을 하나의 열에 넣는 경우

    장르 열에 여러 장르나 장르 id를 쉼표로 구분하여 저장하는 경우, 데이터가 원자 단위가 아니기 때문에 정렬, 검색, 업데이트하기 매우 어렵습니다. 또한 데이터를 활용하려면 추가 작업이 필요하게 됩니다.

- 장르에 대한 여러 열을 만드는 경우

    동일한 이름의 열을 여러 개 만들 수 없으므로, 열 이름은 genre1, genre2 등이 될 것입니다. 하지만 여기에는 다음과 같은 문제가 있습니다.
    - (a) 너무 많은 열이 생기거나 열이 부족하게 되는 문제가 발생합니다.
    - (b) 특정 값을 저장할 '정확한' 열이 존재하지 않습니다.
    - (c) 검색 및 정렬이 비효율적입니다.

장르를 기록하는 문제는 더 복잡합니다. 한 책에 여러 장르가 해당될 수 있을 뿐만 아니라, 한 장르가 여러 책에 적용될 수도 있기 때문입니다. 이는 다대다 관계$^{many-to-many\ relationship}$의 예에 해당합니다. 다대다 관계는 두 테이블 간에 직접적으로 구현될 수 없고, 두 테이블 사이에 추가적인 테이블이 필요합니다.

> **NOTE** 샘플 데이터베이스를 생성하고 데이터를 채운 스크립트를 살펴볼 용기가 있다면, booksgenres라는 테이블을 발견할 수 있을 것입니다(물론 bookgenres(도서장르) 테이블과 혼동해서는 안 되며, 이는 전혀 다른 테이블입니다). 이 테이블에는 장르가 하나의 열에 결합되어 있습니다. 물론, 이는 바람직한 방법은 아닙니다.

> booksgenres 테이블은 서로 다른 두 개의 테이블에 수천 개의 행을 쉽게 전달하기 위한 역할로 사용됩니다. 그리고 나중에 이 데이터를 분리해 다른 테이블에 채우는 다소 충격적인 부분이 스크립트에 등장합니다. 그 후, booksgenres 테이블은 이 증거를 숨기기 위해 삭제됩니다.
>
> 이처럼 데이터를 전송하거나 백업하는 목적에 한해 규칙을 깨는 것이 허용될 수 있습니다. 하지만 데이터는 **절대로** 이 형식 그대로 유지되어서는 안 됩니다.

3.4.1 다대다 관계

테이블 간의 다대다 관계를 나타내려면 두 테이블을 연결하는 또 다른 테이블이 필요합니다. 이러한 테이블을 **연관 테이블**associative table 또는 **브리지 테이블**bridging table이라고 하며 [그림 3-7]과 같습니다.

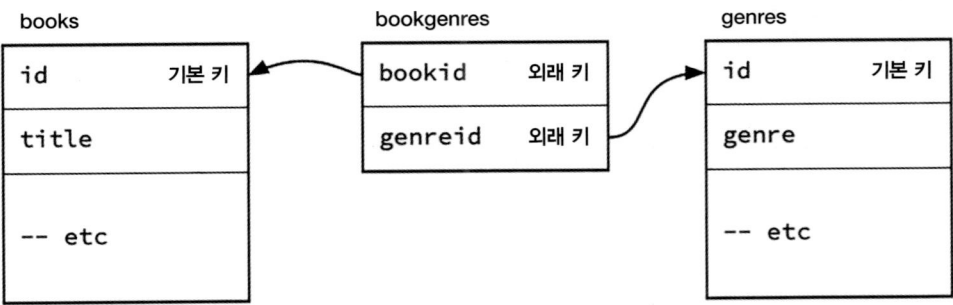

그림 3-7 다대다 관계

이를 설명하기 위한 두 개의 테이블 예제는 다음과 같습니다.

```
-- books 테이블
CREATE TABLE books (
  id int PRIMARY KEY,
  title varchar,
  -- 기타
);
-- genre 테이블
```

```
CREATE TABLE genres (
  id int PRIMARY KEY,
  name varchar,
  description varchar
  -- 기타
);
```

장르 테이블은 대체 기본 키$^{surrogate\ primary\ key}$를 포함하고 있습니다. 또한 실제 장르명과 이에 대한 설명을 포함해 각 장르가 어떤 것인지 명확히 알 수 있도록 되어있습니다. 다음과 같이 간단한 **SELECT** 문을 통해 두 테이블에 어떤 내용이 있는지 확인할 수 있습니다.

```
SELECT * FROM books;
SELECT * FROM genres;
```

겉보기에는 관련이 없어 보이는 데이터 집합이 다음처럼 표시됩니다.

id	authorid	title	published	price
2078	765	The Duel	1811	12.5
503	128	Uncle Silas	1864	17
2007	99	North and South	1854	17.5
702	547	Jane Eyre	1847	17.5
1530	28	Robin Hood, The Prince of Thieves	1862	12.5
1759	17	La Curée	1872	16

~ 1201 rows ~

id	genre
1	Biology
2	Ancient History
3	Academia
4	Science
5	College
6	Comics

~ 166 rows ~

두 테이블은 서로를 참조하지 않습니다. 대신, **연관 테이블**이 추가로 더 필요합니다. 이 연관 테이블은 책과 장르를 연결해 줍니다.

```
-- 연관 테이블
CREATE TABLE book_genres (
  bookid int REFERENCES books(id),
  genreid int REFERENCES genres(id)
);
```

이 표의 내용은 다음과 같이 확인할 수 있습니다.

```
SELECT * FROM bookgenres;
```

그러면 매우 간단하고 뻔한 결과가 나옵니다.

bookid	genreid
456	8
789	8
123	52
456	38
789	38
123	80
456	94
356	1
789	113
123	9
1914	1
936	1
1198	1
918	1
456	35
789	68

bookid	genreid
456	146
789	80
456	101
456	145
1618	2
844	3
~ 8011 rows ~	

이 테이블은 어떤 책이 어떤 장르와 연관되어 있는지 기록하는 단 한가지 작업만 수행하는 간단한 테이블입니다. 각 열은 다른 테이블에 대한 외래 키여야 합니다. 그렇지 않으면 연관을 시킨 목적이 무의미해집니다. 이 연관을 통해 하나의 책이 여러 장르와 연결될 수 있고, 하나의 장르가 여러 책과 연결될 수 있습니다.

앞서 나온 테이블에서 예를 들어, bookid가 123인 책은 여러 개의 장르와 연관되어 있습니다. bookid 456 역시 두 개의 장르와 연관되어 있습니다. 이 중 몇몇 장르는 두 책 모두에 해당되며, 나중에 다른 책들과도 연관될 수 있습니다. 즉, 하나의 책은 여러 장르와 연관될 수 있고, 하나의 장르는 여러 책과 연관될 수 있습니다.

하나 더 요구 사항이 있습니다. 조합은 고유해야 합니다. 한 책에 같은 장르를 중복해서 연관시키는 것은 의미가 없습니다. 테이블에 다른 데이터가 없으니, 이 조합을 아래처럼 복합 기본 키 compound primary key 로 설정하는 것이 적합합니다.

```sql
-- 연관 테이블
CREATE TABLE book_genres (
  bookid int REFERENCES books(id),
  genreid int REFERENCES genres(id),
  PRIMARY KEY (bookid,genreid)
);
```

테이블을 이런 식으로 설계했을 수도 있습니다.

```
CREATE TABLE bookgenres (
  id INT PRIMARY KEY,
  bookid INT REFERENCES books(id),
  genreid INT REFERENCES genres(id),
  UNIQUE (bookid,genreid)
);
```

여기서 책과 장르의 조합에 대해 UNIQUE 제약 조건이 적용되며, 별도의 기본 키도 정의되어 있습니다. 그러나 정의상 기본 키는 이미 고유하므로 이전처럼 더 간결한 설계를 사용할 수 있습니다. 참고로, 이는 기본 키가 단일 열이 아니라 여러 열들의 조합으로 구성되는 몇 안 되는 경우 중 하나입니다. 이러한 이유로, PRIMARY KEY는 개별 열에 대해 별도로 추가됩니다.

3.4.2 다대다 테이블 JOIN

책과 장르가 어떻게 연관되어 있는지 확인하려면, 이 두 테이블을 연관 테이블을 통해 JOIN 해야 합니다. 일반적으로는 자식 테이블의 행 수를 계산하여 JOIN 결과의 수를 추정합니다. 이 경우, 연관 테이블이 다른 두 테이블 모두의 자식 테이블 역할을 합니다. 행 수를 계산하려면 다음과 같은 작업을 수행합니다.

```
SELECT count(*) FROM bookgenres;
```

우리는 이미 어떤 결과가 나올지 알고 있습니다.

count
8011

테이블을 JOIN하려면 단순히 INNER JOIN을 사용하면 됩니다.

```
SELECT *
FROM
  bookgenres AS bg
  JOIN books AS b ON bg.bookid=b.id
  JOIN genres AS g ON bg.genreid=g.id
;
```

이 쿼리는 매우 긴 목록을 반환합니다. 왜냐하면 bookgenres 테이블에 많은 행이 있기 때문입니다.

bookid	genreid	id	title	...	id	genre
1732	8	1732	In His Steps	...	8	Fiction
414	8	414	Poesies	...	8	Fiction
241	106	241	Researches in Teutoni...	...	106	Fantasy
247	153	247	The King in Yellow	...	153	Gothic
1914	38	1914	Voyage of the Beagle	...	38	Classics
936	38	936	The Origin of Species	...	38	Classics

~ 8011 rows ~

여기서는 연관 테이블에 초점을 맞추었기 때문에 JOIN을 중간에서 시작했습니다. 하지만 한쪽 끝에서 시작해도 동일하게 작업할 수 있습니다.

```
SELECT *
FROM
  books AS b
  JOIN bookgenres AS bg ON b.id=bg.bookid
  JOIN genres AS g ON bg.genreid=g.id
;
```

이렇게 하면 동일한 데이터를 얻을 수 있지만, 테이블 순서가 달라지므로 열의 순서 역시 달라집니다. 이대로는 너무 많은 열이 반환되며, 그중 두 개는 JOIN으로 인해 중복됩니다. 결과를 심플하게 만들려면 다음과 같이 쿼리를 작성할 수 있습니다.

```
SELECT b.id, b.title, g.genre
FROM
  bookgenres AS bg
  JOIN books AS b ON bg.bookid=b.id
  JOIN genres AS g ON bg.genreid=g.id
;
```

이렇게 하면 아래와 같이 더 간단한 결과를 얻을 수 있습니다.

id	title	genre
1732	In His Steps	Fiction
414	Poesies	Fiction
241	Researches in Teutonic Mythology	Fantasy
247	The King in Yellow	Gothic
1914	Voyage of the Beagle	Classics
936	The Origin of Species	Classics
~ 8011 rows ~		

책의 id는 서로 다른 책이더라고 같은 제목을 가지는 경우가 생각보다 많기 때문에 매우 중요합니다. 이제 특정 열을 명시했기 때문에, 열의 순서는 JOIN에 사용된 테이블의 순서에 영향을 받지 않습니다.

애초에 연관 테이블에는 bookid나 genreid가 NULL일 수 없으므로, OUTER JOIN을 사용할 필요가 없습니다.

3.4.3 여러 값 요약하기

앞서 생성된 테이블은 매우 많은 행을 포함하고 있고, 한 권의 책이 서로 다른 장르와 연결되어 여러 번 나타나고 있습니다. 이럴 때는 GROUP BY 쿼리를 사용하여 여러 값을 결합할 수 있습니다. 다만, 이 작업은 단순한 테이블이 아니라 JOIN을 통해 생성된 가상 테이블을 요약하려고 한다는 점에서 까다로울 수 있습니다. 이 경우 다음과 같이 공통 테이블 표현식^{common table expression}(CTE) 형태로 처리할 수 있습니다.

```sql
WITH cte AS (
 SELECT b.id, b.title, g.genre
 FROM bookgenres AS bg
  JOIN books AS b ON bg.bookid=b.id
  JOIN genres AS g ON bg.genreid=g.id
)
-- 기타
;
```

공통 테이블 표현식은 SELECT 문의 결과를 가상 테이블에 저장하여, 이후 단계에서 이 결과를 다시 활용할 수 있게 해 줍니다. 공통 테이블 표현식에 관한 더 자세한 내용은 7장과 9장에서 살펴볼 수 있습니다.

이제 다음처럼 count()와 string_agg() 함수를 사용하여 공통 테이블 표현식을 요약할 수 있습니다.

```sql
WITH cte AS (
 SELECT b.id, b.title, g.genre
 FROM
  bookgenres AS bg
  JOIN books AS b ON bg.bookid=b.id
  JOIN genres AS g ON bg.genreid=g.id
)
SELECT
 id, title,
 count(*) AS ncategories, -- 필요한 것은 아니지만 예시로 추가
 -- PostgreSQL, MSSQL인 경우
  string_agg(genre,', ') AS genres
 -- MariaDB/MySQL인 경우
  -- group_concat(genre separator ', ') AS genres
 -- SQLite인 경우
  -- group_concat(genre, ', ') AS genres
 -- Oracle인 경우
  -- listagg(genre separator ', ') AS genres
FROM cte
```

```
    GROUP BY id, title
    ORDER BY id;
```

이제 더 간결해진 목록이 표시됩니다.

id	title	ncategories	genres
4	Groundwork of th ...	6	Classics, German Literature, Non ...
5	The Toilers of t ...	7	European Literature, French Lite ...
6	The American Sen ...	12	Classic Literature, European Lit ...
7	Songs of Innocen ...	5	18th Century, Poetry, Classics, ...
9	Behind a Mask, O ...	8	Literature, American, Historical ...
11	Lady Susan ...	4	Romance, Historical Fiction, Cla ...
~ 1200 rows ~			

string_agg(column, separator) 함수는 열에 있는 값들을 구분자로 구분하여 이어 붙이는 기능을 합니다.

DBMS마다 이 함수를 다르게 구현하고 있다는 사실에 놀라실 수도 있습니다. 보시다시피, 일부 DBMS에서는 이 함수를 ROUP_CONCAT나 listagg라고 부르기도 합니다. 또한, 우리는 id와 title 열 모두를 기준으로 그룹화하고 있습니다. id가 기본 키이므로 이미 고유하다는 점에서 사실 이전처럼 세분화할 필요는 거의 없습니다. 다만, SELECT 절에는 그룹화된 열이나 요약 함수만 올 수 있기 때문에, title을 함께 표시하기 위한 간단한 방법으로 이렇게 그룹화한 것입니다.

3.4.4 JOIN 결합하기

책과 저자, 책과 장르를 다루는 방법을 알았다면 이제 이들을 모두 JOIN해서 가져와 봅시다.

```
-- SQLite에서는 사용할 수 없음
SELECT
b.id, b.title, b.published, b.price,
```

```
  g.genre,
  a.givenname, a.othernames, a.familyname,
  a.born, a.died, a.gender, a.home
FROM
  authors AS a
  RIGHT JOIN books AS b ON a.id=b.authorid
  LEFT JOIN bookgenres AS bg ON b.id=bg.bookid
  JOIN genres AS g ON bg.genreid=g.id
;
```

이렇게 하면 비교적 포괄적인 데이터셋을 얻을 수 있습니다.

id	truncate	...	genre	givenname	othernames	familyname	...
1732	In His Steps ...	...	Fiction	Charles	M.	Sheldon	...
414	Poesies ...	...	Fiction	Stéphane		Mallarmé	...
241	Researches in Te ...	...	Fantasy	Viktor		Rydberg	...
247	The King in Yell ...	...	Gothic	Robert	W.	Chambers	...
1914	Voyage of the Be ...	...	Classics	Charles		Darwin	...
936	The Origin of Sp ...	...	Classics	Charles		Darwin	...

~ 8011 rows ~

앞의 예제에서는 네 개의 테이블에서 대부분의 열을 포함하되, 외래 키와 다른 기본 키 대부분은 생략했습니다.

테이블 간 JOIN은 authors 테이블에서 genres 테이블까지 일렬로 연결되어 있습니다. 저자나 장르와 연관되지 않은 책이라도 모두 조회하기 위해 두 개의 OUTER JOIN을 사용했고, 그 결과로 세 가지 주요 JOIN 유형 각각의 예시가 나타난 것을 볼 수 있습니다. 한편, SQLite에서는 RIGHT JOIN을 지원하지 않으므로 이 예제는 동작하지 않습니다. 아래와 같이 books 테이블에서 JOIN을 시작해도 됩니다.

```
SELECT
  b.id, b.title, b.published, b.price,
  g.genre,
  a.givenname, a.othernames, a.familyname,
  a.born, a.died, a.gender, a.home
```

```
FROM
 books AS b
 LEFT JOIN bookgenres AS bg ON b.id=bg.bookid
 JOIN genres AS g ON bg.genreid=g.id
 LEFT JOIN authors AS a ON b.authorid=a.id
;
```

겉보기에는 books 테이블에 초점을 맞춘 것처럼 보이지만, 실제로는 이전과 동일한 결과가 나옵니다.

앞 예제는 SQLite에서도 문제없이 동작합니다. 한편, 이전에 만든 뷰를 활용하는 다른 방법도 있습니다. 먼저, 개별 books 테이블과 authors 테이블에 대한 참조를 bookdetails 뷰로 대체할 수 있습니다.

```
SELECT
 bd.id, bd.title, bd.published, bd.price,
 g.genre,
 bd.givenname, bd.othernames, bd.familyname,
 bd.born, bd.died, bd.gender, bd.home
FROM
 bookdetails AS bd
 LEFT JOIN bookgenres AS bg ON bd.id=bg.bookid
 JOIN genres AS g ON bg.genreid=g.id;
```

이것은 이미 만들어 둔 쿼리를 토대로 한 더 간단한 쿼리입니다. 참고로, 규칙을 말하자면 다음과 같습니다.

- bookdetails 뷰는 bd라는 별칭으로 사용했습니다.
- 모든 열은 bookdetails 뷰에서 가져오고, genre 열만 genres 테이블에서 가져옵니다.

만약 장르명을 한 번에 합쳐 보고 싶다면, 아래처럼 공통 테이블 표현식을 사용하여 합친 뒤 그 결과를 뷰와 JOIN할 수도 있습니다.

```
WITH cte AS (
 SELECT bg.bookid, string_agg(g.genre,', ') AS genres
 FROM bookgenres AS bg JOIN genres AS g ON bg.genreid=g.id
```

```
  GROUP BY bg.bookid
)
SELECT *
FROM bookdetails AS b JOIN cte ON b.id=cte.bookid;
```

이제 다음처럼 장르 정보까지 완벽하게 조회할 수 있습니다.

id	title	...	genres	givenname	familyname	...
4	Groundwork of ...	...	Classics, German ...	Immanuel	Kant	...
5	The Toilers ...	...	European Literature ...	Victor	Hugo	...
6	The American ...	...	Classic Literature ...	Anthony	Trollope	...
7	Songs of ...	...	18th Century, Poetry ...	William	Blake	...
9	Behind a Mask ...	...	Literature, American ...	A.M.	Barnard	...
11	Lady Susan ...	...	Romance, Historical ...	Jane	Austen	...
~ 1200 rows ~						

공통 테이블 표현식을 이용해 장르별로 필터링할 수도 있습니다.

```
WITH cte AS (
  SELECT bg.bookid, string_agg(g.genre,', ') AS genres
  FROM bookgenres AS bg JOIN genres AS g ON bg.genreid=g.id
  WHERE g.genre IN('Fantasy','Science Fiction')
  GROUP BY bg.bookid
)
SELECT *
FROM bookdetails AS b JOIN cte ON b.id=cte.bookid;
```

그러면 다음과 같이 필터링된 목록이 표시됩니다.

id	truncate	...	genres	givenname	familyname	...
589	The Story of ...	...	Fantasy ...	Stanley	Waterloo	...
96	Bee: The Pri ...	...	Fantasy ...	Anatole	France	...
880	The Journey ...	...	Fantasy, Science F...	Ludvig	Holberg	...
591	The Story of ...	...	Fantasy ...	E.	Nesbit	...
1938	Histoire Com ...	...	Science Fiction ...	Cyrano	de Bergerac	...

id	truncate	...	genres	givenname	familyname	...
128	The Year 3000…	...	Science Fiction ...	Paolo	Mantegazza	...
~ 163 rows ~						

장르를 연결한 열에 genres라는 별칭을 사용한 점에 유의하세요. 장르(genres) 테이블과 이름이 똑같아서 헷갈릴 수도 있습니다. 다행히 SQL은 이를 신경쓰지 않기 때문에 그대로 사용해도 되지만, 헷갈릴 것 같다면 AS "genres"처럼 큰따옴표를 사용하거나 더 적합한 별칭을 지어주는 것이 좋습니다.

한 가지 주의할 점이 있습니다. 쿼리 내에서 뷰를 사용하기 시작하면 아래와 같은 몇 가지 부작용을 고려해야 합니다.

- 뷰는 원래 데이터베이스의 일부가 아니므로, 다른 사용자에게 혼동을 줄 수 있습니다. 뷰는 테이블처럼 보이지만 실제로는 다른 테이블과 같은 범주에 속하지 않기 때문입니다.
- 하나의 쿼리에 너무 많은 뷰를 포함하면 DBMS 옵티마이저가 쿼리를 실행하는 가장 효율적인 계획을 세우기 어려울 수 있습니다. 일부 뷰가 필요한 것보다 더 많은 데이터를 반환할 수 있으며, 옵티마이저가 사용자의 실제 의도를 제대로 파악하지 못할 가능성이 있기 때문입니다.
- 뷰에 어떤 변경 사항이 생기면, 당연히 이 뷰를 사용하는 쿼리의 결과에도 영향을 미칩니다.
- 이미 존재하는 뷰를 기반으로 다른 뷰를 만들면 이러한 부작용이 더욱 두드러질 수 있습니다. 따라서 처음부터 새 뷰를 직접 만드는 편이 더 안전한 경우가 많습니다.

그렇다고 뷰를 쿼리에서 사용하지 말라는 의미는 아닙니다. 뷰를 생성하는 목적 자체가 쿼리에서 사용하기 위한 것이기 때문입니다. 다만 뷰를 쌓아 올릴 때는 신중해야 한다는 뜻입니다.

3.4.5 흔하게 생기는 다대다 관계

하나의 테이블이 두 개의 다른 테이블과 연결될 때마다 다대다 관계가 발생합니다.

예를 들어, 데이터베이스에는 customers, sales(판매), saleitems(판매 항목), books 테이블이 있습니다. 이 모든 테이블은 외래 키/기본 키 관계로 연결되어 있습니다. 이는 custoemrs과 books 사이에 다대다 관계가 있음을 의미합니다. 한 고객이 여러 권의 책을 살 수 있고,

한 권의 책이 여러 고객에게 판매될 수 있기 때문입니다. 물론 책 한 권을 여러 사람이 동시에 사는 것이 아니라, 한 책의 여러 권을 여러 사람이 구매하는 것을 의미합니다.

이는 곧 sales와 saleitems 테이블, 특히 saleitems 테이블이 연관 테이블의 역할을 한다는 뜻입니다. 이 예제에서 sales와 saleitems 테이블은 앞서 본 bookgenres 테이블과 두 가지 면에서 다릅니다.

- 연관 관계가 고유할 필요는 없습니다. 한 고객이 같은 책을 다른 시점에 다시 살 수도 있는데, 실제로 이런 일이 자주 있다면 비즈니스에는 더 좋을 수 있습니다.
- 연관 관계만 있는 것이 아닙니다. 판매가 이루어진 날짜나 지불 금액 등 다른 세부 정보를 함께 기록해야 합니다.

이처럼 sales 테이블은 자체적인 새로운 데이터도 포함하므로 완전히 '연관만' 담당하는 테이블은 아니지만, 여전히 연관 기능을 수행하고 있습니다.

3.5 또 다른 다대다 관계의 예

현재 데이터베이스는 한 권의 책에 한 명의 저자만 있다고 가정하고 있습니다. 하지만 실제로는 여러 명이 함께 쓴 책도 있을 수 있습니다. 소설보다는 논픽션에서 흔히 볼 수 있는 경우입니다. 이러한 경우를 반영하기 위해서 다음과 같이 설계를 수정해야 합니다.

- books 테이블에서 authorid 열을 제거합니다.
- 도서와 저자를 연결하는 authorship(저자 관계) 테이블을 만듭니다.

개념을 명확히 이해하는데 도움이 되도록, 메인 데이터베이스와는 별개로 몇 가지 테이블을 추가해 봤습니다.

- multibooks: 저자 id가 없는 도서 정보를 담은 작은 테이블
- multiauthors: 위 도서와 관련된 저자 정보를 담은 테이블
- authorship: 도서와 저자를 연결하는 연관 테이블

테이블 구조는 다음과 같습니다.

```sql
CREATE TABLE books (
  id INT PRIMARY KEY,
  title varchar(60)
  -- 저자를 포함하지 않은 추가적인 도서 세부 정보
);
CREATE TABLE authors (
  id INT PRIMARY KEY,
  givenname varchar(24),
  familyname varchar(24)
  -- 도서를 포함하지 않은 추가적인 저자 세부 정보
);
CREATE TABLE authorship (
  bookid INT REFERENCES books(id),
  authorid INT REFERENCES authors(id),
  PRIMARY KEY(bookid,authorid)
);
```

예를 들어, 여러 저자가 있는 도서의 경우 다음과 같습니다.

```sql
INSERT INTO books(title)
VALUES('Good Omens');
INSERT INTO authors(givenname,familyname)
VALUES
  ('Terry','Pratchett'),
  ('Neil','Gaiman');
INSERT INTO authorship(bookid,authorid)
VALUES
  (1,1), -- Good Omens, Terry Pratchett
  (1,2); -- Good Omens, Neil Gaiman
```

앞 예제를 실행할 필요는 없습니다. 해당 데이터가 이미 샘플 테이블에 포함되어 있기 때문입니다. 연관된 데이터를 조회하려면 다음과 같은 쿼리를 사용할 수 있습니다.

```sql
SELECT *
FROM
  multibooks AS b
```

```
    JOIN authorship AS ba ON b.id=ba.bookid
    JOIN multiauthors AS a ON ba.authorid=a.id;
```

그러면 다음과 같은 결과가 나타납니다.

id	title	authorid	bookid	id	givenname	familyname
18	The Gilded Age	9	18	9	Charles	Warner
9	The Syndic	7	9	7	Cyril	Kornbluth
21	Seller	7	21	7	Cyril	Kornbluth
8	Wolfbane	7	8	7	Cyril	Kornbluth
12	Takeoff	7	12	7	Cyril	Kornbluth
8	Wolfbane	6	8	6	Frederik	Pohl
~ 31 rows ~						

또한, 공통 테이블 표현식과 집계 쿼리를 사용해 각 책의 저자를 합칠 수도 있습니다.

```
WITH cte AS (
 SELECT
  ba.bookid,
  string_agg(a.givenname||' '||a.familyname,' & ')
    AS authors
 FROM authorship AS ba JOIN multiauthors AS a
  ON ba.authorid=a.id
 GROUP BY ba.bookid
)
SELECT b.id, b.title, cte.authors
FROM multibooks AS b JOIN cte ON b.id=cte.bookid
ORDER BY b.id;
```

이제 모든 저자를 포함한 도서 목록을 얻을 수 있습니다.

id	title	authors
1	Man Plus	Frederik Pohl
2	Proxima	Stephen Baxter
3	The Long Mars	Stephen Baxter & Terry Pratchett
4	The Shining	Stephen King

id	title	authors
5	The Talisman	Peter Straub & Stephen King
6	The Long Earth	Stephen Baxter & Terry Pratchett
~ 23 rows ~		

기본 예제 데이터베이스에서는 여러 저자를 고려하지 않았습니다. 고전 문학 도서처럼 여러 저자가 공동 집필한 사례가 드문 경우라면 단일 열에 저자 정보를 저장하는 방식도 가능합니다. 하지만 데이터베이스에서 여러 값을 처리할 때는 항상 행 기반 설계를 권장합니다. 이는 정규화 원칙과 확장성, 검색 효율성을 위해 중요합니다.

3.6 관련 테이블에 데이터 삽입하기

SQL 데이터베이스에서는 일대다 테이블이 매우 흔하게 등장합니다. 하나의 트랜잭션 안에서 여러 테이블에 동시에 데이터를 추가해야 할 때는 다음과 같은 문제가 생깁니다.

- 자식(다) 테이블에 데이터를 추가하기 전에 부모(일) 테이블에 데이터를 먼저 추가해야 할 수도 있습니다. 이는 자식 테이블이 부모 테이블을 참조하기 때문입니다.
- 부모 테이블에 데이터를 추가할 때, 새로 생성된 기본 키를 기억해야 합니다. 특히 데이터베이스가 기본 키를 자동으로 생성하는 경우, 이 값을 어떻게 가져올지 고민해야 합니다.
- 처리를 하는 과정에서 한 단계가 실패할 수도 있습니다. 그러면 작업이 일부만 완료되고, 이로 인해 유효하지 않은 데이터가 남아 잘못된 상태로 추가될 위험이 있습니다.

이제 실제 상황에서 이 과정이 어떻게 작동하는지 살펴보겠습니다.

3.6.1 도서 및 저자 추가하기

현재 도서 컬렉션에는 20세기 작품은 거의 없고, 추리소설 저자인 '애거서 크리스티'의 책도 전혀 없습니다. 여기서는 그녀의 책 중 하나를 추가해 보겠습니다.

[그림 3-8]을 보면 books 테이블과 authors 테이블이 예시로 나와 있습니다.

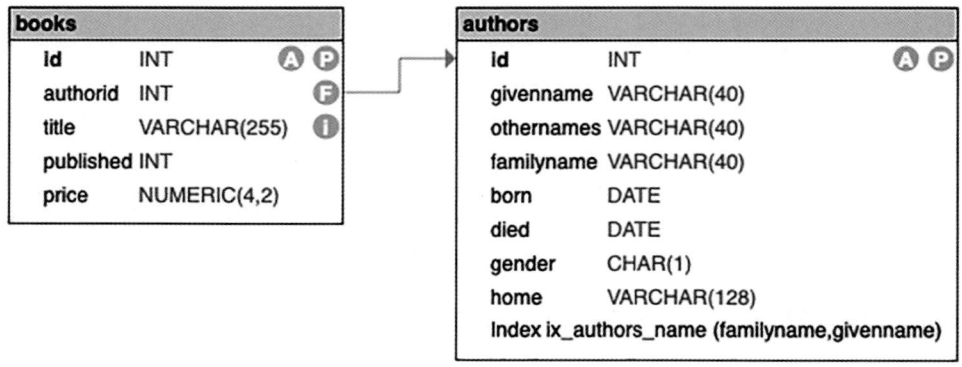

그림 3-8 books 및 authors 테이블

데이터베이스에 새 책을 추가하기 위해서 다음과 같은 단계를 거칩니다.

1. authors 테이블에 해당 저자가 이미 존재하는지 확인합니다.
2. 존재하지 않는다면, authors 테이블에 저자를 추가합니다.
3. 새 저자를 추가했다면, 그 기본 키를 가져옵니다.
4. 이미 존재하는 저자라면, 해당 저자의 기본 키를 가져옵니다.
5. 이렇게 구한 기본 키를 사용하여, books 테이블에 새 책을 추가합니다.

먼저, authors 테이블에 해당 저자가 이미 등록되어 있는지 확인해 봅시다.

```
SELECT * FROM authors WHERE familyname='Christie';
```

애거서 크리스티의 책이 없는 것 같으니, 이제 추가해 봅시다.

저자 추가하기

원칙적으로는 다음과 같이 새 저자를 추가할 수 있습니다.

```
-- 아직 실행하지 마세요.
INSERT INTO authors(givenname, othernames, familyname,
born, died, gender,home)
VALUES('Agatha','Mary Clarissa','Christie',
'1890-09-15','1976-01-12','f',
'Tourquay, Devon, England');
-- Oracle의 경우, 날짜 앞에 date 키워드를 추가해야 합니다.
-- 예: date'1890-09-15', date'1976-01-12'
```

처음 주석에서 언급했듯이, 아직 위의 예제를 실행하지 마세요. authors 테이블에서 id가 자동으로 생성되므로, 행을 삽입한 후에 새로운 id 값을 가져와야 합니다. 원한다면 행을 추가한 뒤 검색을 통해 id를 알아낼 수도 있지만, DBMS가 새 id를 직접 알려줄 수 있는 경우도 있습니다.

DBMS마다 새로운 id를 가져오는 방식이 다릅니다. PostgreSQL을 예로 들면, INSERT 문 끝에 RETURNING 절을 붙여 간단히 처리할 수 있습니다.

```
-- PostgreSQL인 경우
INSERT INTO authors(givenname, othernames, familyname,
 born, died, gender,home)
VALUES('Agatha','Mary Clarissa','Christie',
 '1890-09-15','1976-01-12','f',
 'Tourquay, Devon, England')
RETURNING id; -- 유의하세요!
```

MariaDB/MySQL, MSSQL, 그리고 SQLite에서는 INSERT가 완료된 후에 별도의 함수를 실행해 새로 생성된 id 값을 가져와야 합니다. 이때 두 문장을 함께 선택한 뒤 실행해야 한다는 점에 주의하세요.

```
-- MSSQL: 두 문장을 함께 선택해 실행
INSERT INTO authors(givenname, othernames, familyname,
 born, died, gender,home)
VALUES('Agatha','Mary Clarissa','Christie',
 '1890-09-15','1976-01-12','f',
 'Tourquay, Devon, England');
```

```
SELECT scope_identity(); -- 유의하세요!

-- MariaDB/MySQL: 두 문장을 함께 선택해 실행
INSERT INTO authors(givenname, othernames, familyname,
 born, died, gender,home)
VALUES('Agatha','Mary Clarissa','Christie',
 '1890-09-15','1976-01-12','f',
 'Tourquay, Devon, England');
SELECT last_insert_id(); -- 유의하세요!

-- SQLite: 두 문장을 함께 선택해 실행
INSERT INTO authors(givenname, othernames, familyname,
 born, died, gender,home)
VALUES('Agatha','Mary Clarissa','Christie',
 '1890-09-15','1976-01-12','f',
 'Tourquay, Devon, England');
SELECT last_insert_rowid(); -- 유의하세요!
```

여기서 SELECT 문들은 모두 새로 생성된 id를 조회하기 위한 것입니다. 한편, Oracle은 이 과정을 다소 복잡하게 만듭니다. RETURNING 절을 지원하긴 하지만, 변수에만 담을 수 있을 뿐 직접적으로 결과를 반환받기 어려우며, 내부적으로 시퀀스를 찾아야 하는 번거로움이 있습니다. 가장 간단한 방법은 방금 입력한 데이터(예 저자 이름, 생년월일 등)를 기준으로 다시 SELECT 문을 실행해 추가된 행을 검색하는 것입니다.

```
-- Oracle에서
INSERT INTO authors(givenname, othernames, familyname,
 born, died, gender,home)
VALUES('Agatha','Mary Clarissa','Christie',
 date '1890-09-15',date '1976-01-12','f',
 'Tourquay, Devon, England');
SELECT id FROM authors
WHERE givenname='Agatha' AND othernames='Mary Clarissa'
 AND familyname='Christie';
```

물론, 모든 새 값을 필터링할 필요는 없습니다. 정확한 값을 찾을 수 있을 정도만으로도 충분합니다.

도서 추가하기

그 다음부터는 간단합니다. 새로운 저자를 추가했든 추가하지 않았든 상관없이, authors 테이블을 조회해 해당 저자의 id를 얻으면 됩니다.

```
SELECT * FROM authors WHERE familyname='Christie';
```

특히 id를 확인한 뒤, 아래와 같이 books 테이블에 새 책을 삽입할 수 있습니다.

```
-- 저자 id를 사용
INSERT INTO books(authorid,title,published,price)
VALUES ( ... , 'The Mysterious Affair at Styles',
  1920, 16.00);
```

물론, 앞 문장에서 authorid 자리에 들어갈 올바른 id는 이전 절에서 INSERT 문을 실행했거나, 방금 실행한 SELECT 문을 통해 확인해야 합니다. 참고로, 여기서는 예시로 가격을 16.00이라고 설정했습니다. 실제로 정수 부분만 입력해도 되지만, 소수점을 함께 표기하면 의도가 더 분명해집니다.

3.6.2 새로운 판매 내역 추가하기

책을 추가하는 작업은 어렵지는 않지만 번거로웠다면, 새로운 판매 내역을 추가하는 작업은 조금 더 복잡합니다. [그림 3-9]에서 볼 수 있듯이, 하나의 판매 내역은 sales 테이블에 있는 하나의 행과, saleitems 테이블에 있는 하나 이상의 행으로 구성됩니다.

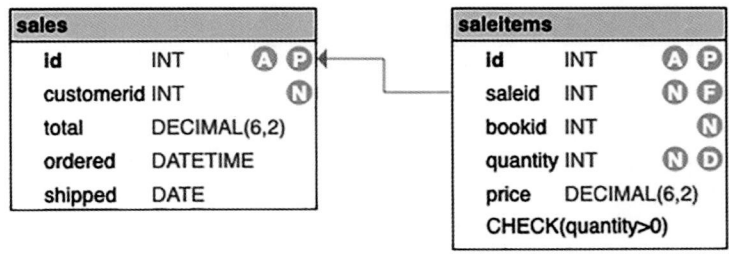

그림 3-9 sales 및 saleitems 테이블

아래와 같은 과정으로 진행합니다.

1. sales 테이블에 새 행을 생성합니다.
2. 새로 생성된 판매 내역의 기본 키를 가져옵니다.
3. 방금 가져온 기본 키를 사용해 saleitems 테이블에 한 개 이상의 행을 추가합니다. 여기에는 bookid와 quantity가 포함되지만, price는 별도로 조회해야 합니다.
4. 각 판매 항목에 대해서, bookid를 사용해 books 테이블에서 가격을 가져옵니다.
5. 새로 추가된 모든 판매 항목의 총 가격을 계산해, 판매 내역을 업데이트합니다.

이제 실제로 새로운 판매 내역을 추가해 보겠습니다. 샘플 데이터로는 아래의 값을 사용할 예정입니다.

Data	Value
Customer ID	42
Book IDs	123, 456, 789
Quantities	3, 2, 1

날짜에는 current_timestamp를 사용합니다.

판매 테이블에 새로운 판매 내역 추가하기

주요 판매 내역을 추가하는 작업은 비교적 간단하지만, 여기서도 새로 생성한 id가 필요합니다. 새로운 판매 내역을 추가하기 위해서는 다음 예제와 같은 방법을 사용할 수 있습니다.

```
-- PostgreSQL인 경우
 INSERT INTO sales(customerid, ordered)
 VALUES (42,current_timestamp)
 RETURNING id;

-- MSSQL인 경우
 INSERT INTO sales(customerid, ordered)
 VALUES (42,current_timestamp);
 SELECT scope_identity();
```

```
-- MariaDB/MySQL인 경우
INSERT INTO sales(customerid, ordered)
VALUES (42,current_timestamp);
SELECT last_insert_id();

-- SQLite인 경우
INSERT INTO sales(customerid, ordered)
VALUES (42,current_timestamp);
SELECT last_insert_rowid();

-- Oracle인 경우
INSERT INTO sales(customerid, ordered, total)
VALUES (42,current_timestamp,0);
SELECT id FROM sales WHERE id=42 AND total=0;
```

Oracle의 경우, total 열에 0을 임시 값으로 넣는 조금 다른 방식을 사용했습니다. 판매 내역을 전부 등록하고 나면 이 값은 0이 아니어야 되니, 임시로 0을 넣어 새로 추가된 판매 내역을 구분하는 데 활용한 것입니다. 끝으로, 새로운 판매 내역의 id를 반드시 기억해 두어야 한다는 점을 잊지 마세요.

판매 항목 추가하고 가격 가져오기

saleid(판매 id)를 새로 만들었다면 나머지는 간단합니다. 판매 항목을 추가하기 위해 다음과 같이 작성합니다.

```
-- Oracle이 아닌 경우
INSERT INTO saleitems(saleid, bookid, quantity)
VALUES
 ( ... , 123, 3),
 ( ... , 456, 1),
 ( ... , 789, 2);

-- Oracle인 경우
INSERT INTO saleitems(saleid, bookid, quantity)
VALUES ( ... , 123, 3);
INSERT INTO saleitems(saleid, bookid, quantity)
VALUES ( ... , 456, 1);
```

```
INSERT INTO saleitems(saleid, bookid, quantity)
VALUES ( ... , 789, 2);
```

여기서 문장들에 새로운 판매 id를 적용하는 것을 잊지 마세요. 또한, Oracle에서는 여러 값을 한 번에 삽입하는 INSERT가 지원되지 않아서 여러 INSERT 문으로 나누어야 합니다. 다른 DBMS에서도 원한다면 Oracle 방식처럼 나눌 수 있지만, 반드시 그럴 필요는 없습니다.

가격은 다른 테이블(예 books)에서 가져와야 합니다. 다음과 같이 서브쿼리를 사용해 saleitems 테이블의 가격을 업데이트할 수 있습니다.

```
UPDATE saleitems
SET price=(SELECT price FROM books WHERE
 books.id=saleitems.bookid)
WHERE saleid = ... ;
```

여기서 사용된 상관 서브쿼리 correlated subquery 는 saleitems 테이블에서 일치하는 책의 가격을 가져옵니다(WHERE books.id = saleitems.bookid). 메인쿼리의 WHERE 절은 새로 추가된 판매 항목에 대해서만 가격이 반영되도록 합니다. 과거의 판매 항목에 대한 가격은 변경되지 않도록 하는 것이 중요합니다. 이미 판매가 완료된 거래건의 가격을 바꾸면 안 되기 때문입니다.

판매 처리 완료하기

마지막으로, 판매 항목의 가격에 대한 총액을 구한 뒤 이를 새로 추가한 판매 내역에 반영해야 합니다. 판매 항목의 총액을 구하려면, 다음과 같은 집계 쿼리를 사용할 수 있습니다.

```
SELECT sum(quantity*price)
FROM saleitems
WHERE saleid = ... ;
```

이렇게 하면 합계가 나오지만, 세금과 VIP 할인이 포함되지 않은 값이라 정확하지 않습니다.

예를 들어, 세금이 10%라고 가정해 봅시다. 물론 세금은 나라마다 다르니, 실제로는 적절히 조정해야 합니다. 이 경우 총금액에 1 + 10%를 곱해야 합니다.

```
SELECT sum(quantity*price) * (1 + 0.10)
FROM saleitems
WHERE saleid = ... ;
```

실제 상황이라면 단순히 1.1을 쓸 수도 있지만, 위와 같이 작성하면 세금이 어디서 왔는지 그리고 세율이 다를 경우에도 어떻게 대응하면 될지를 더 명확하게 보여줍니다.

VIP 할인은 고객에 따라 달라집니다. 이를 확인하려면, vip 테이블에서 다음과 같이 조회할 수 있습니다.

```
SELECT 1 - discount FROM vip WHERE id = 42 ;
```

1에서 빼는 이유는 할인이 원가에서 차감되는 형태로 이뤄지기 때문입니다.

이제 앞서 계산한 총액에 이 VIP 할인까지 적용하려면, 서브쿼리를 사용해 다음과 같이 쿼리를 작성할 수 있습니다.

```
SELECT
 sum(quantity*price)
 * (1 + 0.1)
 * (SELECT 1 - discount FROM vip WHERE id = 42)
FROM saleitems
WHERE saleid = ... ;
```

물론, 모든 고객이 VIP인 것은 아니다 보니 이 서브쿼리가 항상 올바른 값을 반환하지는 않습니다. 어떤 고객은 vip 테이블에 정보가 없을 수 있고, 이 경우 NULL이 반환되어 전체 계산이 망가질 수 있습니다. VIP 정보가 없다는 것은 곧 적용될 할인이 없다는 의미이므로, COALESCE 함수를 사용하여 NULL 대신 1을 반환하도록 대체 값을 설정해야 합니다.

```
SELECT
 sum(quantity*price)
 * (1 + 0.1)
 * coalesce((SELECT 1 - discount FROM vip
  WHERE id = 42),1)
```

```
  FROM saleitems
  WHERE saleid = ... ;
```

마지막으로, 이렇게 계산된 값을 sales 테이블에 업데이트합니다.

```
UPDATE sales
SET total = (
 SELECT
  sum(quantity*price)
  * (1 + 0.1)
  * coalesce((SELECT 1 - discount FROM vip
    WHERE id = 42),1)
  FROM saleitems
  WHERE saleid = ...
)
WHERE id = ... ;
```

이 쿼리에서는 여러 가지가 동시에 일어납니다. 먼저 UPDATE 문이 서브쿼리의 결과를 total 열에 설정합니다. 그 서브쿼리는 다시 VIP 정보를 가져오기 위해 또 다른 서브쿼리를 사용합니다. 또한, 이 쿼리는 saleid를 두 번 사용하고 있는데, 한 번은 saleitems 테이블을 필터링하고 다른 한 번은 sales 테이블에서 특정 행을 지정하기 위해서입니다.

3.7 복습하기

SQL 데이터베이스의 주요 특징 중 하나는 여러 테이블을 가질 수 있으며, 이 테이블들이 서로 연관되어 있다는 점입니다.

이러한 관계는 일반적으로 기본 키와 외래 키를 통해 이루어집니다. 외래 키는 일반적으로 제약 조건의 형태로 존재하며, 이를 통해 외래 키가 다른 테이블의 유효한 기본 키 값을 참조하도록 보장합니다. 다만, 반드시 올바른 값을 참조한다는 것을 보장하지는 않습니다. 또한, 계획되지 않거나 강제되지 않는 임시 관계가 존재할 수도 있습니다.

3.7.1 관계의 유형

관계에는 세 가지 주요 유형이 있습니다.

- **일대다 관계**

    한 테이블(자식 테이블)에 있는 외래 키가 다른 테이블(부모 테이블)의 기본 키를 참조하는 관계입니다. 일반적으로 하나의 부모가 여러 자식을 가질 수 있으며, 이는 가장 흔한 유형의 관계입니다.

- **일대일 관계**

    두 테이블 모두에서 기본 키를 사용하며, 한쪽 테이블의 기본 키가 다른 테이블의 외래 키 역할도 합니다.

    진정한 일대일 관계라면 두 테이블 모두에서 상대방 테이블의 기본 키를 참조해야 하지만, 실제로는 구현이 까다롭기 때문에 한 테이블에만 외래 키를 두는 경우가 많습니다. 이런 경우를 비공식적으로 **일대불확실** 관계 one-to-maybe relationship 라고 부르기도 합니다.

- **다대다 관계**

    한 테이블의 한 행이 다른 테이블의 여러 행과 연관될 수 있고, 그 반대도 성립되는 관계입니다. 열은 하나의 값만 가질 수 있으므로, 이러한 관계를 구현하기 위해서는 별도의 연관 테이블이 필요합니다. 여기에서 **연관 테이블**은 각각 일대다 관계를 두 번 설정하는 방식으로 다대다 관계를 형성합니다.

    규모 있는 데이터베이스에서는 여러 일대다 관계가 얽혀서 다대다 관계가 만들어지는 경우가 흔히 있습니다.

데이터베이스의 기본 원칙 중 하나는, 하나의 열에 여러 값을 포함하지 않는 것과 동일한 역할을 하는 여러 열을 만들지 않는 것입니다. 여러 값을 처리하려면 일대다 또는 다대다 관계를 가지는 추가 테이블을 사용하는 방식으로 해결해야 합니다.

3.7.2 테이블 JOIN

테이블 간에 관계가 설정되어 있을 때, JOIN을 사용하여 테이블의 내용을 결합할 수 있습니다. 가끔은 원하는 결과를 얻기에 적합한 JOIN 유형을 선택한 것이 맞는지 확인하기 위해 예상 결과의 개수를 계산해 보고 싶을 수 있습니다.

테이블을 JOIN할 때 부모 테이블에서, 반복되는 동일한 데이터가 여러 행에 걸쳐 나타나는 경우가 있습니다. 이런 경우, 부모 데이터 기준으로 그룹화하고 자식 데이터에 대해 집계하면 됩니다. 다만, 요약된 데이터만 선택할 수 있기 때문에, 더 많은 세부 정보를 얻으려면 결과를 다시 JOIN해야 할 수도 있습니다.

3.7.3 뷰

관련된 여러 테이블에서 원하는 데이터를 선택하는 작업은 번거로울 수 있습니다. 이때 복잡한 JOIN 쿼리를 뷰에 저장해 두면, 나중에 간단한 테이블처럼 사용할 수 있습니다.

3.7.4 연관된 테이블에 데이터 삽입하기

테이블에 데이터를 삽입하는 작업은 간단하지 않은 경우가 많습니다. 경우에 따라서는 자식 테이블에 데이터를 삽입할 때, 부모 테이블에 먼저 데이터를 삽입해야 이를 참조할 수 있는 경우가 있습니다. 또는 부모 테이블이 자식 데이터를 담는 컨테이너 역할을 하는 경우, 여러 단계에 걸쳐 여러 테이블에 데이터를 삽입해야 할 수 있습니다. 특히 기본 키가 자동 생성되는 경우, 이 과정이 더 복잡해질 수 있습니다.

3.7.5 요약

이번 장에서는 기본 키와 외래 키를 매칭하여 여러 테이블 간의 관계를 설정하는 방법을 다뤘습니다. 또한, 다양한 관계 유형과 테이블이 이런 방식으로 설계된 이유에 대해서도 살펴보았습니다. 이를 통해 하나 이상의 JOIN을 사용하여 한 테이블의 행을 다른 테이블과 매칭하는 방법을 학습했습니다. JOIN의 여러 유형과 상황에 따라 어떤 JOIN을 선택할지에 대해서도 알아보았습니다.

3.8 앞으로 다룰 내용

지금까지 다뤘던 데이터는 대부분 단순한 값이었지만, 몇몇 경우에는 세금이나 할인과 같은 값을 계산하기도 했습니다. 다음 장에서는 SQL에서 계산 작업에 집중하며 조금 더 심화된 내용을 살펴볼 예정입니다.

CHAPTER 4
계산된 데이터로 작업하기

이미 계산 작업을 많이 접해 보셨을 텐데요, SQL에서는 쿼리 내에 계산된 데이터를 포함할 수 있습니다. 4장에서는 다양한 데이터 타입과 이를 계산하는 방법에 대한 몇 가지 중요한 개념을 다룰 것입니다.

SQL에서 계산 작업에 너무 몰두하지 마세요. 데이터베이스는 기본적으로 원시 데이터raw data를 유지하고 액세스하는 데 중점을 둡니다. 물론, 계산 작업을 통해 원시 데이터를 활용해서 현재 작업에 더 도움이 되도록 한다면 매우 유용할 것입니다.

> **NOTE** DBMS마다 계산 수행 능력이 크게 다릅니다. 특히 함수의 경우, 지원 범위뿐 아니라 DBMS별 명칭에도 차이가 있습니다. 특히 SQLite는 계산 작업, 특히 함수 처리 능력이 매우 제한적입니다.
>
> 이번 장에서는 문자열을 포함한 다양한 데이터 타입을 다룰 것입니다. MariaDB/MySQL을 사용하는 경우, 문자열 동작이 표준 SQL처럼 작동하도록 세션을 ANSI 모드로 설정할 것을 꼭 권장합니다(자세한 내용은 부록 B.5를 참고하세요). 세션을 시작할 때 다음과 같이 설정할 수 있습니다.
>
> ```
> SET SESSION sql_mode = 'ANSI';
> ```

4.1 계산의 기본 개념

이번 장에서는 SQL에서 계산이 어떻게 작동하는지에 대해 자세히 살펴보겠습니다. 우선, 계산의 기본 개념을 간단히 살펴보겠습니다.

SQL에서는 개별 열 또는 여러 열을 기반으로 값을 계산할 수 있습니다. 예를 들면 다음과 같습니다.

```
SELECT
  height/2.54,    -- 단일 열 계산
  givenname||' '||familyname   --여러 열 계산
  -- givenname+' '+familyname   --MSSQL인 경우
FROM customers;
```

예제의 결과는 아래와 같습니다.

height/2.54	givenname||' '||familyname
66.339	May Knott
67.283	Rick Shaw
60.236	Ike Andy
69.291	Pat Downe
61.575	Basil Isk
69.409	Pearl Divers
~ 303 rows ~	

또한, 하드코딩된 값을 사용하거나 서브쿼리에서 값을 가져올 수도 있습니다.

```
SELECT
  'active',       -- 하드코딩된 값
  (SELECT name FROM towns WHERE id=townid) - 서브쿼리로 가져온 값
FROM customers;
```

이에 대한 결과는 다음과 같습니다.

'active'	name
active	Kings Park
active	Richmond
active	Hillcrest
active	Guildford
active	Wallaroo
active	Broadwater

~ 303 rows ~

SQL에는 몇 가지 기본적으로 들어있는 내장 함수$^{built-in\ function}$도 있습니다. 예를 들어, 문자열을 대문자로 반환하는 함수는 다음과 같습니다.

```sql
SELECT
  upper(familyname)   -- 대문자 변환 함수
  FROM customers;
```

familyname
KNOTT
SHAW
ANDY
DOWNE
ISK
DIVERS

~ 303 rows ~

이렇게 계산된 열은 정확한 이름을 가지지 않는 것을 확인할 수 있습니다.

4.1.1 별칭 사용하기

계산된 열은 SQL에 작은 불편을 야기합니다. 일반적으로 모든 열에는 고유한 이름이 있어야

하지만, SQL은 새로 생성된 열에 어떤 이름을 부여해야 할지 명확히 알지 못합니다.

일부 SQL 클라이언트는 계산된 열에 이름을 지정하지 않고 그대로 두는 반면, 일부는 임시 이름^{dummy name}을 생성합니다. 간단한 SELECT 문을 실험할 때는 괜찮지만, 결과를 나중에 사용하려면 각 열에 더 나은 이름을 지정해 주어야 합니다.

별칭은 계산된 열이든 기존 열이든 상관없이 열에 새 이름을 부여하는 데 사용됩니다. 별칭은 AS 키워드를 사용해 생성합니다. 예를 들어, 다음과 같습니다.

```
SELECT
  id AS customer,
  height/2.54 AS height,
  givenname||' '||familyname AS fullname,
  -- givenname+' '+familyname AS fullname   -- MSSQL인 경우
  'active' AS status,
  (SELECT name FROM towns WHERE id=townid) AS town,
  length(email) AS length
  -- len(email) AS length    -- MSSQL인 경우
FROM customers;
```

이렇게 하면 더 보기 좋은 결과를 얻을 수 있습니다.

customer	height	fullname	status	town	length
42	66.339	May Knott	active	Kings Park	23
459	67.283	Rick Shaw	active	Richmond	24
597	60.236	Ike Andy	active	Hillcrest	23
186	69.291	Pat Downe	active	Guildford	24
352	61.575	Basil Isk	active	Wallaroo	24
576	69.409	Pearl Divers	active	Broadwater	27

~ 303 rows ~

> **NOTE** id 열은 계산되지 않았지만 customer라는 별칭이 지정되었습니다.
>
> height의 계산 결과는 height라는 별칭으로 지정되었습니다. 이는 여전히 같은 의미를 가지지만 단위가 다르기 때문에 괜찮습니다.

각 계산된 열에 고유한 이름을 가져야 한다는 점 외에도, 별칭을 포함해야 하는 이유는 다음과 같습니다.

- 때로는 열의 의미를 더 명확하게 하거나 나중에 사용하기 위한 목적으로 열의 이름을 변경해 줄 필요가 있습니다.
- 열을 더 적합한 형태로 포맷하거나 변환해야 하지만, 원래 이름을 유지해야 할 때도 있습니다.

여기서는 앞서 사용된 별칭이 각 열에 가장 적합한 이름인지 걱정할 필요 없이 단지 별칭이 어떻게 작동하는지에 초점을 맞추면 됩니다.

별칭 이름

대체로 별칭 이름에 대한 규칙은 열 이름에 대한 규칙과 동일합니다. 즉, 다음과 같습니다.

- 별칭과 원래 열의 이름은 고유해야 합니다.
- 별칭에는 공백이 없어야 하고, 숫자로 시작할 수 없고, 다른 특수 문자가 들어갈 수 없습니다.
- 별칭은 SQL 키워드가 아니어야 합니다.

언급한 두 번째와 세 번째 규칙을 지키기 어려운 경우, 아래와 같이 별칭을 큰따옴표로 감싸면 됩니다.

```
SELECT
 ordered AS "order",  -- 'ordered' 열을 'order'라는 별칭으로 지정
 shipped AS "shipped date" -- 'shipped' 열을 'shipped date'라는 별칭으로 지정
FROM sales;
```

여기서 **order**는 SQL 키워드이고, **shipped date**는 공백을 포함하고 있습니다.

order	shipped date
2022-05-15 21:12:07.988741	2022-05-23
2022-05-16 03:03:16.065969	2022-05-24
2022-05-16 10:09:13.674823	2022-05-22
2022-05-16 15:02:43.285565	[NULL]

order	shipped date
2022-05-16 16:48:14.674202	2022-05-28
~ 5549 rows ~	

이런 방식으로 이름을 지정하는 것을 지양해야 합니다. 별칭은 열 이름과 마찬가지로 기술적인 목적을 위한 것이지, 미적인 목적을 위한 것이 아닙니다. SELECT 문은 보고서가 아니기 때문입니다.

이렇게 특수한 이름을 처리하기 위해 일부 DBMS는 큰따옴표 외에도 다른 대안을 제공하고 있습니다.

- MSSQL: 대괄호([ ])를 제공합니다. 예 [shipped date]
- 그러나 이 방법보다 큰따옴표("")를 사용하는 것이 좋습니다.
- MariaDB/MySQL: 백틱 backtick(``)을 대안으로 제공합니다. 예 `shipped date`
- ANSI 모드에서는 필요 없지만, 기존 모드에서는 이 방법밖에 사용할 수 없습니다.

어떤 이름을 선택하든 그 이름은 기능적인 목적에 맞는 것이어야 합니다. 보기 좋게 꾸미기 위해 대소문자, 공백 등에 집착하지 마세요. 이런 부분은 쿼리의 결과를 처리하는 소프트웨어의 몫입니다. SQL에서는 데이터를 참조할 수 있을 적절한 이름만 있으면 충분합니다.

선택 사항인 AS

AS는 선택 사항이라는 것을 아래를 통해 알 수 있습니다.

```
SELECT
  id customer,
  height/2.54 height,
  givenname||' '||familyname fullname,
  -- givenname+' '+familyname fullname   -- MSSQL인 경우
  'active' status,
  (SELECT name FROM towns WHERE id=townid) town,
  length(email) length
  -- len(email) length      -- MSSQL인 경우
FROM customers;
```

일부 개발자들은 시간을 절약하거나 더 전문적으로 보이기 위해 AS를 생략하기도 합니다. 하지만 이렇게 되면 다음과 같은 실수를 하게 될 가능성이 있습니다.

```
SELECT
 id,
 email
 givenname, familyname,
 height,
 dob
FROM customers;
```

이렇게 하면 혼란스러운 결과가 나타납니다.

id	givenname	familyname	height	dob
42	may.knott61@example.net	Knott	168.5	[NULL]
459	rick.shaw459@example.net	Shaw	170.9	1945-07-03
597	ike.andy597@example.com	Andy	153	1998-08-09
186	pat.downe186@example.net	Downe	176	1990-04-12
352	basil.isk352@example.net	Isk	156.4	1960-01-13
576	pearl.divers576@example.com	Divers	176.3	
~ 303 rows ~				

처음에는 문제가 없는 것처럼 보일 수 있습니다. 기술적인 오류가 아니기 때문입니다. 하지만 자세히 살펴보면, email이 givenname으로 별칭 처리되었음을 알 수 있습니다. 두 열 사이에 쉼표(,)가 없기 때문입니다. 열을 다른 열로 별칭 처리하는 것은 SQL에서 허용되지만, 보통 이렇게 하는 것을 원하진 않습니다.

SQL이 이를 허용하지 않도록 할 수는 없지만, 별칭에 항상 AS를 포함하는 패턴을 개발하면 이러한 실수를 더 쉽게 발견할 수 있습니다.

다른 쿼리에서는 사용할 수 없는 별칭

SQL의 기본 절 처리 순서를 다시 떠올려볼까요?

1. FROM
2. WHERE
3. GROUP BY
4. HAVING
5. SELECT
6. ORDER BY

이 순서는 SELECT 절을 먼저 작성하는 SQL 작성 방식과는 다릅니다. 이는 다음과 같은 쿼리에서 큰 혼란을 불러올 수 있습니다.

```sql
SELECT id, title, price, price*0.1 AS tax
FROM books
WHERE tax<1.5;
```

쿼리를 실행하면 오류가 발생합니다. price * 0.1 AS tax 표현식이 SELECT 절에 작성되어 있긴 하지만, 실제로는 WHERE 절 이후에 처리되기 때문입니다. 따라서, tax는 아직 WHERE 절에서 사용할 수 없습니다.

계산 결과를 원래 열 이름으로 별칭 처리하면 혼란이 더 커집니다.

```sql
SELECT
  id, title,
  price*1.1 AS price   -- 세금을 포함하도록 조정
FROM books
WHERE price<15;
```

이 경우는 잘 작동합니다. 여기서 price는 세금을 포함하도록 조정되었고, SQL에서 허용하는 원래 이름으로 별칭 처리되었습니다.

id	truncate	price
2078	The Duel	13.75
1530	Robin Hood, The Prince of Thieves	13.75
982	Struwwelpeter: Fearful Stories and Vile Pictures ...	12.65
573	The Nose	11
1573	Rachel Ray	11
532	Elective Affinities	12.65
~ 521 rows ~		

하지만, `WHERE` 절은 조정된 가격이 **아닌 원래의** `price` 열을 기준으로 필터링합니다.

이 문제를 해결할 방법은 많지 않습니다. `SELECT` 절을 나중에 작성할 수도 없고 다른 절에서 별칭을 생성할 수도 없기 때문입니다. 이에 대해서는 나중에 공통 테이블 표현식을 사용해 계산된 열을 미리 처리하는 방법을 살펴보겠습니다.

만약 계산된 값을 이후에 사용할 계획이 있다면, 이를 원래 열 이름으로 별칭 처리하는 것은 좋지 않을 수 있습니다. SQL 입장에서는 별칭 이름으로 무엇을 할지 명확하겠지만, 사람은 이를 읽으며 혼란스러울 가능성이 높습니다.

4.1.2 NULL 처리하기

계산 작업을 하다 보면 `NULL`을 마주치게 될 것입니다. 사실 `NULL` **자체는 문제가 없지만** 계산 결과를 완전히 망칠 수 있습니다. `NULL`이 포함된 계산 결과는 항상 `NULL`이 됩니다. 그래서 `NULL`은 계산에 있어 매우 파괴적인 존재입니다. 그러나 `NULL`을 처리할 수 있는 몇 가지 표현식을 사용하면 이를 피할 수 있습니다.

예외적으로, Oracle에서는 문자열 `NULL`을 빈 문자열로 처리합니다. 이 점은 편리할 수 있지만, 때로는 `NULL`이 정확히 `NULL`로 동작해야 하는 경우 문제가 될 수 있습니다. 하나의 열에서 `NULL`을 포함하여 계산할 경우, 결과가 `NULL`인 것은 자연스러운 일입니다. 예를 들어, 다음과 같습니다.

```
SELECT
  id, givenname, familyname,
  height/2.54 AS height   -- 가끔 NULL을 가질 수 있음
FROM customers;
```

다음처럼 가끔 `NULL`이 결과에 나옵니다.

id	givenname	familyname	height
101	Artie	Chokes	63.858
489	Justin	Case	[NULL]
59	Leigh	Don	66.693
593	Luke	Warm	[NULL]
170	Dan	Dee	65.039
541	Neil	Downe	64.606
~ 303 rows ~			

여기서 우리는 하나의 값만 변환할 것이니 NULL을 그대로 두어도 전혀 문제가 되지 않습니다. 센티미터 단위의 키를 모른다면, 인치 단위의 키도 당연히 알 수 없기 때문입니다. 하지만 곧, 경우에 따라 NULL을 다른 적절한 값으로 대체하는 방법도 살펴보겠습니다.

반면, 여러 열을 대상으로 계산할 때는 NULL이 아주 큰 골칫거리가 될 수 있습니다. 특히 대부분의 값이 NULL이 아닐 때 그렇습니다. 예를 들어, 다음과 같습니다.

```
SELECT
  id, givenname, othernames, familyname,
  givenname||' '||othernames||' '||familyname AS fullname
  -- MSSQL의 경우
  -- givenname+' '+othernames+' '+familyname AS fullname
FROM authors;
```

Oracle을 제외하고 대부분의 DBMS에서는 아래와 같이 NULL이 많이 발생합니다.

id	givenname	othernames	familyname	fullname
464	Ambrose	[NULL]	Bierce	[NULL]
858	Alexander	[NULL]	Ostrovsky	[NULL]
525	Francis	[NULL]	Beaumont	[NULL]
479	C.E.	Van	Koetsveld	C.E. van Koetsveld
703	Friedrich	[NULL]	Engels	[NULL]
~ 488 rows ~				

이 예제에서 대부분의 저자는 othernames 값을 가지고 있지 않아 NULL로 표시되고 있습니다. 어떤 저자는 givenname조차 없습니다. givenname과 familyname은 대부분 문제가 없지만, othernames가 NULL인 경우 전체 계산이 망가집니다.

Oracle에서는 이러한 NULL이 발생하지 않습니다. 대신, 누락된 이름이 있는 경우 공백이 추가됩니다. 기술적으로는 올바른 결과입니다. 이름의 일부를 알 수 없는 경우에는 전체 이름도 알 수 없기 때문입니다. 그러나 이는 도움이 되지 않는 결과입니다.

coalesce 함수

SQL에는 coalesce()라는 함수가 있어 NULL을 원하는 값으로 대체할 수 있습니다. 'coalesce'라는 단어는 원래 '합치다^{combine}'라는 의미지만, 이 연산의 이름으로 사용된 이유는 SQL 역사의 미스터리 중 하나입니다.

함수의 기본 사용법은 다음과 같습니다.

```
coalesce(expression,planB)
```

주어진 expression이 NULL이면, planB를 사용한다는 뜻입니다.

다음과 같이 여러 대체 값을 지정할 수도 있습니다.

```
coalesce(expression,planB,planC, ... , planZ)
```

만약 planB도 NULL이면, coalesce()는 다음에 오는 대체 값을 사용하며, 실제 값이 반환되거나 모든 대체 값이 소진될 때까지 계속 진행합니다.

다음처럼 coalesce 함수를 사용해 누락된 전화번호를 처리할 수도 있습니다.

```
SELECT
  id, givenname, familyname,
  phone
FROM employees;
```

employees(직원) 테이블에 일부 직원의 전화번호가 누락되어 있는 것을 볼 수 있습니다.

id	givenname	familyname	phone
7	Ebenezer	Splodge	0491577644
4	Gladys	Raggs	0491573087
28	Cornelius	Eversoe	[NULL]
32	Clarisse	Cringinghut	0491571804
33	Will	Power	0491576398
26	Fred	Kite	0491572983
~ 34 rows ~			

누락된 전화번호를 회사의 대표 전화번호로 대체하는 것이 합리적입니다.

```
SELECT
  id, givenname, familyname,
  coalesce(phone,'1300975711')  -- 누락된 전화번호를 회사 전화번호로 대체
FROM employees;
```

그러면 아래와 같이 누락된 값이 대체된 것을 볼 수 있습니다.

id	givenname	familyname	coalesce
7	Ebenezer	Splodge	0491577644
4	Gladys	Raggs	0491573087
28	Cornelius	Eversoe	1300975711
32	Clarisse	Cringinghut	0491571804
33	Will	Power	0491576398
26	Fred	Kite	0491572983
~ 34 rows ~			

coalesce() 함수를 사용할 때는 항상 대체할 값이 적절하고 합리적인지, 추측한 값이 올바른지 판단해야 합니다. 책의 가격이나 저자의 생년월일처럼 값을 추측하는 것이 부적절한 경우도 있습니다. 이런 상황에서는 NULL을 그대로 두는 것이 최선의 해결책일 수 있습니다.

2장에서 coalesce()를 사용해 누락된 수량을 추정한 뒤, 이후 수량이 NULL이 되지 않도록 수정했던 예제가 있었습니다. 이처럼, coalesce()로 처리한 다음 근본적인 문제를 해결하는 것이 최선일 수 있습니다.

저자 이름 수정하기

coalesce() 함수를 사용하여 누락된 저자 이름을 대체할 수 있습니다. 여기서 고려해야 할 사항이 두 가지 있습니다.

- 누락된 이름을 임의로 만들어낼 수는 없으므로, 대체 값은 빈 문자열이어야 합니다.
- 누락된 이름 뒤에 붙는 공백도 제거해야 합니다.

두 번째 문제를 해결하기 위해, 이름뿐만 아니라 공백도 함께 coalesce 처리해야 합니다. 다만, Oracle은 NULL 문자열을 다르게 처리하므로 다른 접근 방식이 필요합니다.

이름과 공백을 빈 문자열로 대체하기 위해 다음과 같이 할 수 있습니다.

```
-- PostgreSQL, MariaDB/MySQL, SQLite인 경우
SELECT
  id, givenname, othernames, familyname,
  coalesce(givenname||' ','')
    ||coalesce(othernames||' ','')
    ||familyname AS fullname
FROM authors;

-- MSSQL인 경우
SELECT
  id, givenname, othernames, familyname,
  coalesce(givenname+' ','')
    +coalesce(othernames+' ','')
    +familyname AS fullname
FROM authors;
```

결과는 다음과 같습니다.

id	givenname	othernames	familyname	fullname
464	Ambrose	[NULL]	Bierce	Ambrose Bierce
858	Alexander	[NULL]	Ostrovsky	Alexander Ostrovsky
525	Francis	[NULL]	Beaumont	Francis Beaumont
479	C.E.	Van	Koetsveld	C.E. van Koetsveld
703	Friedrich	[NULL]	Engels	Friedrich Engels
~ 488 rows ~				

Oracle은 NULL 문자열을 공백 문자열로 처리하기 때문에 coalesce()를 사용할 수 없습니다. 대신, ltrim() 함수를 사용해 문자열에서 선행 공백을 제거할 수 있습니다. 보통은 문자열 끝에 공백을 추가하기 때문에 이름이 비어 있는 경우에만 선행 공백이 되므로 다음과 같이 할 수 있습니다.

```
-- Oracle인 경우
SELECT
  id, givenname, othernames, familyname,
  ltrim(givenname||' ')||ltrim(othernames||' ')
    ||familyname AS fullname
FROM authors;
```

이렇게 하면 이전과 동일한 결과를 얻을 수 있습니다.

4.1.3 다른 절에서 계산하기

4장에서는 주로 SELECT 절에서 계산을 사용하겠습니다. 물론 SELECT 절뿐만 아니라 값을 포함하는 절이라면 모두 계산된 값을 사용할 수 있습니다. 여기서는 몇 가지 예를 살펴보겠습니다.

WHERE 절에서 계산을 사용할 수 있는데 예를 들어, 제목이 짧은 책을 찾을 수 있습니다.

```
SELECT *
FROM books
WHERE length(title)<24;   -- MSSQL의 경우: len(title)
```

결과는 다음과 같습니다.

id	authorid	title	published	price
2078	765	The Duel	1811	12.50
503	128	Uncle Silas	1864	17.00
2007	99	North and South	1854	17.50
702	547	Jane Eyre	1847	17.50
1759	17	La Curée	1872	16.00
205	436	Shadow: A Parable	[NULL]	17.50

~ 762 rows ~

데이터베이스가 대소문자를 구분하고 알 수 없는 대소문자의 문자열과 일치시켜야 하는 경우 다음과 같이 할 수 있습니다.

```
SELECT *
FROM books
WHERE lower(title) LIKE '%journey%';
```

다음과 같은 결과가 나옵니다.

id	authorid	title	published	price
880	777	The Journey of Niels Klim to the Wor ...	1741	12.50
946	704	Following the Equator: A Journey Aro ...	1897	19.50
1314	606	Mozart's Journey to Prague	1856	17.00
1092	295	A Journey to the Western Islands of ...	1775	14.50
502	[NULL]	Journey to the Center of the Earth	1864	15.50
1454	914	A Sentimental Journey	1768	13.50

서브쿼리에서 집계 값을 계산할 수도 있습니다.

```sql
SELECT *
FROM customers
WHERE height<(SELECT avg(height) FROM customers);
```

결과는 다음과 같습니다.

id	familyname	givenname	...	height	...
42	Knott	May	...	168.5	...
597	Andy	Ike	...	153.0	...
352	Isk	Basil	...	156.4	...
526	Coming	Seymour	...	163.5	...
26	Twishes	Bess	...	164.6	...
91	North	June	...	164.5	...
~ 128 rows ~					

ORDER BY 절에서도 계산을 사용할 수 있습니다. 예를 들어, 제목의 길이를 기준으로 정렬하고 싶을 때 다음과 같이 할 수 있습니다.

```sql
SELECT *
FROM books
ORDER BY length(title);    -- MSSQL의 경우: length(title)
```

다음과 같은 결과가 나옵니다.

id	authorid	title	published	price
385	971	She	1887	11.00
488	478	Mumu	1852	18.00
728	534	Emma	1815	10.00
1625	496	Lenz	1835	18.50
317	99	Ruth	1853	16.50
2140	17	Nana	1880	12.50
~ 1200 rows ~				

정렬 기준을 선택하고 싶으면 **SELECT** 절에서 값을 계산한 후 그 결과를 기준으로 정렬하면 됩니다.

```
SELECT id, authorid, title, length(title) AS len, published, price
FROM books
ORDER BY len;  -- MSSQL의 경우: length(title)
```

훨씬 유익한 결과가 나옵니다.

id	authorid	title	len	published	price
385	971	She	3	1887	11.00
488	478	Mumu	4	1852	18.00
728	534	Emma	4	1815	10.00
1625	496	Lenz	4	1835	18.50
317	99	Ruth	4	1853	16.50
2140	17	Nana	4	1880	12.50
~ 1200 rows ~					

ORDER BY 절에서 **coalesce**를 활용하는 흥미로운 방법이 있습니다. 일부 DBMS는 정렬 순서에서 **NULL**의 위치를 결정하기 위해 **NULLS FIRST**나 **NULLS LAST**를 지원합니다. 만약 사용 중인 DBMS가 이를 지원하지 않는다면, 열을 극단적인 값으로 **coalesce**할 수 있습니다. 예를 들어, 다음과 같습니다.

```
SELECT *
FROM customers
ORDER BY coalesce(height,0);    -- NULL을 먼저 정렬
SELECT *
FROM customers
ORDER BY coalesce(height,1000);  -- NULL을 나중에 정렬
```

NULL을 극단적인 값으로 대체함으로써 가장 먼저 또는 가장 나중에 위치하도록 정렬합니다.

FROM 절의 경우, 뷰, **JOIN**, 또는 서브쿼리와 같은 가상 테이블을 생성하는 계산이 필요합니

다. 이러한 맥락에서 공통 테이블 표현식은 서브쿼리와 유사합니다. 이에 대해서는 나중에 더 자세히 다루도록 하겠습니다.

4.2 계산 더 자세히 들여다보기

SQL 데이터베이스는 일반적으로 숫자, 문자열, 날짜의 세 가지 주요 데이터 타입을 이해합니다. 유형마다 숫자가 소수점을 포함하는지, 문자열의 길이는 어떤지, 날짜가 시간을 포함하는지와 같은 변형이 있습니다. 또한 불리언 값$^{boolean\ value}$(참 또는 거짓으로 제한됨)이나 바이너리 데이터(BLOBs$^{binary\ large\ objects}$라고 하기도 함)와 같은 다른 유형들도 있으며, 각각의 DBMS에서 지원하는 정도가 다릅니다.

여기서는 주요 데이터 타입으로 계산하는 방법에 대한 세부 사항을 살펴보겠습니다. 규칙에 따라 값은 아래와 같은 세 가지 형태로 나타납니다.

- **저장된** 값은 변수나 열에서 올 수 있습니다.
- 값은 **계산**되거나 내장 함수에서 올 수 있습니다.
- **리터럴** 값은 코드에 직접 입력될 수 있습니다.

SQL은 다른 프로그래밍 언어처럼 특정 리터럴 값을 다른 코드와 구분하기 위해 약간의 도움이 필요합니다. 숫자 리터럴은 다른 무엇도 될 수 없기 때문에 있는 그대로(비가공 상태로) 입력됩니다.

반면에 문자열이나 날짜 리터럴은 작은따옴표(' ... ')로 묶어 표시합니다. 이는 SQL이 문자열을 SQL 키워드나 테이블, 열 이름과 같은 다른 단어들과 구별할 수 있게 하기 위해서입니다. **문자열이나 날짜 리터럴의 실제 값에는 따옴표가 포함되지 않지만**, 코드에 작성할 때는 따옴표가 필요합니다. 앞으로 설명할 내용의 대부분에서 우리는 예제로 리터럴을 사용할 것입니다.

4.2.1 형변환

cast() 함수는 값을 다른 데이터 타입으로 해석하는 데 사용됩니다. SQL에는 숫자, 문자열, 날짜의 세 가지 주요 데이터 타입이 있다는 것을 기억하세요. cast를 사용하여 다음 중 하나를 수행할 수 있습니다.

- 한 주요 유형에서 다른 유형으로 형변환^{casting}을 시도할 수 있습니다.

  문자열로의 형변환은 비교적 쉽지만, 다른 유형으로의 형변환은 SQL이 그 값을 해석할 수 있어야 합니다. 형변환에 실패했을 때의 반응은 DBMS마다 다릅니다.

- 한 주요 유형 내에서도 형변환을 할 수 있습니다. 예를 들어, 정수와 소수, 날짜와 날짜시간 사이를 형변환 할 수 있습니다.

  소수를 정수로, 날짜시간을 날짜로, 또는 긴 문자열을 더 짧은 문자열로 형변환하면 자연스럽게 정밀도가 떨어집니다. 반대 방향으로 형변환하면 추가되는 정밀도는 '없음'으로 채워집니다.

  더 좁은 타입으로 형변환을 해도 대체로 작동은 하지만, 너무 무리하게 시도하지 마세요. 예를 들어, 숫자 123.45를 decimal(4,2)로 형변환하면 자릿수가 충분하지 않아 오버플로 오류가 발생합니다.

앞으로 이어질 내용에서, SQLite는 날짜 타입이 없다는 점을 기억하세요. 따라서 날짜 타입으로의 형변환은 걱정할 필요가 없습니다. 나중에 SQLite에서는 어떻게 처리하면 되는지 간단히 살펴보겠습니다.

다음은 유형 내 형변환의 몇 가지 예시입니다.

```
-- 짧은 날짜 및 숫자
SELECT
  -- SQLite가 아닌 경우
  cast(ordered as date) AS ordered_date,
  cast(total AS integer) AS whole_dollars
FROM sales;
-- 짧은 문자열
SELECT cast(title AS varchar(16)) AS short_title
FROM books;

-- 더 넓은 날짜 및 숫자
SELECT
  -- SQLite: 날짜 타입 없음
  -- PostgreSQL, Oracle인 경우
```

```
    cast(dob as timestamp) as long_dob,
 -- MariaDB/MySQL, MSSQL인 경우
    cast(dob as datetime) as long_dob,
    cast(height as decimal(5,2)) as long_height
  FROM customers;
```

문자열을 더 긴 타입으로 형변환하면 두 가지 결과 중 하나가 발생합니다. 문자열을 CHAR(고정 길이) 유형으로 형변환하면 여분의 길이가 공백으로 채워집니다. 반면에 VARCHAR 유형으로 형변환하면 문자열은 그대로 유지되지만, 더 긴 문자열로 확장될 수 있습니다.

타입 간의 형변환은 다른 문제입니다. 대부분의 DBMS는 필요에 따라 자동으로 문자열로 형변환합니다. 예를 들어 다음과 같습니다.

```
  -- MSSQL이 아닌 경우
  SELECT id || ': ' || email
  FROM customers;
```

다음과 같은 결과가 나옵니다.

?column?
42: may.knott61@example.net
459: rick.shaw459@example.net
597: ike.andy597@example.com
186: pat.downe186@example.net
352: basil.isk352@example.net
576: pearl.divers576@example.com

~ 303 rows ~

이처럼 MSSQL은 이를 자동으로 처리하지 않습니다. 아마 문자열 결합 연산자(+)와의 혼동 때문에 그런 것 같은데, 이 경우 다음과 같이 문제를 강제로 해결해야 합니다.

```
  -- MSSQL의 경우
  SELECT cast(id as varchar(5)) + ': ' + email
  FROM customers;
```

날짜에도 동일한 방법을 적용할 수 있습니다. 고객의 dob(생년월일$^{\text{dates of birth}}$)을 예로 들어 보겠습니다. 일부 생년월일이 누락된 경우라는 복잡한 문제가 발생할 수 있습니다. 이때 coalesce 함수를 사용하면 해결할 수 있습니다.

```
-- PostgreSQL, MariaDB/MySQL, SQLite인 경우
 SELECT
   id || ': ' || email
   || coalesce(' Born: ' || dob,'')
 FROM customers;
-- MSSQL인 경우
 SELECT
   cast(id as varchar(5)) + ': ' + email
   + coalesce(' Born: ' + cast(dob as char(10)),'')
 FROM customers;
-- Oracle은 제외
```

SQLite의 경우, 날짜를 문자열로 저장했기 때문에 별다른 노력이 필요하지 않았습니다. 여기서는 전체 결합된 값인 ' Born: ' || dob을 coalesce 함수로 처리했습니다. dob이 누락된 경우 전체 표현식을 빈 문자열로 대체하기 위해서입니다. NULL과의 결합은 NULL을 결과로 반환합니다.

Oracle의 경우, NULL 문자열을 빈 문자열로 처리하는 특성 때문에 coalesce 함수가 제대로 동작하지 않습니다. 이를 해결하기 위해 CASE 문을 사용해야 합니다.

```
-- Oracle인 경우
 SELECT
   id || ': ' || email
   || CASE
     WHEN dob IS NOT NULL THEN ' Born: ' || dob
   END
 FROM customers;
```

기본적으로, coalesce는 단순화된 CASE 표현식이라고 생각할 수 있습니다. Oracle에서는 이를 명시적으로 작성해야 합니다.

데이터 타입을 변경하는 이유 중 하나는, 앞서 언급한 문자열 결합과 같은 다른 값들과 혼합하여 사용하기 위해서 입니다. 또한, JOIN과 유니온과 같은 다중 테이블 또는 가상 테이블의 데이터를 결합할 때도 형변환이 사용되는 것을 볼 수 있습니다.

데이터 타입을 변경하는 또 다른 이유는 정렬을 하기 위해서 입니다. 모든 문자열 데이터는 일반적으로 알파벳 순으로 정렬되지만, 정렬을 위해 문자열이 아닌 타입으로 형변환해야 할 수도 있습니다. 예를 들어, 아래와 같습니다.

```
-- 정수형
SELECT * FROM sorting
ORDER BY numberstring;
SELECT * FROM sorting
ORDER BY cast(numberstring as int);    -- MySQL이 아닌 경우
-- ORDER BY cast(numberstring as signed);  -- MySQL인 경우

-- 날짜형 (SQLite 제외)
SELECT * FROM sorting
ORDER BY datestring;
SELECT * FROM sorting
ORDER BY cast(datestring as date);
```

sorting(정렬) 테이블에는 숫자나 날짜를 나타내는 문자열로 저장된 값들이 일부 존재합니다. 이들을 제대로 정렬하기 위한 유일한 방법은 먼저 형변환을 수행하는 것입니다.

주의해야 할 점이 있습니다. MySQL은 정수형으로 직접 형변환하는 것을 허용하지 않습니다. 대신 SIGNED 또는 UNSIGNED를 사용해야 합니다. MariaDB는 정수형으로 직접 형변환할 수 있습니다.

문자열에서의 모든 형변환이 성공하는 것은 아닙니다. 문자열이 올바른 타입과 일치하지 않는 경우가 있을 수 있기 때문입니다. 예를 들어, 다음과 같습니다.

```
-- 정상적으로 작동하는 경우
SELECT cast('23' as int)   -- MySQL인 경우: as signed
-- FROM dual -   -- Oracle인 경우
;
```

```
-- 정상적으로 작동하지 않는 경우
SELECT cast('hello' as int)  -- MySQL인 경우: as signed
-- FROM dual    -- Oracle인 경우
;
```

다음에 발생하는 결과는 사용하는 DBMS에 따라 다릅니다.

- MariaDB/MySQL은 0을 반환함으로써 관대하게 처리합니다.
- MSSQL에서는 오류가 납니다.
  이에 대해 `try_cast`라는 대안을 사용할 수 있습니다. 이는 단순히 NULL을 반환하는데, 원한다면 결과를 `coalesce` 함수로 처리할 수 있습니다.
- Oracle에서도 오류가 납니다.
  하지만 다음과 같은 형태로 선택적인 기본값을 설정할 수 있습니다.
  `cast('hello' as int DEFAULT 0 ON CONVERSION ERROR)`
  길긴 하지만 0 또는 원하는 다른 값으로 대체할 수 있습니다.
- PostgreSQL 또한 오류가 납니다. 이를 해결하기 위해 함수를 작성할 수 있습니다.

4.2.2 숫자 계산

숫자는 보통 무언가를 세는 데 사용되며 '몇 개'라는 질문에 대한 답이기도 합니다. 예를 들어, 고객의 키가 몇 센티미터인지, 또는 판매 항목에 몇 달러가 지불되었는지 등이 있습니다.

하지만 숫자가 항상 이런 방식으로 사용되는 것은 아닙니다. 때로는 토큰이나 코드로 사용되기도 합니다. 숫자에 계산을 수행할 수 있는지는 숫자가 어떻게 사용되는지에 따라 달라집니다.

기본 산술 연산

숫자에 대해 다음과 같이 기본적인 연산을 항상 수행할 수 있습니다.

```
SELECT
  3*5 AS multiplication,
  4+7 AS addition,
```

```
    8-11 AS subtraction,
    20/3 AS division,
    20%3 AS remainder,    -- Oracle의 경우 mod(20,3),
    24/3*5 AS associativity,
    1+2*3 AS precedence,
    2*(3+4) + 5*(8-5) AS distributive
 -- FROM dual     -- Oracle의 경우
 ;
```

이 예제는 주요 연산을 보여줍니다.

mul...	add...	sub...	div...	rem...	ass...	pre...	dis...
15	11	-3	6	2	40	7	29

Oracle에서 이 쿼리를 테스트할 경우 FROM dual을 추가해야 합니다. 또한 다음과 같은 점을 주의해야 합니다.

- DBMS마다 정수를 나누는 방식이 다릅니다. 20/3에 대한 결과가 6으로 나오기도 하고, 6.66...7과 같이 소수로 결과가 나오기도 합니다.
- % 연산자는 정수를 나눈 후 **나머지**를 계산합니다. Oracle은 mod( ) 함수를 사용합니다.
- 연산을 혼합할 때, SQL은 우리가 학교에서 배웠던 규칙, 우선순위(어떤 연산자가 먼저 오는지)와 결합성(왼쪽에서 오른쪽으로 계산)을 따릅니다. SQL에서는 괄호를 사용하여 표현식을 먼저 계산할 수 있습니다.

기본 산술 규칙을 혹시 잊어버렸다면 다음을 참고하세요.

1. 먼저 괄호 안의 것을 계산합니다.
2. 덧셈/뺄셈보다 곱셈/나눗셈을 먼저 수행합니다(우선순위).
3. 동일한 우선순위의 연산이 있는 경우 왼쪽에서 오른쪽으로 수행합니다(결합성).

물론, 이러한 표현식은 값이 저장되었거나 계산된 값이든 리터럴이든 상관없이 동일하게 작동합니다.

수학 함수

수학 함수mathematical function도 몇 가지 있습니다. 수학 함수는 보통 전문적인 작업을 하는 것이 아니라면 많이 사용하지 않습니다.

```
SELECT
  pi() AS pi,       -- Oracle은 제외
  sin(radians(45)) AS sin45,   -- Oracle은 제외
  sqrt(2) AS root2,    -- √2
  log10(3) AS log3,
  ln(10) AS ln10,     -- 자연 로그
  power(4,3) AS four_cubed  -- 4³
-- FROM dual     -- Oracle인 경우
;
-- Oracle의 삼각함수는 덜 편리합니다.
 SELECT
   acos(-1) AS pi,
   sin(45*acos(-1)/180) AS sin45
FROM dual;
```

결과는 대략 다음과 같습니다.

pi	sin45	root2	log3	ln10	four_cubed
3.142	0.707	1.414	0.477	2.303	64

이제 SQL을 사용해서 벽에 세워져있는 사다리의 길이나 바다에서 길을 잃은 두 선박 간의 거리를 찾을 수 있습니다.

근사 함수

십진수의 **근사 값**을 제공하는 근사 함수approximation function도 있습니다. 다음 예제를 통해 DBMS 간의 차이를 확인할 수 있습니다.

```
SELECT
  ceiling(200/7.0) AS ceiling,
-- SQLite의 경우: round(200/7.0 + 0.5),
```

```
-- Oracle의 경우: ceil(200/7.0),
  floor(200/7.0) AS floor,
-- SQLite의 경우: round(200/7.0 - 0.5),
  round(200/7.0,0) AS rounded_integer,
-- 또는 round(200/7), -- MSSQL은 제외
  round(200/7.0,2) AS rounded_decimal
-- FROM DUAL  -- Oracle
;
```

보시다시피 이 함수들은 모두 정밀도가 떨어지는 경향이 있습니다.

ceiling	floor	rounded_integer	rounded_decimal
29	28	29	28.57

cast() 함수를 사용하여 더 좁은 숫자 타입으로 형변환하면 정밀도가 함께 떨어집니다. 그러나 그 이후에 어떤 일이 일어나는지는 다음과 같이 DBMS에 따라 다릅니다.

```
SELECT
  cast(234.567 AS int) AS castint,
  -- cast(234.567 AS unsigned), -- MySQL
  cast(234.567 AS decimal(5,2)) AS castdec
-- FROM dual   -- Oracle
;
```

DBMS	castint	castdec
PostgreSQL	235	234.57
MariaDB/MySQL	235	234.57
Oracle	235	234.57
MSSQL	234	234.57
SQLite	234	234.567

- PostgreSQL, Oracle, MariaDB/MySQL에서는 정수 또는 더 짧은 소수형으로 형변환할 경우 숫자를 반올림합니다.
- MSSQL에서는 더 짧은 소수형으로 형변환할 경우 숫자를 반올림하지만, 정수로 형변환할 경우 숫자를 잘라냅니다. 정수를 잘라내고 싶다면 decimal(3,0)과 같은 형식을 사용할 수 있습니다.

- SQLite에서는 정수로 형변환할 경우 숫자를 잘라내고, 소수형으로 형변환할 경우 무시하여 원래 값을 유지합니다.

숫자 서식 지정하기

서식 함수formatting function는 숫자가 **보이는 방식**을 바꿉니다. 근사 함수나 다른 함수와 달리, 서식 함수의 결과는 숫자가 아니라 문자열입니다. 이는 숫자의 표시 방식을 변경할 수 있는 유일한 방법입니다.

숫자에 대해 대부분 하고자 하는 작업은 소수점 이하 자릿수를 변경하거나, 천 단위 구분 기호를 표시하거나, 경우에 따라 통화 기호를 추가하는 것입니다.

다시 말하지만, 각 DBMS는 매우 다른 서식 함수를 제공합니다. 예를 들어, 숫자를 천 단위 구분 기호가 있는 통화 형식으로 서식 지정하는 몇 가지 방법은 다음과 같습니다.

```
-- PostgreSQL, Oracle에서
SELECT
 to_char(total,'FM999G999G999D00') AS local_number,
 to_char(total,'FML999G999G999D00') AS local_currency
FROM sales;
SELECT to_char(total,'FM$999,999,999.00') FROM sales;
-- MariaDB/MySQL에서
SELECT
 format(total,2) AS local_number,
 format(total,2,'de_DE') AS specific_number
FROM sales;
-- MSSQL에서
SELECT
 format(total,'n') AS local_number,
 format(total,'c') AS local_currency
FROM sales;
-- SQLite에서
SELECT printf('$%,d.%02d',total,round(total*100)%100)
FROM sales;
```

다음과 같은 형식의 결과가 출력됩니다.

local_number	local_currency
28.00	$28.00
34.00	$34.00
58.50	$58.50
50.00	$50.00
17.50	$17.50
13.00	$13.00

~ 5549 rows ~

> **NOTE**
> - PostgreSQL과 Oracle은 날짜 서식 지정에도 사용할 수 있는 유연한 `to_char()` 함수를 제공합니다.
> - MariaDB/MySQL은 천 단위 구분 기호와 소수점을 추가하는 `format()` 함수를 사용합니다. 또한 다양한 로케일에 맞게 조정할 수도 있습니다.
> - MSSQL은 보다 직관적인 서식 코드를 가진 자체 `format()` 함수를 가지고 있으며, 로케일에 맞게 조정할 수 있고 날짜 서식을 지정하는 데에도 사용할 수 있습니다.
> - SQLite는 프로그래머에게 더 친숙하고 일반적인 `format()` 함수, 즉 `printf()` 함수만을 제공합니다. SQLite는 PHP나 SQLite가 내장된 호스트 애플리케이션에서 데이터 서식을 지정할 것이라고 가정합니다.

숫자를 서식 함수에 통과시키면 더 이상 숫자가 아니게 된다는 점에 유의하세요! 단순히 숫자를 보는 것이라면 상관없지만, 추가로 계산을 하거나 결과를 정렬하려는 경우 서식이 지정된 숫자가 문제를 일으킬 수 있습니다.

결론적으로, SQL에서는 서식 지정을 많이 사용하지 않을 가능성이 높습니다. SQL의 주요 목적은 데이터를 가져와 다음 단계로 준비하는 것이며, 서식 지정은 마지막 단계로서 종종 다른 소프트웨어에서 수행됩니다.

4.2.3 문자열 계산

문자열은 문자들의 연속이라는 뜻으로 이름이 붙여졌습니다. SQL에서는 이를 문자 데이터 character data 라고 합니다.

SQL에는 문자열을 위한 두 가지 주요 데이터 타입이 있습니다.

- **고정 길이 문자열**character : CHAR(length)는 지정된 길이보다 적은 문자를 입력하면, 문자열 오른쪽에 공백이 채워집니다. 이는 표준 SQL에서 문자열 비교 시 후행 공백을 무시하는 이유를 설명해 줍니다.
- **가변 길이 문자열**character varying : VARCHAR(length)는 제한된 길이의 문자열로, 더 짧은 문자열을 입력하면 패딩되지 않습니다.

원칙적으로 CHAR()는 항상 동일한 길이를 가지기 때문에 처리 효율이 더 높습니다. DBMS가 크기를 계산하고 고정할 필요가 없기 때문입니다. 반면에 VARCHAR()는 저장 효율이 더 높은 것으로 알려져 있습니다.

실제로는 최근의 DBMS가 이전 세대보다 훨씬 더 똑똑해져서 두 타입 간의 차이는 더 이상 중요하지 않습니다. 예를 들어, PostgreSQL은 VARCHAR를 더 효율적으로 처리하기 때문에 항상 VARCHAR를 사용할 것을 권장합니다.

대부분의 DBMS는 세 번째 타입인 TEXT를 제공합니다. TEXT는 원칙적으로 길이에 제한이 없습니다. 하지만 요즘 DBMS는 이전보다 더 긴 표준 문자열을 허용하므로 이는 크게 중요하지 않습니다. 마이크로소프트는 TEXT를 더 이상 사용하지 않고, 같은 역할을 하는 VARCHAR(MAX)를 사용하도록 권장하고 있습니다.

문자열 리터럴은 아래와 같이 작은따옴표 사이에 작성됩니다.

```
SELECT 'hello'; -- Oracle인 경우: FROM dual;
```

문자열을 다룰 때는 일반적으로 저장하고 가져오기만 하면 됩니다. 그러나 문자열 자체를 처리할 수도 있습니다. 보통 다음과 같은 작업들이 있습니다.

- **연결**concatenation: 문자열을 서로 연결하는 것을 의미합니다. 연결은 문자열에 대한 유일한 직접적인 연산입니다. 다른 모든 연산은 함수의 도움을 받습니다.
- 일부 함수는 문자열을 변경합니다. 이 함수들은 실제로 문자열을 변경하는 것이 아니라, 변경된 버전의 문자열을 반환합니다.
- 일부 함수는 문자열의 일부를 추출하는 데 사용합니다.
- 일부 함수는 문자열의 개별 문자와 더 관련이 있습니다.

대소문자 구분

SQL은 대소문자를 그대로 저장하지만, 이를 검색할 때 문제가 생길 수 있습니다. 일부 데이터베이스는 대소문자를 무시하는 반면, 다른 데이터베이스는 그렇지 않기 때문입니다.

데이터베이스가 대소문자를 어떻게 처리하는지는 **정렬 규칙**collation에 따라 달라집니다. 정렬 규칙은 문자의 변형을 해석하는 방식을 의미합니다. 영어에서는 대소문자만 신경 쓰면 되지만, 프랑스어나 독일어처럼 악센트가 있는 문자를 포함하고 있는 경우에는 더 많은 변형이 있을 수 있습니다.

정렬 규칙은 문자열이 정렬되는 방식과 비교되는 방식에 영향을 미칩니다. 영어에서는 주로 대문자 문자열이 소문자 문자열과 일치하는지, 그리고 대문자와 소문자 문자열이 함께 정렬되는지 또는 별도로 정렬되는지에 대해 신경 쓰게 됩니다. 다른 언어에서는 악센트가 있는 문자와 없는 문자가 일치하는지, 그리고 이들 역시 어떻게 정렬되는지에 대해 같은 문제가 적용될 수 있습니다.

데이터베이스나 테이블을 생성할 때 정렬 규칙을 설정할 수 있지만, 신경 쓰지 않는다면 DBMS는 새로운 데이터베이스에 대해 기본 정렬 규칙을 사용하게 됩니다. PostgreSQL, Oracle, SQLite에서는 기본 정렬 규칙이 대소문자를 구분하므로 대문자와 소문자가 일치하지 않습니다. 반면, MariaDB/MySQL과 MSSQL에서는 기본 정렬 규칙이 대소문자를 구분하지 않으므로 대문자와 소문자가 일치하게 됩니다.

특정 데이터베이스가 대소문자를 구분하는지 확실하지 않은 경우, 다음과 같은 간단한 테스트를 시도해 볼 수 있습니다.

```
SELECT * FROM customers WHERE 'a'='A';
```

데이터베이스가 대소문자를 구분한다면, 'a'와 'A'는 일치하지 않기 때문에 아무 행도 반환되지 않습니다. 반면, 대소문자를 구분하지 않는다면 전체 테이블이 반환됩니다.

ASCII와 유니코드

전통적으로, 문자열은 ASCII American Standard Code for Information Interchange 를 사용하여 인코딩되었습니다. 문자 별로 32에서 126 사이의 숫자를 가지며, 이는 단일 바이트로 저장됩니다. 예를 들어, 'A'는 65로, 'a'는 97로 인코딩됩니다. 특수 문자로는 공백(32), 느낌표(33), 숫자 0-9(48-57) 등이 있습니다.

32에서 126 사이에는 총 95개의 값 밖에 없기 때문에, ASCII는 문자 범위가 제한적입니다. 알파벳 대문자와 소문자, 그리고 10개의 숫자를 이미 사용했기 때문에 구두점이나 기타 특수 문자를 위한 공간이 많지 않습니다(왜 '~'와 '`'와 같은 희귀 문자가 포함되어 있는지는 아직도 미스터리입니다). 그래서 기본적인 ASCII에 다른 구두점 문자, 유럽 악센트 문자, 그리스어나 키릴 알파벳 등이 들어갈 공간은 없습니다. 일본어나 중국어는 꿈도 꾸지 못합니다.

다른 언어를 처리하려면 ASCII의 다양한 변형을 사용하는 방법이 있겠지만, 더 좋은 방법은 유니코드를 사용하는 것입니다. 유니코드는 단일 인코딩 시스템에서 여러 언어를 처리하기 위한 현대적인 표준입니다. 여러 바이트를 사용해서 여러 언어를 처리합니다. 정확히 어떻게 구현되는지는 복잡하기도 하고 구현 방식에 따라 다를 수 있지만, 기본 개념은 동일합니다.

유니코드는 ASCII 코드를 포함하도록 설계되었기 때문에 두 인코딩 간에 일부 호환성이 있습니다. 그러나 일부 유니코드 구현은 동일한 문자를 인코딩할 때 ASCII보다 더 많은 공간을 차지할 수 있습니다. 오늘날에는 저장 공간이 저렴하고 데이터베이스 소프트웨어가 공간을 효율적으로 사용하기 때문에 큰 문제가 되지 않습니다.

요즘 DBMS는 모두 유니코드를 지원합니다. 기본적으로 유니코드를 지원하는 경우도 있지만 일부 DBMS는 요청해야 합니다. 경우에 따라 전체 데이터베이스, 특정 테이블 또는 개별 열에 대해 유니코드를 사용할 수 있습니다. 샘플 데이터베이스는 대부분의 데이터에 유니코드를 사용하지만, 전화번호와 같이 문자 집합이 의도적으로 제한된 경우에는 ASCII를 사용할 수 있습니다. 전화번호는 문자열로 저장되기 때문입니다.

> **NOTE** 일부 DBMS는 CHAR와 VARCHAR 외에도 NCHAR와 NVARCHAR 데이터 타입을 지원합니다. 데이터베이스 테이블이 유니코드를 사용하도록 설정된 경우, CHAR와 VARCHAR가 그 역할을 수행합니다. 그렇지 않은 경우, 특정 열에 대해 유니코드를 지정하기 위해 NCHAR와 NVARCHAR를 사용할 수 있습니다.

연결

연결 concatenation 은 문자열을 서로 결합하는 것을 의미합니다. 가장 간단한 문자열 연산이며, 함수 없이 수행할 수 있는 유일한 연산입니다.

연결 연산자는 보통 ||입니다. MSSQL은 대신 +를 사용합니다. 예를 들어, 다음과 같습니다.

```
SELECT
  id,
  givenname||' '||familyname AS fullname
  -- givenname+' '+familyname AS fullname  -- MSSQL의 경우
FROM customers;
```

다음과 같은 결과를 얻을 수 있습니다.

id	fullname
42	May Knott
459	Rick Shaw
597	Ike Andy
186	Pat Downe
352	Basil Isk
576	Pearl Divers
~ 303 rows ~	

전통 모드의 MySQL은 어떤 형태의 연결 연산자도 지원하지 않으니 유의하세요. ANSI 모드에서는 표준 || 연산자를 지원합니다.

많은 DBMS는 비표준 함수인 concat(string,string,...)도 지원합니다. 예를 들어, 다음과 같습니다.

```
-- SQLite가 아닌 경우
 SELECT
   id,
   concat(givenname,' ',familyname) AS fullname
 FROM customers;
```

SQLite는 이를 지원하지 않습니다. 하지만 MySQL에서는 지원되므로 전통 모드에서는 MySQL 방식으로 문자열을 연결합니다.

대부분의 DBMS에서는 concat() 함수와 연결 연산자 사이에 미묘하지만 중요한 차이가 있습니다. 연결 연산자를 사용할 때 NULL이 포함되어 있다면 결과도 (당연히) NULL이 됩니다. 하지만 concat() 함수는 NULL을 자동으로 빈 문자열('')로 변환합니다. 이는 편리할 수 있지만, 경우에 따라 NULL이 중요한 정보일 때는 불편할 수 있습니다.

하지만 Oracle은 다른 접근 방식을 취합니다. Oracle은 NULL 문자열을 빈 문자열('')과 동일하게 취급합니다. 때문에 NULL을 연결하는 것은 빈 문자열을 연결하는 것과 동일한 결과를 가져옵니다. 변환을 할 필요가 없어 편리하지만, 다른 한편으로는 NULL이 반드시 NULL이어야 하는 경우가 있어 불편할 수 있습니다.

문자열 함수

문자열을 사용하는 다른 연산에는 함수가 필요합니다. 다음은 몇 가지 예입니다.

> **NOTE** 다음 예시에서는 맥락을 위해 SELECT *를 포함했습니다. 단, Oracle에서는 다른 데이터와 혼합할 때 SELECT table.*라고 작성해야 하므로, Oracle을 포함한 모든 예시에서 이렇게 작성했습니다.

문자열의 길이는 문자열에 포함된 문자 수를 의미합니다. 길이를 확인하기 위해 다음 함수를 사용할 수 있습니다.

```
-- PostgreSQL, MariaDB/MySQL, SQLite, Oracle의 경우
SELECT customers.*, length(familyname) AS len
FROM customers;
-- MSSQL
SELECT *, len(familyname) AS len FROM customers;
```

문자열의 일부분을 찾으려면 다음을 사용할 수 있습니다.

```
-- MariaDB/MySQL, SQLite, Oracle: INSTR('문자열',찾을 값)
SELECT books.*, instr(title,' ') AS space FROM books;
-- PostgreSQL: POSITION(value IN '문자열')
SELECT *, position(' ' in title) AS space FROM books;
-- MSSQL: CHARINDEX(찾을 값, '문자열')
SELECT *, charindex(' ',title) AS space FROM books;
```

문자열의 부분을 교체하려면 replace를 사용할 수 있습니다.

```
-- replace(original,search,replace)
SELECT books.*, replace(title,' ','-') AS hyphens
FROM books;
```

대문자와 소문자를 변경하려면 다음과 같은 함수가 있습니다.

```
-- PostgreSQL, MariaDB/MySQL, SQLite, Oracle, MSSQL의 경우
SELECT
  books.*,
  upper(title) AS upper,
  lower(title) AS lower
FROM books;
-- PostgreSQL, Oracle인 경우
SELECT books.*, initcap(title) AS lower FROM books;
```

문자열의 앞부분이나 끝부분의 불필요한 공백을 제거하려면 양쪽의 공백을 모두 제거하는 trim(), 문자열의 좌측 공백을 제거하는 ltrim(), 또는 우측 공백을 제거하는 rtrim()을 사용할 수 있습니다.

```
WITH vars AS (
 SELECT ' abcdefghijklmnop ' AS string
 -- FROM dual -- Oracle
)
SELECT
 string,
 ltrim(string) AS ltrim,
 rtrim(string) AS rtrim,
 trim(string) AS trim AS trim,
 ltrim(rtrim(string)) AS same
FROM vars;
```

요즘 DBMS는 모두 trim() 함수를 지원하지만, MSSQL은 2017 버전이 되어서야 지원하기 시작했습니다. PostgreSQL에서는 btrim()이라고도 부릅니다. 오른쪽 공백이 제거된 것은 잘 눈치채지 못할 수도 있습니다.

DBMS에 따라 substring() 또는 substr()을 사용하여 부분 문자열을 얻을 수 있습니다.

```
WITH vars AS (
 SELECT 'abcdefghijklmnop' AS string
 FROM dual -- Oracle
)
SELECT
-- PostgreSQL, MariaDB/MySQL, Oracle, SQLite의 경우
 substr(string,3,5) AS substr,
-- PostgreSQL, MariaDB/MySQL, MSSQL, SQLite의 경우
 substring('abcdefghijklmnop',3,5) AS substring
FROM vars;
```

일부 DBMS는 문자열의 첫 부분이나 마지막 부분을 가져오는 특수 함수를 포함하고 있습니다. 경우에 따라 음수 시작점을 사용하여 문자열의 마지막 부분을 가져올 수 있습니다.

```
WITH vars AS (
 SELECT 'abcdefghijklmnop' AS string
 FROM dual -- Oracle
)
SELECT
-- Left
 -- PostgreSQL, MariaDB/MySQL, MSSQL의 경우
     left('abcdefghijklmnop',4) AS lstring
 -- SQLITE와 Oracle를 포함한 모든 DBMS의 경우
 -- substr(string,1,n) AS lstring,
-- Right
 -- PostgreSQL, MariaDB/MySQL, MSSQL의 경우
     right('abcdefghijklmnop',4) AS rstring
 -- MariaDB/MySQL, Oracle, SQLite의 경우
 -- substr('abcdefghijklmnop',-4) AS rstring
FROM vars;
```

데이터에서 하위 문자열을 추출하는 데 많은 시간을 쓰고 있다면, 단일 값에 너무 많은 정보를 저장하려고 하는 것일 수 있습니다.

반면에, 하위 문자열을 사용하여 원시 데이터를 보다 친숙한 형태로 형식을 변경할 수도 있습니다.

4.2.4 날짜 연산

SQL 관점에서 볼 때 날짜는 문제가 많습니다. 일상생활에서 매우 흔하게 사용됨에도, 날짜를 측정하는 것은 매우 복잡하기 때문입니다.

문제는 우리가 날짜를 일, 주, 월, 년과 같은 여러 개의 호환되지 않는 주기를 동시에 사용하여 측정한다는 것입니다. 게다가 우리 모두 서로 다른 시간대에 살고 있어서 현재 시각조차 다 다른 것이 더 문제입니다.

대부분의 DBMS는 날짜를 관리하기 위한 여러 관련 데이터 타입을 가지고 있습니다. 특히 시간이 포함된 날짜를 위한 `date`와 시간이 포함된 `datetime`이 있습니다. 일반적으로 이러한 타입들에는 변형이 있고, 시간대를 포함할 수 있는 기능도 제공합니다.

SQLite는 예외입니다. SQLite는 숫자나 문자열을 사용하고, 날짜 계산을 위해서는 몇 가지 함수를 통해 값을 처리해야 합니다.

보통 날짜와 시간을 가지고 하는 작업들은 아래와 같을 것입니다.

1. 날짜/시간 입력 및 저장
2. 현재 날짜/시간 가져오기
3. 날짜/시간별 그룹화 및 정렬
4. 날짜/시간의 부분 추출
5. 날짜/시간 더하기
6. 두 날짜/시간 간의 차이 계산
7. 날짜/시간 형식 지정

> **NOTE** SQLite는 날짜를 다루는 완전히 다른 접근 방식을 가지고 있습니다. 이는 SQLite가 날짜를 지원하지 않기 때문입니다. 그렇기 때문에 SQLite는 앞으로 다룰 내용에서 거의 제외할 것입니다. SQLite에서 날짜를 처리하는 방법에 대해서는 부록에서 다루겠습니다.

날짜/시간 입력 및 저장하기

대부분의 DBMS에는 날짜/시간을 저장하는 자체적인 방식이 있기 때문에, 날짜를 저장하는 것에 대한 자세한 사항은 중요하지 않습니다. 중요한 것은 데이터를 입력할 수 있다는 점입니다.

테이블에서 날짜 또는 날짜시간 열은 일반적으로 다음과 같이 정의됩니다.

DBMS	date	date with time
PostgreSQL	DATE	TIMESTAMP
MariaDB/MySQL	DATE	DATETIME
MSSQL	DATE	DATETIME2
Oracle	DATE	DATETIME
SQLite	TEXT	TEXT

날짜나 날짜시간 리터럴을 입력하는 일반적인 방법은 다음과 같습니다.

- **date:** '2013-02-15'
- **datetime:** '2013-02-15 09:20:00'

초 단위를 생략하거나 초의 소수점 부분을 포함할 수도 있습니다. 이 형식은 ISO8601 형식을 변형한 것입니다. 원래의 ISO8601 형식에서는 시간이 공백 대신 T 다음에 표시됩니다.

Oracle에서는 일반적으로 날짜시간 리터럴에 다른 형식을 사용한다는 점에 주의하세요. 앞서 언급한 형식을 사용하려면 각각 `date` 또는 `datetime`을 리터럴 앞에 붙입니다.

- **date:** date '2013-02-15'
- **datetime:** datetime '2013-02-15 09:20:00'

PostgreSQL, MSSQL, MariaDB/MySQL에서는 '15 Feb 2013'와 같이 읽기 쉬운 다른 날짜 형식을 사용할 수 있습니다. 하지만 '2/3/2013'와 같이 국제적으로 의미가 달라질 수 있는 형식은 **절대** 사용하지 마세요. 실질적으로는 표준 형식을 고수하는 것이 좋습니다.

```
SELECT *
FROM customers
WHERE dob<'1980-01-01'; -- Oracle dob<date '1980-01-01';
```

이렇게 하면 80년생 이전의 고객들을 조회할 수 있습니다.

id	givenname	familyname	...	dob	...
459	Rick	Shaw	...	1945-07-03	...
352	Basil	Isk	...	1960-01-13	...
92	Nan	Keen	...	1943-05-18	...
267	Boris	Todeath	...	1969-10-06	...
91	June	North	...	1967-03-22	...
543	Nat	Ering	...	1946-04-30	...
~ 133 rows ~					

dob<'1980-01-01'와 같이 간단한 표현에서 SQL은 해당 표현이 날짜인지 문자열인지 혼동하지 않습니다. 문맥상 명확하기 때문입니다.

현재 날짜/시간 가져오기

날짜/시간을 현재와 비교하려면, 대부분의 DBMS에서 다음과 같은 쿼리를 사용할 수 있습니다.

```
SELECT
 current_timestamp AS now,
 current_date AS today - MSSQL이 아닌 경우
-- FROM dual -- Oracles
;
```

> **NOTE** MSSQL은 `current_timestamp`의 동의어로 `getdate()`도 제공합니다. 이름과는 달리 날짜뿐만 아니라 시간도 함께 제공됩니다. MariaDB/MySQL은 `current_timestamp`의 동의어로 `now()`도 제공합니다. Oracle은 클라이언트가 아닌 데이터베이스 서버의 날짜/시간을 반환하는 `systemtimestamp`와 `systemdate`를 제공합니다.

앞서 언급했듯이 MSSQL에는 `current_date`가 없습니다. 기존 `datetime`을 `date`로 단순화하고 싶다면 가장 간단한 방법은 `datetime`을 형변환하는 것입니다.

```
-- Oracle이 아닌 경우
SELECT
 current_timestamp AS now,
 cast(current_timestamp as date) AS today
-- FROM dual -- Oracle
;
```

앞선 예제는 Oracle에서 제대로 동작하지 않습니다. `cast()` 함수를 사용하여 `current_timestamp`를 `date` 타입으로 형변환할 수는 있지만, 실제로는 아무런 변경이 일어나지 않습

니다. 따라서 Oracle에서는 trunc() 함수를 사용하여 날짜 부분만 추출해야 합니다.

```
-- Oracle인 경우
SELECT
 current_timestamp AS now,
 trunc(current_timestamp) AS today
FROM dual -- Oracle
;
```

여전히 시간 구성 요소가 있지만, 00:00으로 설정됩니다.

날짜/시간별 그룹화 및 정렬하기

다른 데이터 타입과 마찬가지로 날짜/시간을 기준으로 정렬할 수 있습니다. 결과는 시간순으로 표시됩니다.

```
SELECT *
FROM sales
ORDER BY ordered;
```

물론 DESC도 사용할 수 있습니다. 날짜별로 그룹화할 수도 있지만, 초당 대량의 거래가 있는 경우가 아니라면 datetime으로 그룹화하는 것은 바람직하지 않을 것입니다. datetime의 경우, 공통 테이블 표현식을 사용해 날짜로 변환한 다음 그 결과를 그룹화할 수 있습니다. 예를 들어, 다음과 같습니다.

```
WITH cte AS (
 SELECT
  cast(ordered as date) AS ordered, total  -- Oracle이 아닌 경우
  -- trunc(ordered) AS ordered, total   -- Oracle인 경우
 FROM sales
)
SELECT ordered, sum(total)
FROM cte
GROUP BY ordered
ORDER BY ordered;
```

다음과 같은 요약이 나옵니다.

ordered	sum
2022-05-04	43.00
2022-05-05	150.50
2022-05-06	110.50
2022-05-07	142.00

ordered	sum
2022-05-08	214.50
2022-05-09	16.50

~ 389 rows ~

Oracle에서는 trunc() 함수를 사용해야 한다는 점을 기억하세요.

날짜/시간의 일부 추출하기

기술적으로, datetime은 특정 시점을 나타냅니다. 보통 우리는 보통 day(일)과 year(연)과 같은 구성 요소 단위로 생각하는 경향이 있습니다. 하지만 구성 요소들이 서로 일치하지 않고, 일부 구성 요소의 크기가 다르다는 점으로 인해 상황이 복잡해집니다.

PostgreSQL, MariaDB/MySQL, Oracle에서의 날짜 추출

날짜의 일부를 추출하는 표준 방법은 extract() 함수를 사용하는 것입니다. 이 함수의 형식은 다음과 같습니다.

```
extract(part from datetime)
```

extract() 함수가 실제로 어떻게 작동하는지 살펴보겠습니다.
```
WITH chelyabinsk AS (
 SELECT
   timestamp '2013-02-15 09:20:00' AS datetime
 FROM dual
)
```

```
SELECT
  datetime,
  EXTRACT(year FROM datetime) AS year,
  EXTRACT(month FROM datetime) AS month,
  EXTRACT(day FROM datetime) AS day,
  -- Oracle 또는 MariaDB/MySQL이 아닌 경우
  EXTRACT(dow FROM datetime) AS weekday,
  EXTRACT(hour FROM datetime) AS hour,
  EXTRACT(minute FROM datetime) AS minute,
  EXTRACT(second FROM datetime) AS second
FROM chelyabinsk;
```

다음과 같은 구성 요소를 얻을 수 있습니다.

datetime	year	month	day	weekday	hour	minute	second
2013-02-15 09:20:00	2013	2	15	5	9	20	0

Oracle과 MariaDB/MySQL에는 요일을 직접 추출하는 방법이 없어서, 그룹화에 사용하고자 할 때 문제가 될 수 있습니다. 하지만 나중에 보시겠지만, 서식 함수를 사용하여 요일과 이전 값들을 얻을 수 있습니다. PostgreSQL은 또한 앞서 언급한 함수의 대안으로 `date_part('part',datetime)` 함수를 제공합니다.

MSSQL에서의 날짜 추출

MSSQL은 날짜의 일부를 추출하기 위한 두 가지 주요 함수를 제공합니다.

- `datepart(part, datetime)`는 날짜/시간의 일부를 숫자로 추출합니다.
- `datename(part, datetime)`는 날짜/시간의 일부를 문자열로 추출합니다. 연도와 같이 대부분은 단순히 datepart 숫자의 문자열 버전일 뿐입니다. 그러나 요일과 월의 경우, 실제로 사람이 읽기 쉬운 이름으로 표시됩니다.

이 두 함수가 실제로 어떻게 작동하는지 살펴보겠습니다.

```
WITH chelyabinsk AS (
  SELECT cast('2013-02-15 09:20' as datetime) AS datetime
```

```
)
SELECT
 datepart(year, datetime) AS year,    -- year()
 datename(year, datetime) AS yearstring,
 datepart(month, datetime) AS month,  -- month()
 datename(month, datetime) AS monthname,
 datepart(day, datetime) AS day, -- aka day()
 datepart(weekday, datetime) AS weekday,   -- 일요일=1
 datename(weekday, datetime) AS weekdayname,
 datepart(hour, datetime) AS hour,
 datepart(minute, datetime) AS minute,
 datepart(second, datetime) AS second
FROM chelyabinsk;
```

> **NOTE** datename(date,year)는 2013의 문자열 버전만을 반환합니다.
> day(), month(), year()라는 세 가지 짧은 함수가 있는데, 이는 datepart()의 동의어입니다.

날짜 서식 지정하기

숫자와 마찬가지로, 날짜의 서식을 지정하면 문자열이 생성됩니다. PostgreSQL과 Oracle 모두 to_char 함수를 사용할 수 있습니다. 두 가지 유용한 형식을 아래에서 살펴보겠습니다.

```
-- PostgreSQL인 경우
WITH vars AS (SELECT timestamp '1969-07-20 20:17:40' AS moonshot)
SELECT
 moonshot,
 to_char(moonshot,'FMDay, DDth FMMonth YYYY') AS fulldate,
 to_char(moonshot,'Dy DD Mon YYYY') AS shortdate
FROM vars;

-- Oracle인 경우
WITH vars AS (
 SELECT timestamp '1969-07-20 20:17:40' AS moonshot FROM dual
)
SELECT
 moonshot,
 to_char(moonshot,'FMDay, ddth Month YYYY') AS fulldate,
```

```
  to_char(moonshot,'Dy DD Mon YYYY') AS shortdate
FROM vars;
```

아래와 같은 결과가 나옵니다.

moonshot	fulldate	shortdate
1969-07-20 20:17:40	Sunday, 20th July 1969	Sun 20 Jul 1969

PostgreSQL과 Oracle 간의 형식 코드에 약간의 차이가 있다는 것을 알 수 있습니다.

MariaDB/MySQL의 경우에는 date_format() 함수가 있습니다.

```
WITH vars AS (SELECT timestamp '1969-07-20 20:17:40' AS moonshot)
SELECT
 moonshot,
 date_format(moonshot,'%W, %D %M %Y') AS fulldate,
 date_format(moonshot,'%a %d %b %Y') AS shortdate
FROM vars;
```

MSSQL에서는 format() 함수를 날짜에도 사용할 수 있습니다.

```
WITH vars AS (SELECT cast('1969-07-20 20:17:40' AS datetime) AS moonshot)
SELECT
 format(moonshot,'dddd, d MMMM yyy') AS fulldate,
 format(moonshot,'ddd d MMM yyy') AS shortdate
FROM vars;
```

SQLite는 서식 지정 기능이 매우 제한적이어서, 추가적인 기법 없이는 월이나 요일 이름을 얻을 수 없습니다. 일반적으로 날짜는 그대로 두고 필요한 작업을 호스트 애플리케이션이 수행하도록 하는 것이 더 좋습니다.

형식 코드에 대해 자세히 알아보려면 다음을 참조하세요.

- **PostgreSQL**: www.postgresql.org/docs/current/functions- formatting.html#FUNCTIONS-FORMATTING-DATETIME-TABLE

- **Oracle**: https://docs.oracle.com/en/database/oracle/oracle-database/21/sqlrf/Format-Models.html
- **MariaDB**: https://mariadb.com/kb/en/date_format/
- **MySQL**: https://dev.mysql.com/doc/refman/8.0/en/date-and-time-functions.html
- **MSSQL**: https://learn.microsoft.com/en-us/dotnet/standard/base-types/custom-date-and-time-format-strings

날짜 산술

일반적으로 날짜와 관련하여 수행하는 작업은 다음과 같습니다.

- 간격을 더하거나 빼서 날짜를 수정하기
- 두 날짜 간의 차이 찾기

날짜를 수정하려면 간격을 더하거나 뺄 수 있습니다. 일부 DBMS는 이를 위해 **interval**이라는 데이터 타입을 정의하고 있습니다. 예를 들어, 현재 시간에 네 달을 더하려면 다음과 같이 할 수 있습니다.

```
-- PostgreSQL인 경우
SELECT
  date '2015-10-31' + interval '4 months' AS afterthen,
  current_timestamp + interval '4 months' AS afternow,
  current_timestamp + interval '4' month -- 또한 가능 ;
-- Oracle인 경우
SELECT
  add_months('2015-10-31',4) AS afterthen,
  current_timestamp + interval '4' month AS afternow,
  add_months(current_timestamp,4) - 또한 가능
FROM dual;
-- MariaDB/MySQL인 경우
SELECT
  date_add('2015-10-31',interval 4 month) AS afterthen,
  date_add(current_timestamp,interval 4 month)
    AS afternow,
  current_timestamp + interval '4' month -- 또한 가능
;
```

아래와 같은 결과가 나옵니다.

afterthen	afternow
2016-02-29 00:00:00	2023-10-01 16:01:13.691447+11

PostgreSQL과 Oracle은 덧셈 연산자를 사용하는 반면, MariaDB/MySQL은 특수 함수를 사용한다는 것을 알 수 있습니다. Oracle은 또한 month(월)을 추가하기 위한 특수 함수가 있습니다.

MSSQL의 경우, dateadd를 사용하며 단위와 단위 수를 지정합니다.

```
-- MSSQL
SELECT
  dateadd(month,4,'2015-10-31') AS afterthen,
  dateadd(month,4,current_timestamp) AS afternow
;
```

SQLite에서는 strftime() 함수와 함께 수정자[modifier]를 사용하여 문자열을 날짜로 변환하고 조정합니다. 예를 들어, 다음과 같습니다.

```
-- SQLite
SELECT
  strftime('%Y-%m-%d','2015-10-31','+4 month')
    AS afterthen,
  strftime('%Y-%m-%d','now','+4 month') AS afternow
;
```

이제 두 날짜 간의 차이를 계산해 보겠습니다. 여기서도 모든 DBMS가 서로 다른 방식으로 처리합니다. 예를 들어, 고객의 나이를 확인하기 위해서는 다음과 같이 할 수 있습니다.

```
-- PostgreSQL인 경우
SELECT
  dob,
  age(dob) AS interval,
  date_part('year',age(dob)) AS years,
```

```sql
    extract(year from age(dob)) AS samething
  FROM customers;
-- MariaDB/MySQL인 경우
  SELECT
    dob,
    timestampdiff(year,dob,current_timestamp) AS age
  FROM customers;
-- MSSQL (정확히 동일하지는 않음!)
  SELECT
    dob,
    datediff(year,dob,current_timestamp) AS age
  FROM customers;
-- Oracle인 경우
  SELECT
    dob,
    trunc(months_between(current_timestamp,dob)/12)
      AS age
  FROM customers;
-- SQLite인 경우
  SELECT
    dob,
    cast(
    strftime('%Y.%m%d', 'now')
    - strftime('%Y.%m%d', dob)
    as int) AS age
  FROM customers;
```

PostgreSQL의 경우 다음과 같은 결과가 나옵니다. 다른 DBMS들은 **age** 열이 없을 것입니다.

dob	interval	years	samething
[NULL]	[NULL]	0	0
1945-07-03	77 years 10 mons 29 days	77	77
1998-08-09	24 years 9 mons 23 days	24	24
1990-04-12	33 years 1 mon 19 days	33	33
1960-01-13	63 years 4 mons 19 days	63	63
[NULL]	[NULL]	0	0

~ 303 rows ~

앞선 계산들 중에서 MSSQL은 **매우** 단순한 함수를 가지고 있습니다. 이 함수는 단순히 연도 간의 차이만을 계산하는데, 만약 생년월일이 연말에 있고 조회 날짜가 연초에 있을 경우 많이 벗어난 결과가 나옵니다. 더 정확한 결과를 얻으려면 훨씬 더 많은 작업이 필요합니다.

4.3 CASE 표현식

간단한 표현식으로는 충분하지 않은 경우, SQL에서 조건에 따라 값을 선택해야 할 때가 있습니다. 이 때 사용할 수 있는 것이 CASE ... END 표현식으로, 대체 값 중 하나를 선택할 수 있게 해 줍니다.

특정 값에 따라 카테고리를 생성하려면 다음과 같이 작성할 수 있습니다.

```sql
SELECT
  id,title,
  CASE
    WHEN price<13 THEN 'cheap'
    WHEN price<=17 THEN 'reasonable'
    WHEN price>17 THEN 'expensive'
    -- ELSE NULL
  END AS price
FROM books;
```

다음과 같이 간단한 가격 목록이 표시됩니다.

id	title	price
2094	The Manuscript Found in Saragossa	expensive
336	The Story of My Life	reasonable
1868	The Tenant of Wildfell Hall	[NULL]
375	Dead Souls	reasonable
1180	Fables	cheap
990	The History of Pendennis: His Fortun ...	cheap
~ 1200 rows ~		

모든 조건이 실패하면 결과는 NULL이 됩니다. 이를 피하려면 ELSE 표현식을 사용하세요.

```
SELECT
 id,title,
 CASE
  WHEN price<13 THEN 'cheap'
  WHEN price<=17 THEN 'reasonable'
  WHEN price>17 THEN 'expensive'
  ELSE ''
 END AS price
FROM books;
```

또한 CASE 표현식은 **단락 평가**short-circuited 방식으로 작동합니다. 즉, 조건이 일치하는 경우를 찾으면 나머지 조건을 평가하지 않고 중단합니다.

4.3.1 CASE 표현식의 다양한 활용

개별 값을 테스트하는 경우 CASE의 단순화된 변형을 사용할 수 있습니다.

```
SELECT
 c.id,
 givenname||' '||familyname AS name,
 -- givenname+' '+familyname AS name, -- MSSQL의 경우
 CASE status
  WHEN 1 THEN 'Gold'
  WHEN 2 THEN 'Silver'
  WHEN 3 THEN 'Bronze'
 CASE AS status
FROM customers AS c LEFT JOIN VIP ON c.id=vip.id;
-- Oracle의 경우:
-- FROM customers c LEFT JOIN VIP ON c.id=vip.id;
```

그러면 다음과 같은 결과가 나옵니다.

id	name	status
69	Rudi Mentary	[NULL]
182	June Hills	Bronze
43	Annie Day	[NULL]
263	Mark Time	Bronze
266	Vic Tory	Silver
68	Phyllis Stein	[NULL]
442	Herb Garden	Gold
33	Eileen Dover	[NULL]

~ 303 rows ~

짧은 형식은 아니지만 의도를 명확하게 해 주고 있습니다. IN 표현식도 사용할 수 있습니다.

```
SELECT
  id, givenname, familyname,
  CASE
    WHEN state IN('QLD','NSW','VIC','TAS') THEN 'East'
    WHEN state IN ('NT','SA') THEN 'Central'
    ELSE 'Elsewhere'
  END AS region
FROM customerdetails;
```

결과는 다음과 같습니다.

id	givenname	familyname	region
137	Albert	Ross	East
359	Gail	Warning	Central
40	Cliff	Face	East
151	Rick	O'Shea	East

id	givenname	familyname	region
96	Rob	Blind	Elsewhere
465	Mary	Christmas	Elsewhere

~ 303 rows ~

4.3.2 CASE의 특별한 경우인 coalesce

coalesce( )와 CASE를 사용하는 방식에는 몇 가지 유사점이 있습니다.

사실 CASE를 coalesce의 대안으로 생각해도 됩니다.

```
SELECT
  id, givenname, familyname,
  coalesce(phone,'-') AS coalesced,
  CASE
    WHEN phone IS NOT NULL THEN phone
    ELSE '-'
  END AS cased
FROM customers;
```

두 표현식은 동일한 결과를 반환합니다.

id	givenname	familyname	coalesced	cased
42	May	Knott	0255509371	0255509371
459	Rick	Shaw	0370101040	0370101040
597	Ike	Andy	-	-
186	Pat	Downe	0870105900	0870105900
352	Basil	Isk	0255502503	0255502503
576	Pearl	Divers	0370107821	0370107821

~ 303 rows ~

물론 편리한 대안이라고는 할 수 없지만, 두 표현식을 중첩해서 사용하는 것을 이해하는 데 도움이 됩니다. 특히 Oracle의 경우, NULL을 연결해도 결과가 NULL이 되지 않기 때문에 coalesce를 사용하기 어려운 상황에서 특히 유용합니다.

4.3.3 CASE 표현식의 중첩

CASE는 추가적인 CASE 표현식으로 중첩할 수 있습니다. 이 기능은 가능성 안의 가능성을 처리해야 할 때 유용합니다.

예를 들어, sales 테이블에는 주문이 생성된 날짜와 시간이 저장된 ordered(주문일) 열과, 주문이 배송된 날짜가 저장된 shipped(배송일)열이 있습니다.

CASE를 사용하여 이 두 날짜에 대한 상태를 생성할 수 있습니다. 예를 들어, shipped와 ordered를 사용하여 다음과 같은 기준을 설정할 수 있습니다.

- **배송 완료** shipped : shipped과 ordered를 비교했을 때
    - 14일이 초과되었을 경우 ⇒ Shipped Late(배송 지연)
    - 그렇지 않을 경우 ⇒ Shipped(배송됨)
- **배송 전** not shipped : 현재 날짜와 ordered을 비교했을 때
    - 7일 미만일 경우 ⇒ Current(배송 준비 중)
    - 14일 미만일 경우 ⇒ Due(배송 예정)
    - 그렇지 않을 경우 ⇒ Overdue(배송 지연)

하지만 본격적으로 시작하기 전에, 일부 판매 데이터에는 ordered 값이 없는 경우가 있습니다.

```
SELECT * FROM sales;
```

예를 들어, 고객이 장바구니에 추가했지만 결제를 완료하지 않은 경우 여기에 해당합니다. 이런 데이터는 제거하거나, 다음과 같이 필터링할 수 있습니다.

```
SELECT * FROM sales WHERE ordered IS NOT NULL;
```

가장 먼저 해야 할 일은 날짜 간의 차이를 계산하는 것입니다. 이는 DBMS에 따라 다릅니다.

```
-- PostgreSQL, MariaDB/MySQL, Oracle의 경우
SELECT
  id, customerid, total,
  cast(ordered as date) AS ordered, shipped,
  current_date - cast(ordered as date) AS ordered_age,
  shipped - cast(ordered as date) AS shipped_age
FROM sales
WHERE ordered IS NOT NULL;
```

```sql
-- MSSQL의 경우
SELECT
  id, customerid, total,
  cast(ordered as date) AS ordered, shipped,
  datediff(day,ordered,current_timestamp) AS ordered_age,
  datediff(day,ordered,shipped) AS shipped_age
FROM sales
WHERE ordered IS NOT NULL;
-- SQLite의 경우
SELECT
  *,
  julianday('now')-julianday(ordered) AS ordered_age,
  julianday(shipped)-julianday(ordered) AS shipped_age
FROM sales
WHERE ordered IS NOT NULL;
```

다음과 같은 결과가 나옵니다.

id	customerid	total	ordered	shipped	ordered_age	shipped_age
39	28	28.00	2022-05-15	2022-05-23	382	8
40	27	34.00	2022-05-16	2022-05-24	381	8
42	1	58.50	2022-05-16	2022-05-22	381	6
43	26	50.00	2022-05-16	[NULL]	381	[NULL]
45	26	17.50	2022-05-16	2022-05-28	381	12
668	105	15.00	2022-07-27	[NULL]	309	[NULL]

~ 5295 rows ~

SQLite에서 나이를 계산하는 가장 간단한 방법은 날짜를 율리우스력 날짜로 변환하는 것입니다. 율리우스력은 기원전 4714년 11월 24일 정오 부터의 일수를 의미합니다.

아시다시피 SELECT 절의 다른 부분에서는 계산된 값을 사용할 수 없어서, 이러한 값이 필요할 때는 불편합니다. 그래서 쿼리를 두 단계로 나누어 실행합니다. 이전 쿼리를 공통 테이블 표현식에 넣으면 메인쿼리에서 그 결과를 사용할 수 있습니다.

먼저, 배송된 것과 배송 전인 것을 구분해야 합니다.

```
WITH salesdata AS (
  -- 앞에서 작성한 쿼리 중 하나 (세미콜론 제외)
)
SELECT
 salesdata.*,
 CASE
  WHEN shipped IS NOT NULL THEN
   -- '배송 완료'에 해당하는 두 가지 상태 중 하나
  ELSE
   -- '배송 전'에 해당하는 세 가지 상태 중 하나
 END AS status
FROM salesdata;
```

각 경우에 대한 상태는 추가적인 CASE 표현식으로 처리할 수 있습니다.

```
WITH salesdata AS (
  -- 위에서 작성한 쿼리 중 하나 (세미콜론 제외)
)
SELECT
 salesdata.*,
 CASE
  WHEN shipped IS NOT NULL THEN
   CASE
    WHEN shipped_age>14 THEN 'Shipped Late'
    ELSE 'Shipped'
   END
  ELSE
   CASE
    WHEN ordered_age<7 THEN 'Current'
    WHEN ordered_age<14 THEN 'Due'
    ELSE 'Overdue'
   END
 END AS status
FROM salesdata;
```

다음과 같은 결과가 표시됩니다.

id	cid	total	ordered	shipped	ordered_age	shipped_age	status
39	28	28.00	2022-05-15	2022-05-23	382	8	Shipped
40	27	34.00	2022-05-16	2022-05-24	381	8	Shipped
42	1	58.50	2022-05-16	2022-05-22	381	6	Shipped
43	26	50.00	2022-05-16	[NULL]	381	[NULL]	Overdue
45	26	17.50	2022-05-16	2022-05-28	381	12	Shipped
668	105	15.00	2022-07-27	[NULL]	309	[NULL]	Overdue

~ 5295 rows ~

4.4 복습하기

SQL 테이블의 데이터는 가장 순수하고 단순한 형태로 저장되어야 합니다. 하지만, 이 데이터의 유용성을 높이기 위해 다시 계산을 할 수 있습니다.

계산은 다음과 같이 여러 형태를 가질 수 있습니다.

- 단일 열을 기반으로 한 계산
- 여러 열을 기반으로 한 계산
- 하드코딩된 리터럴 값
- 서브쿼리의 결과
- 함수를 사용한 계산

또한, 계산은 WHERE 절과 ORDER BY 절에서도 사용할 수 있습니다.

4.4.1 별칭

모든 계산된 값은 별칭으로 이름을 변경해야 합니다. AS 키워드는 선택 사항이지만, 혼동을 줄이기 위해 사용을 권장합니다.

계산되지 않은 열도 더 적절한 이름이 있다면 별칭을 지정할 수 있습니다. 별칭은 SELECT 절에서 지정할 수 있으며, ORDER BY 이전에 마지막으로 평가됩니다. 대부분의 DBMS에서, 이는 ORDER BY 절 외의 다른 절에서는 별칭을 사용할 수 없다는 것을 의미합니다.

4.4.2 NULL 값

테이블에는 다양한 위치에 NULL이 포함될 수 있습니다. 일반적으로 NULL은 계산 결과를 NULL로 만듭니다.

coalesce() 함수를 사용하면 NULL을 대체 값으로 바꿔 처리할 수 있습니다. 또는 CASE ... END 표현식을 사용할 수도 있습니다.

4.4.3 데이터 형변환

SQL은 다음 세 가지 주요 데이터 타입을 처리합니다.

- 숫자
- 날짜와 시간
- 문자열

데이터 타입을 변경해야 할 때는 cast() 함수를 사용합니다. 주요 타입 내에서 형변환을 할 때는 타입의 정밀도나 크기가 변경됩니다.

주요 타입 간 변환은 일반적으로 호환성을 위해 수행됩니다. 문자열로 변환하는 것은 대부분 가능하며 종종 자동으로 이루어지지만, **문자열에서 다른 유형으로의 변환은 항상 성공하지는 않습니다.** DBMS마다 형변환에 실패했을 때의 반응은 다릅니다.

4.4.4 숫자 계산

모든 숫자 타입에 대해 기본적인 산술 연산을 수행할 수 있습니다. 정수를 다루는 방식은 DBMS마다 다양합니다.

SQL에는 아래와 같이 숫자를 다루는 다양한 함수들이 포함되어 있습니다.

- 수학 함수
- 근사 함수

문자열로 형식이 지정된 결과를 생성하는 서식 함수도 있습니다.

4.4.5 문자열 계산

문자열은 다양한 방식으로 저장될 수 있습니다. 일반적으로 문자열은 ASCII나 유니코드를 사용합니다. 문자열 연산이 대소문자를 구분할지 여부는 데이터베이스의 정렬 규칙에 따라 달라집니다.

문자열에 대한 기본적인 연산은 연결입니다. 보통 이를 수행하는 간단한 연산자가 있습니다.

그 외의 문자열 연산에는 문자열 함수를 사용합니다.

4.4.6 날짜 계산

SQLite는 별도의 날짜 데이터 타입이 없습니다. 대신 문자열이나 숫자를 날짜로 변환하는 일부 함수를 제공합니다.

날짜를 다룰 때 일반적으로 다음과 같은 연산을 수행합니다.

- 날짜 및 시간 입력 및 저장
- 현재 날짜 및 시간 가져오기
- 날짜 또는 시간의 일부 추출

- 날짜 형식 지정
- 날짜 및 시간 간의 차이를 계산하거나, 날짜 및 시간을 수정하는 간단한 산술 연산

4.4.7 CASE 표현식

CASE 표현식을 사용하면 여러 대체 값 중 하나를 선택할 수 있습니다. CASE 표현식은 값을 단순화하거나 그룹화하는 데 사용될 수 있습니다. 개별 값에 사용할 수 있는 간단한 형태의 CASE 표현식도 있습니다. 더 복잡한 표현식을 위해 CASE 표현식을 중첩할 수도 있습니다.

4.5 앞으로 다룰 내용

이제 테이블 데이터를 다뤄봤으니, 이를 분석하는 것을 살펴보도록 하겠습니다.

다음 장에서는 집계 함수와 그룹화를 통한 데이터 요약을 살펴볼 것입니다. SQL에서 데이터가 어떻게 집계되는지, 기본 집계 함수들, 그리고 하나 이상의 그룹으로 요약하는 방법을 다룰 것입니다.

또한 다양한 수준의 집계를 결합하는 방법과 숫자 데이터에 대한 기본 통계도 살펴보겠습니다.

CHAPTER 5

데이터 집계

데이터베이스는 데이터를 저장합니다. 이는 당연한 사실이지만, 데이터 자체는 기본적으로 정적인 성질을 가집니다. 우리는 데이터를 저장하고, 검색하고, 가끔 변경합니다. 이것만으로도 충분할 수도 있지만, 때로는 데이터를 좀 더 적극적으로 활용하고 싶을 수도 있습니다.

데이터를 요약하기 시작하면 데이터를 활용하는 새로운 방식이 열립니다. 추세를 파악하거나, 향후 방향을 예측할 수도 있고, 간단하게 데이터의 개요를 얻을 수도 있습니다.

집계 함수는 데이터를 요약하는 데 사용됩니다. 집계 함수는 다음 세 가지 맥락에서 사용됩니다.

- 전체 테이블을 요약합니다.
- GROUP BY를 사용하여 그룹별로 요약합니다.
- 행별로 요약을 포함합니다. 이는 OVER 절을 사용하는 **윈도우 함수**window function로 수행됩니다.

윈도우 함수에 대해서는 8장에서 다룰 예정입니다. 이번 장에서는 SQL의 내장 집계 함수를 사용하여 전체적으로 또는 그룹별로 요약을 계산하는 방법을 살펴보겠습니다.

5.1 기본 집계 함수

집계 함수에 대해 이미 어느 정도 경험이 있을 것입니다. 집계 함수는 기본적으로 통계적 성격을 가지며 다음과 같은 것들이 있습니다.

- count
  실제 값에 관계없이 열에 있는 값의 개수를 계산합니다. 특별한 경우로, count(*)는 테이블의 행 수를 계산합니다.
- sum과 avg
  열의 값들을 더하거나 평균을 냅니다. 물론 이는 해당 열이 숫자인 경우에만 가능합니다.
- max와 min
  열에서 최댓값 또는 최솟값을 찾습니다. 해석이 불분명한 경우, ORDER BY를 사용했을 때 얻을 수 있는 첫 번째와 마지막 값을 찾되, NULL은 항상 무시합니다.
- stddev, stddev_samp, stddev_pop (PostgreSQL, MariaDB/MySQL, Oracle인 경우) 또는 stdev, stdevp (MSSQL인 경우)
  열 값의 표준 편차를 계산합니다. 모집단 또는 표본의 표준 편차를 반환합니다. 숫자형 열에서만 작동합니다. 실제 이름(및 철자)은 DBMS마다 약간씩 다릅니다. PostgreSQL은 stddev를 stddev_samp의 동의어로 취급합니다. MariaDB/MySQL은 stddev_pop의 동의어로 취급합니다. Oracle은 이를 stddev_samp의 변형으로 취급합니다.

DBMS마다 다양한 집계 함수들이 있지만, 앞서 설명한 것들이 가장 일반적으로 사용됩니다. 예를 들어, 다음과 같습니다.

```
-- 도서 데이터
SELECT
-- 행 개수 세기:
    count(*) AS nbooks,
-- 열에 있는 값 개수 세기:
    count(price) AS prices,
-- 가장 저렴한 가격과 가장 비싼 가격
    min(price) AS cheapest, max(price) AS priciest
FROM books;
```

다음과 같은 결과가 나옵니다.

nbooks	prices	cheapest	priciest
1201	1096	10	20

또는 숫자 통계에 대해 다음과 같이 수행할 수 있습니다.

```
-- 고객 데이터
SELECT
-- 행 개수 세기:
    count(*) AS ncustomers,
-- 열에 있는 값 개수 세기:
    count(phone) AS phones,
-- 고객의 키 통계
    stddev_samp(height) AS sd -- MSSQL: stdev(height)
FROM customers;
```

결과는 다음과 같습니다.

ncustomers	phones	sd
303	286	6.992

앞선 함수들은 숫자 데이터에 적용할 수 있지만, 아래 함수들은 문자열 및 날짜와 같은 다른 데이터에도 사용할 수 있습니다.

- count
- max와 min

예제를 살펴보겠습니다.

```
SELECT
-- 열에 있는 값 개수 세기:
 count(dob) AS dobs,
-- 가장 빠른 날짜와 가장 늦은 날짜
 min(dob) AS earliest, max(dob) AS latest
FROM customers;
```

결과는 다음과 같습니다.

Dobs	earliest	latest
239	1943-05-18	2003-01-27

앞선 설명에서 가볍게 다루고 넘어간 부분들이 있는데, 구체적으로는 다음과 같습니다.

- 테이블은 뷰, JOIN, 공통 테이블 표현식과 같은 가상 테이블일 수 있습니다.
- WHERE 절이 있는 모든 테이블은 집계 함수가 적용되기 **전에** 필터링됩니다.
- NULL은 집계 값에서 제외됩니다. 예를 들어, count() 함수는 NULL을 무시하고 avg()는 NULL이 아닌 값의 개수로 나눕니다.
- 이러한 함수들은 전체 테이블 또는 행의 그룹에 적용됩니다.

5.1.1 NULL

집계 함수는 NULL을 포함하지 않습니다. sum 함수를 사용할 때는 이 점이 명확하지 않을 수 있습니다. 하지만 다음과 같은 사항에 주목해야 합니다.

- count(column)는 열에서 NULL이 아닌 값만 계산하므로, 결과가 전체 행의 수보다 적을 수 있습니다.
- avg(column) 역시 NULL을 무시하며, 평균은 전체 행의 수가 아닌 실제 값이 있는 수로만 나누어집니다.

다시 말해서, NULL과 0 또는 ' '(빈 문자열) 사이에는 큰 차이가 있습니다. 이후 집계 필터를 살펴볼 때 이러한 특징을 효과적으로 활용해 보겠습니다.

5.2 집계 이해하기

집계 함수를 사용하다 보면 가끔 문제가 발생하며 이상한 규칙들이 있는 것처럼 보입니다. 하지만 집계 함수가 실제로 어떻게 작동하는지 이해한다면 왜 그런지 이해할 수 있을 것입니다.

데이터를 집계할 때, 원본 데이터는 하나 이상의 그룹에 대한 요약이 포함된 새로운 가상 테이블로 효과적으로 변환됩니다.

예를 들어, 다음 쿼리를 보세요.

```sql
SELECT
 count(*) AS rows,
 count(phone) AS phones
FROM customers;
```

이 쿼리는 다음과 같은 것으로 간주할 수 있습니다.

```sql
SELECT
 count(*) AS rows,
 count(phone) AS phones
FROM customers
GROUP BY () -- PostgreSQL, MSSQL, Oracle에서만
;
```

GROUP BY() 절은 MariaDB/MySQL이나 SQLite와 같은 일부 DBMS에서는 작동하지 않습니다. 하지만 어차피 그룹화는 이루어지므로 별로 중요하지 않습니다.

중요한 점은 GROUP BY() 절의 유무와 관계없이 SQL은 쿼리에서 집계 함수를 발견하는 즉시 가상 요약 테이블을 생성한다는 것입니다.

앞의 예시에서 데이터는 단일 행의 가상 요약 테이블로 요약됩니다. 이 가상 테이블은 [그림 5-1]과 같이 모든 열에 대한 총합계를 가지고 있습니다.

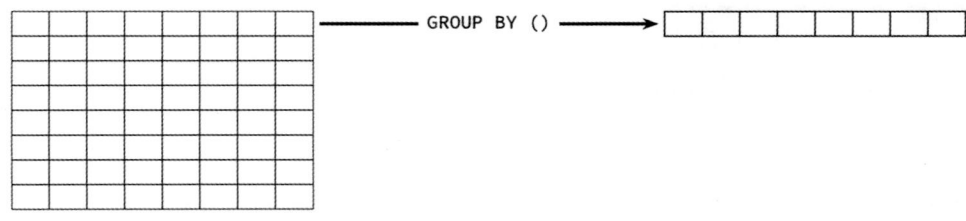

그림 5-1 GROUP BY() 예시

이러한 이유로 집계 쿼리에 개별 행 데이터를 포함할 수 없습니다. 예를 들어, 다음과 같은 쿼리는 작동하지 않습니다.

```sql
SELECT
 id,     -- 오류발생!
 count(*) AS rows,
 count(phone) AS phones
FROM customers;
```

이 쿼리를 실행시키면 id를 쿼리에 사용할 수 없다는 오류 메시지가 표시됩니다.

> **NOTE** MariaDB/MySQL의 전통적인 모드에서는 이 구문을 성공적으로 실행할 수 있습니다. 하지만 DBMS가 단순히 첫 번째 id 값을 선택할 뿐이며, 이는 실질적으로 의미 있는 값이 아닙니다. 이 방식은 집계되지 않은 값들이 모두 동일하다고 확신할 수 있는 경우에만 유용합니다.

더 의미 있는 GROUP BY 절을 포함하면 결과는 비슷하지만 다음과 같은 차이가 있습니다.

- 이제 각 그룹마다 하나의 요약 행이 생성됩니다.
- 각 그룹화 열에 대한 추가 열이 포함됩니다.

이는 [그림 5-2]와 같습니다.

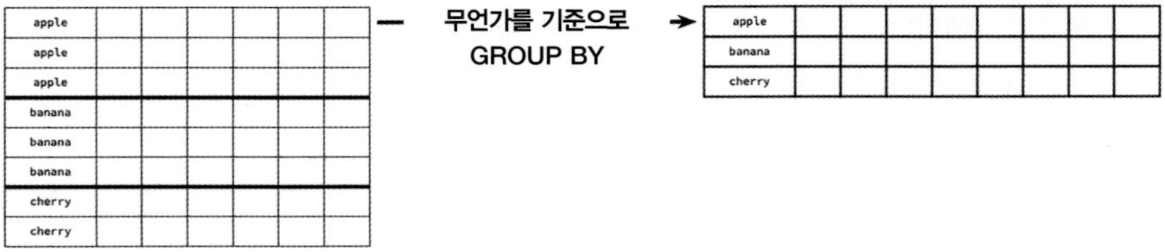

그림 5-2 무언가를 기준으로 GROUP BY를 한 결과

```
SELECT
 town, state,      -- 그룹화 열
 count(phone) AS phones,  -- 각 그룹에 대한 요약
 min(dob) AS oldest
FROM customerdetails
GROUP BY town, state;
```

결과는 다음과 같습니다.

town	state	phones	oldest
[NULL]	[NULL]	24	1946-04-30
The Gap	QLD	5	1998-04-22
Lilydale	TAS	3	1945-08-31
Guildford	WA	3	1985-10-06
Kingston	VIC	2	1947-09-29
Reedy Creek	NSW	6	1960-12-30
~ 92 rows ~			

(필터링에서 NULL 주소를 제외하지 않았기 때문에 시작이나 끝 부분에 NULL 그룹이 나타날 수 있습니다.)

SQL의 전체적인 처리 순서에서 (가상) GROUP BY 절은 FROM 또는 WHERE 절 다음에 나타나며 해당 시점에 평가됩니다.

```
SELECT ...
FROM ...
WHERE ...
GROUP BY ...
-- SELECT
ORDER BY ...
```

[그림 5-3]에서 볼 수 있듯, SELECT는 첫 번째로 작성되었더라도 ORDER BY 직전에 마지막으로 평가됩니다.

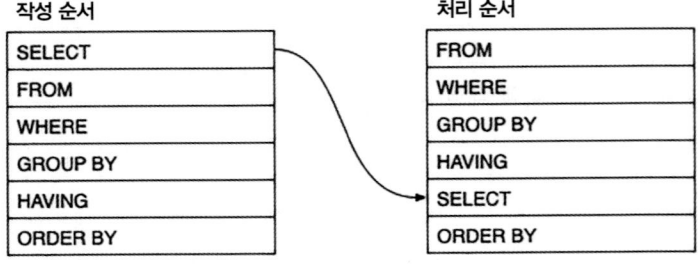

그림 5-3 절의 순서

SQL은 데이터의 실제 의미를 모를 뿐만 아니라 신경 쓰지도 않기 때문에, 특정 열에 이러한 집계 함수를 적용해야 하는지에 대한 검사를 따로 수행하지 않습니다.

5.3 일부 값 집계하기

특정 열의 값 중 일부만 집계하고 싶을 수 있습니다. 여기서는 고윳값을 집계하는 방법과 집계할 값을 필터링하는 방법을 살펴보겠습니다.

5.3.1 고윳값

대부분의 집계 함수는 고윳값에 적용할 수 있지만, 통계적으로는 유효하지 않을 수 있습니다. 하지만 다음 예시와 같이 고윳값을 세는 경우에는 유의미할 수 있습니다. 예를 들어, 다음과 같은 예제를 살펴보겠습니다.

```
SELECT
  count(state) AS addresses,
  count(DISTINCT state) AS states
FROM customerdetails;
```

이는 고객 상세 정보에 있는 서로 다른 state의 개수를 셉니다. 물론 state 열을 그대로 집계할 수도 있는데, 그러면 주소 정보가 있는 모든 행의 수를 나타내게 됩니다.

addresses	states
278	8

하지만 주의하세요. 해당 열이 전체 상황을 보여주지 않을 수 있습니다. 예를 들어, 다음과 같이 시도해 보겠습니다.

```
SELECT count(DISTINCT town) FROM customerdetails;
```

그러면 결과는 얻을 수 있지만, 잘못 해석될 여지가 있습니다. 이 쿼리에서 얻는 것은 고유한 town names(도시 이름)의 개수지만, 이러한 도시 이름 중 다수가 여러 state에 걸쳐 나타날 수 있습니다. 이것을 고유한 towns의 개수로 해석해서는 안 됩니다.

다른 집계 함수의 경우, 일반적으로 각 샘플 중 하나에만 통계 계산을 적용하는 것은 의미가 없습니다.

5.3.2 집계 필터

일반적으로 집계 함수는 전체 테이블이나 전체 그룹에 적용됩니다. 예를 들어, count(*)는 테이블이나 그룹의 모든 행을 셉니다. 비교적 새로운 기능을 사용하면 집계 함수를 일부 행에만 적용할 수 있습니다. 하나의 쿼리 내에서 여러 번 적용할 수 있습니다.

예를 들어, 다음 쿼리는 customers 테이블의 모든 고객 수를 계산합니다.

```
SELECT count(*) FROM customers;
```

고객을 젊은층과 고령층으로 구분하고 싶다고 가정해 봅시다. 본능적으로 다음과 같은 쿼리를 시도할 수 있습니다.

```sql
-- 아래 내용을 시도할 필요는 없습니다.
SELECT
count(dob<'1980-01-01') AS older,
count(dob>='1980-01-01') AS younger
FROM customers;
```

이 쿼리가 오류를 발생시키지 않더라도, 결과를 잘못 해석할 가능성이 높습니다.

SQL은 원하는 내용을 필터링할 수 있는 방법을 다음과 같이 제공합니다.

```sql
-- PostgreSQL의 경우
SELECT
 count(*) FILTER (WHERE dob<'1980-01-01') AS older,
 count(*) FILTER (WHERE dob>='1980-01-01') AS younger
FROM customers;
```

결과는 다음과 같습니다.

older	younger
133	106

안타깝게도 이 기능은 아직 많이 지원되지 않습니다(현재는 PostgreSQL에서만 지원). 하지만 다음과 같은 대안으로 동일한 결과를 얻을 수 있습니다.

```sql
SELECT
 count(CASE WHEN dob<'1980-01-01' THEN 1 END) AS old,
 count(CASE WHEN dob>='1980-01-01' THEN 1 END) AS young
FROM customers;
```

이는 CASE 표현식을 사용하여 dob 값을 분리합니다. 값은 1 또는 NULL이며, count() 함수는 1만 셉니다.

이 기법은 다른 집계 함수와 함께 사용할 수 있습니다. 예를 들어, 다음과 같습니다.

```
 -- 새로운 표준 방식
 SELECT
  sum(total),
  sum(total) FILTER (WHERE ordered <'...') AS older,
  sum(total) FILTER (WHERE ordered>='...') AS newer
 FROM sales;
 -- 대안
 SELECT
  sum(total),
  sum(CASE WHEN ordered<'...' THEN total END) AS older,
 SELECT
  sum(total),
  sum(CASE WHEN ordered<'...' THEN total END) AS older,
  sum(CASE WHEN ordered>='...' THEN total END) AS newer
 FROM sales;
```

여기서 값은 total 또는 NULL이며, sum() 함수는 NULL을 자연스럽게 무시합니다.

sum	older	newer
342836.22	162045	164873.22

다른 카테고리로 필터링하고 싶다면, 그룹화를 사용하는 것이 원하는 결과를 더 잘 얻을 수 있습니다.

5.4 계산된 값으로 그룹화하기

앞서 설명한 기법은 서로 다른 그룹을 수평적으로 분리합니다. 즉, 각 값이 같은 행에 있습니다. GROUP BY 절을 사용하면 이러한 파생 그룹을 수직적으로도 분리할 수 있습니다.

간단한 열 값을 기준으로 GROUP BY를 사용하는 것은 이미 익숙할 것입니다.

```
 SELECT state, count(*)
 FROM customerdetails
 GROUP BY state;
```

또한 파생된 값으로도 그룹화할 수 있습니다. 예를 들어, 다음과 같이 고객을 출생 월별로 그룹화할 수 있습니다.

```sql
-- PostgreSQL, Oracle의 경우
SELECT EXTRACT(month FROM dob) as monthnumber,
  count(*) AS howmany
FROM customerdetails
GROUP BY EXTRACT(month FROM dob)
ORDER BY monthnumber;
-- MSSQL의 경우
SELECT month(dob) AS monthnumber, count(*) AS howmany
FROM customerdetails
GROUP BY month(dob)
ORDER BY monthnumber;
-- MariaDB/MySQL의 경우
SELECT month(dob) AS monthnumber, count(*) AS howmany
FROM customerdetails
GROUP BY month(dob)
ORDER BY monthnumber;
-- SQLite의 경우
SELECT strftime('%m',dob) as monthnumber,
  count(*) AS howmany
FROM customerdetails
GROUP BY strftime('%m',dob)
ORDER BY monthnumber;
```

이 예제에서 월 숫자는 monthnumber라고 부르며, 이는 결과를 정렬하는 데에도 사용됩니다.

monthnumber	howmany
1	19
2	14
3	17
4	23
5	24
6	15
7	27
8	18
9	18

monthnumber	howmany
10	24
11	17
12	23
[NULL]	64

계산이 SELECT 절과 GROUP BY 절에서 두 번 나타나는 것에 주목하세요. 이는 SELECT가 GROUP BY 이후에 평가되기 때문에 GROUP BY에서는 아직 별칭을 사용할 수 없기 때문입니다.

하지만 이는 큰 문제가 되지 않습니다. SQL 옵티마이저가 계산을 재사용하므로 실제로 계산을 두 번하는 것은 아닙니다.

안타깝게도 월 숫자는 그다지 보기 좋지 않아서 대신 월 이름을 사용할 수 있습니다. 하지만 월 이름은 정렬 순서가 올바르지 않을 수 있으므로, 두 가지를 모두 사용해야 합니다.

```
 -- SQLite 제외
 -- PostgreSQL, Oracle의 경우
  SELECT EXTRACT(month FROM dob) as monthnumber,
   to_char(dob,'Month') AS monthname,
   count(*) AS howmany
  FROM customerdetails
  GROUP BY EXTRACT(month FROM dob), to_char(dob,'Month')
  ORDER BY monthnumber;
 -- MSSQL의 경우
  SELECT month(dob) AS monthnumber,
   datename(month,dob) AS monthname, count(*) AS howmany
  FROM customerdetails
  GROUP BY month(dob), datename(month,dob)
  ORDER BY monthnumber;
 -- MariaDB/MySQL의 경우
  SELECT month(dob) AS monthnumber,
   monthname(dob) AS monthname, count(*) AS howmany
  FROM customerdetails
  GROUP BY month(dob), monthname(dob)
  ORDER BY monthnumber;
```

훨씬 보기 좋은 결과가 나옵니다.

monthnumber	monthname	howmany
1	January	19
2	February	14
3	March	17
4	April	23
5	May	24
6	June	15
7	July	27
8	August	18
9	September	18
10	October	24
11	November	17
12	December	23
[NULL]	[NULL]	64

보시다시피 SQLite에는 월 이름을 가져오는 함수가 없어서 이것을 정확히 구현할 수 없습니다.

기술적으로는 월 숫자마다 월 이름이 하나씩만 존재하기 때문에 둘 다 그룹화하면 중복됩니다. 하지만 하나는 표시하고, 다른 하나는 정렬하는 데 사용해야 하므로 둘 다 필요합니다.

계산을 반복하는 것이 문제가 되지는 않지만, 이 경우 쿼리를 읽기 어렵고 유지보수하기 어렵게 만듭니다. 공통 테이블 표현식을 활용하면 이를 해결할 수 있습니다.

```
WITH cte AS (
  ...
)
SELECT monthname, count(*)
FROM cte
GROUP BY monthnumber, monthname
ORDER BY monthnumber;
```

계산된 필드로 **GROUP BY**를 사용할 수 있지만, 다음 사항에 주의하세요.

- 간단한 계산은 항상 그룹화할 만한 의미 있는 결과를 도출하지는 않기 때문에, 이를 통해 할 수 있는 작업에는 한계가 있습니다.
- 앞서 언급했듯이, SELECT절과 GROUP BY절 모두에 계산식이 필요하므로 작업이 번거로워집니다.

첫 번째 문제점은 CASE 문을 사용하여 해결할 수 있습니다. 두 번째 문제점은 공통 테이블 표현식을 사용하여 해결할 수 있습니다.

5.4.1 CASE 문을 이용한 그룹화

기본적인 GROUP BY는 이미 그룹화할 수 있는 값이 있다고 가정합니다. 때로는 월이나 요일 이름과 같이 파생될 수 있는 값들이 있을 수 있습니다. 더 임의적인 그룹화를 수행하려면 CASE 문을 사용할 수 있습니다.

예를 들어, 젊은 고객과 나이 든 고객의 수를 세고 싶다고 가정해 보겠습니다. 이 경우, 다음과 같이 CASE 문을 사용하여 이 둘을 구분할 수 있습니다.

```
CASE
 WHEN dob<'1980-01-01' THEN 'older'
 WHEN dob IS NOT NULL then 'younger'
 -- ELSE NULL
END
```

dob 값 중 일부는 NULL일 수 있으므로 젊은 고객을 알려면 이를 필터링해야 합니다. 또한 기본 ELSE 값은 NULL이기 때문에 이를 포함할 필요는 없습니다.

다음과 같이 GROUP BY 절에 이를 포함하여 고객 수를 셀 수 있습니다.

```
SELECT count(*)
FROM customers
GROUP BY CASE
 WHEN dob<'1980-01-01' THEN 'older'
 WHEN dob IS NOT NULL then 'younger'
END;
```

이렇게 하면 다음과 같은 결과가 나옵니다.

count
64
133
106

하지만 레이블이 없으면 이는 무의미합니다. 아래와 같이 SELECT 절에서 계산을 반복하여 레이블을 추가할 수 있습니다.

```
SELECT
 CASE
  WHEN dob<'1980-01-01' THEN 'older'
  WHEN dob IS NOT NULL then 'younger'
 END AS agegroup,
 count(*)
FROM customers
GROUP BY CASE
  WHEN dob<'1980-01-01' THEN 'older'
  WHEN dob IS NOT NULL then 'younger'
 END;
```

다음과 같이 작동합니다.

agegroup	count
[NULL]	64
Older	133
Younger	106

하지만 코딩 관점에서 보면, 이는 이전 절에서 다룬 계산된 열보다 효율적이지 않습니다. 따라서 이 경우 공통 테이블 표현식을 사용하는 것이 확실히 유리합니다.

```
WITH cte AS (
 SELECT
  *,
```

```
  CASE
    WHEN dob<'1980-01-01' THEN 'older'
    WHEN dob IS NOT NULL then 'younger'
  END AS agegroup FROM customers
)
SELECT agegroup,count(*)
FROM cte
GROUP BY agegroup;
```

이제 더 관리하기 쉬운 결과가 나옵니다.

5.4.2 배송 상태 다시 살펴보기

이전 장에서 중첩된 CASE 문을 사용하여 배송 통계를 만들었던 것을 떠올려 봅시다.

```
WITH salesdata AS (
-- PostgreSQL, MariaDB/MySQL, Oracle의 경우
 SELECT
  ordered, shipped, total,
  current_date - cast(ordered as date) AS ordered_age,
  shipped - cast(ordered as date) AS shipped_age
 FROM sales
-- MSSQL의 경우
 SELECT
  ordered, shipped, total,
  datediff(day,ordered,current_timestamp)
    AS ordered_age,
  datediff(day,ordered,shipped) AS shipped_age
 FROM sales
-- SQLite의 경우
 SELECT
  ordered, shipped, total,
  julianday('now')-julianday(ordered) AS ordered_age,
  julianday(shipped)-julianday(ordered) AS shipped_age
 FROM sales
)
SELECT
 ordered, shipped, total,
 CASE
  WHEN shipped IS NOT NULL THEN
```

```
      CASE
        WHEN shipped_age>14 THEN 'Shipped Late'
        ELSE 'Shipped'
      END
    ELSE
      CASE
        WHEN ordered_age<7 THEN 'Current'
        WHEN ordered_age<14 THEN 'Due'
        ELSE 'Overdue'
      END
    END AS status
  FROM salesdata;
```

(물론 사용하지 않는 SELECT 문은 삭제하세요.) 결과는 다음과 같습니다.

ordered	shipped	total	status
2022-05-15 21:12:07.988741	2022-05-23	28	Shipped
2022-05-16 03:03:16.065969	2022-05-24	34	Shipped
2022-05-16 10:09:13.674823	2022-05-22	58.5	Shipped
2022-05-16 15:02:43.285565	[NULL]	50	Overdue
2022-05-16 16:48:14.674202	2022-05-28	17.5	Shipped
[NULL]	[NULL]	13	Overdue
~ 5549 rows ~			

상태 그룹으로 요약하고 싶다면, 전체 문장을 다시 공통 테이블 표현식에 넣고 이를 요약하면 됩니다. 이미 나이를 미리 계산하는 공통 테이블 표현식이 하나 있으므로, 이전 결과를 저장할 또 다른 공통 테이블 표현식이 필요합니다.

```
WITH
  salesdata AS (
    -- 앞과 동일
  ),
  statuses AS (
    SELECT
      ordered, shipped, total,
      CASE
        WHEN shipped IS NOT NULL THEN
```

```
      CASE
        WHEN shipped_age>14
        THEN 'Shipped Late'
        ELSE 'Shipped'
      END
    ELSE
      CASE
        WHEN ordered_age<7 THEN 'Current'
        WHEN ordered_age<14 THEN 'Due'
        ELSE 'Overdue'
      END
    END AS status
  FROM salesdata
)
SELECT status, count(*) AS number
FROM statuses
GROUP BY status;
```

다음처럼 요약된 데이터가 나옵니다.

status	number
Due	94
Current	78
Shipped	3808
Overdue	1273
Shipped Late	296

5.4.3 임의의 문자열로 정렬하기

결과를 정렬할 때 실제 문제는, SQL의 능력이 제한적이어서 문자열을 알파벳 순으로만 정렬한다는 것입니다. 이는 상태값이 알파벳 순서대로 되어있을 때만 제대로 작동하는데, 그렇지 않은 경우 문제가 됩니다.

다음과 같은 몇 가지 방법을 시도해 볼 수 있습니다.

- 각 문자열 앞에 숫자를 추가한 후 ORDER BY를 사용합니다. 이는 편법이라 보기에 좋지 않습니다.

- 상태값과 위치 번호가 있는 별도의 테이블을 만들어 메인쿼리와 JOIN할 수 있습니다. 복잡하지만 경우에 따라 유용할 수 있습니다.
- CASE 표현식에서 문자열 대신 숫자를 사용하여 복제한 다음, 해당 열을 기준으로 ORDER BY하여 정렬할 수 있습니다. 안타깝게도 단일 CASE 표현식에서 두 개의 열을 생성할 수는 없어서 이 방법은 매우 복잡할 수 있습니다.
- 긴 문자열 내에서 문자열의 위치를 기준으로 ORDER BY하여 정렬합니다.

이 중에서 구현하기 쉽고 다른 결과에 영향을 미치지 않는 마지막 방법을 사용하겠습니다.

대부분의 DBMS는 큰 문자열 내에서 하위 문자열을 찾는 다양한 이름과 형태의 함수를 포함하고 있습니다.

```
-- Postgresql인 경우
 POSITION(substring IN string)
-- MariaDB/MySQL & SQLite인 경우
 INSTR(substring,string)
-- Oracle인 경우
 INSTR(string,substring)
-- MSSQL인 경우
 CHARINDEX(substring,string)
```

이 경우, 상태값이 순서대로 나열된 긴 문자열 내에서 상태 문자열의 위치를 찾을 수 있습니다.

```
'Shipped,Shipped Late,Current,Due,Overdue'
```

쉼표는 필수는 아니지만 문자열의 가독성을 높이는 데 도움이 됩니다. 여기서 중요한 것은 상태 문자열이 우리가 원하는 순서대로 배치되어 있다는 점이며, 위치 함수는 더 일찍 찾은 문자열에 대해 더 낮은 값을 반환합니다. 나머지 정렬 작업은 ORDER BY 절에 의해 처리됩니다.

다음과 같이 위치 함수를 사용하여 쿼리를 정렬할 수 있습니다.

```
WITH
 salesdata AS (
  -- 앞과 동일
 ),
 statuses AS (
  -- 앞과 동일
 )
SELECT status, count(*) AS number
FROM cte
GROUP BY status
-- Postgresql인 경우
 ORDER BY POSITION(status IN
  'Shipped,Shipped Late,Current,Due,Overdue')
-- MariaDB/MySQL & SQLite인 경우
 ORDER BY INSTR(status,
  'Shipped,Shipped Late,Current,Due,Overdue')
-- Oracle인 경우
 ORDER BY INSTR(status,
  'Shipped,Shipped Late,Current,Due,Overdue')
-- MSSQL인 경우
 ORDER BY CHARINDEX(status,
  'Shipped,Shipped Late,Current,Due,Overdue')
;
```

이제 결과가 순서대로 표시됩니다.

status	number
Shipped	3808
Shipped Late	296
Current	78
Due	94
Overdue	1273

요일(월화수목금토일)이나 무지개 색상(빨주노초파남보)과 같이 알파벳 순서가 아닌 문자열의 정렬에도 이 기법을 사용할 수 있습니다.

5.5 그룹 연결하기

문자열 데이터를 집계하는 데 사용할 수 있는 함수가 더 있습니다. 이 함수는 문자열을 구분자와 함께 연결합니다.

이 함수는 다음과 같이 DBMS마다 여러 가지 이름으로 불립니다.

DBMS	함수
PostgreSQL	string_agg(column, delimiter)
MSSQL 2017+	string_agg(column, delimiter)
SQLite	group_concat(column, delimiter)
MySQL and MariaDB	group_concat(column /* ORDER BY column */SEPARATOR delimiter)
Oracle	listagg(column, delimiter)

예를 들어, 다음과 같은 방법으로 저자의 모든 도서 목록을 얻을 수 있습니다.

```
SELECT
 a.id, a.givenname, a.familyname,
 -- PostgreSQL, MSSQL인 경우
  string_agg(b.title, '; ') AS works
 -- SQLite인 경우
  -- group_concat(b.title, '; ') AS works
 -- Oracle인 경우
  -- listagg(b.title, '; ') AS works
 -- MariaDB/MySQL인 경우
  -- group_concat(b.title SEPARATOR '; ') AS works
FROM authors AS a LEFT JOIN books AS b ON a.id=b.authorid
GROUP BY a.id, a.givenname, a.familyname;
```

다음과 같은 결과가 나옵니다.

id	givenname	familyname	works
146	Washington	Irving	Rip Van Wink ...; Tales of the ...; The ...
963	Richard	Marsh	The Beetle ...
390	Jean	Racine	Andromaque ...; Britannicus ...; Bérénice ...
766	Evelyn	Everett-Green	True to the ...
296	Henri	Bergson	Matter and M ...; Laughter ...; Time and Fre ...
464	Ambrose	Bierce	An Occurrenc ...; The Monk and ...; Tales ...

~ 488 rows ~

works 열에는 모든 책 제목이 세미콜론(;)으로 연결되어 있습니다. GROUP BY 절은 저자 id를 기준으로 그룹화하지만, 중복된 저자 이름도 선택할 수 있도록 포함하고 있습니다.

하지만 이 함수를 사용할 때 너무 남용하지 않도록 주의해야 합니다. 도서 목록이 매우 길어질 수 있고, 그러면 연결된 문자열 또한 매우 길어질 수 있습니다.

5.6 GROUPING SETS로 요약 데이터 추가 요약하기

일반적으로 GROUP BY를 사용하면 그룹의 각 조합에 대한 합계를 얻을 수 있습니다. 예를 들어, 다음과 같습니다.

```
SELECT state, town, count(*)
FROM customerdetails
GROUP Y state, town;
```

이 쿼리는 각 state와 town 조합에 대한 소계를 반환합니다. 하지만 때로는 소계뿐만 아니라, 각 state에 대한 총계와 전체 총계를 포함한 요약 결과를 포함하고 싶을 때도 있을 겁니다.

> **NOTE** 일반적으로 **총계**total는 값들의 합산을, **소계**subtotal는 하위 그룹의 합계를 의미합니다. 이는 sum( ) 함수를 사용하는 것을 의미합니다. 하지만 여기에서는 좀 더 광범위하게 count( )와 같은 모든 집계에 대해서도 이 용어를 사용하겠습니다. 여기서 '소계'는 하위 그룹을 세는 것을 의미합니다.

앞의 예시에서 얻을 수 있는 총계는 다음과 같이 네 가지가 있습니다.

- 각 state/town 조합의 count( ) 값. 일반적으로 얻게 되는 결과입니다.
- 각 state 그룹의 count( ) 값
- 각 town 그룹의 count( ) 값. 이 경우 동일한 도시 이름이 여러 주에 걸쳐 중복될 수 있어 결합하면 안 되는 값까지 합쳐지므로 그다지 도움이 되지 않습니다. 하지만 다른 예시에서는 유용할 수 있습니다.
- 전체 로그의 count( ) 값: 총계

마지막 경우를 제외하고, 나머지는 모두 일정 수준에서의 '소계'로 간주됩니다. 앞으로 예제를 다룰 때는 세 개의 열을 기준으로 데이터를 집계할 것이며, 이 경우 8가지 조합이 가능하므로 총 8가지 총계와 소계를 계산할 수 있습니다.

요즘 SQL에서는 테이블 데이터와 집계 데이터의 총계 및 소계를 조합한 결과 집합을 생성할 수 있습니다. 사용하는 DBMS에 따라 다음과 같이 GROUP BY 절의 변형이 포함될 수 있습니다.

- GROUPING SETS를 사용하면 포함할 추가 요약을 지정할 수 있습니다. 예를 들어, 앞서 언급한 네 가지 가능성 중 어떤 것을 포함할지 결정할 수 있습니다. PostgreSQL, MSSQL, Oracle에서 지원됩니다.
- ROLLUP은 GROUPING SETS를 단순화한 버전으로, 열을 계층 구조로 취급하여 가능한 소계 중 일부를 생성합니다. 앞의 예시에서는 state/town, state, 그리고 총계를 얻을 수 있습니다. PostgreSQL, MSSQL, Oracle, 그리고 MariaDB/MySQL에서 지원됩니다.
- CUBE 또한 GROUPING SETS의 특수 버전으로, 가능한 소계를 모두 생성합니다. 앞의 예시에서는 가능한 네 가지 총계를 모두 생성합니다.

이제 이러한 요약을 생성하는 방법을 살펴볼 텐데, 고객 주소 데이터 대신 판매 데이터를 사용하겠습니다.

5.6.1 요약을 위한 데이터 준비하기

원본 데이터가 요약하기에 적합하지 않은 경우가 자주 있습니다. 예를 들어, sales 테이블에는 각 주문의 시간이 포함되어 있지만, 이를 그룹화하기는 매우 어렵습니다. 이번 예제에서는 다음 항목들을 요약해 보겠습니다.

- 주문한 월
- 고객 id
- 고객이 거주하는 state

원래 예시에 있던 state와 town과는 달리, 이 세 열은 서로 독립적입니다. 즉, 어떤 조합으로 총계를 계산하더라도 유의미한 결과를 얻을 수 있습니다.

데이터를 준비하기 위해 다음과 같은 쿼리를 사용할 수 있습니다.

```
SELECT
  -- PostgreSQL, Oracle인 경우
     to_char(s.ordered,'YYYY-MM') AS ordered,
  -- MariaDB/MySQL인 경우
     -- date_format(s.ordered,'%Y-%m') AS ordered,
  -- MSSQL인 경우
     -- format(s.ordered,'yyyy-MM') AS ordered,
  -- SQLite인 경우
     -- strftime('%Y-%m',s.ordered) AS ordered,
  s.total, c.id, c.state
FROM sales AS s JOIN customerdetails AS c
 ON s.customerid=c.id
WHERE s.ordered IS NOT NULL;
```

다음과 같은 결과가 나옵니다.

ordered	total	id	state
2022-05	28	28	NSW
2022-05	34	27	NSW
2022-05	58.5	1	WA
2022-05	50	26	VIC

ordered	total	id	state
2022-05	17.5	26	VIC
2022-07	15	105	VIC

~ 5295 rows ~

SQL에는 year-month 조합을 간단히 추출하는 기능이 없으므로, 서식 함수를 사용해야 합니다. 이 함수는 문자열을 반환하지만, 우리가 하려는 작업에는 문제가 없습니다.

이 작업을 진행할 때 공통 테이블 표현식을 사용할 수도 있지만 조금 불편할 수 있습니다. 대신 다음과 같이 뷰로 저장하는 것이 편리합니다.

```sql
DROP VIEW IF EXISTS salesdata; -- Oracle이 아닐 경우
CREATE VIEW salesdata AS
SELECT
  -- PostgreSQL, Oracle인 경우
     to_char(s.ordered,'YYYY-MM') AS ordered,
  -- MariaDB/MySQL인 경우
     -- date_format(s.ordered,'%Y-%m') AS ordered,
  -- MSSQL인 경우
     -- format(s.ordered,'yyyy-MM') AS ordered,
  -- SQLite인 경우
     -- strftime('%Y-%m',s.ordered) AS ordered,
  s.total, c.id, c.state
FROM sales AS s JOIN customerdetails AS c
  ON s.customerid=c.id
WHERE s.ordered IS NOT NULL;
```

MSSQL을 사용하는 경우, CREATE VIEW 문을 작성할 때 반드시 문장을 GO로 감싸야 하는 점을 기억하세요.

```sql
-- MSSQL인 경우
DROP VIEW IF EXISTS salesdata;
GO
 CREATE VIEW salesdata AS
 SELECT
   format(s.ordered,'yyyy-MM') AS ordered,
```

```
    s.total, c.id, c.state
  FROM sales AS s JOIN customerdetails AS c
   ON s.customerid=c.id
  WHERE s.ordered IS NOT NULL;
GO
```

우선, 요약 데이터를 각각 따로 생성한 후, 이를 UNION 절을 사용하여 결합하겠습니다.

5.6.2 UNION으로 요약 결합하기

대부분의 DBMS는 이를 더 간단하게 처리할 수 있는 방법을 제공합니다. 하지만 조금 더 자세히 작업하는 방식을 통해 전체적인 동작 원리에 대한 감을 잡을 수 있을 것입니다.

우선, 다음 쿼리를 사용하여 state, 고객 id 및 날짜별 요약을 얻어봅시다.

```
-- 전체 그룹 요약
  SELECT state, id, ordered, count(*) AS nsales, sum(total) AS total
  FROM salesdata
  GROUP BY state,id,ordered
  ORDER BY state,id,ordered;
```

state/고객 id/ordered 조합별로 다음과 같이 요약 정보를 얻을 수 있습니다.

state	id	ordered	nsales	total
ACT	85	2022-06	2	117
ACT	85	2022-07	2	104.5
ACT	85	2022-08	5	269.5
ACT	85	2022-09	3	253.5
ACT	85	2022-10	5	476
ACT	85	2022-11	3	179.5
~ 1802 rows ~				

다음 단계는 state와 고객 id에 대한 요약을 생성하는 것입니다.

```sql
-- state 및 고객 id 별 요약
SELECT
  state, id, NULL, count(*) AS nsales,
  sum(total) AS total
 FROM salesdata
 GROUP BY state, id
 ORDER BY state, id;
-- state별 요약
 SELECT
  state, NULL, NULL, count(*) AS nsales,
  sum(total) AS total
 FROM salesdata
GROUP BY state
ORDER BY state;
```

다음과 같은 결과가 나옵니다.

state	id	?column?	nsales	total
ACT	85	[NULL]	37	2418.5
ACT	112	[NULL]	20	1272.5
ACT	147	[NULL]	32	2202
ACT	355	[NULL]	13	689.5
ACT	489	[NULL]	3	199
NSW	10	[NULL]	48	2931.5

~ 266 rows

state	?	?	nsales	total
ACT	[NULL]	[NULL]	105	6781.5
NSW	[NULL]	[NULL]	1668	102010.22
NT	[NULL]	[NULL]	103	6151
QLD	[NULL]	[NULL]	869	53331.5
SA	[NULL]	[NULL]	499	30977.5
TAS	[NULL]	[NULL]	456	28193
VIC	[NULL]	[NULL]	1273	79199.5
WA	[NULL]	[NULL]	322	20274

UNION에서 열 이름을 가져올 것이니 누락된 열 이름에 대해 걱정하지 마세요. NULL을 포함하는 이유는 UNION을 사용할 때 열의 개수와 순서를 맞추기 위해서입니다.

마지막으로 총계를 구합니다.

```
-- 총계
SELECT
  NULL, NULL, NULL, count(*) AS nsales,
  sum(total) AS total
FROM salesdata
-- GROUP BY ()
;
```

그러면 총계가 포함된 행 하나가 나옵니다.

?	?	?	nsales	total
[NULL]	[NULL]	[NULL]	5295	326918.22

GROUP BY ( ) 절이 주석 처리되어 있는데, 이는 총계라는 것을 상기시키기 위한 것일 뿐이며 실제로는 필요하지 않습니다.

UNION 절은 여러 SELECT 문의 결과를 결합하는 데 사용됩니다. 단, 열의 개수와 데이터 타입이 일치해야 합니다.

```
-- 전체 그룹 요약
SELECT
  state, id, ordered, count(*) AS nsales,
  sum(total) AS total
FROM salesdata
GROUP BY state,id,ordered
-- state, 및 ordered 요약
UNION
SELECT state, id, NULL, count(*), sum(total)
FROM salesdata
GROUP BY state,id
-- state별 요약
UNION
```

```sql
  SELECT state, NULL, NULL, count(*), sum(total)
  FROM salesdata
  GROUP BY state
 -- 총계
  UNION
  SELECT NULL, NULL, NULL, count(*), sum(total)
  FROM salesdata
 -- 정렬
  ORDER BY state,id,ordered;
```

이제 다음과 같이 통합된 결과가 나옵니다.

state	id	ordered	nsales	total
ACT	85	2022-06	2	117
ACT	85	2022-07	2	104.5
ACT	85	2022-08	5	269.5
ACT	85	2022-09	3	253.5
ACT	85	2022-10	5	476
ACT	85	2022-11	3	179.5
ACT	85	2022-12	2	84
ACT	85	2023-01	4	248.5
ACT	85	2023-03	3	209
ACT	85	2023-04	6	384
ACT	85	2023-05	2	93
ACT	85	[NULL]	37	2418.5
ACT	112	2022-07	2	72
ACT	112	2022-08	2	78
ACT	112	2022-09	1	49
ACT	112	2022-10	1	70.5
~ 2077 rows				

첫 번째 쿼리에만 판매 수량와 총계에 대한 별칭이 지정되어 있다는 점에 유의하세요. UNION 에서는 첫 번째 쿼리의 열 이름이 전체 결과에 적용됩니다. 나머지 쿼리에도 별칭을 지정할 수 있지만, 이는 결과에 아무런 영향을 미치지 않습니다.

다양한 수준의 요약을 결합할 때, 상위 수준의 요약에서는 실제 값 대신 NULL이 표시됩니다. 이는 기술적으로는 맞지만 불편합니다.

- 정렬할 때 NULL은 목록의 처음 또는 끝에 나타날 수 있습니다. SQL 표준에서는 이에 대해 명확히 규정하지 않으며, DBMS마다 서로 다른 방식을 따릅니다. 일부는 DBMS는 사용자에게 선택권을 제공하기도 합니다.
- 어떤 경우든, 결과 집합에 나타나는 NULL은 모호하고 도움이 되지 않습니다.

정렬 문제를 해결하려면, 임의의 값을 추가해 강제로 정렬 순서를 지정할 수 있습니다.

```
-- 전체 그룹 요약
SELECT
  state, id, ordered, count(*) AS nsales,
  sum(total) AS total,
  0 AS state_level, 0 AS id_level, 0 AS ordered_level
FROM salesdata
GROUP BY state,id,ordered
-- state, 및 ordered 요약
UNION
SELECT
  state, id, NULL, count(*), sum(total),
  0, 0, 1
FROM salesdata
GROUP BY state,id
-- state별 요약
UNION
SELECT
  state, NULL, NULL, count(*), sum(total),
  0, 1, 1
FROM salesdata
GROUP BY state
-- 총계
UNION
SELECT
  NULL, NULL, NULL, count(*), sum(total),
  1, 1, 1
FROM salesdata
-- 정렬
ORDER BY state_level, state, id_level, id,
  ordered_level, ordered;
```

결과를 올바른 순서로 정렬하기 위해 state_level과 town_level이라는 두 가지 값을 도입하여, 총계가 다른 값들 아래에 위치하도록 설정했습니다.

state	id	ordered	nsales	total	state_level	id_level	ordered_level
ACT	85	2022-06	2	117	0	0	0
ACT	85	2022-07	2	104.5	0	0	0
ACT	85	2022-08	5	269.5	0	0	0
ACT	85	2022-09	3	253.5	0	0	0
ACT	85	2022-10	5	476	0	0	0
ACT	85	2022-11	3	179.5	0	0	0
ACT	85	2022-12	2	84	0	0	0
ACT	85	2023-01	4	248.5	0	0	0
ACT	85	2023-03	3	209	0	0	0
ACT	85	2023-04	6	384	0	0	0
ACT	85	2023-05	2	93	0	0	0
ACT	85	[NULL]	37	2418.5	0	0	1
ACT	112	2022-07	2	72	0	0	0
ACT	112	2022-08	2	78	0	0	0
ACT	112	2022-09	1	49	0	0	0
ACT	112	2022-10	1	70.5	0	0	0
~ 2077 rows ~							

정렬에 사용된 열을 결과 집합에서 제거하려면, 이 쿼리를 공통 테이블 표현식으로 변환할 수 있습니다.

```
WITH cte AS (
  -- 앞의 UNION 쿼리
)
SELECT state, id, ordered, nsales, total
FROM cte
ORDER BY state_level,state,id_level,id,ordered_level,ordered;
```

이 방식으로 결과를 얻는 데 그렇게 많은 작업이 필요하진 않지만, 더 간단한 방법이 있을 수 있습니다.

5.6.3 GROUPING SETS, CUBE, ROLLUP 활용하기

GROUPING SETS는 위에서 언급한 UNION보다 더 간단한 방법을 제공합니다. 구문이 처음에는 명확해 보이지 않을 수 있지만, GROUP BY 절과 비슷한 패턴을 따릅니다.

GROUPING SETS는 모든 DBMS에서 완전히 지원되지는 않습니다. 대부분의 DBMS는 더 간단한 버전을 지원하는데, SQLite는 이를 전혀 지원하지 않습니다. SQLite를 사용하는 경우, 앞서 설명한 UNION 방식을 사용하는 것이 최선입니다. 대체로, ROLLUP이 원하는 결과를 얻는 데 가장 적합합니다. 이에 대해서는 나중에 더 설명하겠습니다.

PostgreSQL, MSSQL, Oracle에서 GROUPING SETS, CUBE 활용하기

가장 일반적인 기법은 GROUPING SET 절을 사용하는 것입니다. 이 절에서는 요약에 포함할 열의 조합을 지정할 수 있습니다.

구문은 다음과 같습니다.

```
SELECT columns
FROM table
GROUP BY GROUPING SETS ((set),(set));
```

이전 예제에서는 state, 고객 id, ordered, 그리고 총계로 그룹화된 SELECT 문이 있었습니다.

이를 다음과 같이 생성할 수 있습니다.

```
SELECT state,town,count(*)
FROM customers
GROUP BY GROUPING SETS ((state,id,ordered),(state,id),(state),());
```

여기서 set ()은 총계를 나타냅니다.

다양한 다른 조합도 가능합니다(예를 들어, (state, ordered) 등). 만약 가능한 모든 조합을 원한다면, CUBE를 사용할 수 있습니다.

```
SELECT state, id, ordered, count(*), sum(total)
FROM salesdata
GROUP BY CUBE (state,id,ordered)
```

CUBE 변형은 그룹화할 열의 개수가 너무 많지 않고, 각 열이 서로 독립적일 때 가장 적합합니다.

기억하세요, 세 개의 열은 총 8가지 조합을 제공합니다. 가능한 조합의 개수는 2^n으로 계산되며, 여기서 n은 열의 개수입니다. 이 경우에는 $2^3 = 8$입니다. 만약 열이 4개라면 16개의 총계와 소계가 나오는데, 분석하기에 다소 부담스러울 수 있습니다.

PostgreSQL, MSSQL, Oracle, and MariaDB/MySQL에서 ROLLUP 활용하기

약간 덜 유연하지만 더 단순하고 가독성이 높은 대안으로 ROLLUP을 사용할 수 있습니다. ROLLUP은 두 가지 형식을 가집니다.

```
-- ROLLUP(...) - PostgreSQL, MSSQL, Oracle의 경우
SELECT state, id, ordered, count(*), sum(total)
FROM salesdata
GROUP BY ROLLUP (state, id, ordered);

-- ... WITH ROLLUP - MariaDB/MySQL, MSSQL의 경우
SELECT state, id, ordered, count(*), sum(total)
FROM salesdata
GROUP BY state, id, ordered WITH ROLLUP;
```

두 형식 모두 동일한 결과를 제공합니다. 참고로, MSSQL에서는 두 형식 중 하나를 선택해서 사용할 수 있습니다.

ROLLUP은 열들이 일종의 계층 구조를 형성한다고 가정합니다. 예를 들어, 고객의 state와 고객 id의 경우에는 이러한 계층 관계가 명확합니다. ordered를 계층 구조의 끝으로 볼지는 사용자의 판단에 달려있습니다.

결과에서 계층 구조를 확인할 수 있으며, 이는 앞서 살펴본 GROUPING SETS 예제와 일치합니다. ROLLUP을 사용하면 다음과 같은 결과를 얻을 수 있습니다.

1. (state, id, ordered) 조합
2. (state, id) 조합
3. (state) 값
4. ( ) - 총계

ROLLUP을 사용하면 이러한 결과를 훨씬 간단하게 얻을 수 있으며, GROUPING SETS의 유연성이 그렇게 그립지 않을 것입니다.

결과 정렬하기

일부 DBMS에서는 결과가 이전의 UNION 버전과 동일한 순서로 자동으로 정렬될 수 있습니다. 하지만 일부 DBMS에서는 직접 정렬해야 할 수도 있습니다.

이 방식에서도 이전에 UNION 버전에서 언급한 두 가지 문제가 다시 나타날 수 있습니다. 그중 두 번째 문제인 정렬 순서를 해결하기 위해, GROUPING(column) 함수를 사용할 수 있습니다. 이 함수는 열이 요약되는 수준을 나타내며, 값이 1이면 요약된 데이터임을, 0이면 그렇지 않음을 나타냅니다. 이 함수는 이전에 사용한 임의의 수준 열과 동일한 효과를 제공합니다.

```
-- ROLLUP(...): PostgreSQL, MSSQL, Oracle인 경우
SELECT state, id, ordered, count(*), sum(total)
FROM salesdata
GROUP BY ROLLUP (state,id,ordered)
ORDER BY grouping(state), state, grouping(id), id,
  grouping(ordered), ordered;
-- ... WITH ROLLUP: MySQL, MSSQL인 경우
-- (MariaDB는 grouping()을 지원하지 않음)
SELECT state, id, ordered, count(*), sum(total)
FROM salesdata
GROUP BY state,id,ordered WITH ROLLUP
ORDER BY grouping(state), state, grouping(id), id,
  grouping(ordered), ordered;`
```

이제 더 잘 정렬된 테이블을 얻을 수 있습니다.

> **NOTE** 참고로, MySQL에서는 grouping()을 지원하지만, MariaDB에서는 grouping() 함수를 지원하지 않는 것에 주의하세요.

PostgreSQL과 MySQL에서는 grouping()을 여러 열에 사용할 수 있습니다. 이 경우, 1과 0의 이진 조합으로 결합된 수준 값을 반환합니다. MSSQL과 Oracle에서는 이를 위해 grouping_id() 함수를 사용해야 합니다.

의미 없는 NULL이 표시되는 문제를 해결하려면, SELECT 절에 창의적인 방법을 사용해야 합니다. 이 경우, coalesce 함수를 사용하여 NULL을 대체할 다른 값을 선정할 수 있습니다.

```sql
-- PostgreSQL, MSSQL인 경우
SELECT
  coalesce(state,'National Total') AS state,
  coalesce(cast(id as varchar),state||' Total') AS id,
  coalesce(ordered,'Total for '||cast(id as varchar))
    AS ordered,
  count(*), sum(total)
FROM salesdata
GROUP BY ROLLUP (state,id,ordered)
ORDER BY grouping(state), state,
  grouping(id), id, grouping(ordered), ordered;

-- MySQL, MSSQL의 경우 (MariaDB는 grouping()을 지원하지 않음)
SELECT
  coalesce(state,'National Total') AS state,
  coalesce(cast(id as varchar),state||' Total') AS id,
  coalesce(ordered,'Total for '||cast(id as varchar))
    AS ordered,
  count(*), sum(total)
FROM salesdata
GROUP BY state,id,ordered WITH ROLLUP
ORDER BY grouping(state), state,
  grouping(id), id, grouping(ordered), ordered;

-- Oracle 제외
```

이는 요약 행에 대해 의미 있는 결과를 제공합니다.

Oracle에서 값 이름 변경하기

Oracle에서는 이 방법이 작동하지 않는다는 것을 알 수 있습니다. Oracle은 다음과 같은 이유로 도움이 되지 않습니다.

- NULL 문자열과 빈 문자열(' ')을 동일하게 취급해서 coalesce 함수가 작동하지 않습니다.
- 선택된 열이 더 이상 GROUP BY 절과 일치하지 않는 것으로 간주됩니다.
- 다른 변경 사항을 적용했을 때 grouping() 함수로 정렬하는 데 문제가 발생할 수 있습니다.

이를 해결하는 가장 간단한 방법은 열에 CASE 표현식을 사용하는 것입니다.

```
SELECT
 coalesce(state,'National Total') AS state,
 grouping(state) AS statelevel,
 CASE
  WHEN state IS NULL THEN NULL
  WHEN id IS NULL THEN 'Total for '||state
  ELSE cast(id AS varchar(3))
 END AS id,
 grouping(id) AS idlevel,
 CASE
  WHEN id IS NULL THEN NULL
  WHEN ordered IS NULL THEN
   'Total for '||cast(id as varchar(3))
  ELSE ordered
 END AS ordered,
 grouping(ordered) AS orderedlevel,
 count(*) AS count, sum(total) AS sum
FROM salesdata
GROUP BY ROLLUP (state,id,ordered)
ORDER BY statelevel, state, idlevel, id, orderedlevel, ordered
;
```

다음과 같은 결과가 나옵니다.

state	statelevel	id	idlevel	ordered	orderedlevel	count	sum
ACT	0	112	0	2022-07	0	2	72
ACT	0	112	0	2022-08	0	2	78
ACT	0	112	0	2022-09	0	1	49
ACT	0	112	0	2022-10	0	1	70.5
ACT	0	112	0	2022-11	0	1	94
ACT	0	112	0	2022-12	0	4	224
ACT	0	112	0	2023-01	0	1	48.5
ACT	0	112	0	2023-02	0	5	320
ACT	0	112	0	2023-03	0	2	191.5
ACT	0	112	0	2023-05	0	1	125
ACT	0	112	0	Total for 112	1	20	1272.5
ACT	0	147	0	2022-08	0	8	392
ACT	0	147	0	2022-09	0	2	199.5
ACT	0	147	0	2022-10	0	2	162
ACT	0	147	0	2022-11	0	3	228.5
ACT	0	147	0	2022-12	0	3	251

~ 2077 rows ~

여기서는 grouping() 함수를 SELECT 절에서 사용한 후 정렬에도 활용합니다.

NULL 문자열 문제를 해결하기 위해 id와 ordered 열은 CASE ... END 표현식으로 계산됩니다.

이제 정렬에 사용할 세 개의 추가 열이 생겼습니다. 이를 숨기려면 공통 테이블 표현식을 사용할 수 있습니다.

```
WITH cte AS (
  -- 앞의 SELECT 문
  -- ORDER BY 절은 생략
)
SELECT state, id, ordered, count, sum
FROM cte
```

```
ORDER BY statelevel, state, idlevel, id, orderedlevel, ordered
;
```

참고로, 이전 구문에는 ORDER BY 절이 포함되어 있었습니다. 이를 공통 테이블 표현식에 포함할 수도 있습니다(단, MSSQL에서는 불가능). 하지만 어차피 메인쿼리에서 정렬 수행하므로 불필요하니 생략하는 것이 좋습니다.

5.7 히스토그램, 평균, 최빈값, 중앙값

학교에서 배웠던 간단한 통계 개념을 다시 떠올려 봅시다.

- **빈도표** frequency table: 값과 그 값이 얼마나 자주 나타나는지를 보여주는 표입니다.
- **평균** mean: 좀 더 기술적으로는 **산술 평균** arithmetic mean이라고 하며, 총합을 값의 개수로 나눈 값입니다.
- **최빈값** mode: 가장 자주 나타나는 값입니다.
- **중앙값** median: 값들을 순서대로 정렬했을 때 중간에 위치하는 값입니다.

빈도표를 이용해서 **히스토그램** histogram (스프레드시트에서는 막대 그래프라고도 함)을 만들 수 있습니다. 예를 들어, [그림 5-4]처럼 고객의 키(센티미터 단위)별로 빈도표와 히스토그램을 생성할 수 있습니다.

값이 여러 요인에 기반한 경우, 종형 곡선 bell curve 형태로 분포되는 경향이 있습니다. 대부분의 값은 중간값 주변에 분포하며, 중간값에서 멀어질수록 값이 나타나는 빈도는 감소합니다. 이를 **정규 분포** normal distribution 라고 합니다.

키는 유전, 식단, 생활습관 등 여러 요인에 따라 결정됩니다. 그래서 고객의 키는 [그림 5-4]에서 보이는 것처럼 정규 분포를 따르는 경향이 있습니다. 물론, 데이터가 더 많아질수록 이러한 경향은 더 강해집니다. 몇 백 개 정도의 표본만 있을 경우에는 데이터가 정규 분포에 완벽히 부합하지 않을 수 있습니다.

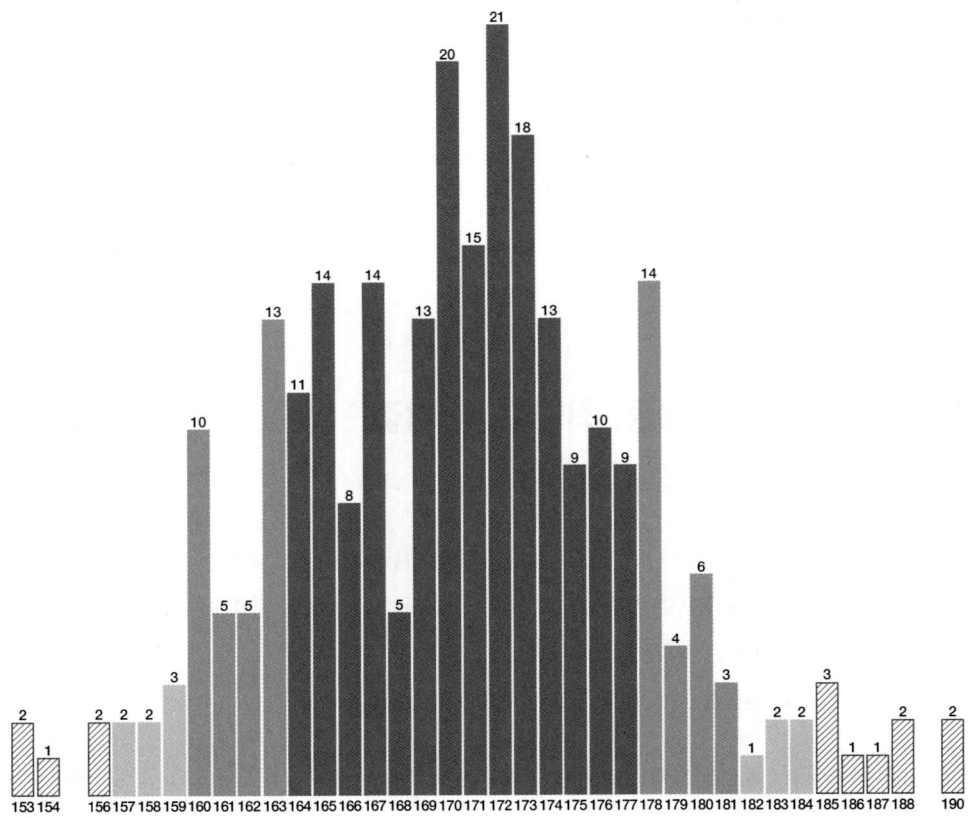

그림 5-4 히스토그램

이번 예제에서는 고객들의 키에 초점을 맞추도록 하겠습니다. 이런 형태의 분석을 살펴보는 데 용이하기 때문입니다.

> **NOTE** 표본 데이터는 무작위로 생성되었지만, 작은 표본 내에서도 정규 분포를 따르도록 설계했습니다.
>
> 호주 성인의 평균 키는 약 168.7cm입니다. 실제로는 성인 여성과 남성 각각에 대한 평균 키가 따로 있지만, 두 집단의 평균값은 168.7cm이며 표준 편차는 7cm입니다. 더 자세한 정보는 아래 링크에서 확인하실 수 있습니다. https://en.wikipedia.org/wiki/Average_human_height_by_country

5.7.1 평균 계산하기

통계학과 수학에서 '평균'이라는 단어는 다소 모호할 수 있습니다. 평균을 설명하는 여러 가지 측정 방법이 있기 때문입니다. 여기서 우리가 관심 있는 평균은 '산술평균'입니다. SQL에서는 이미 평균을 계산하는 내장 집계 함수 avg()를 제공합니다.

```
SELECT avg(height) AS mean FROM customers;
```

다음과 같은 결과가 나옵니다.

```
  mean
---------
170.844
```

원한다면 sum(height)/count(height)를 사용하여 평균을 계산할 수 있지만, avg()와 동일한 값을 보여주기 때문에 큰 의미가 없습니다. 성인의 평균 키가 약 168.7cm인 것을 생각하면 이 수치는 비교적 타당한 수치입니다.

5.7.2 빈도표 생성하기

빈도표 frequency table 는 테이블에서 특정 값이 몇 번 나타나는지를 보여줍니다. 어디서 많이 본 설명 같다면 맞습니다. GROUP BY와 COUNT(*)를 사용하는 것과 같습니다.

하지만 먼저 데이터를 더 그룹화하기 쉬운 형태로 변환해야 합니다. 데이터가 너무 세밀하면 중복되는 값이 거의 없을 수 있습니다. 즉, 요약하려고 해도 데이터에 세부 정보가 너무 많아서 오히려 요약이 어려울 수 있다는 역설적인 상황이 발생합니다.

여기서 height (키)는 센티미터 단위로 소수점 첫째 자리까지 측정되었습니다. 이를 소수점 없이 정수로 반올림하겠습니다.

```sql
SELECT floor(height+0.5) AS height
FROM customers
WHERE height IS NOT NULL;
```

누락된 키 값도 제거하고 나면 다음과 같은 결과가 나옵니다.

height
169
171
153
176
156
176
~267 rows~

round( ) 함수를 사용해 반올림할 수도 있지만, 일부 DBMS는 가장 가까운 짝수로 반올림하는 것을 선호하기 때문에, 위 방법이 더 신뢰할 수 있는 결과를 제공합니다.

데이터를 공통 테이블 표현식에 넣으면 간단하게 **GROUP BY** 쿼리를 사용할 수 있습니다.

```sql
WITH heights AS (
  SELECT floor(height+0.5) AS height
  FROM customers
  WHERE height IS NOT NULL
)
SELECT height, count(*) AS frequency
FROM heights
GROUP BY height
ORDER BY height;
```

그러면 다음과 같은 결과가 나옵니다.

height	frequency
153	1
154	3
156	1
157	3
158	1
159	2
~ 36 rows ~	

일부 값이 누락되어 있을 수 있는데, 이는 비교적 작은 표본에서는 자연스러운 현상입니다. 하지만 이러한 누락된 값들로 인해 아직 히스토그램을 만들기에는 준비가 되지 않았습니다. 나중에 재귀적 공통 테이블 표현식recursive common table을 자세히 살펴보면서, 누락된 값을 어떻게 채울 수 있는지 알아보겠습니다.

5.7.3 최빈값 계산하기

최빈값mode은 가장 자주 나타나는 값입니다. 실제로는 여러 값이 공동으로 최빈값이 될 수도 있습니다.

최빈값을 구하려면 먼저 빈도를 계산한 후 최대 빈도를 구해야 합니다. max(count(*))를 사용하고 싶을 수도 있지만, SQL에서는 집계 함수를 중첩할 수 없습니다. 따라서 이를 위해 추가 단계가 필요하며, 더 많은 공통 테이블 표현식을 사용해야 합니다.

이전 빈도표를 이용해서 결과를 다른 공통 테이블 표현식에 넣을 수 있습니다.

```
WITH
 heights AS (
  SELECT floor(height+0.5) AS height
  FROM customers
  WHERE height IS NOT NULL
 ), -- 여기에 쉼표를 추가하는 것을 잊지 마세요.
 frequency_table AS (
```

```
  SELECT height, count(*) AS frequency
  FROM heights
  GROUP BY height
)
...
```

최대 빈도는 별도로 계산해야 합니다.

```
WITH
  heights AS (
   ...
  ),
  frequency_table AS (
   ...
  ), -- 여기에 쉼표를 추가하는 것을 잊지 마세요.
  limits AS (
   SELECT max(frequency) AS max FROM frequency_table
  )
...
```

마지막으로, frequency_table과 limits CTE를 CROSS JOIN하면 최빈값을 구할 수 있습니다.

```
WITH
  heights AS (
   ...
  ),
  frequency_table AS (
   ...
  ),
  limits AS (
   ...
  )
SELECT height, frequency
FROM frequency_table,limits
WHERE frequency_table.frequency=limits.max
ORDER BY height;
```

다음과 같은 결과가 나옵니다.

height	frequency
172	22

완벽한 정규 분포 데이터에서는 최빈값이 평균값과 정확히 일치합니다. 실제 현실에서는 서로 비슷한 수준이면 됩니다.

5.7.4 중앙값 계산하기

중앙값^{median}은 중간에 위치한 값을 의미합니다. 즉, 데이터의 절반은 중앙값보다 작고, 나머지 절반은 중앙값보다 커야 합니다.

중앙값을 찾으려면 모든 값을 정렬한 뒤 중간 지점을 찾아야 합니다. 원한다면 이를 직접 수행할 수도 있지만, 행 번호를 가져오는 것과 같이 아직 책에서 다루지 않은 기술이 필요합니다. 이는 나중에 8장의 윈도우 함수에서 자세히 살펴보겠습니다.

다행히도 요즘 SQL에는 `percentile_cont`라는 함수가 있습니다. 하지만 모든 DBMS가 이 함수를 동일한 방식으로 사용하지는 않으며, SQLite는 이를 전혀 지원하지 않습니다. `percentile_cont()` 함수는 백분위수를 기준으로 값을 찾습니다. 백분위수는 데이터를 100개의 그룹으로 나누는 것이며, 50번째 백분위수가 중앙에 해당됩니다.

PostgreSQL에서 중앙값을 찾는 방법은 다음과 같습니다.

```sql
-- PostgreSQL: 집계 함수로만 사용 가능
SELECT percentile_cont(0.5)
  WITHIN GROUP (ORDER BY height)
FROM customers
WHERE height IS NOT NULL;
```

다음과 같은 결과가 나옵니다.

percentile_count
171.2

주석에서 언급한 것처럼, PostgreSQL에서 `percentile_cont()`는 집계 함수로만 사용할 수 있습니다. 우리가 원한 방식과 정확히 일치합니다.

집계 함수의 대안은 무엇일까요? 바로 나중에 살펴볼 윈도우 함수입니다. 윈도우 함수는 집계 함수와 비슷하지만, 데이터를 요약만 하는 것이 아니라 모든 각 행에 대해 계산한다는 점이 다릅니다.

윈도우 함수 버전을 사용하면 다음과 같습니다.

```
-- MariaDB/MySQL, MSSQL, Oracle: 윈도우 함수로만 사용 가능
SELECT percentile_cont(0.5)
  WITHIN GROUP (ORDER BY height) OVER()
FROM customers
WHERE height IS NOT NULL;
```

문제는 이 방법을 사용할 경우 여러 행에 동일한 값이 나온다는 것입니다. 이를 해결하기 위해 `DISTINCT`를 사용할 수 있습니다.

```
-- MariaDB/MySQL, MSSQL, Oracle: 윈도우 함수로만 사용 가능
SELECT DISTINCT percentile_cont(0.5)
  WITHIN GROUP (ORDER BY height) OVER()
FROM customers
WHERE height IS NOT NULL;
```

이렇게 하면 중앙값이 나옵니다.

5.7.5 표준 편차

표준 편차는 데이터의 분산 정도를 측정하는 지표입니다. 정규 분포에서는 전체 결과의 약 68%가 평균에서 한 표준 편차 이내에 있어야 합니다.

예상보다 낮은 표준 편차는 결과값들이 상당히 밀집되어 있다는 것을 의미하며, 예상보다 높은 표준 편차는 결과값들이 예상보다 더 무작위적으로 분포되어 있음을 나타냅니다. 두 경우 모두 데이터가 편향되었을 가능성이 있다고 볼 수 있는데, 이는 데이터를 선택하는 과정에서 문제가 있었거나 일부 데이터가 조작되었을 가능성이 있음을 시사합니다.

예를 들어, 키가 정규 분포를 따른다면 표준 편차는 7cm이고 고객의 68%가 평균값을 기준으로 양쪽으로 7cm 범위 내에 있어야 합니다.

SQL에서 표준 편차를 계산하려면 이전에 살펴본 간단한 집계 함수를 사용하면 됩니다.

표준 편차 함수가 두 가지나 있는 이유가 궁금하실 수 있습니다. 모든 값을 가지고 있다면 `stddev_pop(height)` (또는 MSSQL의 경우 `stdevp(height)`)를 사용할 수 있습니다. 하지만 그렇지 않으므로, 우리가 가지고 있는 데이터를 표본으로 간주할 수 있습니다. 이를 위해 `stddev_samp(height)` (또는 MSSQL의 경우 `stdev(height)`)를 사용합니다.

```
SELECT
 stddev_pop(height) AS sd
 -- stdevp(height) AS sd  -- MSSQL
FROM customers;
```

다음과 같이 7에 가까운 결과가 나옵니다.

sd
6.979

표준 편차는 기본 데이터가 정규 분포를 따른다고 믿을 때만 의미가 있다는 점을 기억하세요.

5.8 복습하기

이번 장에서는 데이터 집합을 집계하는 방법에 대해 살펴보았습니다.

5.8.1 기본 집계 함수

기본 집계 함수는 다음과 같습니다.

- count(): 열의 값 개수 또는 테이블의 행 개수를 셉니다.
- sum과 avg: 열의 숫자들을 합산하거나 평균을 계산합니다.
- max와 min: 모든 데이터 타입의 열에서 최솟값과 최댓값을 찾습니다. 실제로는 해당 열을 기준으로 정렬했을 때의 첫 번째와 마지막 값을 찾는 것과 같습니다.
- stddev, stddev_samp, stddev_pop (PostgreSQL, MariaDB/MySQL, Oracle인 경우) stdev, stdevp (MSSQL인 경우): 숫자로 이루어진 열의 모집단 또는 표준 편차를 계산합니다. 이때 데이터가 정규 분포를 따른다고 가정합니다.

sum, avg, 표준 편차 함수는 숫자 데이터에만 적용할 수 있습니다.

5.8.2 NULL

모든 집계 함수는 NULL을 무시합니다. 이는 특히 값을 세거나 평균을 계산할 때 중요합니다.

NULL이 무시된다는 특성은 선택적 집계를 계산할 때도 활용할 수 있습니다.

5.8.3 집계 과정

집계하는 데이터가 반드시 저장된 테이블에 있을 필요는 없습니다. JOIN, 공통 테이블 표현식, 뷰에서 생성된 가상 테이블에서도 집계를 할 수 있습니다.

데이터를 집계할 때, 먼저 WHERE 절로 데이터를 필터링할 수 있습니다. 집계 데이터는 필터링 후 남은 데이터를 기반으로 생성됩니다.

집계를 수행하면 원본 데이터를 하나 이상의 요약 행으로 구성된 가상 테이블로 변환합니다. 이 가상 테이블은 더 이상 원본 데이터를 포함하지 않으며, 가상 요약 테이블에 있는 데이터만 선택할 수 있습니다. 따라서 단일 SELECT 절에서 집계와 원본 데이터를 혼합할 수 없습니다.

만약 원본 데이터와 요약 데이터가 모두 필요하다면, 원본 테이블을 요약이 포함된 공통 테이블 표현식과 JOIN해야 할 수도 있습니다.

5.8.4 집계 필터

단일 집계 함수에 사용되는 데이터를 필터링할 수도 있습니다.

열을 필터링할 수 있는 표준 FILTER (WHERE ...) 절이 있지만, 아직 널리 지원되지는 않습니다.

데이터를 필터링하는 일반적인 방법은 집계하려는 대상에 CASE ... END 표현식을 사용하는 것입니다. 원하는 값에는 1을 설정하고 나머지는 NULL이 되도록 설정하여 집계 함수가 이를 무시하게 합니다.

DISTINCT 값으로도 집계할 수 있습니다. 이는 개수를 셀 때 가장 유용합니다.

5.8.5 GROUP BY 절

GROUP BY 절은 그룹 요약 데이터를 포함하는 가상 테이블을 생성하는 데 사용할 수 있습니다.

일부 DBMS에서는 GROUP BY ( )를 사용하여 전체 요약을 생성할 수 있습니다. 이는 GROUP BY ( ) 절이 없어도 기본적으로 동작하며, SQL이 집계 함수를 볼 때마다 자동으로 수행합니다. 실제로는 전혀 필요하지 않습니다.

기본값뿐만 아니라 계산된 값으로도 그룹화할 수 있습니다.

계산된 값으로 그룹화하는 것은 복잡합니다. SELECT와 ORDER BY 절이 GROUP BY에 포함된 항목만 사용할 수 있기 때문입니다. 절의 실행 순서 때문에 여러 절에서 동일한 계산을 반복해야 할 수도 있습니다.

SELECT 절은 실행 순서상 거의 마지막에 평가되고, 선택과 정렬은 GROUP BY 절에 있는 것으로만 수행될 수 있기 때문에 다음과 같은 기법들이 도움이 될 수 있습니다.

- 중복 그룹을 사용하여 한 값을 선택하고 다른 값으로 정렬하기
- 집계 쿼리를 공통 테이블 표현식에 넣고 이를 다른 테이블과 JOIN하여 나머지 결과 가져오기

열을 기준으로 그룹화할 때 결과가 올바른 순서로 나오지 않을 수 있습니다. 그룹 이름이 모두 문자열이기 때문에 그룹 이름으로 정렬하면 알파벳 순서로만 정렬되며, 이는 어떤 경우에는 적절하지 않을 수 있습니다. 하지만 다른 문자열의 위치를 기준으로 그룹을 정렬하면, 원하는 순서대로 정렬할 수 있습니다.

5.8.6 소계 혼합

일반적으로 집계 쿼리는 하나의 수준에서 단순한 집계 결과를 생성합니다. 하지만 때로는 다양한 수준의 소계와 결합해야 할 때도 있습니다.

별도의 쿼리에서 소계를 생성하고 UNION으로 결합할 수 있습니다. 원하는 순서대로 결과를 정렬하기 위해서는 추가 작업이 필요할 수 있습니다.

대부분의 DBMS는 결합된 결과를 자동으로 생성하는 소계 연산을 포함하고 있습니다. GROUPING SETS, ROLLUP, CUBE 등이 있으며, 가장 일반적인 변형인 ROLLUP도 대부분 지원합니다. 정렬과 레이블 지정을 돕는 추가적인 그룹화 함수들도 있습니다.

5.8.7 통계

일반적으로 집계 함수는 본질적으로 통계적인 성격을 가집니다. SQL은 전문 통계 소프트웨어만큼 강력하지는 않지만, 집계와 그룹화를 사용하여 기본적인 통계를 생성할 수 있습니다.

5.9 앞으로 다룰 내용

경우에 따라 데이터를 준비하기 위해 공통 테이블 표현식에서 쿼리를 사용했습니다. 하지만 한 예제에서는 쿼리를 재사용할 수 있도록 뷰를 생성했습니다.

다음 장에서는 작업 흐름을 개선하기 위해 뷰를 생성하고 사용하는 방법에 대해 자세히 살펴보겠습니다.

CHAPTER 6

뷰와 관련 도구 활용하기

> **NOTE** 이 책에서 뷰를 다룬 것은 처음이 아니고, 이번이 마지막도 아닐 겁니다. 이번 장에서는 뷰와 관련 개념들에 대해 지금까지 익힌 내용을 정리하고, 이를 일반적으로 활용하는 몇 가지 아이디어를 제시합니다.

SQL 문을 작성하면서 평생을 보낼 수도 있지만 동일한 내용을 반복해서 작성하는 것은 지루할테니, 이전에 작성한 쿼리를 재사용하는 방법을 찾고 싶어질 것입니다.

먼저 테이블이 무엇을 의미하는지, 그리고 **SELECT** 문을 사용할 때 어떤 일이 발생하는지 살펴보겠습니다.

SQL 데이터베이스는 데이터를 테이블에 저장합니다. 사실 테이블 자체에 저장되지는 않고, 이진 트리와 같이 더 효율적인 다른 구조로 저장됩니다. 하지만 사용자가 확인할 때는 테이블 형태로 표시되며, 데이터베이스에서도 이를 테이블이라 부릅니다.

테이블은 행과 열로 구성됩니다. 테이블이 반드시 영구적일 필요는 없습니다. 영구적으로 저장되지 않더라도 테이블 구조를 생성하는 작업도 가능합니다. 이러한 것들을 **가상 테이블** virtual table 이라고 부릅니다.

다음은 (가상) 테이블을 생성하는 작업으로, 영구성이 높은 순서대로 정렬했습니다.

- SELECT 문의 결과는 가상 테이블입니다.
- JOIN은 두 개 이상의 (가상) 테이블을 결합하여 확장된 가상 테이블을 생성합니다.
- 공통 테이블 표현식은 쿼리 내에서 나중에 사용할 수 있는 가상 테이블을 생성합니다. 테이블 서브쿼리도 이와 동일한 기능을 합니다.
- 뷰view는 저장된 SELECT 쿼리로, 호출 시 가상 테이블을 다시 생성합니다. **구체화 뷰**materialized view는 결과를 저장하는 뷰로, 매번 모든 것을 다시 생성할 필요가 없도록 해 줍니다. 일부 DBMS는 가상 테이블을 생성하는 함수인 **테이블 반환 함수**table-valued function를 지원합니다.
- **임시 테이블**temporary table은 실제 테이블과 유사합니다. 디스크에 저장될 수도 있고 저장되지 않을 수도 있습니다. 세션이 종료되면 자동으로 삭제됩니다.

테이블과 가상 테이블의 특징은 모두 FROM 절에서 사용할 수 있다는 것입니다.

JOIN에 대해서는 이미 알고 있을 테고, 공통 테이블 표현식도 사용해 보셨을 겁니다. 이에 대해서는 다음 장에서 더 자세히 다루도록 하겠습니다. 이번 장에서는 나머지 개념들과 이를 활용해 작업 흐름을 어떻게 개선할 수 있는지 알아보겠습니다.

6.1 뷰로 작업하기

지금까지 하나 이상의 뷰를 생성해 보았을 테니, 이 내용은 이미 익숙한 부분일 것입니다. 뷰는 SELECT 문을 데이터베이스에 저장한 것입니다. DBMS는 뷰가 저장될 때 실행 계획도 함께 저장하는 경우가 많아서, 동일한 작업을 반복적으로 계획하는 데 드는 시간을 줄일 수 있습니다.

테이블을 읽을 수 있는 모든 경우에 뷰를 사용할 수 있습니다. 뷰는 테이블처럼 동작하는 가상 테이블이라고 생각하면 됩니다.

뷰를 읽으려면 테이블처럼 다루면 됩니다.

```
SELECT columns FROM view;
```

뷰를 다룰 때, 구문은 테이블을 다룰 때와 완전히 동일합니다. SELECT 문의 관점에서 보면, 뷰에서 선택하는 것과 테이블에서 선택하는 것 사이에는 아무런 차이가 없습니다.

이로 인한 중요한 결과는, 뷰와 테이블은 이름 공간을 공유하기 때문에 서로 동일한 이름을 가질 수 없다는 점입니다.

물론 아무런 차이점이 없다는 의미는 아닙니다. DBMS는 뷰를 별도 유형의 객체로 저장하고 다르게 관리합니다. 하지만 일단 생성되면 뷰를 테이블처럼 다룰 수 있습니다.

뷰는 다음과 같이 작업 흐름의 중요한 부분이 될 수 있습니다.

- 복잡한 쿼리를 저장해 간단하게 사용
- 외부 애플리케이션에 복잡한 쿼리를 노출
- 기존 데이터와 애플리케이션 간의 인터페이스 생성
- 일부 쿼리의 대체로 사용

뷰를 생성하려면 데이터베이스 사용자로서 권한이 필요합니다. 권한이 없다면 모든 조치를 취해서 권한을 얻어야 합니다(권한을 달라고 조르거나, 뇌물을 주거나, 협박을 해서라도 말이죠).

뷰에는 다음과 같은 여러 이점이 있습니다.

- 결과를 가상 테이블로 제공하기 때문에 복잡한 처리 과정을 숨길 수 있습니다.
- 특정 행과 열만 포함하는 뷰를 생성하여 테이블 데이터에 대한 접근을 제한할 수 있습니다.
- 집계 쿼리의 세부 사항을 숨길 수 있습니다.

몇 가지 한계도 있습니다. 먼저 뷰는 유연하지 않습니다. 예를 들어, 뷰가 결과를 계산하는 데 사용하는 값을 변경할 수 없습니다. 이에 대한 해결책은 나중에 테이블 반환 함수를 다룰 때 살펴보겠습니다.

DBMS마다 다른 제한 사항을 가지고 있는데, 일부 DBMS는 임시 뷰를 지원합니다. MSSQL은 추가적인 기법 없이는 뷰에서 ORDER BY를 허용하지 않습니다. 일부 DBMS는 임시 테이블에 뷰를 생성할 수 있지만, 다른 DBMS는 지원하지 않습니다.

하지만 대체로 뷰는 작업 흐름을 단순화하고 더 복잡한 작업으로 넘어갈 수 있게 해 줍니다.

6.1.1 뷰 생성하기

뷰는 간단한 SELECT 문으로 시작됩니다. 예를 들어, 도서, 저자, 그리고 세금이 포함된 가격에 대한 정보를 포함하는 pricelist(가격 목록) 뷰를 만들어보겠습니다.

```
/* 참고
==================================================
MSSQL: 문자열 연결에 + 사용
Oracle: 테이블에 AS 사용 금지:
FROM books b JOIN authors a ON ...
============================================== */
SELECT
  b.id, b.title, b.published,
  coalesce(a.givenname||' ','')
    || coalesce(othernames||' ','')
    || a.familyname AS author,
  b.price, b.price*0.1 AS tax, b.price*1.1 AS inc
FROM books AS b LEFT JOIN authors AS a ON b.authorid=a.id
WHERE b.price IS NOT NULL;
```

다음과 같은 결과가 나옵니다.

id	title	pub	author	price	tax	inc
2078	The Duel	1811	Heinrich von Kleis …	12.50	1.25	13.75
503	Uncle Silas	1864	J. Sheridan Le Fan …	17.00	1.70	18.70
2007	North and South	1854	Elizabeth Gaskell	17.50	1.75	19.25
702	Jane Eyre	1847	Charlotte Brontë	17.50	1.75	19.25
1530	Robin Hood, The Pr …	1862	Alexandre Dumas	12.50	1.25	13.75
1759	La Curée	1872	Émile Zola	16.00	1.60	17.60
~ 1096 rows ~						

가격 목록이므로 NULL은 필터링하여 제외했습니다.

뷰를 생성할 때에는 몇 가지 조건이 있습니다.

- 모든 열은 이름을 가져야 합니다.
  계산된 열을 포함하여 뷰 내의 모든 열에는 반드시 이름이 있어야 합니다. 단순 SELECT 문에서 사용할 수 있는 익명 열은 사용할 수 없습니다.
- 열 이름은 고유해야 합니다.
  이는 특히 열 이름이 중복될 수 있는 JOIN된 테이블에서 중요합니다.

즉, 가상 테이블은 실제 테이블의 규칙을 따라야 합니다. 뷰를 생성하려면 **CREATE VIEW ... AS** 절을 SELECT 문 앞에 추가합니다.

```
/* 참고
==================================================
MSSQL: 문자열 연결에 + 사용
MSSQL: CREATE VIEW 문을 GO로 둘러싸야 함
Oracle: 테이블에 AS 사용 금지:
FROM books b JOIN authors a ON ...
================================================ */
-- GO
CREATE VIEW aupricelist AS
SELECT
 b.id, b.title, b.published,
 coalesce(a.givenname||' ','')
   || coalesce(othernames||' ','')
   || a.familyname AS author,
 b.price, b.price*0.1 AS tax, b.price*1.1 AS inc
FROM books AS b JOIN authors AS a ON b.authorid=a.id;
-- GO
```

그러면 이제 데이터베이스에 저장됩니다.

세금이 호주의 세율인 10%로 설정되어 있기 때문에 가격 목록을 **aupricelist**라고 명명하겠습니다. 원하는 세율과 이름을 자유롭게 사용해도 됩니다.

MSSQL에서는, **CREATE VIEW** 문을 스크립트의 나머지 부분과 분리해야 합니다. 이를 위해 **GO**를 사용하여 배치[batch]를 구분합니다. **GO**는 반드시 독립된 행에 있어야 합니다.

뷰는 테이블처럼 결과를 읽을 수 있습니다.

```
SELECT * FROM aupricelist;
```

이 쿼리는 이전과 동일한 결과를 반환합니다.

테이블과 마찬가지로 뷰에서도 필터링을 할 수 있습니다.

```
SELECT *
FROM aupricelist
WHERE published BETWEEN 1700 AND 1799;
```

이 쿼리는 아래와 같은 결과를 반환합니다.

id	title	pub	author	price	tax	inc
1608	The Autobiography ...	1791	Benjamin Franklin	18.50	1.85	20.35
2303	The Metaphysics of ...	1797	Immanuel Kant	12.00	1.20	13.20
1305	An Essay on Critic ...	1711	Alexander Pope	11.00	1.10	12.10
1963	A Treatise of Huma ...	1740	David Hume	18.50	1.85	20.35
1196	Equiano's Travels: ...	1789	Olaudah Equiano	12.50	1.25	13.75
1255	Discourse on the O ...	1755	Jean-Jacques Rouss ...	19.00	1.90	20.90
~ 166 rows ~						

결과를 정렬하려면 다음과 같이 할 수 있습니다.

```
SELECT * FROM aupricelist ORDER BY title;
```

결과는 다음과 같습니다.

id	title	pub	author	price	tax	inc
541	120 Days of Sodom	1904	Marquis de Sade	12.50	1.25	13.75
729	A Cartomante e Out ...	1884	Machado de Assis	16.00	1.60	17.60
2092	A Chaste Maid in C ...	1613	Thomas Middleton	15.00	1.50	16.50

id	title	pub	author	price	tax	inc
1437	A Child's Garden o ...	1885	Robert Louis Steve ...	11.00	1.10	12.10
454	A Christmas Carol	1843	Charles Dickens	13.50	1.35	14.85
1094	A Confession	1882	Leo Tolstoy	17.50	1.75	19.25

~ 1096 rows ~

MSSQL을 제외하고, 뷰 자체에 ORDER BY 절을 포함할 수도 있습니다. 편리하긴 하지만 좋은 방법은 아닐 수 있습니다. DBMS가 결과를 항상 정렬하도록 강제하게 되고, 나중에 다른 순서로 다시 정렬해야 할 수도 있기 때문입니다.

6.1.2 MSSQL에서 ORDER BY 사용하기

앞서 언급했듯이, MSSQL은 추가적인 기법 없이 뷰에 ORDER BY를 사용하는 것을 허용하지 않습니다. 만약 사전 정렬된 뷰를 **정말로** 원한다면, 다음과 같이 작성할 수 있습니다.

```
CREATE VIEW something AS
SELECT columns
FROM table
ORDER BY columns OFFSET 0 ROWS;
```

이 방법은 정렬을 위한 추가 열을 포함하지 않고도 정렬된 뷰를 생성할 수 있게 해 줍니다.

다만, 정렬된 뷰는 데이터베이스에 부담을 줄 수 있으므로, 반드시 필요한 경우에만 사용해야 합니다.

6.1.3 뷰 작업 팁

뷰는 유용한 기능이지만, 더 안정적으로 사용하기 위해 알아야 할 몇 가지 사항이 있습니다.

DBMS마다 세부적인 사항이 다를 수 있으며, 최대한 효율적으로 작동하려고 합니다. 그럼에도 다음과 같은 팁들을 염두에 두는 것이 좋습니다.

뷰 과도하게 중첩하지 않기

다른 뷰를 기반으로 새로운 뷰를 만들 수 있습니다. 이는 작업 흐름을 단순화하는 데 도움이 되지만, 다음과 같은 사항을 주의해야 합니다.

- 기본이 되는 뷰를 변경하면 이를 기반으로 한 뷰가 엉망이 될 수 있습니다. 일부 DBMS는 다른 뷰가 의존하고 있는 뷰를 변경하는 것을 아예 허용하지 않기도 합니다.
- SQL은 쿼리를 최적화하는 것이 좋은데, 뷰가 너무 깊게 중첩되어 있으면 제대로 최적화하지 못할 수 있습니다.
- 뷰 중 하나가 새로운 뷰에 필요한 것보다 더 많은 데이터를 포함하고 있을 경우, 불필요한 데이터를 만들어내느라 처리 시간을 낭비할 수 있습니다.

기존 뷰를 기반으로 뷰를 생성할 때는 신중하게 사용하는 것이 중요합니다.

SELECT * 사용하지 않기

SELECT *를 사용하면 대체로 원하는 결과를 정확히 얻지 못할 가능성이 높습니다. 설령 원하는 결과를 얻더라도, 모든 열을 구체적으로 나열하는 것이 좋습니다. 일부 DBMS는 SELECT *를 열 목록으로 변환하기도 합니다.

SELECT *를 사용하지 않는 것이 좋은 이유는 다음과 같습니다.

- 기본 열 순서가 적용되며, 원하는 순서를 설정할 수 없습니다.
- 기본 테이블의 구조가 변경될 수 있어서, 뷰가 처음 의도했던 것과 다르게 될 수 있습니다.

ORDER BY 사용 피하기

대부분의 DBMS는 ORDER BY 절을 포함하는 것을 허용하며, MSSQL에서도 강제로 사용할 수 있습니다. 하지만 이는 좋은 방법이 아닐 수 있습니다.

나중에 뷰를 다양한 방식으로 정렬하고 싶어질 수 있습니다. 때문에 선호하는 특정 정렬 순서가 있더라도, 다시 정렬하기 전에 DBMS가 결과를 불필요하게 정렬하지 않도록 하고 싶을 것입니다.

이 때 반드시, 뷰에 나중에 정렬할 열들이 포함되어 있는지를 확인해야 합니다.

6.2 테이블 반환 함수

뷰는 강력한 도구이지만 한 가지 단점이 있습니다. 바로 뷰에서 사용되는 값을 변경할 수 없다는 것입니다. 예를 들어, `aupricelist` 뷰는 10%의 고정된 세율을 가지고 있습니다. 보다 유연한 형태의 뷰라면 사용자가 직접 세율을 입력할 수 있을 것입니다. 이러한 뷰를 **매개변수 뷰**parameterized view 라고 합니다.

매개변수 뷰는 일반적으로 SQL에서 지원되지 않습니다. 일부 DBMS는 **테이블 반환 함수**table-valued function (TVF) 라고 하는, 가상 테이블을 생성하는 함수를 지원합니다. 이는 거의 동일한 결과를 제공합니다.

우리가 자주 사용하는 DBMS 중에서는 PostgreSQL과 MSSQL만이 TVF를 생성하는 간단한 방법을 지원합니다. 이 두 가지에 대해 앞으로 살펴보도록 하겠습니다.

대부분의 DBMS는 사용자 정의 함수를 생성할 수 있게 해 줍니다. 주목할 만한 예외는 SQLite인데, 외부에서 함수를 생성하고 연결할 수는 있지만, 내부에서 직접 사용자 정의 함수를 생성하는 것은 지원하지 않습니다.

한 번에 하나의 값을 생성하는 함수를 **스칼라 함수**scalar function 라고 합니다. `lower()`나 `length()` 같은 내장 함수들이 스칼라 함수입니다.

함수를 생성할 때는 일종의 계약이 존재합니다. 함수 정의에는 어떤 데이터가 입력될 것으로 예상되는지와 어떤 종류의 데이터가 반환될 것인지가 포함됩니다. 입력 데이터가 맞지 않으면 결과를 기대할 수 없습니다.

TVF도 같은 방식으로 작동합니다. 예상되는 입력을 정의하고, 결과 테이블을 반환할 것을 약속합니다. 여기서는 세율을 하드코딩하는 대신, 사용자가 세율을 지정할 수 있는 보다 일반적인 가격 목록을 만들 것입니다.

TVF를 사용하려면 일반적인 가상 테이블처럼 사용하면 됩니다.

```
SELECT *
FROM pricelist(15);
```

여기서 TVF는 `pricelist()`로 호출되며 입력 매개변수는 15이고, 이는 15%를 의미합니다. 이때 코드는 0.15로 변환해야 합니다.

id	title	pub	author	price	tax	inc
2078	The Duel	1811	Heinrich von Kleis ...	12.50	1.88	14.38
503	Uncle Silas	1864	J. Sheridan Le Fan ...	17.00	2.55	19.55
2007	North and South	1854	Elizabeth Gaskell	17.50	2.63	20.13
702	Jane Eyre	1847	Charlotte Brontë	17.50	2.63	20.13
1530	Robin Hood, The Pr ...	1862	Alexandre Dumas	12.50	1.88	14.38
1759	La Curée	1872	Émile Zola	16.00	2.40	18.40
~ 1070 rows ~						

다음으로 PostgreSQL과 MSSQL에 대해 살펴보겠습니다.

6.2.1 PostgreSQL에서의 TVF

PostgreSQL에서 TVF의 기본 구조는 다음과 같습니다.

```
CREATE FUNCTION pricelist(...)
RETURNS TABLE (...)
LANGUAGE plpgsql AS
$$
BEGIN
 RETURN QUERY
  SELECT ...
END
$$;
```

이 구조에서 다음과 같은 세부 사항이 있습니다.

- 함수 이름 pricelist는 입력 매개변수의 이름과 타입을 포함합니다.
- 함수는 열 이름과 타입이 포함된 TABLE 구조를 반환합니다.
- 여기서 사용된 프로그래밍 언어는 PostgreSQL의 표준 프로그래밍 언어인 plpgsql입니다.
- 실제 코드는 하나의 큰 문자열에 포함되어 있습니다. 코드 내에 다른 문자열이 있을 수 있기 때문에, 양쪽 끝의 $$는 대체 구분자로 작동합니다.
- 코드는 BEGIN과 END; 사이에 배치되며, 이 경우 SELECT 쿼리의 결과를 반환합니다.

세부 사항을 채워서 다음과 같이 작성할 수 있습니다.

```
DROP FUNCTION IF EXISTS pricelist(taxrate decimal(4,2));
CREATE FUNCTION pricelist(taxrate decimal(4,2))
RETURNS TABLE (
 id int, title varchar, published int, author text,
 price decimal(5,2), tax decimal(4,2), inc decimal(5,2)
)
LANGUAGE plpgsql AS $$
BEGIN
 RETURN QUERY
 SELECT
  b.id, b.title, b.published,
  coalesce(a.givenname||' ','') || coalesce(othernames||' ','')
    || a.familyname AS author,
  b.price, b.price*taxrate/100 AS tax,
  b.price*(1+taxrate/100) AS inc
 FROM books as b LEFT JOIN authors a ON b.authorid=a.id
 WHERE b.price IS NOT NULL;
END; $$;
```

출력 테이블이 가장 번거로운 부분인데, 여기에서는 생성하고자 하는 모든 열 이름과 데이터 타입을 나열해야 합니다.

계산과 관련해서는 사용자 친화적인 접근 방식을 채택해서, 실생활에서 사용하는 것과 비슷하게 백분율 형태로 세율을 입력할 수 있도록 했습니다. % 기호는 다른 의미를 가지기 때문에 사용할 수 없지만, 그 외에는 값을 그대로 사용할 수 있습니다. 다만, 실제 값을 얻기 위해서는 100으로 나누어야 합니다.

6.2.2 MSSQL에서의 TVF

MSSQL에서 TVF를 생성하는 것은 PostgreSQL보다 훨씬 간단합니다. MSSQL에서 TVF의 기본 구조는 다음과 같습니다.

```
GO
 CREATE FUNCTION pricelist(...) RETURNS TABLE AS
 RETURN SELECT ...
GO
```

MSSQL에는 두 가지 유형의 TVF가 있습니다. 더 복잡한 유형도 있지만, 앞서 설명한 간단한 유형은 뷰를 생성하는 것과 매우 유사합니다.

이 구조에서 다음과 같은 세부 사항이 있습니다.

- 함수명 pricelist에는 입력 매개변수의 이름과 타입이 포함됩니다.
- 이 함수는 TABLE 구조를 반환합니다.
- 단순 TVF에서는 단일 SELECT 문만 존재하며, 이는 즉시 결과로 반환됩니다.
- 실제 코드는 뷰와 거의 동일하지만, 입력 매개변수의 값을 포함한다는 점이 다릅니다.

세부 사항을 채워서 다음과 같이 작성할 수 있습니다.

```
DROP FUNCTION IF EXISTS pricelist;
GO
 CREATE FUNCTION pricelist(@taxrate decimal(4,2))
 RETURNS TABLE AS
  RETURN SELECT
   b.id, b.title, b.published,
   coalesce(a.givenname+' ','')
    + coalesce(othernames+' ','')
    + a.familyname AS author,
   b.price, b.price*@taxrate/100 AS tax,
   b.price*(1+@taxrate/100) AS inc
  FROM books as b JOIN authors a ON b.authorid=a.id
  WHERE b.price IS NOT NULL;
GO
```

입력 매개변수는 `@taxrate`라고 합니다. 실제로는 `taxrate`라고 하지만, MSSQL은 모든 변수 앞에 `@`를 붙여서 사용합니다.

PostgreSQL 버전과 마찬가지로, 실생활에서 사용하는 백분율과 비슷한 방식으로 세율을 표현할 수 있도록 사용자 친화적인 접근 방식을 택했습니다. % 기호는 다른 의미를 가지기 때문에 사용할 수 없지만, 그 외에는 값을 그대로 사용할 수 있습니다. 다만, 실제 값을 얻기 위해서는 100으로 나눠야 합니다.

6.3 뷰로 할 수 있는 일들

뷰가 가상 테이블이라는 점을 고려할 때, 뷰로 어떤 일들을 할 수 있을까요?

6.3.1 편의성 높이기

뷰의 가장 큰 용도는 유용한 SELECT 쿼리를 편리하게 패키징하는 것입니다. 예를 들어, 다음과 같습니다.

```
SELECT * FROM customerdetails;
SELECT * FROM aupricelist;
```

앞의 두 뷰에는 JOIN이 포함되어 있으며, 그 중 하나는 여러 계산을 포함하고 있습니다. 필요할 때 저장된 뷰를 사용하는 것이 훨씬 더 편리합니다.

6.3.2 인터페이스로서의 역할

뷰의 두 번째 용도는 기존 데이터에 대해 일관된 인터페이스를 제공하는 것입니다.

예를 들어, `customers` 테이블을 다른 테이블에 참조하고 몇 개의 열을 삭제하여 리팩터링할 때, 기존 구조에 의존하는 다른 쿼리들이 무효화될 리스크가 있었지만, customerdetails 뷰를 생성함으로써, 기존 테이블과 동일한 방식으로 읽을 수 있는 새로운 가상 테이블을 갖게 되었습니다.

또한, 테이블과 열의 이름을 변경하거나 재배치하는 과정에서도 유용할 수 있습니다. 예를 들어, 다음과 같은 열들을 포함하는 새로운 버전의 customers 테이블을 개발하는 과정에 있다고 가정해 보겠습니다.

customerid	firstname	lastname	height_in_inches	au_phone	...
...	...	...	...	...	...

다음과 같은 예제로 준비할 수 있습니다.

```
/* 참고
========================================================
MSSQL: 문자열 연결에 + 사용
Oracle, SQLite: right() 대신 substr(phone,2) 사용
================================================ */
-- CREATE VIEW newcustomers AS
SELECT
  id AS customerid,
  givenname AS firstname, familyname AS lastname,
  cast(height/2.54 as decimal(3,1))
   AS height_in_inches,
  '+61' || right(phone,9) AS au_phone
  -- etc
FROM customers;
```

다음과 같은 결과가 나옵니다.

customerid	firstname	lastname	height_in_inches	au_phone
42	May	Knott	66.3	+61255509371
459	Rick	Shaw	67.3	+61370101040
597	Ike	Andy	60.2	[NULL]
186	Pat	Downe	69.3	+61870105900
352	Basil	Isk	61.6	+61255502503

customerid	firstname	lastname	height_in_inches	au_phone
576	Pearl	Divers	69.4	+61370107821
~ 303 rows ~				

(CREATE VIEW 구문은 실제로 실행하지 않을 것이기 때문에 주석 처리했습니다.)

이러한 접근 방식은 외부 애플리케이션용 데이터를 준비할 때도 유용할 것입니다.

6.3.3 외부 애플리케이션과의 연동

그동안 우리는 프런트엔드 클라이언트를 다루는 데 시간을 보냈지만, 이것이 반드시 데이터의 최종 목적지인 것은 아닙니다. 때로는 보고서 작성 소프트웨어와 같은 외부 애플리케이션에서 데이터를 사용하게 됩니다.

외부 애플리케이션과 함께 사용하기 전에 가능한 한 많은 데이터를 전처리하는 것이 가장 합리적입니다. 특히 테이블을 JOIN하거나 서브쿼리를 실행하는 작업은 나중이 아닌 데이터베이스 단에서 수행하는 것이 좋습니다.

단, 데이터베이스가 쉽게 수행할 수 없는 작업들도 있습니다. 예를 들어, 데이터 서식 지정 요구 사항이 있거나 데이터베이스 서버에서 사용할 수 없는 특정 함수들이 있을 수 있습니다. 이러한 경우에는 원본 데이터를 추출하여 외부 애플리케이션에서 처리해야 합니다.

외부 애플리케이션과의 연동 예시는 다음과 같습니다.

- 워드 프로세서를 이용한 메일 병합
- 스프레드시트에서 피벗 테이블 작업
- 보고서 작성 소프트웨어와의 연동

이러한 소프트웨어는 보통 데이터 조작 능력이 매우 제한적이기 때문에, 가능한 한 많은 전처리를 수행하는 것이 좋습니다. 외부 소프트웨어에서 볼 때, 뷰는 단일 테이블로 인식됩니다(실제로는 여전히 뷰라고 표시하는 경우가 많습니다).

6.4 데이터 캐싱과 임시 테이블

일부 DBMS는 구체화 뷰^{materialized view}를 제공합니다. 이는 데이터를 캐싱하는 뷰의 한 유형입니다. 그 결과로 뷰에서 반복적으로 데이터를 읽는 것에 재처리가 필요하지 않습니다.

뷰를 사용할 때는 DBMS에 추가적인 부담을 줄 수 있습니다. 뷰에 복잡한 처리와 JOIN 작업이 포함되어 있다면, 뷰를 조회할 때마다 추가 작업을 반복해야 합니다.

일부 DBMS는 다음 번 조회 시 결과의 복사본을 유지하는 약간의 편법을 사용합니다. 단, 이는 다음 조회까지 시간이 너무 늦지 않고 관련 테이블에 변경 사항이 없을 경우에만 해당됩니다. 이 복사본을 캐시^{cache}라고 하며, 이를 사용할지는 DBMS에 달려있습니다.

일부 DBMS는 이 과정을 공식화하여 구체화 뷰를 지원합니다. 구체화 뷰는 데이터베이스에 결과의 복사본을 유지하기 위한 저장 공간이 할당됩니다. DBMS가 동일한 데이터를 자주 처리할 필요가 없어 처리 비용은 절감되지만, 저장 공간 비용은 증가합니다. 일반적으로 처리 능력을 높이는 것보다 저장 공간을 추가하는 것이 더 저렴할 수 있습니다.

구체화 뷰는 널리 지원되지 않으며 때로는 제한된 유용성을 가질 때도 있습니다. 하지만 임시 테이블을 사용하면 많은 것을 해결할 수 있습니다.

원칙적으로 모든 SQL 테이블은 임시적입니다. 테이블은 언제든 삭제할 수 있기 때문입니다. SQL에서도, 인생에서도 영원한 것은 없습니다. 그러나 임시 테이블은 수명이 짧게 설계되어 있어서 세션이 종료되면 자동으로 소멸됩니다.

실제 테이블을 생성할 때와 마찬가지로 TEMPORARY 접두사를 사용해 임시 테이블을 생성할 수 있습니다.

```
-- PostgreSQL, MariaDB/MySQL, SQLite인 경우
CREATE TEMPORARY TABLE somebooks (
  id INT PRIMARY KEY,
  title VARCHAR(255),
  author VARCHAR(255),
  price DECIMAL(4,2)
);
```

```
-- Oracle인 경우
CREATE GLOBAL TEMPORARY TABLE somebooks (
  id INT PRIMARY KEY,
  title VARCHAR(255),
  author VARCHAR(255),
  price DECIMAL(4,2)
);

-- MSSQL인 경우
CREATE #somebooks (
  id INT PRIMARY KEY,
  title VARCHAR(255),
  author VARCHAR(255),
  price DECIMAL(4,2)
);
```

> **NOTE** Oracle은 **GLOBAL**과 **PRIVATE** 임시 테이블을 구분하며, 두 키워드 중 하나를 반드시 사용해야 합니다. 프라이빗 임시 테이블은 특별한 이름을 가져야 합니다. PostgreSQL은 동일한 목적으로 **GLOBAL**과 **LOCAL** 키워드를 사용할 수 있지만 이를 무시합니다. 따라서 이 키워드들을 생략하는 것을 권장합니다. MSSQL은 글로벌 및 프라이빗 임시 테이블에 해시(#)를 사용합니다(프라이빗 테이블에는 한 개의 해시(#), 글로벌 테이블에는 두 개의 해시(##)를 사용합니다).

'글로벌' 임시 테이블이란, 데이터베이스의 다른 사용자들도 임시 테이블에 접근할 수 있다는 의미입니다. 반면, '프라이빗' 임시 테이블은 말 그대로 해당 세션에서만 프라이빗하게 사용됩니다.

급하게 작업해야 할 경우, PostgreSQL과 SQLite에서는 **TEMPORARY** 대신 **TEMP**라고 작성하여 시간을 절약할 수 있습니다. 그러나 모든 작업을 이렇게 작업한다면 이 문단을 읽는 데 더 많은 시간이 걸릴 것입니다.

이 예제의 임시 테이블은 단순한 정수형 기본 키를 가지고 있습니다. 진행하면서 더 많은 데이터를 추가하려는 경우, 자동으로 증가하는 기본 키를 사용할 수도 있습니다.

임시 테이블을 생성한 후에는 **SELECT** 문을 사용하여 데이터를 복사할 수 있습니다.

```
INSERT INTO somebooks(id,title,author,price)
SELECT id,title,author,price
FROM aupricelist
WHERE price IS NOT NULL;
```

INSERT ... SELECT ... 문은 임시 테이블 또는 영구 테이블에 데이터를 복사합니다.

다음과 같이 새 테이블을 생성하고 한 번에 데이터를 채울 수 있습니다.

```
-- PostgreSQL, MariaDB/MySQL, Oracle인 경우
CREATE TABLE otherbooks AS
  SELECT id,title,author,price
  FROM aupricelist
  WHERE price IS NULL
 ;
-- PostgreSQL, SQLite인 경우
 SELECT id,title,author,price
 INTO TEMPORARY otherbooks
 FROM aupricelist
 WHERE price IS NULL;
-- MSSQL인 경우
 SELECT id,title,author,price
 INTO #otherbooks
 FROM aupricelist
 WHERE price IS NULL;
```

두 형식 모두 임시 테이블 또는 영구 테이블을 생성할 수 있는 권한이 필요하다는 점에 유의하세요.

단, 데이터는 복사본이므로 업데이트하지 않으면 정보가 오래될 수 있다는 것을 기억하세요.

임시 테이블은 왜 필요할까요? 샘플 데이터베이스에는 대규모 작업이라고 할 만한 것이 전혀 없습니다. 하지만 실제 환경에서는 수많은 행과 복잡한 JOIN, 필터, 계산, 그리고 정렬을 포함하는 쿼리를 다뤄야 할 수 있습니다. 특히 데이터를 계속해서 재생성해야 하는 경우라면 이는 상당한 시간과 노력이 들어갈 수 있습니다.

뷰 대신 임시 테이블을 사용하는 이유는 다음과 같습니다.

- 이전에 생성된 결과를 저장하는 것이 재생성하는 것보다 더 효율적입니다. 이를 결과 **캐싱**caching이라고 합니다.
- 때로는 하루 중 이전 시점의 데이터 **스냅샷**snapshot과 같이 최신 상태가 아닌 데이터로 작업해야 할 때도 있습니다.

나중에 스냅샷으로 작업해야 할 경우, 임시 테이블은 너무 일시적일 수 있습니다. 지금까지 우리가 한 모든 작업은 특별히 생성된 영구 테이블에도 적용됩니다.

데이터베이스는 절대로 데이터의 여러 복사본을 보관해서는 안 됩니다. 하지만 추가 처리, 실험 또는 데이터 마이그레이션 과정에서 임시 테이블이 필요한 경우가 있습니다.

6.5 계산 열

요즘 SQL에서는 원칙적으로 테이블에 있어서는 안 되는 열을 추가할 수 있습니다. **계산 열** computed column 은 어떤 계산된 값을 기반으로 하는 추가 열입니다. 생각해 보면 이는 뷰에서 수행하는 작업과 유사합니다.

계산 열은 테이블에 미니 뷰를 내장하는 것으로 생각하면 됩니다. 특히 하나의 계산을 자주 사용하지만 뷰의 오버헤드를 원하지 않을 때 유용합니다. 결과를 캐시할 수 있는 옵션이 있는 경우에도 유용합니다.

계산된 열은 읽기 전용 가상 열입니다. 이 열에는 아무것도 쓸 수 없으며, 어떤 데이터를 저장하게 된다 해도 나중에 재계산하는 수고를 덜기 위해 캐시된 값뿐일 것입니다. 예를 들어, 편의를 위해 고객의 전체 이름을 저장할 수 있습니다.

계산 열은 테이블을 생성할 때 만들 수 있으며, 테이블이 만들어진 후에도 추가할 수 있습니다.

예를 들어, `ordered`의 날짜 및 시간 열의 축약된 형태인 `date`만을 추가한다고 가정해 보겠습니다. 이는 일별 요약에 유용할 것입니다.

새로운 열을 다음과 같이 추가할 수 있습니다.

```sql
-- PostgreSQL 버전 12 이상
ALTER TABLE sales
ADD COLUMN ordered_date date
GENERATED ALWAYS AS (cast(ordered as date)) STORED;

-- MSSQL인 경우
ALTER TABLE sales
ADD ordered_date AS (cast(ordered as date)) PERSISTED;

-- MariaDB/MySQL인 경우
ALTER TABLE sales
ADD ordered_date date
GENERATED ALWAYS AS (cast(ordered as date)) STORED;

-- SQLite 버전 3.31.0 이상
ALTER TABLE sales
ADD ordered_date date
GENERATED ALWAYS AS (cast(ordered as date)) VIRTUAL;
```

보시다시피 대부분의 DBMS는 표준 **GENERATE ALWAYS** 구문을 사용합니다. 하지만 MSSQL은 자체적으로 더 간단한 구문을 사용하며, 데이터 타입을 명시하지 않고 계산에서 추론합니다.

다음과 같은 다양한 유형의 계산 열도 확인할 수 있습니다.

- **VIRTUAL** 열은 저장되지 않고 재계산됩니다. 이는 MSSQL의 기본 설정입니다.
- **STORED** 열은 결과의 복사본을 저장하고 기본값이 변경된 경우에만 재계산합니다.

MSSQL에서는 이를 **PERSISTED**라고 부릅니다. Oracle에서는 이것이 기본으로 설정되어 있습니다. SQLite도 이를 지원하지만, 테이블을 처음 생성할 때만 가능합니다. 나중에 열을 추가하면 **VIRTUAL**만 사용할 수 있습니다.

이제 가상 열을 포함한 데이터를 가져올 수 있습니다.

```sql
SELECT * FROM sales;
```

다음과 같은 결과가 나옵니다.

id	...	ordered	shipped	ordered_date
39	...	2022-05-15 21:12:07.988741	2022-05-23	2022-05-15
40	...	2022-05-16 03:03:16.065969	2022-05-24	2022-05-16
42	...	2022-05-16 10:09:13.674823	2022-05-22	2022-05-16
43	...	2022-05-16 15:02:43.285565	[NULL]	2022-05-16
45	...	2022-05-16 16:48:14.674202	2022-05-28	2022-05-16
518	...	[NULL]	[NULL]	[NULL]
~ 5549 rows ~				

선택할 수 있는 옵션이 있다면, STORED 또는 그에 상응하는 것이 더 좋습니다. 약간의 저장 공간을 더 차지하지만, 나중에 처리 비용을 절약할 수 있습니다.

6.6 복습하기

실제 테이블뿐만 아니라 생성된 가상 테이블도 작업의 큰 부분을 차지할 것입니다. 가상 테이블에는 다음이 포함됩니다.

- JOIN
- 공통 테이블 표현식 또는 테이블 서브쿼리
- 뷰 또는 경우에 따라 테이블 값 함수
- 임시 테이블

6.6.1 뷰

뷰는 저장된 SELECT 문입니다. 원하는 만큼 복잡하게 만들 수 있으며 가상 테이블로 조회할 수 있습니다. 뷰의 장점은 다음과 같습니다.

- 데이터 작업을 편리하게 할 수 있습니다.
- 원본 또는 수정된 형태가 요구 사항과 일치하지 않는 경우에 특히 데이터에 대한 인터페이스 역할을 할 수 있습니다.
- 외부 애플리케이션에서 접근할 때 복잡한 데이터를 단순한 테이블 뷰로 제공합니다.

6.6.2 테이블 반환 함수

테이블 반환 함수는 가상 테이블을 만드는 함수입니다. TVF에 대해 제한적으로 지원되는 경우, 쿼리에 매개변수를 입력할 수 있어 단순한 뷰보다 더 유연하게 사용할 수 있습니다.

6.6.3 임시 테이블

결과를 매번 재생성하는 것보다 저장하는 것이 더 나을 때가 있습니다. 이러한 결과를 캐싱 테이블에 저장할 수 있습니다.

장점은 다음과 같습니다.

- 동일한 결과를 다시 계산할 필요가 없어 더 효율적입니다.
- 데이터의 특정 시점 스냅샷으로 작업하고 싶을 때 유용합니다.

캐시가 짧은 시간 동안만 유효하도록 설계된 경우 임시 테이블^{temporary table}을 사용할 수 있습니다. 임시 테이블은 세션이 종료될 때 자동으로 삭제됩니다.

캐싱 테이블이 임시적이든 영구적이든 상관없이, **SELECT** 문을 사용하여 데이터를 복사할 수 있습니다. 또한 단일 명령문으로 새 테이블을 생성하고 데이터를 복사할 수 있습니다.

계산 열

요즘 DBMS에서는 계산 결과를 제공하는 가상 열을 테이블에 생성할 수 있습니다.

VIRTUAL 계산 열^{computed column}은 테이블에서 데이터를 가져올 때마다 값을 재생성합니다.

STORED 계산 열(MSSQL에서는 PERSISTED라고도 함)은 다른 데이터가 변경될 때까지 결과를 캐시합니다.

계산 열은 편의성을 위해 사용될 수 있습니다. STORED 열의 경우, 처리 비용을 절약할 수 있다는 이점도 있습니다.

6.7 앞으로 다룰 내용

SELECT 문은 이야기의 끝이 아니라 경우에 따라서는 더 복잡한 이야기의 시작이 될 수 있습니다.

서브쿼리subquery를 사용하면 쿼리 내에 SELECT 문을 삽입할 수 있습니다. 이는 다른 테이블에서 값을 가져오거나 한 테이블을 사용하여 다른 테이블을 필터링하는 데 사용될 수 있습니다. 특히 다른 쿼리에 집계 데이터를 통합하고자 할 때 유용합니다.

다음 장에서는 서브쿼리에 대해 더 자세히 살펴보겠습니다.

CHAPTER 7

서브쿼리와 공통 테이블 표현식(CTE)

SELECT 문을 실행하면 오류가 없는 경우 결과를 반환합니다. 이 결과는 가상 테이블이며 행과 열이 있습니다. 세 가지 가능한 가상 테이블 유형은 다음과 같습니다.

- **한 행과 한 열:** 단일 값 하나를 얻습니다. 기술적으로는 여전히 테이블의 형태를 가지고 있습니다. 이를 단일 값$^{single\ value}$이라고 부르겠습니다.
- **한 열과 여러 행:** 데이터를 나열할 때 사용되며, 이를 목록^{list}이라고 합니다.
- **여러 행과 여러 열:** 이 맥락에서는 한 행에 여러 열이 있는 경우도 동일한 유형으로 간주합니다. 가상 테이블을 이야기할 때 일반적으로 생각하는 형태와 유사합니다.

결과가 비어있는 경우에는 NULL로 처리됩니다. 다음 예제에서 이러한 유형의 결과를 확인할 수 있습니다.

예를 들어, 한 행과 한 열을 살펴보겠습니다.

```
SELECT id FROM books WHERE title='Frankenstein';
```

아래와 같이 단일 값을 확인할 수 있습니다.

id
392

한 열과 여러 행을 살펴보면,

```
SELECT email FROM customerdetails WHERE state='VIC';
```

다음과 같은 목록을 반환합니다.

email
xavier.money17@example.net
anne.onymous262@example.net
bess.twishes26@example.net
judy.free93@example.net
peter.off415@example.com
moe.grass360@example.com
~ 64 rows ~

여러 행과 여러 열을 살펴보면,

```
SELECT givenname, familyname, email
FROM customerdetails WHERE state='VIC';
```

다음과 같이 가상 테이블이 나옵니다.

givenname	familyname	email
Xavier	Money	xavier.money17@example.net
Anne	Onymous	anne.onymous262@example.net
Bess	Twishes	bess.twishes26@example.net
Judy	Free	judy.free93@example.net
Peter	Off	peter.off415@example.com
Moe	Grass	moe.grass360@example.com
~ 64 rows ~		

마지막 카테고리인 가상 테이블은 SELECT * FROM customerdetails와 같은 광범위한 쿼리의 결과일 수도 있습니다. 이는 모두 동일한 방식으로 작동합니다.

이러한 결과들은 단일 값, 목록 또는 (가상) 테이블이 기대되는 상황에, 맥락에 따라 후속 쿼리에서 사용될 수 있습니다. 예를 들어, 단일 값을 사용하는 경우 다음과 같습니다.

```
SELECT *
FROM saleitems
WHERE bookid=(SELECT id FROM books WHERE title='Frankenstein');
```

여기서 단일 값 쿼리는 괄호 안에 감싸져 있으며, 매칭하려는 bookid 값을 이미 알고 있는 것처럼 사용됩니다.

id	saleid	bookid	quantity	price
7234	2873	392	3	18.50
14875	5907	392	2	18.50
11183	4448	392	2	18.50
1312	517	392	2	18.50
9956	3948	392	2	18.50
12636	5012	392	2	18.50

~ 14 rows ~

또는 어떤 종류의 목록을 얻을 수도 있습니다.

```
SELECT *
FROM books
WHERE authorid IN (
SELECT id FROM authors WHERE born BETWEEN '1700-01-01' AND '1799-12-31'
);
```

IN 연산자는 값의 목록을 가져오며, 이는 중첩된 SELECT 문의 한 열에서 반환된 값들로부터 얻을 수 있습니다.

id	authorid	title	published	price
2078	765	The Duel	1811	12.50
2243	715	Vrijmoedige Verhalen; ee ...	1831	[NULL]
532	628	Elective Affinities	1809	11.50
1608	420	The Autobiography of Ben ...	1791	18.50
2303	633	The Metaphysics of Moral ...	1797	12.00
1963	529	A Treatise of Human Natu ...	1740	18.50

~ 256 rows ~

중첩된 SELECT 문을 **서브쿼리**subquery라고 합니다. 서브쿼리는 다른 쿼리의 일부로 사용되는 SELECT 문입니다. 개념적으로, SELECT 쿼리를 사용하여 하나 이상의 결과를 가져오고, 이는 다른 쿼리에서 사용됩니다.

서브쿼리는 SELECT, WHERE, FROM, 그리고 ORDER BY 절에서도 사용할 수 있습니다. 이 때 결과는 맥락과 호환되어야 합니다. 예를 들어, 다음과 같습니다.

- SELECT 절의 서브쿼리는 항상 단일 값을 반환해야 하며, 이는 다른 계산 결과에서 기대되는 것과 같습니다. 이를 스칼라(단일 값) 서브쿼리scalar subquery라고 합니다.
요즘 DBMS들 중 일부는 여러 열 값을 반환하는 서브쿼리를 지원하기 시작했지만, 아직까지는 널리 지원되지 않습니다.
- WHERE 절의 서브쿼리는 비교 연산자와 함께 사용될 때 단일 값을, IN() 표현식과 함께 사용될 때는 단일 열을 반환합니다.
- FROM 절의 서브쿼리는 결과 테이블을 반환합니다. 이러한 유형의 서브쿼리를 인라인 뷰inline view라고도 합니다.

서브쿼리의 사용 예시는 다음과 같습니다.

- 다른 테이블에서 관련 데이터 조회하기 (SELECT)
- 필터로 사용할 값 또는 값 집합 조회하기 (WHERE)
- 파생된 가상 테이블 생성하기 (FROM)

서브쿼리의 핵심은 서브쿼리를 사용하여 여러 부분을 결합해 더 복잡한 쿼리를 만들 수 있다는 것입니다.

- 서브쿼리를 사용하면 다른 테이블에서 데이터를 가져올 수 있습니다.
- 메인쿼리에서 사용될 데이터를 전처리하기 위해 서브쿼리를 사용할 수 있습니다.
- 서브쿼리를 통해 단일 쿼리에서는 일반적으로 불가능한 작업인, 집계 쿼리와 비집계 쿼리 결합을 할 수 있습니다.

하지만 서브쿼리에는 비용이 따릅니다. 하나의 쿼리로 두 개 이상의 쿼리를 실행하게 되며, 때로는 수백 개의 쿼리를 실행하게 될 수도 있기 때문입니다. 이는 나중에 서브쿼리를 다른 대체 기법과 비교할 때 자세히 살펴보겠습니다.

지금까지 책의 앞 장을 통해 서브쿼리를 접해 왔을 텐데, 이번 장에서 서브쿼리가 어떻게 작동하는지, 그리고 어떻게 활용될 수 있는지 자세히 살펴보도록 하겠습니다.

7.1 상관 서브쿼리와 비상관 서브쿼리

서브쿼리에는 **상관**correlated 또는 **비상관**non-correlated 쿼리가 있습니다. 상관 서브쿼리는 메인쿼리에 대한 참조를 포함합니다. 비상관 서브쿼리는 메인쿼리와 독립적으로 평가됩니다. 다음은 비상관 서브쿼리의 예시입니다.

```
-- 여성 저자 책
SELECT *
FROM books
WHERE authorid IN(
SELECT id FROM authors WHERE gender='f'
);
```

다음과 같은 결과가 나옵니다.

id	authorid	title	published	price
2007	99	North and South	1854	17.50
702	547	Jane Eyre	1847	17.50
95	701	Silas Marner	1861	18.50
983	211	East Lynne	1861	16.00
678	547	Tales of Angria	1839	14.50
1255	608	Discourse on the Origin ...	1755	19.00

~165 rows ~

아래는 서브쿼리에서 집계 함수를 사용하는 또 다른 예제입니다.

```
-- 가장 나이가 많은 고객
SELECT *
FROM customers
WHERE dob=(SELECT min(dob) FROM customers);
```

결과는 다음과 같습니다.

id	givenname	familyname	...	dob	...
92	Nan	Keen	...	1943-05-18	...
392	Daisy	Chain	...	1943-05-18	...

결과를 보면, 가장 나이가 많은 고객이 한 명 이상으로 나오는 것을 볼 수 있는데, 이는 생년월일이 같은 사람이 있기 때문입니다(현실에서 종종 마주치는 일입니다).

두 경우 모두 서브쿼리가 한 번 실행되고, 그 결과가 메인쿼리에서 사용됩니다. 결과는 여성 저자의 경우처럼 목록일 수도 있고, 가장 나이가 많은 고객의 경우처럼 단일 값일 수도 있습니다.

비상관 서브쿼리는 메인쿼리와 독립적입니다. 서브쿼리만 단독으로 선택해 실행해도 결과를 얻을 수 있습니다.

다음은 상관 서브쿼리의 예입니다.

```
-- 책 저자 정보
 SELECT
  id, title, (
   SELECT coalesce(givenname||' ','')
   || coalesce(othernames||' ','')
   || familyname
   FROM authors
   WHERE authors.id=books.authorid
  ) AS author
 FROM books;

-- MSSQL인 경우
 SELECT
  id, title, (
   SELECT coalesce(givenname+' ','')
   + coalesce(othernames+' ','')
   + familyname
   FROM authors
   WHERE authors.id=books.authorid
  ) AS author
 FROM books;

-- Oracle인 경우
 SELECT
  id, title, (
   SELECT ltrim(givenname||' ')
   ||ltrim(othernames||' ')
   ||familyname
   FROM authors
   WHERE authors.id=books.authorid
  ) AS author
 FROM books;
```

다음과 같은 결과가 나옵니다.

id	title	author
2078	The Duel	Heinrich von Kleist
503	Uncle Silas	J. Sheridan Le Fanu
2007	North and South	Elizabeth Gaskell
702	Jane Eyre	Charlotte Brontë
1530	Robin Hood, The Prince of Thieves	Alexandre Dumas
1759	La Curée	Émile Zola
~ 1201 rows ~		

이 경우, 서브쿼리는 각 행마다 한 번씩 평가됩니다. 앞서 다룬 첫 번째 예제의 서브쿼리를 더 읽기 쉽게 펼쳐보면 다음과 같습니다.

```
(
SELECT
coalesce(givenname||' ','')
|| coalesce(othernames||' ','')
|| familyname
FROM authors
WHERE authors.id=books.authorid
)
```

SELECT 절은 author 열에 대해 단일 값을 기대하므로 서브쿼리도 단일 값을 반환해야 하며, 실제로 그렇게 작동합니다. 이러한 맥락에서는 여러 열을 사용할 수 없으므로 이름을 연결하여 단일 값으로 만들어야 합니다.

중요한 점은 여러 행도 허용되지 않는다는 것입니다. 여기서 WHERE 절은 메인쿼리의 authorid와 id가 일치하는 단일 행으로 결과를 필터링합니다.

```
WHERE authors.id=books.authorid
```

books 테이블의 각 행마다 서브쿼리는 authorid와 일치하는 데이터를 찾기 위해 다시 실행됩니다.

일치하는 데이터가 없으면 서브쿼리는 NULL을 반환합니다.

상관 서브쿼리는 메인쿼리의 데이터를 참조한다는 특징이 있습니다. 따라서 서브쿼리만 단독으로 실행할 수 없습니다. 그 참조가 완전해야 하기 때문입니다.

참고로 서브쿼리의 WHERE 절을 보면 엄격한 조건을 따르고 있습니다. 다음과 같이 간단히 작성할 수도 있습니다.

```
WHERE id=authorid
```

이는 id 열이 서브쿼리와 메인쿼리 모두에 나타남에도 올바르게 동작합니다.

서브쿼리가 평가될 때, 열 이름은 안쪽에서 바깥쪽으로 정의됩니다. 예를 들어, id 열은 authors 테이블에 존재하기 때문에 SQL은 books 테이블에 있는 id 열을 신경 쓰지 않습니다. 반면 authorid 열의 경우, authors 테이블에 없으므로 books 테이블에 있는 것을 사용하게 됩니다. SQL은 이렇게 작동하지만, SQL을 사용하는 사람의 혼란을 최소화하도록 이 예제처럼 열 이름을 명확히 지정하는 것이 더 바람직합니다.

일반적으로 상관 서브쿼리는 자주 재평가되기 때문에 비용이 많이 드는 작업입니다. 그렇다고 해서 상관 서브쿼리를 사용하지 말아야 한다는 뜻이 아니라, 가능한 대안이 있다면 그것을 고려하는 것이 좋다는 의미입니다. 어떤 유형의 서브쿼리를 사용할지는 보통 선택할 수는 없지만, 더 나은 대안이 있는지 결정하는 데 도움이 될 것입니다.

7.2 SELECT 절에서의 서브쿼리

지금까지 살펴보았듯이, SELECT 절의 서브쿼리는 각 행마다 단일 값을 반환해야 합니다. 만약 상관 서브쿼리를 사용하여 동일한 외부 테이블에서 여러 값을 가져오고자 한다면, 이는 다소 번거로울 수 있습니다.

```
SELECT
 id, title, (
  SELECT coalesce(givenname||' ','')
  || coalesce(othernames||' ','')
  || familyname
  FROM authors
  WHERE authors.id=books.authorid
 ) AS author,
 (SELECT born FROM authors
  WHERE authors.id=books.authorid) AS born,
 (SELECT born FROM authors
  WHERE authors.id=books.authorid) AS died
FROM books;
```

번거로울 뿐만 아니라 비용도 많이 듭니다. 더 나은 방법으로 다음과 같이 JOIN을 사용하는 것도 가능합니다.

```
SELECT
 id, title,
 coalesce(givenname||' ','')
 || coalesce(othernames||' ','')
 || familyname AS author,
 born, died
FROM books AS b LEFT JOIN authors AS a ON b.authorid=a.id;
-- Oracle인 경우
-- FROM books b LEFT JOIN authors a ON b.authorid=a.id;
```

실제로 상관 서브쿼리는 JOIN으로 대체하는 것이 더 좋은 경우가 많습니다. JOIN에도 일부 비용이 들지만, 한 번 실행된 이후 나머지 데이터를 추가 비용 없이 처리할 수 있습니다.

반면에 비상관 서브쿼리인 경우에는 그다지 비용이 많이 들지 않습니다. 예를 들어, 고객들의 키와 평균 키 간의 차이를 보여주는 아래 예제를 살펴보겠습니다.

```
SELECT
 id, givenname, familyname,
 height,
 height-(SELECT avg(height) FROM customers) AS diff
FROM customers;
```

다음과 같은 결과가 나옵니다.

id	givenname	familyname	height	Diff
42	May	Knott	168.5	-2.34
459	Rick	Shaw	170.9	0.06
597	Ike	Andy	153.0	-17.84
186	Pat	Downe	176.0	5.16
352	Basil	Isk	156.4	-14.44
576	Pearl	Divers	176.3	5.46

~ 303 rows ~

평균값을 내려면 모든 행을 계산해야 하지만, 비상관 서브쿼리에서는 한 번만 계산합니다.

참고로, 앞의 쿼리를 **윈도우 함수**^{window function}를 사용하여 작성하는 다른 방법도 있는데, 이는 8장에서 살펴보겠습니다. 하지만 이 경우에는 결과에 큰 차이가 없습니다.

이 경우, 서브쿼리가 메인쿼리와 동일한 테이블을 참조한다는 것을 알 수 있습니다. 하지만 이는 메인쿼리의 실제 **행**을 참조하지 않기 때문에 상관 서브쿼리가 아닙니다. 서브쿼리만 선택해 독립적으로 실행해 보면 이를 확인할 수 있습니다.

이 예제의 서브쿼리는 집계 쿼리였습니다. 집계 함수는 상관 쿼리에서도 사용할 수 있습니다. 다음은 누적 합계를 생성하는 방법입니다.

```
-- Oracle: sales 테이블을 별칭 ss로 참조
SELECT
  id, ordered, total,
  (SELECT sum(total) FROM sales AS ss
   WHERE ss.ordered<=sales.ordered) AS running_total
 FROM sales
ORDER BY id;
```

다음과 같은 결과가 나옵니다.

id	ordered	total	running_total
1	2022-05-04 21:53:55.165107	43.00	43.00
2	2022-05-05 12:39:41.438631	54.50	97.50
3	2022-05-05 17:48:08.433387	96.00	193.50
4	2022-05-07 08:29:35.61573	17.50	321.50
5	2022-05-07 13:10:25.441528	63.00	384.50
6	2022-05-06 17:23:38.261261	18.00	211.50
~ 5549 rows			

서브쿼리에서 테이블을 메인쿼리와 구분하기 위해 ss(subsales)와 같이 별칭을 지정했습니다. 이렇게 함으로써 ss.ordered<=sales.ordered 표현식이 올바른 테이블을 참조할 수 있습니다. 여기서 서브쿼리는 현재 판매 데이터까지의 total 합계를 계산하며, ordered 열에 따라 정렬된 데이터를 기준으로 작업합니다.

쿼리를 실행하면 시간이 좀 더 걸린다는 것을 알 수 있습니다. 이는 앞서 언급했듯이, 상관 서브쿼리는 비용이 많이 드는 작업이며, 특히 집계 함수가 포함된 경우에는 더욱 그렇습니다. 다행히 이에 대한 대안으로 윈도우 함수가 있습니다. 다음 장에서 윈도우 함수를 사용하여 동일한 작업을 더 효율적으로 수행하는 방법을 살펴볼 것입니다.

7.3 WHERE 절에서의 서브쿼리

서브쿼리는 데이터를 필터링하는 데에도 사용할 수 있습니다. 물론 JOIN을 대안으로 사용할 수도 있지만, 서브쿼리가 특히 유용한 경우는 집계 쿼리를 포함할 때입니다. 서브쿼리를 간단하고 명확하게 사용할 수 있는 몇 가지 사례를 살펴보겠습니다.

7.3.1 단순 집계를 사용한 서브쿼리

서브쿼리가 유용한 한 가지 사례는 집계 쿼리와 비집계 쿼리를 함께 사용해야 할 때입니다.

예를 들어, 가장 나이가 많은 고객을 찾으려면 다음 두 단계를 거쳐야 합니다.

1. 집계 쿼리를 사용해 가장 오래된 생년월일을 찾습니다.
2. 집계 결과를 필터로 사용합니다.

여기서 집계 쿼리가 서브쿼리로 사용된 것을 볼 수 있습니다.

```
SELECT *
FROM customers
WHERE dob=(SELECT min(dob) FROM customers);
```

평균키보다 작은 키를 가진 고객을 찾을 때도 같은 방법을 사용할 수 있습니다.

```
SELECT *
FROM customers
WHERE height<(SELECT avg(height) FROM customers);
```

두 경우 모두 집계 쿼리는 메인쿼리와 동일한 테이블에서 실행됩니다. `WHERE dob=min(dob)` 또는 `WHERE height<avg(height)`와 같은 표현식을 사용할 수 있을 것 같지만, 이는 작동하지 않습니다. 집계 함수는 `WHERE` 절 이후에 계산되기 때문입니다

7.3.2 우수고객 찾기

가장 많은 금액을 지출한 우수고객을 찾고 싶다고 가정해 보겠습니다. 이를 위해서는 customers 테이블과 sales 테이블의 데이터가 필요합니다.

여기서는 여러 단계로 이루어진 과정의 일부로 서브쿼리를 사용하겠습니다. 우선, 큰 구매로 간주할 수 있는 기준을 정해야 합니다.

```
SELECT * FROM sales WHERE total>160;
```

다음과 같은 결과가 나옵니다.

id	customerid	total	...	ordered_date
80	32	168.00	...	2022-05-22
216	13	160.50	...	2022-06-11
483	59	176.50	...	2022-07-11
726	68	173.00	...	2022-08-02
823	86	165.50	...	2022-08-09
891	140	162.50	...	2022-08-16

~ 35 rows ~

여기에서는 customerid에만 관심이 있으며, 이를 사용하여 customers 테이블에서 데이터를 선택할 것입니다.

```
SELECT *
FROM customers
WHERE id IN(SELECT customerid FROM sales WHERE total>160);
```

다음과 같은 결과가 나옵니다.

id	...	familyname	givenname	...
42	...	Knott	May	...
58	...	Ting	Jess	...
91	...	North	June	...
140	...	Byrd	Dicky	...
40	...	Face	Cliff	...
141	...	Rice	Jasmin	...

~ 32 rows ~

IN 연산자는 값의 **목록**이 필요하다는 점에 유의하세요. 서브쿼리에서는 단일 열로 반환된 값들의 목록이 이 역할을 합니다.

또한, 이전 쿼리보다 결과가 적을 수 있다는 점도 주의해야 합니다. 이는 일부 customerid가 여러 번 나타나는 경우 발생할 수 있습니다.

SQL에도 동일한 작업을 수행하는 ANY 연산자가 있습니다.

```
SELECT *
FROM customers
WHERE id=ANY(SELECT customerid FROM sales WHERE total>=160);
```

JOIN을 사용할 수도 있습니다.

```
SELECT DISTINCT customers.*
FROM customers JOIN sales ON customers.id=sales.customerid
WHERE sales.total>=160;
```

이전 쿼리의 결과를 재현하기 위해 별칭(customers.*)을 지정하고, DISTINCT를 사용해 목록에 두 번 이상 나타날 수 있는 중복 고객 데이터를 제거했습니다.

JOIN을 사용하는 장점은 판매 데이터도 함께 가져올 수 있어 더 풍부한 결과를 제공한다는 것입니다.

```
SELECT *
FROM customers JOIN sales ON customers.id=sales.customerid
WHERE sales.total>=160;
```

여기서는 DISTINCT와 customers.를 제거했기 때문에 훨씬 많은 데이터를 반환하게 됩니다.

id	...	familyname	givenname	...	total	...	ordered_date
32	...	Cue	Barbie	...	168.00	...	2022-05-22
13	...	Fine	Marty	...	160.50	...	2022-06-11
59	...	Don	Leigh	...	176.50	...	2022-07-11
68	...	Stein	Phyllis	...	173.00	...	2022-08-02
86	...	Fied	Molly	...	165.50	...	2022-08-09
140	...	Byrd	Dicky	...	162.50	...	2022-08-16

~ 35 rows ~

총 구매액이 가장 큰 우수고객을 찾으려면 집계 서브쿼리가 필요합니다.

```
SELECT *
FROM customers
WHERE id IN(
 SELECT customerid FROM sales
 GROUP BY customerid HAVING sum(total)>=2000
);
```

다음과 같은 결과가 나옵니다.

id	...	familyname	givenname	...
42	...	Knott	May	...
58	...	Ting	Jess	...
26	...	Twishes	Bess	...
91	...	North	June	...
69	...	Mentary	Rudi	...
140	...	Byrd	Dicky	...

~ 57 rows ~

7.3.3 마지막 주문 조회하기

이번에도 집계 서브쿼리를 사용해 보겠습니다. 이번에는 각 고객의 마지막 주문을 가져오도록 하겠습니다.

먼저 각 고객의 마지막 주문 날짜와 시간을 가져와야 합니다.

```
SELECT max(ordered) FROM sales GROUP BY customerid
```

고객당 날짜와 시간이 하나씩 포함된 목록이 나옵니다.

max
2023-05-15 00:46:00.864446
2023-05-25 00:42:26.783461
2023-05-16 05:27:53.810977
2023-05-06 01:40:02.346894
2023-05-19 07:41:25.104524
2023-05-07 19:01:06.756387
~ 269 rows ~

해당 목록을 사용하여 일치하는 주문들을 가져오겠습니다.

```
SELECT * FROM sales
WHERE ordered IN(SELECT max(ordered) FROM sales GROUP BY customerid);
```

다음과 같이 판매 목록이 생성됩니다.

행 수를 세어보면 메인쿼리가 서브쿼리보다 적은 행을 반환한 것을 발견할 수 있습니다. 이는 `ordered` 열에 `NULL`이 포함된 경우 발생합니다. 이러한 `NULL`은 필터링하거나 완전히 제거해서 무시할 수 있습니다.

그렇다면 전체 쿼리에 왜 이러한 판매 데이터들이 포함되지 않았을까요? 그 답은 `IN()` 연산자와 관련이 있습니다.

3장에서 이야기했던 `NOT IN`의 특이한 점이 여기에도 적용됩니다. 서브쿼리의 `NULL` 날짜는 `WHERE ordered=NULL`을 테스트하는 것과 동일한 결과를 가져오며, 이는 SQL에서 항상 실패하는 조건입니다.

이제 각 고객에 대한 판매 데이터를 확보했으므로, `customers` 테이블과 `JOIN`하여 더 자세한 정보를 얻을 수 있습니다.

```
SELECT *
FROM sales JOIN customers ON sales.customerid=customers.id
WHERE ordered IN(SELECT max(ordered) FROM sales GROUP BY customerid);
```

다음과 같은 결과가 나옵니다.

id	cid	total	...	od	id	email	...
6168	42	121.22	...	2023-05-28	42	may.knott61@example.net	...
4209	287	50.50	...	2023-03-03	287	judy.free287@example.com	...
4542	26	11.00	...	2023-03-18	26	bess.twishes26@example.net	...
4793	368	56.00	...	2023-03-28	368	sharon.sharalike368@example.net	...
4939	282	39.00	...	2023-04-03	282	howard.youknow282@example.com	...
4953	395	75.50	...	2023-04-03	395	holly.day395@example.net	...
~ 266 rows ~							

이제 원하는 고객 또는 판매 데이터를 추출할 수 있습니다.

7.3.4 중복 고객

앞서 2장에서 중복을 찾는 방법을 살펴보았습니다. 예를 들어, 중복된 고객과 그 이름을 찾고 싶다고 가정해 보겠습니다.

```sql
SELECT
  givenname||' '||familyname AS fullname,
  -- MSSQL: givenname+' '+familyname AS fullname,
  count(*) as occurrences
FROM customers
GROUP BY familyname, givenname
HAVING count(*)>1;
```

다음과 같은 결과가 나옵니다.

fullname	occurrences
Judy Free	2
Annie Mate	2

fullname	occurrences
Mary Christmas	2
Ken Tuckey	2
Corey Ander	2
Ida Dunnit	2
Paul Bearer	2
Terry Bell	2

이름이 같다고 해서 반드시 중복된 데이터라고 볼 수는 없습니다. 우연의 일치로 이름이 같을 수도 있습니다.

다음 단계에서 수행할 작업을 위해 이름을 연결했습니다. 집계 쿼리의 문제점은 그룹화하는 항목만 선택할 수 있다는 것으로, 나머지 고객 세부 정보는 확인할 수 없습니다. 이러한 세부 정보를 포함하려고 하면 집계가 무너지게 됩니다.

하지만 중복 쿼리를 서브쿼리로서 사용하여 customers 테이블을 필터링할 수 있습니다.

```
/* 참고
================================================
MSSQL: givenname+' '+familyname 사용
================================================ */
SELECT *
FROM customers
WHERE givenname||' '||familyname IN (
  SELECT givenname||' '||familyname FROM customers
  GROUP BY familyname, givenname
  HAVING count(*)>1
);
```

이를 통해 나머지 고객 세부 정보를 얻을 수 있습니다. IN() 표현식에서는 단일 열만 사용할 수 있기 때문에 고객 이름을 연결해야 했습니다.

7.4 FROM 절에서의 서브쿼리

서브쿼리로 가상 테이블을 생성할 수도 있는데, 이는 실제 쿼리를 실행하기 전에 데이터를 준비해야 할 때 유용합니다.

예를 들어, 책들을 가격대별로 보고 싶다고 가정해봅시다. 다음과 같이 간단한 쿼리를 작성할 수 있습니다.

```
SELECT
  id, title,
  CASE
    WHEN price<13 THEN 'cheap'
    WHEN price<=17 THEN 'reasonable'
    WHEN price>17 THEN 'expensive'
  END AS price_group
FROM books;
```

다음과 같은 결과가 나옵니다.

id	title	price_group
2078	The Duel	Cheap
503	Uncle Silas	Reasonable
2007	North and South	Expensive
702	Jane Eyre	Expensive
1530	Robin Hood, The Prince of Thieves	Cheap
1759	La Curée	Reasonable
~ 1201 rows ~		

이제 테이블을 요약하고 싶다고 가정해 봅시다. 문제는 다음과 같은 방식으로는 할 수 없다는 것입니다.

```
-- 아래 쿼리는 작동하지 않습니다.
SELECT
-- id, title,
   CASE
```

```
      WHEN price<13 THEN 'cheap'
      WHEN price<=17 THEN 'reasonable'
      WHEN price>17 THEN 'expensive'
       END AS price_group,
       count(*) as num_books
  FROM books
  GROUP BY price_group;
```

그룹화하지 않는 열들을 주석 처리했지만, 여전히 작동하지 않는 이유는 SQL의 절 순서 때문입니다. price_group이라는 별칭이 GROUP BY 절 **뒤에** 오는 SELECT 절에서 생성되기 때문에 그룹화에 사용할 수 없습니다. 물론 GROUP BY 절에서 계산을 다시 수행할 수 있습니다.

```
  -- 아래 쿼리는 작동하지만…
  SELECT
  -- id, title,
   CASE
     WHEN price<13 THEN 'cheap'
     WHEN price<=17 THEN 'reasonable'
     WHEN price>17 THEN 'expensive'
    END AS price_group,
     count(*) as num_books
  FROM books
  GROUP BY CASE
      WHEN price<13 THEN 'cheap'
      WHEN price<=17 THEN 'reasonable'
      WHEN price>17 THEN 'expensive'
  END;
```

하지만 대부분 이렇게 하고 싶지는 않을 겁니다.

그렇다면 원래의 SELECT 문을 서브쿼리로 넣는 것이 한 가지 해결책입니다.

```
  SELECT price_group, count(*) AS num_books
  FROM (
   SELECT
    id, title,
    CASE
     WHEN price<13 THEN 'cheap'
     WHEN price<=17 THEN 'reasonable'
```

Chapter 7 서브쿼리와 공통 테이블 표현식(CTE)

```
      WHEN price>17 THEN 'expensive'
    END AS price_group
  FROM books
) AS sq -- Oracle: ( ... ) sq
GROUP BY price_group;
```

다음과 같은 유의미한 결과가 나옵니다.

price_group	num_books
expensive	320
[NULL]	105
reasonable	467
cheap	309

CASE 표현식의 기본 처리 값은 NULL이라는 점을 기억하세요. 가격 정보가 없는 책들은 NULL 가격 그룹으로 처리됩니다. DBMS에 따라 결과 집합에서 별도의 그룹으로 표시될 수 있습니다.

SELECT 문은 가상 테이블을 생성합니다. 따라서 서브쿼리 형태로 FROM 절에서 사용할 수 있습니다.

FROM 절에 사용되는 서브쿼리에는 반드시 별칭이 있어야 합니다. 별칭을 사용할 계획이 없더라도 반드시 지정해야 합니다. 여기서는 특별한 계획이 없으므로 sq('SubQuery')라는 이름을 사용합니다. 만약 서브쿼리를 다른 테이블이나 가상 테이블과 JOIN하고 싶다면, 이 별칭이 유용할 것입니다.

7.4.1 중첩 서브쿼리

서브쿼리는 자체 FROM 절을 가진 SELECT 문입니다. 이 FROM 절은 다른 서브쿼리에서 가져올 수 있습니다. 이처럼 서브쿼리 안에 또 다른 서브쿼리가 있는 경우를 **중첩 서브쿼리**[nested subquery]라고 합니다.

예를 들어, 중복된 고객의 이름을 찾는 예제를 다시 살펴보겠습니다. 다음과 같은 집계 쿼리로 후보를 찾을 수 있습니다.

```
SELECT familyname, givenname
FROM customers
GROUP BY familyname, givenname HAVING count(*)>1;
```

이는 단순히 이름만 가져오는 쿼리입니다. 더 자세한 정보를 원한다면 customers 테이블을 이전 쿼리와 JOIN하면 됩니다.

```
SELECT
 c.id, c.givenname, c.familyname, c.email
FROM customers AS c JOIN (
 SELECT familyname, givenname
 FROM customers
 GROUP BY familyname, givenname HAVING count(*)>1
) AS n ON c.givenname=n.givenname AND c.familyname=n.familyname;
```

이전에 이와 유사한 쿼리를 본 적이 있을 것입니다. 이제 후보 고객들을 확인할 수 있습니다.

id	givenname	familyname	email
429	Corey	Ander	corey.ander429@example.net
287	Judy	Free	judy.free287@example.com
90	Ida	Dunnit	ida.dunnit90@example.net
488	Ken	Tuckey	ken.tuckey488@example.net
174	Paul	Bearer	paul.bearer174@example.com
505	Annie	Mate	annie.mate505@example.com

~ 16 rows ~

편의상 customers 테이블의 별칭을 c로 지정했습니다(Oracle에서는 AS를 사용하지 않는다는 점을 잊지 마세요). 서브쿼리에도 이름이 필요하므로 n이라고 지정했습니다. SELECT 절에서는 id, 이름, 이메일 주소만 가져왔습니다.

이제 이를 다른 집계 쿼리와 결합해 보겠습니다. 이름당 하나의 행을 반환하고 나머지 세부 정보를 결합할 수 있습니다.

```
SELECT
 givenname, familyname,
 -- PostgreSQL, MSSQL인 경우
    string_agg(email,', ') AS email,
    string_agg(cast(id AS varchar(3)),', ') AS ids
 -- MariaDB/MySQL인 경우
    group_concat(email SEPARATOR ', ') AS email,
    group_concat(cast(id AS varchar(3)) SEPARATOR ', ')
   AS ids
 -- SQLite인 경우
    group_concat(email,', ') AS email,
    group_concat(cast(id AS varchar(3)),', ') AS ids
 -- Oracle인 경우
    listagg(email,', ') AS email,
      listagg(cast(id AS varchar(3)),', ') AS ids
 FROM ( -- previous SELECT as subquery
  SELECT c.id, c.givenname, c.familyname, c.email
  FROM customers AS c JOIN (
   SELECT familyname, givenname
   FROM customers
   GROUP BY familyname, givenname HAVING count(*)>1
  ) AS n ON c.givenname=n.givenname AND
    c.familyname=n.familyname
 ) AS sq
 GROUP BY familyname, givenname;
```

다음과 같은 결과가 나옵니다.

givenname	familyname	email	ids
Corey	Ander	corey.ander429@e ..., corey.ander85@ex ...	429, 85
Paul	Bearer	paul.bearer174@e ..., paul.bearer482@e ...	174, 482
Terry	Bell	terry.bell402@ex ..., terry.bell295@ex ...	402, 295
Mary	Christmas	mary.christmas46 ..., mary.christmas59 ...	465, 594
Ida	Dunnit	ida.dunnit504@ex ..., ida.dunnit90@exa ...	504, 90
Judy	Free	judy.free93@exam ..., judy.free287@exa ...	93, 287
~ 8 rows ~			

5장에서 설명한 대로 `string_agg()` 함수의 변형을 포함했습니다. 또한 `id`를 문자열로 형변환해 집계가 가능하도록 처리했습니다.

이 마지막 예제가 읽기 어려웠다면, 그것이 바로 중첩 서브쿼리의 단점 중 하나입니다. 다행히도 곧 살펴볼 공통 테이블 표현식이 이에 대한 대안이 될 수 있습니다.

7.5 WHERE EXISTS 사용하기

`WHERE` 절에서 서브쿼리를 사용해 쿼리를 필터링하는 것을 그동안 보셨을 것입니다. 지금까지는 서브쿼리가 `IN()` 표현식에서 사용하기 위한 단일 값이나 단일 열을 반환했습니다.

이와 유사하게 `WHERE EXISTS (...)`를 사용하여 데이터 집합을 필터링할 수도 있습니다.

```
SELECT ...
FROM ...
WHERE EXISTS(subquery);
```

서브쿼리는 결과를 반환하거나 반환하지 않을 수 있습니다. 결과를 반환하면 `WHERE EXISTS` 조건이 충족되어 해당 행이 통과됩니다. 반환하지 않으면 `WHERE EXISTS` 조건이 충족되지 않아 해당 행이 필터링됩니다.

다음 구문을 통해 이 개념을 테스트해 볼 수 있습니다.

```
-- PostgreSQL, MSSQL, SQLite인 경우
 SELECT * FROM authors
 WHERE EXISTS (SELECT 1 WHERE 1=1);
-- MariaDB/MySQL, Oracle인 경우
 SELECT * FROM authors
 WHERE EXISTS (SELECT 1 FROM dual WHERE 1=1);
```

`1=1`은 항상 참이므로 `authors` 테이블의 모든 행이 반환됩니다.

일반적으로 Oracle에서만 FROM dual을 사용하지만, MariaDB와 MySQL에서도 이를 지원합니다. 이 경우 MariaDB와 MySQL은 FROM 없이 WHERE 절을 사용하는 것을 허용하지 않기 때문에, 이를 해결하기 위해 FROM dual을 추가했습니다.

마찬가지로, 결과를 반환하지 않도록 설정할 수도 있습니다.

```
-- PostgreSQL, MSSQL, SQLite인 경우
SELECT * FROM authors
WHERE EXISTS (SELECT 1 WHERE 1=0);
-- MariaDB/MySQL, Oracle인 경우
SELECT * FROM authors
WHERE EXISTS (SELECT 1 FROM dual WHERE 1=0);
```

서브쿼리는 실제로 어떤 열이 선택되는지는 중요하지 않고, 행이 있는지 없는지를 중요하게 보는 특별한 위치에 있습니다. 이것이 우리가 SELECT 1과 같은 더미 값을 포함시킨 이유입니다.

SELECT NULL이나 SELECT 1/0를 선택할 수도 있습니다. 다만 SELECT NULL은 아무것도 찾고 있지 않다는 잘못된 인상을 줄 수 있으며, SELECT 1/0는 단독으로 실행하면 오류가 발생했을 것입니다. 더 의미 있는 값을 선택해 이를 더 진지하게 생각하고 싶을 수도 있지만, 그럴 필요는 없습니다.

7.5.1 WHERE EXISTS와 비상관 서브쿼리

앞선 예제는 모두 또는 아무것도 반환하지 않는 결과를 보여줍니다. 이는 다음과 같은 비상관 서브쿼리에서 기대할 수 있는 동작입니다.

```
SELECT * FROM authors
WHERE EXISTS (SELECT 1/0 FROM books WHERE price<15);
```

서브쿼리가 **일부** 행을 선택하면, 이는 WHERE 절을 만족시키기에 충분하므로 모든 저자가 반환됩니다. 만약 WHERE price<0을 사용했다면 아무 저자도 **전혀** 반환되지 않았을 것입니다.

7.5.2 WHERE EXISTS와 상관 서브쿼리

상관 서브쿼리를 사용하면 WHERE EXISTS는 더욱 흥미로워집니다. 이 경우 테스트는 각 행마다 평가되므로, 일부 행은 통과하고 일부는 통과하지 못합니다.

예를 들어, books 테이블에 있는 책을 쓴 저자들을 모두 찾고 싶다면 다음과 같이 할 수 있습니다.

```
SELECT * FROM authors
WHERE EXISTS (
 SELECT 1 FROM books WHERE books.authorid=authors.id
);
```

그러면 다음과 같은 결과가 나옵니다.

id	givenname	...	familyname	...	home
464	Ambrose	...	Bierce	...	Meigs County, Ohio
858	Alexander	...	Ostrovsky	...	Moscow
525	Francis	...	Beaumont	...	Grace-Dieu, Leicestershire
488	Bashou	...	Matsuo	...	Matsuo Kinsaku
703	Friedrich	.....	Engels	...	Barmen
722	Stanley	...	Waterloo	...	St. Clair, Mich.

~ 443 rows ~

여기서 서브쿼리는 books.authorid가 authors.id와 일치하는 행을 찾습니다. 만약 그런 행이 있다면 해당 저자의 행이 반환됩니다.

7.5.3 WHERE EXISTS와 IN( ) 표현식 비교

이전 예제에서 WHERE EXISTS 대신 IN( ) 표현식으로도 동일한 결과를 얻을 수 있습니다.

```sql
SELECT * FROM authors
WHERE id IN(SELECT authorid FROM books);
```

이 방식이 더 간단하지만, 내부적으로 SQL이 동일한 작업을 수행할 가능성이 높기 때문에 어떤 방식을 사용할지는 개인의 취향에 달려 있습니다.

반면에, 우리의 컬렉션에 책이 **없는** 저자들을 찾고자 한다면, 이는 다른 문제입니다. 예를 들어 다음 쿼리를 보겠습니다.

```sql
SELECT * FROM authors
WHERE id NOT IN(SELECT authorid FROM books);
```

이 쿼리는 기술적으로는 작동하겠지만, 우리가 기대한 대로는 작동하지 않습니다. 3장에서 다뤘던 'NOT IN의 특이 사항'을 다시 떠올려 볼까요? authorid 열에 NULL들이 있기 때문에, NOT IN 연산자는 결국 ... AND id=NULL AND와 같은 형태로 평가되며, id=NULL은 항상 실패하고, ... AND가 그 실패를 나머지와 결합하여 전체 표현식이 실패하게 됩니다.

하지만 WHERE NOT EXISTS를 사용하면 작동합니다.

```sql
SELECT * FROM authors
WHERE NOT EXISTS (
SELECT 1 FROM books WHERE books.authorid=authors.id
);
```

WHERE EXISTS는 값이 아닌 행을 평가하기 때문입니다.

id	givenname	...	familyname	...	home
479	C.E.	...	Koetsveld	...	Rotterdam
874	Henry	...	Savery	...	Somerset, England
429	Oliné	...	Keese	...	[NULL]
35	James	...	Lowell	...	Cambridge, Massachusetts
148	Demetrius	...	Boulger	...	[NULL]

id	givenname	...	familyname	...	home
922	Robert	...	Ingersoll	...	Dresden, New York

~ 45 rows ~

WHERE EXISTS는 실제로 자주 볼 수 있는 구문은 아닙니다. 일반적으로 JOIN이나 IN 연산자로 동일한 작업을 수행할 수 있기 때문입니다. 하지만 WHERE EXISTS가 더 직관적인 경우가 있는데, 특히 NOT IN이 작동하지 않을 때 더 표현력이 뛰어나다는 장점이 있습니다.

7.6 LATERAL JOIN(CROSS APPLY)과 관련 기능

> **NOTE** 이 기능은 SQLite와 MariaDB에서는 사용할 수 없습니다. MySQL에서는 사용 가능합니다.
>
> 그래도 이러한 DBMS 중 하나를 사용하고 있다면, 이 기능이 무엇인지 알아두는 것이 좋습니다. 대부분의 작업은 다음 절에서 다룰 공통 테이블 표현식이 대신할 수 있습니다.
>
> SQLite에는 WHERE 절에서 나타나는 흥미로운 특성이 있는데, 이에 대해선 이어서 다뤄보겠습니다.

다음 쿼리를 실행해 보겠습니다.

```
SELECT
  id, title,
  price, price*0.1 AS tax, price+tax AS inc
FROM books;
```

이 쿼리는 작동하지 않습니다. 각 열이 서로 독립적이기 때문입니다. SELECT 절에서 별칭을 다른 계산의 일부로 사용할 수 없습니다. 이를 해결하기 위해 price*1.1 AS inc와 같이 inc 열을 별도로 계산했습니다.

다음과 같은 쿼리를 시도하면 상황이 더 나빠집니다.

```
SELECT
  id, title,
  price, price*0.1 AS tax
FROM books
WHERE tax>1.5;
```

여기서 문제는 SELECT 절이 WHERE 절 **이후에** 평가되기 때문에, tax에 대한 별칭 계산이 WHERE 절에서 아직 사용할 수 없다는 것입니다. 이 문제를 해결하려면 WHERE price*1.1>1.5와 같이 값을 WHERE 절에서 다시 계산해야 합니다.

> **NOTE** SQLite는 예외입니다. SQLite에서는 WHERE 절과 GROUP BY 절에서도 별칭을 사용할 수 있습니다.

다음과 같이 SELECT 절의 서브쿼리를 통해 여러 열을 가져오려는 경우에도 작동하지 않습니다.

```
SELECT
  id, title,
  (SELECT givenname, othernames, familynames
   FROM authors WHERE authors.id=books.authorid)
FROM books
WHERE tax>1.5;
```

SELECT 절의 서브쿼리는 단일 값만 반환할 수 있습니다. 이름을 연결한 후 결과를 반환하는 경우에는 괜찮지만, 그렇지 않으면 세 개의 서브쿼리를 사용해야 하고 비용이 많이 들 뿐만 아니라 번거롭습니다.

SQL은 각 행에 서브쿼리를 적용함으로써 이 문제를 해결할 수 있습니다. 이는 일부 DBMS에서는 LATERAL JOIN이라고 하며, 다른 DBMS에서는 APPLY라고 합니다.

7.6.1 열 추가하기

앞서 살펴본 두 가지 예제에서 다음과 같은 표현식을 사용할 수 있습니다.

```
-- PostgreSQL, MySQL인 경우 (MariaDB는 제외)
SELECT
  id, title,
  price, tax, inc
FROM
  books
  JOIN LATERAL(SELECT price*0.1 AS tax) AS sq ON true
  JOIN LATERAL(SELECT price+tax AS inc) AS sq2 ON true
WHERE tax>1.5
;

-- MSSQL인 경우
SELECT
  id, title,
  price, tax, inc
FROM books
  CROSS APPLY (SELECT price*0.1 AS tax) AS sq
  CROSS APPLY (SELECT price+tax AS inc) AS sq2
WHERE tax>1.5
;

-- Oracle인 경우 (서브쿼리 이름에 AS 사용 불가)
SELECT
  id, title,
  price, tax, inc
FROM books
  CROSS APPLY (SELECT price*0.1 AS tax FROM dual) sq
  CROSS APPLY (SELECT price+tax AS inc FROM dual) sq2
WHERE tax>1.5
;
```

다음과 같은 결과가 나옵니다.

id	title	price	tax	inc
503	Uncle Silas	17.00	1.700	18.700
2007	North and South	17.50	1.750	19.250
702	Jane Eyre	17.50	1.750	19.250
1759	La Curée	16.00	1.600	17.600
205	Shadow: A Parable	17.50	1.750	19.250
1702	Philaster	17.50	1.750	19.250
~ 525 rows ~				

> **NOTE**
> - 서브쿼리는 반드시 별칭이 있어야 합니다. 별칭을 사용하지 않더라도 필수입니다.
> - PostgreSQL, MySQL, MSSQL에서는 `(SELECT price*0.1) AS sq(tax)`와 같이 열 별칭을 서브쿼리 별칭에 넣을 수 있습니다. Oracle은 이를 지원하지 않습니다.
> - PostgreSQL과 MySQL 예제에서는 더미 조건 `ON true`를 사용합니다. MySQL에서는 이를 생략할 수 있지만, PostgreSQL에서는 필수입니다.

특히 두 번째 서브쿼리는 price+tax AS inc 표현식을 문제없이 계산합니다. 이는 서브쿼리가 순차적으로 평가되기 때문에, 이전 서브쿼리의 결과를 다음 서브쿼리가 사용할 수 있기 때문입니다.

LATERAL 또는 CROSS APPLY 서브쿼리는 메인쿼리의 모든 행에 적용됩니다. 이론적으로는 비용이 많이 들 수 있지만, 실제로는 그렇게 나쁘지 않습니다. 특히 더 복잡한 계산에서 중간 단계를 포함해야 할 때 유용합니다. 이해하기 쉽고 유지보수가 용이하기 때문입니다.

> **NOTE** SQL에는 CROSS JOIN이라는 JOIN 유형도 있습니다. CROSS JOIN에서는 한 테이블의 각 행이 다른 테이블의 모든 행과 JOIN됩니다. 이러한 결과를 데카르트 곱^{Cartesian product}이라고도 합니다. 이 경우 조합의 수가 매우 많아지는데, 일반적으로 원하는 결과가 아닐 때가 많습니다. CROSS APPLY는 같은 것은 아니지만 JOIN의 한 종류입니다. OUTER JOIN에 더 가깝다고 할 수 있습니다. 나중에 단일 행 가상 테이블과 CROSS JOIN할 때 사용법을 보게 될 것입니다.

7.6.2 다중 열

앞서 언급했듯이, SQL에서는 SELECT 절의 단일 서브쿼리에서 여러 열을 가져올 수 없습니다. SELECT 절의 모든 항목은 스칼라, 즉 단일 값이어야 하기 때문입니다.

하지만 FROM 절과 같이 테이블 형태의 맥락에서는 여러 열을 가져올 수 있습니다. 예를 들어, 다음과 같습니다.

```
-- PostgreSQL, MySQL (MariaDB는 제외)
SELECT
  id, title,
  givenname, othernames, familyname
FROM
  books
  LEFT JOIN LATERAL(
    SELECT givenname, othernames, familyname
    FROM authors
    WHERE authors.id=books.authorid
  ) AS a ON true;
-- MSSQL의 경우
SELECT
  id, title,
  givenname, othernames, familyname,
  home
FROM books
  OUTER APPLY (
    SELECT givenname, othernames, familyname
    FROM authors
    WHERE authors.id=books.authorid
  ) AS a;
-- Oracle: MSSQL과 동일하되 AS 없이 사용
```

다음과 같은 결과가 나옵니다.

id	title	givenname	othernames	familyname
2078	The Duel	Heinrich	[NULL]	von Kleist
503	Uncle Silas	J.	Sheridan	Le Fanu
2007	North and South	Elizabeth	[NULL]	Gaskell
702	Jane Eyre	Charlotte	[NULL]	Brontë

id	title	givenname	othernames	familyname
1530	Robin Hood, The ...	Alexandre	[NULL]	Dumas
1759	La Curée	Émile	[NULL]	Zola
~ 1201 rows ~				

이 경우에는 일반 OUTER JOIN을 사용해도 동일한 결과를 얻을 수 있습니다.

```
SELECT
  books.id, title,
  givenname, othernames, familyname,
  home
FROM books LEFT JOIN authors ON authors.id=books.authorid;
```

후자의 형태가 확실히 더 간단합니다(단순하게 만들기 위해 테이블 별칭은 생략했고 books.id 열은 필요에 의해 한정했습니다).

반면에, 서브쿼리가 집계 쿼리인 경우에는 LATERAL JOIN이 편리합니다. 어차피 서브쿼리가 필요하기 때문입니다. 단일 SELECT 문에서는 집계 데이터와 비집계 데이터를 혼합할 수 없다는 점을 기억하세요.

예를 들어, 고객별 총 판매액이 포함된 고객 목록이 필요하다고 가정해 보겠습니다. 총액을 얻으려면 집계 쿼리가 필요하고, 이를 customers 테이블과 JOIN해야 합니다. 이를 위해 다음과 같이 할 수 있습니다.

```
-- PostgreSQL, MySQL (MariaDB는 제외)
SELECT
  id, givenname, familyname, total
FROM
  customers
  LEFT JOIN LATERAL(
    SELECT sum(total) AS total FROM sales
    WHERE sales.customerid=customers.id
  ) AS totals ON true;

-- MSSQL, Oracle (AS 없이 사용)
```

```
SELECT
 id, givenname, familyname, total
FROM
 customers
 OUTER APPLY(
  SELECT sum(total) AS total FROM sales
  WHERE sales.customerid=customers.id
 ) AS totals;
```

다음과 같은 결과가 나옵니다.

id	givenname	familyname	total
42	May	Knott	3437.72
459	Rick	Shaw	461.00
597	Ike	Andy	[NULL]
186	Pat	Downe	1536.50
352	Basil	Isk	573.00
576	Pearl	Divers	[NULL]

~ 303 rows ~

SQLite나 MariaDB를 사용할 때 필요한 다른 대안들이 있을 수 있지만, `LATERAL JOIN`을 사용하면 이러한 종류의 쿼리를 좀 더 직관적으로 만들 수 있습니다.

7.7 공통 테이블 표현식으로 작업하기

FROM 절에서 서브쿼리를 사용할 수 있고, 서브쿼리를 중첩할 수도 있다는 것을 보았습니다. 하지만 서브쿼리를 더 자연스럽게 다룰 수 있는 다른 방법이 있습니다.

공통 테이블 표현식 common table expressions, 줄여서 CTE라고 부르는 이 기능은 테이블 결과를 생성하는 서브쿼리입니다. 따라서 FROM 서브쿼리를 거의 항상 CTE로 대체할 수 있습니다.

이전 장들에서 이미 CTE를 사용해 보았기 때문에 데자뷰일 수도 있겠네요.

> **NOTE** 공통 테이블 표현식(CTE)은 SQL에서 비교적 새로운 기능이지만, 꽤 오랫동안 존재해 왔으며 요즘 DBMS에서는 거의 모두 사용할 수 있습니다. 주목할 만한 후발주자로는 MariaDB가 있는데, 버전 10.2(2016년 출시)에서 지원을 추가했으며, MySQL은 버전 8.0(2018년 출시)에서 지원을 추가했습니다. 만약 MariaDB나 MySQL의 이전 버전을 사용해야 한다면, 중첩 서브쿼리를 사용하는 법을 배워야 할 수도 있겠네요.

CTE는 사용되기 전에 정의되는 가상 테이블입니다. SELECT 문으로 구성된다는 점에서 서브쿼리와 비슷하지만, 구문이 다르고 여러 가지 장점을 제공합니다.

CTE가 서브쿼리의 대체재가 될 수 있는 건 가장 단순한 형태일 때입니다. 그럼에도 CTE에는 다음과 같은 이점이 몇 가지 있습니다.

- CTE는 쿼리의 중간이 아닌 시작 부분에서 정의되므로 가독성이 높고 유지보수가 용이합니다. 복잡한 서브쿼리에서는 하나의 서브쿼리가 다른 서브쿼리를 참조할 수 있습니다. 이는 서브쿼리의 중첩을 수반합니다.
- CTE는 중첩 없이도 이전 CTE를 참조할 수 있습니다. 이러한 두 가지 이점은 모두 가독성 및 유지보수성과 관련이 있습니다. 세 번째 이점은 일반 서브쿼리에서는 제공되지 않는 것입니다.
- CTE는 자기 자신을 참조할 수 있습니다. 따라서 재귀적일 수 있습니다.

7.7.1 공통 테이블 표현식 구문

공통 테이블 표현식은 쿼리의 본문보다 앞서 정의됩니다.

```
WITH cte AS (subquery)
SELECT columns FROM cte;
```

CTE에는 이름이 부여되며, 꼭 'cte'일 필요는 없습니다. 이후에는 메인쿼리에서 일반 테이블처럼 사용할 수 있습니다. 여러 개의 CTE를 정의하려면 다음과 같이 작성합니다.

```
WITH
cte AS (subquery),
```

```
  another AS (subquery)
SELECT columns FROM ...;
```

7.7.2 공통 테이블 표현식으로 계산 준비하기

이전에 가격 그룹을 사용한 서브쿼리를 기억하시나요?

```
SELECT price_group, count(*) AS num_books
FROM (
 SELECT
  id, title,
  CASE
    WHEN price<13 THEN 'cheap'
    WHEN price<=17 THEN 'reasonable'
    WHEN price>17 THEN 'expensive'
  END AS price_group
 FROM books
) AS sq -- Oracle: ( ... ) sq
GROUP BY price_group;
```

앞 쿼리는 다음과 같이 CTE를 사용하여 쉽게 다시 작성할 수 있습니다.

```
  -- 데이터 준비
  WITH sq AS (
   SELECT
    id, title,
    CASE
      WHEN price<13 THEN 'cheap'
      WHEN price<=17 THEN 'reasonable'
      WHEN price>17 THEN 'expensive'
    END AS price_group
   FROM books
  )
  -- 준비된 데이터 사용
  SELECT price_group, count(*) AS num_books
  FROM sq
  GROUP BY price_group;
```

큰 차이는 없어 보일 수 있지만, 중요한 점은 이제 쿼리가 두 부분으로 나뉜다는 것입니다. 첫 번째 부분은 서브쿼리를 정의하고, 두 번째 부분은 이를 사용합니다. 이는 코드를 구성하는 훨씬 더 나은 방법입니다.

서브쿼리가 쿼리 시작 부분의 CTE로 이전되었습니다. 이후 메인 SELECT 문은 CTE를 마치 다른 테이블처럼 참조합니다.

이러한 방식의 장점은 먼저 데이터를 준비하고 그 다음 데이터를 사용하는 계획적인 순서에 따라 쿼리가 작성된다는 것입니다.

> **NOTE** 현재 MSSQL에서는 문장 끝에 세미콜론을 요구하지 않지만, 그래도 세미콜론을 사용하는 습관을 들이는 것이 좋습니다.
>
> 하지만 WITH 절은 이전 SELECT 문 끝에서 다른 의미를 가질 수 있으므로, 이전 SELECT 문을 세미콜론으로 끝내지 않으면 잘못 해석될 수 있습니다.
>
> 모든 문장 끝에 세미콜론을 사용하면 문제가 없습니다. 그러니 다음과 같은 방식은 **절대** 사용하지 마세요.
>
> ```
> ;WITH (...)
> ```

다음 장에서 더 자세히 다룰 예제인데 먼저 살펴보겠습니다.

```
SELECT * FROM sales;
```

앞과 같이 sales 테이블을 살펴보면 다음과 같은 결과가 나옵니다.

id	customerid	total	...	ordered_date
39	28	28.00	...	2022-05-15
40	27	34.00	...	2022-05-16
42	1	58.50	...	2022-05-16
43	26	50.00	...	2022-05-16
45	26	17.50	...	2022-05-16

id	customerid	total	...	ordered_date
518	50	13.00	...	[NULL]

~ 5549 rows ~

테이블을 요약하여 월별 합계를 구하고 싶다면, 이 데이터는 너무 세밀할 수 있습니다. 대신 ordered을 연월 형식으로 서식을 지정하여 데이터를 준비할 수 있습니다.

```
WITH salesdata AS (
 SELECT
 -- PostgreSQL, Oracle의 경우
  to_char(ordered,'YYYY-MM') AS month,
  -- MariaDB/MySQL의 경우
   -- date_format(ordered,'%Y-%m') AS month,
  -- MSSQL의 경우
   -- format(ordered,'yyyy-MM') AS month,
  -- SQLite의 경우
   -- strftime('%Y-%m',ordered) AS month,
  total
 FROM sales
)
SELECT month, sum(total) AS daily_total
FROM salesdata
GROUP BY month
ORDER BY month;
```

다음과 같은 요약이 나옵니다.

month	daily_total
2022-05	6966.50
2022-06	12733.00
2022-07	17314.00
2022-08	19093.00
2022-09	20295.50
2022-10	27797.50

~ 14 rows ~

실제 상황에서는 요약하고자 하는 데이터가 원하는 형식에 맞지 않는 경우가 많습니다. 하지만 CTE를 사용하여 데이터를 준비해 원하는 형식으로 변환할 수 있습니다.

9장에서는 CTE에 대해 더 자세히 살펴보면서 적용할 수 있는 더 많은 기술을 알아보겠습니다.

7.8 복습하기

이 장에서는 쿼리 내에서 서브쿼리의 다양한 변형을 사용하는 방법을 살펴보았습니다. 이전 장들에서도 서브쿼리를 다룬 적이 있지만, 여기서는 서브쿼리가 어떻게 작동하는지 더 자세히 들여다보았습니다.

서브쿼리는 모든 절에서 사용할 수 있습니다. 서브쿼리의 결과는 해당 절의 문맥과 일치해야 합니다.

- SELECT 절이나 단순 WHERE 표현식 내의 서브쿼리는 단일 값을 반환해야 합니다.
- IN( ) 표현식에서 사용되는 서브쿼리는 단일 열을 반환해야 합니다.
- FROM 절에서 사용되는 서브쿼리는 가상 테이블을 반환해야 합니다.

ORDER BY 절에서도 서브쿼리를 사용할 수 있지만, 대신 SELECT 절에서 표현식을 사용하는 것이 더 나을 수 있습니다. WHERE EXISTS 표현식이나 LATERAL JOIN에서도 서브쿼리를 사용할 수 있습니다. FROM 절의 서브쿼리는 중첩할 수 있지만, 대신 공통 테이블 표현식을 사용하는 것이 더 바람직할 수 있습니다.

7.8.1 상관 및 비상관 서브쿼리

서브쿼리는 상관 관계가 있거나 없는 두 가지 유형으로 나뉩니다.

- 비상관 서브쿼리는 메인쿼리와 독립적이며 한 번만 평가됩니다. 그 결과는 메인쿼리에서 사용됩니다.
- 상관 서브쿼리는 메인쿼리의 데이터를 참조하는 서브쿼리로, 각 행마다 평가됩니다.

상관 서브쿼리는 여러 번 평가되기 때문에 비용이 많이 들 수 있기 때문에, 더 적절한 다른 방법이 있을 수 있습니다.

7.8.2 WHERE EXISTS 표현식

WHERE EXISTS는 서브쿼리가 하나 이상의 행을 반환하는지 테스트합니다. 만약 반환한다면, 메인쿼리의 해당 행은 유지되고, 그렇지 않으면 필터링해 제외됩니다.

WHERE EXISTS에서 비상관 서브쿼리를 사용하면 일반적으로 메인쿼리의 모든 행을 반환하거나 아무 행도 반환하지 않습니다. 반면 상관 서브쿼리를 사용하면 특정 행만 필터링 할 수 있습니다.

일반적으로 IN( ) 표현식을 대안으로 사용할 수 있지만, WHERE EXISTS는 더 복잡한 서브쿼리를 허용하는 경우가 있고 NOT IN의 특이한 점을 해결할 수 있다는 장점이 있습니다.

7.8.3 LATERAL JOIN(CROSS APPLY)

일부 DBMS에서는 LATERAL JOIN을 CROSS APPLY라고도 하며, 메인쿼리의 각 행에 열을 추가할 수 있습니다.

- LATERAL JOIN을 사용해 계산된 열을 추가할 수 있으며, 이를 연결하여 여러 계산과 중간값을 가질 수 있습니다.
- 또한 LATERAL JOIN을 사용해 서브쿼리로부터 여러 열을 추가할 수 있습니다.

7.8.4 공통 테이블 표현식

FROM 절에서 서브쿼리를 사용할 수 있지만, 여러 서브쿼리가 필요한 경우 복잡해지며 중첩해야 할 수도 있습니다.

공통 테이블 표현식을 사용하면 메인쿼리 전에 가상 테이블을 정의할 수 있어, 메인쿼리가 일반 쿼리처럼 작동할 수 있습니다.

또한 여러 CTE를 함께 연결할 수 있어 서브쿼리를 중첩하는 것보다 더 쉽게 작업할 수 있습니다.

7.9 앞으로 다룰 내용

5장에서는 데이터 집계에 대해 살펴보았습니다. 일반적으로 서브쿼리를 몇 개 추가하지 않고는 집계 값을 비집계 값과 함께 사용할 수 없습니다.

윈도우 함수window function는 각 행에 서브쿼리를 적용하는 작업을 수행하는 함수 그룹입니다. 윈도우 함수에는 두 가지 주요 그룹이 있습니다.

- 집계 함수는 비집계 쿼리의 각 행에 집계를 적용하는 데 사용할 수 있습니다. 또한 그룹별로 누적하거나 집계하는 데도 사용될 수 있습니다.
- 순서 함수는 데이터 집합 내에서 행의 위치를 기반으로 값을 생성하는 데 사용할 수 있습니다. 이를 통해 행의 위치나 그룹화를 나타내는 데 사용될 수 있으며, 다른 행의 값을 가져오는 데도 사용할 수 있습니다.

윈도우 함수를 사용하면 일반 데이터와 분석 데이터를 결합한 데이터 집합을 생성할 수 있습니다.

CHAPTER 8

윈도우 함수

지금까지 두 가지 주요 계산 그룹을 살펴보았습니다.

- 대부분의 계산은 테이블 **열**을 기반으로 합니다(각 행마다 하나 이상의 열로부터 값을 계산합니다).
- 집계 쿼리는 **행**을 요약하는 데 사용합니다(전체 테이블에 대해 일부 또는 모든 행이 요약됩니다).

윈도우 함수window function는 행 데이터를 열로 추가하는 함수 그룹입니다. 앞으로 다음과 같이 세 가지 윈도우 함수 그룹을 다룰 것입니다.

▬ 집계 함수

일반적으로 집계는 테이블 데이터의 별도 요약으로 얻지만, 집계 윈도우 함수를 사용하면 각 행에 집계를 포함할 수 있습니다. 이를 통해 누적 합계를 생성하는 방법을 볼 수 있습니다.

▬ 순위 함수

데이터 집합 내 현재 행의 위치를 기반으로 값을 생성합니다. 순서 함수sequencing function를 사용하면 행 번호, 상대 순위, 심지어 십분위수와 같은 그룹도 얻을 수 있습니다.

- **값 함수**

    현재 행의 앞이나 뒤에 있는 행의 데이터를 가져올 수 있습니다. 또한 각 그룹의 첫 번째와 마지막 값을 가져올 수 있습니다. 이를 통해 현재 행과 다른 행 사이의 값 차이를 구할 수도 있습니다.

이번 8장에서는 이러한 모든 기능을 살펴보겠습니다.

> **NOTE** 윈도우 함수는 SQL에서 비교적 새로운 기능이지만 대부분의 최신 DBMS에서 지원하고 있습니다. 다만 MariaDB는 10.2버전에서, MySQL은 8.0버전에서야 이를 도입한 후발주자들입니다.

시작하기 전에, 일부 예제들은 sales 테이블을 사용할 것입니다. 이 테이블에는 주문 날짜/시간에 대한 NULL이 포함되어 있습니다. 아마 결제가 완료되지 않은 것들일 겁니다.

지금까지는 이러한 NULL을 관대하게 처리하며 필터링해 왔지만, 이제는 이를 처리해야 할 때가 되었습니다. 다음과 같이 모든 NULL 판매 기록을 삭제할 수 있습니다.

```
DELETE FROM sales WHERE ordered IS NULL;
```

sales 테이블과 saleitems 테이블 사이에는 외래 키가 설정되어 있는데, 일반적으로 관련된 항목이 있는 판매 건은 삭제할 수 없습니다. 그러나 샘플 데이터베이스를 생성하는 스크립트를 확인해 보면, ON DELETE CASCADE 절이 포함되어 있음을 알 수 있는데, 이 절은 부모 테이블과의 연결이 끊긴 자식 테이블의 행이나 레코드를 삭제해 주기 때문에 이렇게 연결이 끊긴 판매 항목을 삭제해 줍니다.

8.1 윈도우 함수 작성하기

윈도우 함수는 일련의 행에 대해 값을 생성합니다. 이러한 행의 집합을 **윈도우**^{window}라고 합니다. 윈도우 함수의 일반적인 구문은 다음과 같습니다.

```
fn() OVER (PARTITION BY columns |
ORDER BY columns | frame clause)
```

중요한 부분은 요약할 윈도우를 생성하는 OVER() 절입니다. 주요 윈도우 절은 다음과 같이 세 가지가 있습니다.

- **PARTITION BY**

    정의된 그룹에 대해 함수를 계산합니다. GROUP BY와 동일한 기능을 합니다. 기본 파티션은 전체 테이블입니다.

- **ORDER BY**

    정의된 순서대로 함수를 누적으로 계산합니다. 다시 말해, 누적 합계를 생성합니다. 이 순서는 테이블의 ORDER BY 절과 동일할 필요는 없습니다.

- **선택적 프레이밍 절**

    이는 파티션 내에서 슬라이딩 윈도우를 생성합니다. 프레이밍 절은 ORDER BY 윈도우 절이 필요합니다. 기본적으로 프레임은 시작부터 현재 행까지의 행이지만, 이후에 이를 구체화할 필요가 있습니다.

다음 예제에는, 일반적으로 SELECT 문 끝에 OVER() 절과 동일한 ORDER BY 절이 있습니다. 이는 필수는 아니지만, 결과를 이해하기 쉽게 만들어 줍니다.

8.1.1 단순 집계 윈도우

비집계 쿼리에서는 집계 함수를 혼합할 수 없습니다. 예를 들어, 다음과 같은 집계 쿼리는 작동하지 않습니다.

```
SELECT
  id, givenname, familyname,
```

```
  count(*)
FROM customerdetails;
```

하지만 다음은 작동합니다.

```
SELECT
  id, givenname, familyname,
  count(*) OVER ()
FROM customerdetails;
```

다음과 같은 결과가 나옵니다.

id	givenname	familyname	count
42	May	Knott	303
459	Rick	Shaw	303
597	Ike	Andy	303
186	Pat	Downe	303
352	Basil	Isk	303
576	Pearl	Divers	303
~ 303 rows ~

OVER() 절은 집계 함수를 윈도우 함수로 변환합니다. 이제 이 집계 함수는 각 열에 대해 생성됩니다. 나중에 보게 될 OVER() 절은 파티션이라고 하는 그룹화, 정렬 순서, 집계에 포함될 행의 수를 정의합니다.

이처럼 간단한 경우에는 서브쿼리를 사용해 동일한 결과를 얻을 수 있습니다.

```
SELECT
  id, givenname, familyname,
  (SELECT count(*) FROM customers)
FROM customerdetails;
```

윈도우 함수는 윈도우 절 중 하나를 적용할 때 더욱 흥미로워집니다. 예를 들어, 다음과 같습니다.

```sql
SELECT
  id, givenname, familyname,
  count(*) OVER (ORDER BY id)
FROM customerdetails;
```

이 쿼리는 id 순서대로 현재 행을 포함한 그 전까지의 행들의 누적 개수를 제공합니다. 실제 테이블 결과는 특히 다른 표현식을 포함할 경우 행 순서대로 정렬되지 않을 수도 있기 때문에, 이를 마지막에 추가하는 것이 좋습니다.

```sql
SELECT
  id, givenname, familyname,
  count(*) OVER (ORDER BY id) AS running_count
FROM customerdetails
ORDER BY id;
```

다음과 같은 결과가 나옵니다.

id	givenname	familyname	running_count
1	Pierce	Dears	1
2	Arthur	Moore	2
5	Ray	King	3
6	Gene	Poole	4
9	Donna	Worry	5
10	Ned	Duwell	6

~ 303 rows ~

running_count 열은 단순한 행 번호와 비슷하게 보입니다. 하지만 ORDER BY 열이 고유하지 않을 경우에는 반드시 같지 않을 수 있다는 것을 나중에 알게 될 것입니다.

8.2 집계 함수

일반적으로 집계 함수는 서브쿼리 없이 일반 쿼리에서 사용할 수 없습니다. 하지만 윈도우 함수로 용도를 변경하여 사용할 수 있습니다.

이전에 count(*) OVER () 표현식을 사용하여 모든 행에 대한 총 개수를 표시하는 방법을 다뤘습니다. 이와 유사하게 sum() 또는 avg() 함수를 사용할 수 있습니다.

예를 들어, 판매 총액을 전체 평균과 비교하고 싶다고 가정해 보겠습니다.

```sql
SELECT
  id, ordered, total,
  total-avg(total) OVER () AS difference
FROM sales;
```

다음과 같은 결과가 나옵니다.

id	ordered	total	difference
39	2022-05-15 21:12:07.988741	28	-33.783
40	2022-05-16 03:03:16.065969	34	-27.783
42	2022-05-16 10:09:13.674823	58.5	-3.283
43	2022-05-16 15:02:43.285565	50	-11.783
45	2022-05-16 16:48:14.674202	17.5	-44.283
518	[NULL]	13	-48.783

~ 5549 rows ~

좀 더 복잡한 예제로, 각 일별 매출을 한 주의 다른 날들과 비교하고 싶다고 가정해 봅시다.

먼저, sales 테이블에서 요일과 total만 추출합니다. 요일 이름이나 요일 번호 중 하나를 사용할 수 있지만, 여기서는 요일 번호를 사용해 보겠습니다.

```sql
-- PostgreSQL: 일요일=0
SELECT
  EXTRACT(dow FROM ordered) AS weekday_number,
```

```sql
   total
 FROM sales;

 -- MSSQL: 일요일=1
 SELECT
   datepart(weekday,ordered) AS weekday_number,
   total
 FROM sales;

 -- Oracle: 일요일=1
 SELECT
   to_char(ordered,'D')+0 AS weekday_number,
   total
 FROM sales;

 -- MariaDB/MySQL: 일요일=1
 SELECT
   dayofweek(ordered) AS weekday_number,
   total
 FROM sales;

 -- SQLite: 일요일=0
 SELECT
   strftime('%w',ordered) AS weekday_number
   total
 FROM sales;
```

각 DBMS마다 요일 번호를 추출하는 방식은 다르지만, 모두 공통적으로 한 주의 첫날은 일요일로 하고 있습니다.

weekday_number	total
0	28
1	34
1	58.5
1	50
1	17.5
0	13
~ 5549 rows ~	

다음으로, 이를 CTE에 넣어 집계할 수 있도록 합니다.

```
WITH
 data AS (
  SELECT
    ... AS weekday,
    total
  FROM sales
 )
 -- 작성 필요
;
```

다음으로, 다음과 같이 다른 CTE에서 데이터를 요약할 수 있습니다.

```
WITH
 data AS (
  SELECT
    ... AS weekday_number,
    total
  FROM sales
 ),
 summary AS (
  SELECT weekday_number, sum(total) AS total
  FROM data
  GROUP BY weekday_number
 )
 -- 기타
```

마지막으로, 윈도우 집계를 사용하여 일일 합계를 전체 합계와 비교할 수 있습니다.

```
WITH
 data AS (...),
 summary AS (...)
SELECT
 weekday_number, total,
 total/sum(total) OVER()
FROM weekday_number
ORDER BY weekday_number;
```

이를 통해 일별 요약을 얻을 수 있습니다.

weekday_number	total	?column?
0	48182.22	0.147
1	49304	0.151
2	45156.5	0.138
3	45959.5	0.141
4	47528	0.145
5	42372.5	0.13
6	48415.5	0.148

total/sum(total) OVER() 표현식에서 OVER() 절이 약간 불필요해 보여서 혼란스러울 수 있습니다. 실제로 하나의 표현식이라는 것을 더 명확히 하기 위해 total/(sum(total) OVER()) 형태로 작성하는 것이 좋을 수 있습니다. 이는 개인의 취향에 따라 결정하면 되지만, 일반적으로는 그렇게 작성하지 않습니다.

계산에 별칭을 지정하고, 백분율로 표시하며, 요일별로 정렬하여 마무리할 수 있습니다.

```
WITH
  data AS (...),
  summary AS (...)
SELECT
  weekday, total,
  100*total/sum(total) OVER() AS proportion
FROM summary
;
```

백분율 기호를 표시하고 싶다면, 이는 사용하는 DBMS에 따라 다릅니다. 다음 중 하나를 시도할 수 있습니다.

```
-- PostgreSQL의 경우
to_char(100*total/sum(total) OVER(),'99.9%')
-- MariaDB/MySQL의 경우
format(100*total/sum(total) OVER(),2) || '%'
```

```
-- MSSQL의 경우
format(100*total/sum(total) OVER(),'0.0%')
-- SQLite: printf(...)로 표시
select format('%.1f%%',100*total/sum(total) OVER())
-- Oracle의 경우
to_char(100*total/sum(total) OVER(),'99.9') || '%'
```

이렇게 하면 더 설득력 있게 보입니다.

weekday_number	total	proportion
0	48182.22	14.7%
1	49304	15.1%
2	45156.5	13.8%
3	45959.5	14.1%
4	47528	14.5%
5	42372.5	13.0%
6	48415.5	14.8%

테이블의 총계를 계산하기 위해 OVER()를 사용했습니다. 하지만 다음 절에서 볼 수 있듯이 슬라이딩 윈도우를 사용할 수도 있습니다.

8.3 집계 윈도우 함수와 ORDER BY

OVER() 절에 ORDER BY 절을 포함했던 도입부의 예제를 다시 떠올려봅시다.

```
SELECT
  id, givenname, familyname,
  count(*) OVER (ORDER BY id) AS running_count
FROM customerdetails
ORDER BY id;
```

이 예제에서 id는 기본 키이므로 고유합니다. 이는 동작 방식에 대해 잘못된 인식을 줄 수 있으므로, 고유하지 않은 height를 사용하여 살펴보겠습니다. 또한 NULL을 제외해 결과를 더 명확하게 해 보겠습니다.

```
SELECT
  id, givenname, familyname,
  height,
  count(*) OVER (ORDER BY height) AS running_count
FROM customerdetails
WHERE height IS NOT NULL
ORDER BY height;
```

중복된 height 값이 윈도우 함수에 어떤 영향을 미치는지 볼 수 있습니다.

id	givenname	familyname	height	running_count
597	Ike	Andy	153	2
283	Ethel	Glycol	153	2
451	Fred	Knott	153.8	3
194	Rod	Fishing	154.3	4
534	Minnie	Bus	156.4	6
352	Basil	Isk	156.4	6
~ 267 rows ~				

OVER 절에서 ORDER BY를 사용할 경우 **현재 값까지의** 행 수를 계산하는데, 이것이 원하는 동작일 수도 있고 아닐 수도 있겠네요.

8.3.1 프레이밍 절

이 예제에서는 이러한 동작이 기본값인 암시적 **프레이밍 절**The Framing Clause이 있습니다. 원한다면 이를 더 구체적으로 명시할 수 있습니다.

```
count(*) OVER (ORDER BY height
  RANGE BETWEEN UNBOUNDED PRECEDING AND CURRENT ROW)
```

꽤 장황해 보이지만, SQL 언어는 점점 이런 방향으로 발전하고 있습니다. 두 단어로 말할 수 있는 것을 굳이 스무 단어로 말할 필요는 없기 때문입니다.[5]

여기서 RANGE는 height 값을 참조합니다. 예를 들어, 앞서 다섯 번째 행에서, 값이 다음 행과 동일하므로 count(*)는 두 행을 다 포함합니다.

명확한 대안은 다음과 같습니다.

```
SELECT
  id, givenname, familyname,
  height,
  count(*) OVER (ORDER BY height
    ROWS BETWEEN UNBOUNDED PRECEDING AND CURRENT ROW) AS running_count
FROM customerdetails
WHERE height IS NOT NULL
ORDER BY height;
```

RANGE BETWEEN에서 ROWS BETWEEN으로 미묘하게 변경되었습니다. 이제 현재 행까지의 행 수를 계산하게 됩니다.

id	givenname	familyname	height	running_count
597	Ike	Andy	153	1
283	Ethel	Glycol	153	2
451	Fred	Knott	153.8	3
194	Rod	Fishing	154.3	4
534	Minnie	Bus	156.4	5
352	Basil	Isk	156.4	6
~ 267 rows ~				

이 방식은 조금 불공평합니다. 두 고객이 같은 키를 가졌더라도 임의로 한 명이 다른 한 명보다 앞에 위치하게 되기 때문입니다. 이러한 불공평에 대해서는 나중에 더 살펴보겠습니다.

---

[5] 옮긴이_ SQL의 최신 기능에서 이런 장황한 표현을 자주 보게 될 것입니다. SQL이 새로운 COBOL이라고도 할 수 있겠네요. COBOL은 초기 프로그래밍 언어로, 수학적 지식이 적은 비즈니스 프로그래머들을 위해 만들어졌으며 지금도 그렇게 사용되고 있습니다. 장황한 문법으로 유명합니다.

프레이밍 절은 다음과 같은 형식을 취할 수 있습니다.

```
[ROW|RANGE] BETWEEN start AND end
```

앞서 보았듯이, ROWS와 RANGE의 차이점은 RANGE는 현재 값과 일치하는 모든 행을 포함하는 반면, ROWS는 그렇지 않다는 것입니다.

start와 end 표현식, 즉 프레임 경계는 다음과 같은 형식 중 하나를 가질 수 있습니다.

표현식	의미
UNBOUND PRECEDING	시작
n PRECEDING	현재 행 앞의 행 수
CURRENT ROW	
n FOLLOWING	현재 행 뒤의 행 수
UNBOUND FOLLOWING	끝

축약형도 있습니다.

```
ROWS|RANGE start
```

이는 시작 행부터 현재 행까지를 의미합니다.

8.3.2 일일 판매 뷰 생성하기

진행하기에 앞서, 이후의 예제를 살펴보기 전 미리 준비된 판매 데이터가 필요합니다. 공통 테이블 표현식으로도 할 수 있지만, 뷰를 준비해두면 나중에 번거로움을 줄일 수 있어 더 간편해질 것입니다.

일일 판매량과 함께 판매월 정보도 필요할 것입니다. 뷰는 다음과 같이 작성합니다.

```sql
CREATE VIEW daily_sales AS
SELECT
 ordered_date,
 -- PostgreSQL, Oracle
  to_char(ordered_date,'YYYY-MM') AS ordered_month,
 -- MariaDB/MySQL
  -- date_format(ordered_date,'%Y-%m')
  AS ordered_month,
 -- MSSQL
  -- format(ordered_date,'yyyy-MM') AS ordered_month,
 -- SQLite
  -- strftime('%Y-%m',ordered_date) AS ordered_month,
 sum(total) AS daily_total
FROM sales
WHERE ordered IS NOT NULL
GROUP BY ordered_date;
```

(MSSQL을 사용하는 경우 GO로 구문을 감싸는 것을 잊지 마세요.)

이제 뷰를 테스트해 보겠습니다.

```sql
SELECT * FROM daily_sales ORDER BY ordered_date;
```

다음과 같은 결과가 나와야 합니다.

ordered_date	ordered_month	daily_total
2022-05-04	2022-05	43
2022-05-05	2022-05	150.5
2022-05-06	2022-05	110.5
2022-05-07	2022-05	142
2022-05-08	2022-05	214.5
2022-05-09	2022-05	16.5
~ 389 rows ~		

8.3.3 슬라이딩 윈도우

프레이밍 절을 사용한 슬라이딩 윈도우의 예제를 살펴보겠습니다. 각 날짜별 일일 합계와 해당 날짜까지의 주간 합계를 생성하고 싶다면, 다음과 같이 작성할 수 있습니다.

```
SELECT
  ordered_date, daily_total,
  sum(daily_total) OVER(ORDER BY ordered_date
    ROWS 6 PRECEDING) AS week_total,
  sum(daily_total) OVER(ORDER BY ordered_date
    ROWS UNBOUNDED PRECEDING) AS running_total
FROM daily_sales
ORDER BY ordered_date;
```

두 프레이밍 절 모두 현재 행까지만 계산하고자 하므로 축약형을 사용했습니다. 누적 합계의 경우 프레이밍 절을 완전히 생략할 수도 있지만, 일일 합계가 동일한 경우가 있을 수 있어서 이를 대비해 기본 RANGE BETWEEN을 변경했습니다.

다음과 같은 결과가 나옵니다.

ordered_date	daily_total	week_total	running_total
2022-05-04	43	43	43
2022-05-05	150.5	193.5	193.5
2022-05-06	110.5	304	304
2022-05-07	142	446	446
2022-05-08	214.5	660.5	660.5
2022-05-09	16.5	677	677
2022-05-10	160	837	837
2022-05-11	115	909	952
2022-05-12	205	963.5	1157
2022-05-13	164.5	1017.5	1321.5
2022-05-14	46.5	922	1368
2022-05-15	457.5	1165	1825.5

~ 389 rows ~

처음 7일 동안은 이전 기간의 합계가 없기 때문에 주간 합계와 누적 합계가 동일합니다. 하지만 그 이후부터 누적 합계는 계속 증가하는 반면, 주간 합계는 현재 7일간의 합계로 제한됩니다.

날짜를 자세히 살펴보면 중간중간 빈 날짜가 있는 것을 볼 수 있습니다. 이는 해당 날짜에 판매가 없었다는 것을 의미하며, 한 행이 반드시 하루를 의미하지 않기 때문에 데이터 해석에 문제가 될 수 있습니다. 이 문제는 9장에서 다루도록 하겠습니다.

count()와 sum() 함수만 사용할 수 있는 것은 아닙니다. 예를 들어, 이동 평균$^{sliding\ average}$도 계산할 수 있습니다.

```
SELECT
 ordered_date, daily_total,
 sum(daily_total) OVER(ORDER BY ordered_date
  ROWS 6 PRECEDING) AS week_total,
 avg(daily_total) OVER(ORDER BY ordered_dat
  ROWS 6 PRECEDING) AS week_average,
 sum(daily_total) OVER(ORDER BY ordered_date
  ROWS UNBOUNDED PRECEDING) AS running_total
FROM daily_sales
ORDER BY ordered_date;
```

week_average(주간 평균)는 해당 일자를 포함한 7일간의 평균입니다.

ordered_date	daily_total	week_total	week_average	running_total
2022-05-04	43	43	43	43
2022-05-05	150.5	193.5	96.75	193.5
2022-05-06	110.5	304	101.333	304
2022-05-07	142	446	111.5	446
2022-05-08	214.5	660.5	132.1	660.5
2022-05-09	16.5	677	112.833	677
2022-05-10	160	837	119.571	837
2022-05-11	115	909	129.857	952
2022-05-12	205	963.5	137.643	1157

ordered_date	daily_total	week_total	week_average	running_total
2022-05-13	164.5	1017.5	145.357	1321.5
2022-05-14	46.5	922	131.714	1368
2022-05-15	457.5	1165	166.429	1825.5
~ 389 rows ~				

슬라이딩 최솟값, 최댓값, 이동 평균도 선택할 수 있습니다. 이 중 어떤 것이 적합할지는 여러분의 목적에 따라 직접 결정해야 합니다.

8.4 윈도우 함수 소개

이전에 sum(total) OVER()와 같은 표현식으로 총계를 생성한 적이 있습니다. OVER() 표현식은 전체 테이블에 대한 합계를 구하는 간단한 방법입니다. 그룹별로 합계를 구하거나 개수를 세는 등 다른 계산도 가능합니다. sum(total) OVER (GROUP BY ...)와 같은 형태는 아니고, 대신 그룹화를 의미하는 (PARTITION BY ...) 표현식을 사용합니다.

기본 파티션은 테이블 전체입니다. 그룹화할 수 있는 것은 무엇이든 파티션으로 사용할 수 있습니다. 예를 들어, 이전 예제에서 월별 합계를 구하고 싶다면 다음과 같이 사용할 수 있습니다.

```
SELECT
 ordered_date, daily_total,
 sum(daily_total) OVER(ORDER BY ordered_date
   ROWS 6 PRECEDING) AS week_total,
 sum(daily_total) OVER(ORDER BY ordered_date
   ROWS UNBOUNDED PRECEDING) AS running_total,
 sum(daily_total) OVER(PARTITION BY ordered_month)
   AS monthly_total
FROM daily_sales
ORDER BY ordered_date;
```

다음과 같은 결과가 나옵니다.

ordered_date	daily_total	week_total	running_total	monthly_total
2022-05-04	43	43	43	6966.5
2022-05-05	150.5	193.5	193.5	6966.5
2022-05-06	110.5	304	304	6966.5
2022-05-07	142	446	446	6966.5
2022-05-08	214.5	660.5	660.5	6966.5
2022-05-09	16.5	677	677	6966.5
2022-05-10	160	837	837	6966.5
2022-05-11	115	909	952	6966.5
2022-05-12	205	963.5	1157	6966.5
2022-05-13	164.5	1017.5	1321.5	6966.5
2022-05-14	46.5	922	1368	6966.5
2022-05-15	457.5	1165	1825.5	6966.5

~ 389 rows ~

이렇게 하면 당연히 매달 새로운 합계를 얻을 수 있습니다.

이제 까다로운 부분이 나오는데, PARTITION BY와 ORDER BY를 결합해 함께 사용하는 것입니다.

```
sum(daily_total) OVER(
  PARTITION BY ordered_month
  ORDER BY ordered_date ROWS UNBOUNDED PRECEDING
) AS month_running_total
```

다음과 같은 예제도 가능합니다.

```
SELECT
  ordered_date, daily_total,
  sum(daily_total) OVER(ORDER BY ordered_date
    ROWS UNBOUNDED PRECEDING) AS running_total,
  sum(daily_total) OVER(PARTITION BY ordered_month)
    AS month_total,
  sum(daily_total) OVER(ORDER BY ordered_month)
```

```
      AS running_month_total,
   sum(daily_total) OVER(PARTITION BY ordered_month
    ORDER BY ordered_date ROWS UNBOUNDED PRECEDING)
      AS month_running_total
  FROM daily_sales
  ORDER BY ordered_date;
```

다음과 같은 결과가 표시됩니다(열 이름은 페이지에 맞게 줄였습니다).

ordered_date	daily_total	Rt	mt	rmt	mrt
2022-05-04	43	43	6966.5	6966.5	43
2022-05-05	150.5	193.5	6966.5	6966.5	193.5
2022-05-06	110.5	304	6966.5	6966.5	304
2022-05-07	142	446	6966.5	6966.5	446
2022-05-08	214.5	660.5	6966.5	6966.5	660.5
2022-05-09	16.5	677	6966.5	6966.5	677
2022-05-10	160	837	6966.5	6966.5	837
2022-05-11	115	952	6966.5	6966.5	952
2022-05-12	205	1157	6966.5	6966.5	1157
2022-05-13	164.5	1321.5	6966.5	6966.5	1321.5
2022-05-14	46.5	1368	6966.5	6966.5	1368
2022-05-15	457.5	1825.5	6966.5	6966.5	1825.5

~ 389 rows ~

이름이 헷갈릴 수 있으니, 알기 쉽도록 아래와 같이 표로 정리했습니다.

절	열 이름	설명
ORDER BY date ...	running_total	처음부터 현재 행까지의 누적 합계
PARTITION BY month	month_total	현재 그룹의 합계
ORDER BY month	running_month_total	각 월의 누적 합계
PARTITION BY monthORDER BY date ...	month_running_total	각 월내의 누적 합계

(다시 말하지만, 열 이름은 페이지에 맞게 줄인 상태입니다.)

ordered_month 그룹 열을 파티션과 누적 합계 계산 모두에 사용하고 있다는 점을 주목하세요. 기본 프레임이 RANGE ...이기 때문에, 지금까지의 모든 값을 합산하여 결과적으로 해당 월의 전체 합계를 생성합니다. 이는 고유하지 않은 행으로 정렬할 때 기대할 수 있는 결과입니다.

가장 어려운 것은 결과에 적절한 이름을 짓는 것입니다.

> **NOTE** 요약된 결과는 모두 뷰로 저장하기에 적합한 후보들입니다.
> 그러나 **MSSQL에서는** 추가적인 방법 없이 뷰에 ORDER BY 절을 포함할 수 없다는 점에 유의하세요. 따라서 최소한 SELECT 문에 정렬하고자 하는 열을 포함한 후, 뷰를 사용할 때 ORDER BY 절을 추가해야 합니다. 또는 ORDER BY 절 끝에 OFFSET 0 ROWS를 추가하는 방법으로 해결할 수 있습니다.

8.4.1 PARTITION BY로 여러 열 사용하기

PARTITION BY가 소계를 생성한다는 점을 고려할 때, 여러 열에 대한 PARTITION BY는 (이 표현이 적절하다면) 하위 소계를 생성할 것입니다.

예를 들어, 매출 보고서를 state, town, 고객별로 생성하고 싶다고 가정해 보겠습니다. 먼저, 데이터들이 여러 테이블에 분산되어 있어 준비 작업이 필요합니다.

우선, state와 town를 포함하는 customerdetails 뷰를 sales 테이블과 JOIN해야 합니다. 이후 이를 customer_sales라는 공통 테이블 표현식에 넣을 것입니다.

```
-- customer_sales 생성
SELECT c.id AS customerid, c.state, c.town, total
FROM customerdetails AS c JOIN sales AS s
  ON c.id=s.customerid
```

이제 state, town, 고객 id별로 데이터를 그룹화하여 요약해 보겠습니다. 이는 다시 다른 공통 테이블 표현식으로 들어갈 겁니다.

```
-- totals 생성
SELECT state, town, customerid, sum(total) AS total
FROM customer_sales
GROUP BY state, town, customerid
```

이제 이것들을 모두 합쳐서 결과를 확인해 보겠습니다.

```
WITH
 customer_sales AS (
  SELECT c.id AS customerid, c.state, c.town, total
  FROM customerdetails AS c JOIN sales AS s
   ON c.id=s.customerid
 ),
 totals AS (
  SELECT state, town, customerid, sum(total) AS total
  FROM customer_sales
  GROUP BY state, town, customerid
 )
SELECT state, town, customerid, total AS customer_total
FROM totals
ORDER BY state, customerid;
```

다음과 같은 결과가 나옵니다.

state	town	customerid	customer_total
ACT	Kingston	85	2469
ACT	Kingston	112	1387
ACT	Kingston	147	2439.5
ACT	Kingston	355	689.5
ACT	Gordon	489	199
NSW	Reedy Creek	10	3089
~ 269 rows ~			

이제 윈도우 함수를 살펴보겠습니다. 먼저, state별 그룹 총계를 구하기 위해 다음을 사용할 수 있습니다.

```
sum(total) OVER(PARTITION BY state) AS state_total
```

도시별 그룹 총계를 얻으려면 도시 이름이 여러 state에서 나타날 수 있다는 점을 기억하세요. PARTITION BY town을 사용하는 것은 도시 이름을 혼동할 수 있어 잘못된 방법입니다. 대신 다음을 사용합니다.

```
sum(total) OVER(PARTITION BY state, town) AS town_total
```

이 두 표현식을 통합하고 전체를 보기 위해 ORDER BY 절을 추가하면 다음과 같습니다.

```
WITH
 customer_sales AS (
  SELECT c.id AS customerid, c.state, c.town, total
  FROM customerdetails AS c JOIN sales AS s
   ON c.id=s.customerid
 ),
 totals AS (
  SELECT state, town, customerid, sum(total) AS total
  FROM customer_sales
  GROUP BY state, town, customerid
 )
SELECT
 state, town, customerid, total AS customer_total,
 sum(total) OVER(PARTITION BY state) AS state_total,
 sum(total) OVER(PARTITION BY state, town) AS town_total
FROM totals
ORDER BY state, customerid;
```

결과는 다음과 같습니다.

state	town	customerid	customer_total	state_total	town_total
ACT	Kingston	85	2469	7184	6985
ACT	Kingston	112	1387	7184	6985
ACT	Kingston	147	2439.5	7184	6985
ACT	Kingston	355	689.5	7184	6985

state	town	customerid	customer_total	state_total	town_total
ACT	Gordon	489	199	7184	199
NSW	Reedy Creek	10	3089	106389.22	12655
~ 269 rows ~					

state와 town 사이에는 암묵적인 계층 구조가 있습니다. 도시는 주의 일부이며 고객은 도시에 속해 있습니다. 따라서 PARTITION BY 절은 반드시 state,town이라는 계층 구조를 따라야 합니다. 주와 생년월일처럼 서로 관련이 없는 열도 사용할 수 있는데, 이 경우에는 열의 순서가 어느 쪽이든 상관없습니다.

8.5 순위 함수

지금까지 사용한 윈도우 함수는 기본적으로 새로운 맥락이 부여된 집계 함수입니다. 다른 그룹의 함수들은 윈도우 함수에 특화된 함수입니다. 일반적으로 이러한 함수는 현재 행의 위치와 관련이 있습니다. 광범위하게 본다면 이들을 순위 함수라고 할 수 있습니다.

이미 살펴본 것처럼, 순위 함수처럼 작동하는 집계 윈도우 함수가 하나 있습니다.

```
SELECT
  id, givenname, familyname,
  height,
  count(*) OVER (ORDER BY height
    ROWS UNBOUNDED PRECEDING) AS running_count
FROM customers
WHERE height IS NOT NULL
ORDER BY height;
```

프레이밍 절 ROWS UNBOUNDED PRECEDING(전체 표현 ROWS BETWEEN UNBOUNDED PRECEDING AND CURRENT ROW을 줄인 것)을 사용하는 한, count(*)는 현재 행까지의 행 수를 계산합니다. 이는 결과 집합에서 기본적으로 행 번호를 의미합니다.

이보다 더 간단한 대안이 있습니다.

```sql
SELECT
 id, givenname, familyname,
 height,
 row_number() OVER (ORDER BY height) AS running_count
FROM customers
WHERE height IS NOT NULL
ORDER BY height;
```

row_number() 함수는 기본적으로 결과 집합의 각 행에 대한 번호를 생성합니다.

8.5.1 기본 순위 함수

주요 순위 함수로 네 가지가 있습니다.

- row_number()

    지정된 순서에 따라 현재 파티션에서 현재 행 번호를 계산합니다. ORDER BY 절에서 두 값이 동일한 경우에도 서로 다른 행 번호가 부여되지만, 어느 것이 먼저 올지는 보장되지 않습니다.

- rank()

    결과 집합 내에서 순위를 부여합니다. ORDER BY 절에서 두 값이 동일한 경우 동일한 순위를 부여합니다. 그 다음에 나오는 다른 값은 다음순위를 받지 **않고**, 위의 행 번호를 따라가게 됩니다.

- count(*)

    프레이밍 절을 생략하고 RANGE를 기본값으로 두면 rank()와 유사하게 작동하지만 한 가지 차이가 있습니다. 이 차이점은 나중에 살펴보겠습니다.

- **dense_rank()**

  순위를 매긴다는 점에서 rank()와 비슷합니다. 하지만 다음으로 오는 다른 값이 다음 순위를 받게 되므로, 점차 행 번호보다 뒤로 오게 됩니다.

파티션이 지정되지 않은 경우(PARTITION BY 절이 없는 경우), 앞서 언급한 함수들은 전체 테이블에 적용됩니다. 그렇지 않은 경우, 각 함수는 그룹 내 위치를 반환합니다.

rank()와 dense_rank()의 차이점은 동일한 값에 대해 rank()는 다음 row_number()부터 순위를 매기는 반면, dense_rank()는 그렇지 않다는 것입니다.

ORDER BY 값이 고유하지 않은 경우는 다음과 같은 결과가 나옵니다.

- row_number()는 임의로 값을 부여합니다.
- rank()는 그룹의 **시작** 부분에 순위를 부여합니다.
- count(*)는 그룹의 **끝** 부분에 순위를 부여합니다.
- dense_rank()는 그룹에 순위를 부여합니다.

ORDER BY 값이 고유한 경우, 이 함수들은 모두 동일한 결과를 반환합니다.

고객의 height(키) 데이터를 활용해 이를 테스트해 볼 수 있습니다. 일부 값이 중복되어 있다는 것을 우리는 이미 알고 있습니다.

```
SELECT
  id, givenname, familyname,
  height,
  row_number() OVER (ORDER BY height) AS row_number,
  count(*) OVER (ORDER BY height) AS count,
  rank() OVER (ORDER BY height) AS rank,
  dense_rank() OVER (ORDER BY height) AS dense_rank
FROM customers
WHERE height IS NOT NULL
ORDER BY height;
```

다음과 같은 결과가 나옵니다.

id	...	height	row_number	count	rank	dense_rank
597	...	153	1	2	1	1
283	...	153	2	2	1	1
451	...	153.8	3	3	3	2
194	...	154.3	4	4	4	3
534	...	156.4	5	6	5	4
352	...	156.4	6	6	5	4
~ 267 rows ~						

실제 결과는 물론 다를 수 있습니다. 하지만 앞의 예제를 통해 다음을 확인할 수 있습니다.

- row_number()는 실제 값과 상관없이 고유합니다.
- rank()는 동일한 값에 대해 같은 순위를 부여하며, 다음 값은 row_number()와 일치합니다.
- count(*)도 동일한 값에 대해 같은 순위를 부여하며, 다음 값 역시 row_number()와 일치합니다.
- rank()는 동일한 값에 대해 첫 번째 row_number()와 같고, count(*)는 동일한 값에 대해 마지막 row_number()와 같습니다.
- dense_rank()도 동일한 값에 대해 같은 순위를 부여하며, 다음 값은 다음 순위를 받습니다. 결과 집합의 끝으로 갈수록 행 번호와 크게 달라집니다.

대부분의 DBMS에서 순위 함수는 모두 ORDER BY 윈도우 절을 필요로 합니다. 정렬 없이는 순위도 의미가 없기 때문에 당연합니다.

예외적으로 PostgreSQL과 SQLite는 다음과 같이 빈 윈도우 절을 허용합니다.

```
-- PostgreSQL, SQLite의 경우
SELECT
  id, givenname, familyname,
  height,
  row_number() OVER () AS row_number,
  count(*) OVER () AS count,
  rank() OVER () AS rank,
  dense_rank() OVER () AS dense_rank
FROM customers
```

```
WHERE height IS NOT NULL
ORDER BY height;
```

하지만 이러한 결과는 의미가 없습니다. count(*), rank(), dense_rank() 표현식은 전체 결과 집합에 대해 하나의 값만 반환하며, row_number()는 임의의 순서로 행 번호를 부여합니다.

8.5.2 PARTITION BY를 사용한 순위 매기기

기본적으로 row_number()와 같은 순위 함수는 전체 결과 집합에 대해 순위를 매깁니다. PARTITION BY를 사용하여 그룹별로도 순위를 매길 수 있습니다.

```
SELECT
  id, ordered_date, total,
  row_number() OVER (PARTITION BY ordered_date) AS row_number
FROM sales
ORDER BY ordered;
```

결과는 다음과 같습니다.

id	ordered_date	total	row_number
1	2022-05-04	43	1
2	2022-05-05	54.5	1
3	2022-05-05	96	2
6	2022-05-06	18	2
7	2022-05-06	92.5	1
4	2022-05-07	17.5	1

~ 5295 rows ~

정렬 순서가 지정되지 않았기 때문에 행 번호가 예상한 순서대로 나오지 않을 수 있습니다. 작업을 완료하기 위해서는 다음과 같이 정렬 조건도 포함해야 합니다.

```
SELECT
  id, ordered_date, total,
  row_number() OVER (
    PARTITION BY ordered_date ORDER BY ordered
  ) AS row_number
FROM sales
ORDER BY ordered;
```

그러면 이제 행 번호가 예상했던 순서대로 표시됩니다.

id	ordered_date	total	row_number
1	2022-05-04	43	1
2	2022-05-05	54.5	1
3	2022-05-05	96	2
6	2022-05-06	18	1
7	2022-05-06	92.5	2
4	2022-05-07	17.5	1

~ 5295 rows ~

그룹 행 번호를 창의적으로 활용하는 방법도 있습니다. 예를 들어, 하루 중 첫 번째 판매에 대해서만 날짜를 표시하고 싶다면 **CASE ... END** 표현식을 사용하여 선택적으로 날짜를 표시할 수 있습니다.

```
CASE
  WHEN row_number() OVER
    (PARTITION BY ordered_date ORDER BY ordered)=1
    THEN CAST(ordered_date AS varchar(16))
  ELSE ''
END AS ordered_date,
```

몇 개의 열을 재배치하고 이름을 바꾸면 다음과 같은 결과를 얻을 수 있습니다.

```
SELECT
  id,
```

```
  CASE
   WHEN row_number() OVER
     (PARTITION BY ordered_date ORDER BY ordered)=1
     THEN CAST(ordered_date AS varchar(16))
    ELSE ''
  END AS ordered_date,
  row_number() OVER (PARTITION BY ordered_date) AS item,
  total
 FROM sales
 ORDER BY ordered;
```

그러면 더 단순한 결과가 나옵니다.

id	ordered_date	item	total
1	2022-05-04	1	43
2	2022-05-05	1	54.5
3		2	96
6	2022-05-06	1	18
7		2	92.5
4	2022-05-07	1	17.5
5		2	63
9		3	61.5
10	2022-05-08	1	67.5
11		2	18.5
8		3	54
13		4	74.5

~ 5295 rows ~

물론 누적 합계도 포함할 수 있습니다.

8.5.3 결과 페이지 작업하기

결과를 여러 페이지로 나누고 싶다면 전체 행 번호가 필요합니다. 예를 들어, 결과를 한 페이지에 20개씩으로 나누고 그중 3페이지를 표시하고 싶다고 가정해 보겠습니다.

pricelist 뷰로 시작하여 row_number() 윈도우 함수를 포함할 수 있습니다.

```
SELECT
  id, title, published, author,
  price, tax, inc,
  row_number() OVER(ORDER BY id) AS row_number
FROM aupricelist;
```

아직 ORDER BY 절을 포함하지 않았는데, 이는 앞으로 더 추가할 내용이 있기 때문입니다. 일부 DBMS는 id 순서로 결과를 생성할 수 있지만, 이는 보장되지 않습니다.

이제 이것을 공통 테이블 표현식에 넣고 행 번호로 필터링할 수 있습니다.

```
WITH cte AS (
 SELECT
   id, title, published, author,
   price, tax, inc,
   row_number() OVER(ORDER BY id) AS row_number
 FROM aupricelist
)
SELECT *
FROM cte
WHERE row_number BETWEEN 40 AND 59
ORDER BY id;
```

다음과 같은 결과가 나올 것입니다.

id	title	...	price	tax	inc	row_number
98	Camilla	...	12	1.2	13.2	40
102	The Mystery of a Hansom ...	...	14.5	1.45	15.95	41
103	Persian Letters	...	15.5	1.55	17.05	42
104	Sinners in the Hands of ...	...	19.5	1.95	21.45	43
106	Trafalgar	...	16	1.6	17.6	44
109	The Scarlet Letter and S ...	...	19.5	1.95	21.45	45
~ 20 rows ~						

> **NOTE** Oracle에는 rownum이라는 내장값이 있습니다. 하지만 안타깝게도 이것은 공통 테이블 표현식이나 서브쿼리에서만 사용해야 합니다.

물론 꼭 id로 정렬할 필요는 없습니다. 윈도우 함수와 ORDER BY 절에 모두 포함하기만 한다면 제목이나 가격으로도 정렬할 수 있습니다. 그리고 당연히 DESC를 사용해 내림차순으로 정렬할 수도 있습니다.

이를 수행하는 또 다른 방법이 있습니다. 공식적으로는 OFFSET ... FETCH ... 절을 사용할 수 있습니다.

```
-- PostgreSQL, MSSQL, Oracle의 경우
SELECT
  id, title, published, author,
  price, tax, inc,
  row_number() OVER(ORDER BY id) AS row_number
ORDER BY id OFFSET 40 ROWS FETCH FIRST 20 ROWS ONLY;
```

이는 처음 40개의 행을 건너뛰고 그 다음 20개의 행을 가져옵니다. 비공식적으로, 일부 DBMS는 LIMIT ... OFFSET을 지원합니다.

```
-- PostgreSQL (다시), MariaDB/MySQL, SQLite의 경우
SELECT
  id, title, published, author,
  price, tax, inc,
  row_number() OVER(ORDER BY id) AS row_number
ORDER BY id LIMIT 20 OFFSET 40;
```

더 간단한 구문이긴 하지만, 안타깝게도 공식 구문은 아닙니다.

> **NOTE** MSSQL은 간단한 **SELECT TOP** 구문도 지원하지만, 유연성은 떨어지는 편입니다.

Chapter 8 윈도우 함수 **339**

물론 이 두 가지 대안이 윈도우 함수 기법을 사용하는 것보다 훨씬 간단하지만, 윈도우 함수를 사용하면 장점이 있습니다.

가격과 같이 고유하지 않은 값으로 정렬하는 경우를 예로 들어보겠습니다. `row_number()`를 포함한 일반적인 페이징 기법의 문제점은 페이지가 정확히 지정된 행 수에 맞춰 끊긴다는 것입니다. 더 이상 행이 없는 경우에는 지정된 행 수 전에 끊깁니다.

가격을 유지하고 싶다면, 다음과 같은 방법을 대신 사용할 수 있습니다.

```
WITH cte AS (
 SELECT
  id, title, published, author,
  price, tax, inc,
  rank() OVER(ORDER BY price) AS rank
 FROM aupricelist
)
SELECT *
FROM cte
WHERE rank BETWEEN 40 AND 59
ORDER BY price;
```

그룹화가 너무 크지 않다면 거의 동일한 결과를 얻을 수 있으며, 동일한 가격의 모든 책이 함께 표시됩니다.

8.6 ntile로 작업하기

정렬된 결과 집합을 10개의 그룹으로 나누고 싶다면, 이를 **십분위수**deciles라고 부릅니다. 이는 라틴어에서 숫자 10을 의미하는 단어에서 유래했습니다. 5개의 그룹으로 나눈다면 **오분위수**pentiles라고 하고, 100개의 그룹은 **백분위수**percentiles라고 합니다. 라틴어를 잘 알고 있다면, 7개나 13개의 그룹에 대한 용어도 만들 수 있겠네요.

수학자들은 임의의 숫자를 n으로 표현하는데, 정렬된 데이터를 그룹으로 나누면 **n분위수**ntiles가 생성됩니다. 윈도우 함수는 `ntile(n)`으로, 여기서 n은 그룹의 수를 의미합니다.

예를 들어, customers 테이블에서 고객의 키를 기준으로 십분위수를 만들려면 다음과 같이 사용할 수 있습니다.

```
SELECT
  id, givenname, familyname, height,
  ntile(10) OVER (order by height) AS decile
FROM customers
WHERE height IS NOT NULL;
```

다음과 같은 결과가 나타날 것입니다.

id	givenname	familyname	height	decile
597	Ike	Andy	153	1
283	Ethel	Glycol	153	1
451	Fred	Knott	153.8	1
194	Rod	Fishing	154.3	1
534	Minnie	Bus	156.4	1
352	Basil	Isk	156.4	1
~ 267 rows ~				

NULL을 가진 키를 필터링했다는 점에 주목하세요. 이를 필터링하지 않는다면, 사용하는 DBMS에 따라 첫 번째나 마지막 십분위수에 NULL이 포함됩니다. 이는 실제로 속하지 않아야 할 그룹이 포함되는 결과를 만들게 됩니다.

이것이 ntile()의 함정 중 하나입니다. 이 함수에는 두 가지 함정이 있는데, 그 중 하나는 치명적일 수 있습니다.

첫 번째 함정은, 앞의 결과에는 267개의 행이 있는데 이는 10으로 정확히 나눠지지 않습니다. 이 경우 SQL은 그룹을 균등하게 나누기 위해 처리해야 하며, 처음 7개 그룹은 27개의 행을 가지고 나머지는 26개의 행을 가지게 됩니다. 물론 여러분의 결과는 다를 수 있지만, 기본 개념은 동일합니다. 나머지 행들은 앞쪽부터 채워집니다.

두 번째 함정은 쉽게 드러나지 않을 수 있으며 샘플 데이터베이스에서는 발견하기 어려울 수 있습니다. 그러나 자세히 살펴보면 다음과 같은 문제를 발견할 수 있습니다.

id	givenname	familyname	height	decile
...				
388	Ron	Delay	166.9	3
546	Pat	Ella	167.1	3
106	Jay	Walker	167.1	3
77	Lyn	Seed	167.1	4
403	Will	Knott	167.3	4
314	Jack	Potts	167.4	4
...				

앞 예제에서 세 명의 고객이 동일한 키(167.1)를 가지고 있지만, 이 중 한 명은 이전 십분위수에 포함되지 못하고 다음 십분위수로 밀려났음을 볼 수 있습니다. 이는 앞서 언급한 불공평에 대한 예시로, ntile이 순전히 행 번호와 값에 기반하여 계산되기 때문에 일어납니다.

예를 들어, 특정 십분위수에 있는 고객들에게 상품이나 할인 혜택을 제공한다고 할 경우, 단순히 정렬 순서로 인해 혜택을 받지 못하는 고객이 생긴다면 이는 매우 불공평할 것입니다.

이러한 문제는 ntile을 사용하는데 치명적일 수 있지만, 해결 방법이 있습니다.

8.6.1 ntile에 대한 해결 방안

앞서 언급했듯이, ntile은 행 번호를 기준으로 합니다. 하지만 ntile이 rank(), count() 또는 dense_rank()를 기반으로 한다면, 동일한 값을 가진 행들은 같은 십분위수에 속하게 될 것입니다.

이 예제에서는 이십분위수^{vigintiles}로 20개 그룹을 생성할 것입니다. 이를 위해 직접 그룹화를 계산해야 합니다. 우선 각 그룹의 크기를 계산하는 것부터 시작합니다.

```
SELECT count(*)/20.0 AS bin
FROM customers WHERE height IS NOT NULL
```

이 값을 bin이라고 하겠습니다. 이는 그룹을 나타내는 일반적인 통계 용어입니다. 이것을 공통 테이블 표현식에 넣고 다음과 같이 실행할 수 있습니다.

```
-- PostgreSQL, MariaDB/MySQL, MSSQL, Oracle의 경우
WITH data AS (
 SELECT count(*)/20.0 AS bin
 FROM customers WHERE height IS NOT NULL
)
SELECT
 id, givenname, familyname, height,
 row_number() OVER(ORDER BY height) AS row_number,
 ntile(20) OVER(ORDER BY height) AS vigintile,
 floor((row_number() OVER(ORDER BY height)-1)/bin)+1
  AS row_vitintile,
 floor((rank() OVER(ORDER BY height)-1)/bin)+1
  AS rank_vigintile,
 floor((count(*) OVER(ORDER BY height)-1)/bin)+1
  AS count_vigintile,
 bin
FROM customers, data
WHERE height IS NOT NULL
ORDER BY height;
SQLite에는 floor() 함수가 없지만, 대신 cast(... AS int)를 사용할 수 있습니다.
cast((row_number() OVER(ORDER BY height)-1)/bin AS int)+1
 AS row_vigintile,
cast((rank() OVER(ORDER BY height)-1)/bin AS int)+1
 AS rank_vigintile,
cast((count(*) OVER(ORDER BY height)-1)/bin AS int)+1
 AS count_vigintile,
```

다음과 같은 결과가 나타납니다(열 이름은 페이지에 맞게 줄였습니다).

id	...	height	rn	vig	row_vig	rank_vig	count_vig	bin
597	...	153	1	1	1	1	1	13.35
283	...	153	2	1	1	1	1	13.35
451	...	153.8	3	1	1	1	1	13.35
194	...	154.3	4	1	1	1	1	13.35
534	...	156.4	5	1	1	1	1	13.35
352	...	156.4	6	1	1	1	1	13.35
~ 267 rows ~								

vigintile과 row_vigintile 값은 동일해야 합니다. row_vigintile은 행 번호를 기반으로 vigintile이 어떻게 계산되었는지 보여주기 위한 것입니다.

더 중요한 점은 rank_vigintile과 count_vigintile 열이 rank()와 count(*) 값을 기반으로 계산되며, 동일한 키를 가진 행들을 항상 같은 그룹에 배치한다는 것입니다. 어떤 방법이 더 적합할지는 여러분의 결정에 달려있습니다.

8.7 이전 및 다음 행 다루기

정렬된 결과 집합을 다룰 때, 이전 행과 다음 행의 데이터도 가져올 수 있습니다. 이러한 결과를 각각 lag와 lead라고 합니다.

함수의 일반적인 구문은 다음과 같습니다.

```
lead(column,number) OVER (...)
lag(column,number) OVER (...)
```

여기서 OVER 절뿐만 아니라 두 가지 값을 지정해야 합니다. column 값은 다른 행에서 가져오고자 하는 데이터를 나타냅니다. number 값은 몇 행 앞 또는 뒤의 데이터를 가져올지 지정합니다. number 값은 생략할 수 있으며, 이 경우 기본값은 1이 됩니다.

예를 들어, 각 날짜별 매출과 함께 전날과 다음 날의 매출도 확인하고 싶다고 하면 다음과 같이 작성할 수 있습니다.

```
SELECT
 ordered_date, daily_total,
 lag(daily_total) OVER (ORDER BY ordered_date)
  AS previous,
 lead(daily_total) OVER (ORDER BY ordered_date)
  AS next
FROM daily_sales
ORDER BY ordered_date;
```

다음과 같은 결과가 나옵니다.

ordered_date	daily_total	previous	next
2022-05-04	43	[NULL]	150.5
2022-05-05	150.5	43	110.5
2022-05-06	110.5	150.5	142
2022-05-07	142	110.5	214.5
2022-05-08	214.5	142	16.5
2022-05-09	16.5	214.5	160
~ 388 rows ~			

첫 번째 행의 이전 값과 마지막 행의 다음 값이 NULL인 것을 볼 수 있습니다.

눈으로 위 아래 행을 확인하면 된다고 생각하면 별 의미 없다고 생각할 수도 있지만, lag나 lead를 계산에 포함시킬 수 있습니다. 예를 들어, 각 날짜의 매출을 일주일 전과 비교하고 싶다고 가정해 보겠습니다. 다음과 같이 할 수 있습니다.

```
SELECT
 ordered_date, daily_total,
 lag(daily_total,7) OVER (ORDER BY ordered_date)
  AS last_week,
 daily_total
  - lag(daily_total,7) OVER (ORDER BY ordered_date)
```

```
    AS difference
 FROM daily_sales
 ORDER BY ordered_date;
```

결과는 다음과 같습니다.

ordered_date	daily_total	last_week	difference
2022-05-04	43	[NULL]	[NULL]
2022-05-05	150.5	[NULL]	[NULL]
2022-05-06	110.5	[NULL]	[NULL]
2022-05-07	142	[NULL]	[NULL]
2022-05-08	214.5	[NULL]	[NULL]
2022-05-09	16.5	[NULL]	[NULL]
2022-05-10	160	[NULL]	[NULL]
2022-05-11	115	43	72
2022-05-12	205	150.5	54.5
2022-05-13	164.5	110.5	54
2022-05-14	46.5	142	-95.5
2022-05-15	457.5	214.5	243
~ 388 rows ~			

여기서 lag(total,7) 표현식은 7행 이전의 값을 가져옵니다. 예상대로 처음 7개 행의 값은 NULL입니다.

lag나 lead를 의미 있게 사용하려면 다음 두 가지 조건이 중요합니다.

- 테스트하려는 각 인스턴스에 대해 하나의 행만 있어야 합니다. 예를 들어, 같은 날짜를 가진 두 개의 행이 있으면 안 됩니다.
- 데이터에 간격이 없어야 합니다. 예를 들어, 날짜가 누락되면 안 됩니다.

이는 각 행을 하루로 해석하기 때문입니다. 만약 날짜와 상관없이 단순히 순서나 매출만을 다루고 있다면 문제가 되지 않습니다.

데이터를 인내심을 가지고 자세히 살펴보면 누락된 날짜가 몇 개 있다는 것을 발견할 수 있습니다. 이는 이전 행이 항상 '어제'를 의미하지 않으며, 7행 이전의 값이 항상 '지난 주'를 의미하지 않는다는 것을 뜻합니다. 9장에서 이러한 간격을 어떻게 메울 수 있는지 살펴보겠습니다.

8.8 복습하기

윈도우 함수는 '윈도우' 또는 행 그룹을 기반으로 행별 값을 제공하는 함수입니다.

윈도우 함수의 종류는 다음과 같습니다.

- 집계 함수 count()와 sum()과 같은 주요 비윈도우 집계 함수들이 여기에 모두 포함됩니다.
- 순위 함수와 그룹화 위치를 생성하는 row_number(), rank(), dense_rank() 함수와 정렬된 그룹을 생성하는 ntile() 함수가 있습니다.
- 다른 행의 데이터를 가져오는 함수 lag()와 lead() 함수가 이에 해당합니다.

8.8.1 윈도우 절

윈도우 함수는 OVER() 절을 특징으로 합니다.

```
fn() OVER (...)
```

OVER() 절은 다음을 포함합니다.

- 데이터의 행 순서를 정의하는 ORDER BY
- 데이터의 하위 그룹을 정의하는 PARTITION BY
- 데이터를 행 번호 또는 값 어느 쪽으로 정의할지 결정하는 프레이밍 절. 이는 또한 윈도우의 시작 행과 종료 행을 결정합니다.

8.9 앞으로 다룰 내용

7장에서 공통 테이블 표현식의 작동 방식에 대해 알아보았고, 이 책 전체에서 매우 광범위하게 사용했습니다.

다음 장에서는 공통 테이블 표현식을 다시 한번 살펴보며 좀 더 정교한 기능들을 살펴볼 것입니다. 특히, 까다로운 재귀적 공통 테이블 표현식에 대해 알아보겠습니다.

CHAPTER 9

공통 테이블 표현식(CTE) 더 알아보기

그동안 집계 및 기타 연산에 사용할 데이터를 준비하기 위해 공통 테이블 표현식(CTE)을 활용해 왔습니다.

이번에는 CTE의 더 강력한 기능들에 대해 자세히 살펴보겠습니다.

9.1 CTE를 변수로 활용하기

4장에서 테스트 값으로 몇 가지 계산을 해 본 적이 있습니다.

```
WITH vars AS (
 SELECT ' abcdefghijklmnop ' AS string
 -- FROM dual -- Oracle
)
SELECT
 string,
 -- sample string functions
FROM vars;
```

이 장의 뒷부분에서는 테이블 리터럴을 다루면서 이 기법의 더 정교한 버전을 살펴보겠습니다. 지금은 이를 어떻게 활용할 수 있는지 알아보겠습니다.

일부 DBMS와 모든 프로그래밍 언어에는 **변수**variable라는 개념이 있습니다. 변수는 임의로 이름이 지정된 값입니다. 이를 지원하는 DBMS에서는, 변수 이름을 선언하고 다음 단계에서 사용할 값을 할당할 수 있습니다. 예를 들어, MSSQL에서는 다음과 같이 작성할 수 있습니다.

```
-- MSSQL에서
DECLARE @taxrate decimal(4,2);
SET @taxrate = 12.5;
SELECT
  id, title,
  price, price/@taxrate/100 AS tax
FROM books;
```

이 코드를 실행하려면 모든 구문을 선택해서 한 번에 실행해야 합니다. 9장에서는 이러한 변수들에 중점을 두지 않지만 10장에서 변수 사용에 대해 더 자세히 다루겠습니다. 대신, 공통 테이블 표현식을 사용해 유사한 작업을 수행하는 방법을 살펴보겠습니다.

엄밀히 말하면, 우리가 사용할 것은 변수가 아닌 **상수**constant입니다. 이는 값을 한 번만 설정한다는 것을 의미합니다. 하지만 더 일반적인 용어인 '변수'를 사용해도 괜찮습니다.

변수를 정의하면 두 가지 이점이 있습니다.

- 한 번 지정한 임의의 값을 여러 번 사용할 수 있습니다.
- 임의의 값을 사전에 준비하는 섹션으로 이동할 수 있습니다.

앞선 CTE 예제에서는 실제 데이터 없이 CTE 자체에서 값을 선택했습니다. 더 현실적인 예제에서는 CTE를 다른 테이블과 `CROSS JOIN`해서 사용할 것입니다.

9.1.1 하드코딩된 상수 설정하기

CTE 변수를 활용하는 간단한 방법 중 하나는 메인쿼리에서 사용할 임의의 값을 설정하는 것입니다. 예를 들어, 임의의 세율을 적용한 가격 목록을 생성하고 싶다고 가정해 보겠습니다.

우선, 세율을 포함하는 CTE를 생성할 수 있습니다.

```
WITH vars AS (
 SELECT 0.1 AS taxrate
 -- FROM dual -- Oracle
)
```

이제 CTE와 books 테이블을 간단한 CROSS JOIN을 사용하여 결합할 수 있습니다.

```
WITH vars AS (
 SELECT 0.1 AS taxrate
 -- FROM dual -- Oracle
)
SELECT * FROM books, vars;
```

다음과 같은 결과가 나옵니다.

id	authorid	title	published	price	taxrate
2078	765	The Duel	1811	12.5	0.1
503	128	Uncle Silas	1864	17	0.1
2007	99	North and South	1854	17.5	0.1
702	547	Jane Eyre	1847	17.5	0.1
1530	28	Robin Hood, The ...	1862	12.5	0.1
1759	17	La Curée	1872	16	0.1

~ 1201 rows ~

CROSS JOIN은 한 테이블의 모든 행을 다른 테이블의 모든 행과 결합합니다. vars CTE에는 단 하나의 행만 있기 때문에, CROSS JOIN은 단순히 books 테이블에 다른 열을 추가하는 효과를 가집니다.

SQL은 books CROSS JOIN vars와 같이 CROSS JOIN을 위한 더 현대적인 구문을 제공합니다. 하지만 여기서는 더 단순하고 가독성이 좋은 기존 구문을 사용하겠습니다.

이제 세금이 포함된 가격 목록을 계산할 수 있습니다.

```
WITH vars AS (SELECT 0.1 AS taxrate)
SELECT
 id, title,
 price, price*taxrate AS tax, price*(1+taxrate) AS total
FROM books, vars;
```

다음과 같은 결과가 나옵니다.

id	title	price	tax	total
2078	The Duel	12.5	1.25	13.75
503	Uncle Silas	17	1.7	18.7
2007	North and South	17.5	1.75	19.25
702	Jane Eyre	17.5	1.75	19.25
1530	Robin Hood, The Prince of Thieves	12.5	1.25	13.75
1759	La Curée	16	1.6	17.6
~ 1201 rows ~				

물론 taxrate 대신 0.1을 사용해서 CTE와 CROSS JOIN을 생략할 수도 있습니다. 하지만 CTE를 사용하면 세율을 처음에 한 번만 설정하면 되므로 유지보수가 쉽고 나중에 여러 번 재사용할 수 있다는 장점이 있습니다.

9.1.2 상수 도출하기

값이 반드시 리터럴 값일 필요는 없습니다. 다른 쿼리에서 값을 도출할 수도 있습니다. 예를 들어, 가장 나이가 많은 고객과 가장 어린 고객을 찾으려면 먼저 최소 및 최대 생년월일을 변수로 설정합니다.

```
-- vars CTE
 SELECT min(dob) AS oldest, max(dob) AS youngest
 FROM customers
```

그런 다음 customers 테이블과 CROSS JOIN하면 해당하는 고객을 찾을 수 있습니다.

```
WITH vars AS (
 SELECT min(dob) AS oldest, max(dob) AS youngest
 FROM customers
)
SELECT *
FROM customers, vars
WHERE dob IN(oldest, youngest);
```

다음과 같은 결과가 나와야 합니다.

id	givenname	familyname	...	dob	...
92	Nan	Keen	...	1943-05-18	...
228	Cam	Payne	...	2003-01-27	...
577	Sybil	Service	...	2003-01-27	...
392	Daisy	Chain	...	1943-05-18	...

키가 작은 고객을 찾고 싶다면 평균 키를 변수로 설정하면 됩니다.

```
WITH vars AS (SELECT avg(height) AS average FROM customers)
SELECT *
FROM customers, vars
WHERE height<average;
```

이외의 다른 방식으로는 할 수 없는 작업인데, 평균은 집계 함수이기 때문입니다.

9.2 CTE에서 집계 함수 사용하기

여러 번 보았듯이, 집계 함수와 비집계 쿼리를 혼합할 수 없습니다. 이에 대한 해결 방법은 필요한 집계를 별도로 계산한 후, 다음 쿼리에서 그 결과를 통합하는 것입니다.

9.2.1 고객별 최근 구매 내역 찾기

예를 들어, 각 고객의 가장 최근 구매 내역을 가져오고 싶다고 가정해 보겠습니다. 가장 최근 구매 내역을 찾으려면 먼저 간단한 집계 쿼리가 필요합니다.

```sql
SELECT customerid, max(ordered) AS last_order
FROM sales
GROUP BY customerid;
```

다음과 같은 결과가 나옵니다.

customerid	last_order
550	2023-04-18 09:18:51.933845
272	2023-04-28 09:15:17.85286
70	2023-04-19 14:00:44.880376
190	2023-04-09 10:12:53.416293
539	2023-04-22 16:14:16.173923
314	2023-04-11 03:33:57.825786

~ 269 rows ~

여기에는 두 가지 중요한 데이터가 있습니다. customerid(고객 id)와 가장 최근 주문의 날짜 및 시간입니다. 이것을 서브쿼리로 활용해 customers 테이블과 sales 테이블을 JOIN하면 더 자세한 정보를 얻을 수 있습니다.

```sql
WITH cte(customerid, last_order) AS (
 SELECT customerid, max(ordered) AS last_order
 FROM sales
 GROUP BY customerid
)
SELECT
 customers.id AS customerid,
 customers.givenname, customers.familyname,
 sales.id AS saleid,
 sales.ordered_date, sales.total
FROM
```

```
    sales
    JOIN cte ON sales.customerid=cte.customerid
     AND sales.ordered=cte.last_order
    JOIN customers ON customers.id=cte.customerid
    ;
```

다음과 같은 결과가 나옵니다.

customer	givenname	familyname	sale	ordered_date	total
287	Judy	Free	4209	2023-02-04	50.5
26	Bess	Twishes	4542	2023-02-19	11
368	Sharon	Sharalike	4793	2023-03-01	56
282	Howard	Youknow	4939	2023-03-07	39
395	Holly	Day	4953	2023-03-07	75.5
474	Alf	Abet	5092	2023-03-13	94

~ 266 rows ~

CTE는 두 테이블을 JOIN하고 필터 역할을 하는 데 사용되었습니다. 하지만 CTE 결과 자체는 실제 출력에 필요하지 않습니다.

9.2.2 중복된 이름을 가진 고객 찾기

2장에서는 집계 쿼리를 사용해 중복된 데이터를 찾는 방법을 살펴보았습니다. 당시 중복된 이름은 일부 있었고, 중복된 전화번호는 없었습니다.

중복된 고객 이름을 더 자세히 알아보려면, 해당 고객에 대한 추가 정보를 가져와야 합니다. 우선 중복된 이름을 찾는 쿼리는 다음과 같습니다.

```
-- 공통 테이블 표현식(CTE)
SELECT familyname, givenname FROM customers
GROUP BY familyname, givenname HAVING count(*)>1
```

여기서는 고객을 이름과 성으로 그룹화하고, 그룹 내 개수가 두 개 이상인 경우를 필터링합니다.

이 쿼리를 CTE로 작성해 customers 테이블과 JOIN할 수 있습니다.

```
WITH names AS (
  SELECT familyname, givenname FROM customers
  GROUP BY familyname, givenname HAVING count(*)>1
)
SELECT
  c.id, c.givenname, c.familyname,
  c.email, c.phone
  -- 기타 정보를 더 추가할 수 있음
FROM customers AS c
  JOIN names ON c.givenname=names.givenname
    AND c.familyname=names.familyname
  ORDER BY c.familyname, c.givenname;
```

다음과 같은 결과가 나옵니다.

id	givenname	familyname	email	phone
429	Corey	Ander	corey.ander429@example.net	0355503360
85	Corey	Ander	corey.ander85@example.net	0255501923
174	Paul	Bearer	paul.bearer174@example.com	0370109921
482	Paul	Bearer	paul.bearer482@example.com	0755502522
402	Terry	Bell	terry.bell402@example.com	0755504982
295	Terry	Bell	terry.bell295@example.com	0355509630

~ 16 rows ~

CTE와 customers 테이블을 두 개의 열 JOIN하고, 이메일 주소와 전화번호(있는 경우)도 포함하여, 추적할 수 있도록 정보를 가져왔습니다.

9.3 CTE 매개변수 이름

기본적으로 열 이름은 CTE에서 가져오며, 이전과 마찬가지로 모든 계산에 별칭이 있어야 합니다. 계산을 할 때처럼 CTE의 열에 별칭이 없을 경우,

- 해당 데이터를 참조할 수 없고,
- 일부 DBMS에서는 쿼리가 실행되지 않습니다.

CTE 이름에 매개변수 형태로 열 이름을 지정할 수도 있습니다. 예를 들어, 가장 빠른 생년월일과 가장 늦은 생년월일을 찾을 때, CTE 표현식에 별칭을 직접 지정할 수 있습니다.

```
WITH vars(oldest, youngest) AS ( -- 매개변수 이름 지정
  SELECT min(dob), max(dob) - 별칭 없음
  FROM customers
)
SELECT *
FROM customers, vars
WHERE dob IN(oldest, youngest);
```

이렇게 CTE의 매개변수 이름을 지정하는 방식을 사용할지, CTE 내부에서 별칭을 지정하는 방식을 할지는 대체로 개인의 취향입니다. 만약 CTE 매개변수 이름을 지정하면 내부에서 지정한 별칭보다 우선 적용됩니다.

CTE 매개변수 이름을 선호하는 이유는 모든 이름이 한 곳에 모여 있어 가독성이 있기 때문입니다. 앞으로 다중 CTE나 UNION 등 복잡한 구조의 CTE를 작성하게 될 텐데, 매개변수 이름이 있으면 더 이해하기 쉬워지므로 이런 스타일을 더 자주 보게 될 것입니다.

9.4 다중 공통 테이블 표현식 사용하기

가장 단순한 형태의 CTE는 서브쿼리로도 작성할 수 있습니다.

```sql
SELECT columns
FROM (
 SELECT columns FROM table
) AS sq;
```

CTE를 사용하면 서브쿼리를 쿼리의 앞부분에 둠으로써 더 쉽게 관리할 수 있습니다.

```sql
WITH cte AS (
 SELECT columns FROM table
)
SELECT columns
FROM cte;
```

이것만으로도 가독성과 유지보수성이 향상되지만, 서브쿼리 안에 또 다른 서브쿼리가 있을 때 그 효과가 더 커집니다.

```sql
SELECT columns
FROM (
 SELECT columns FROM (
  SELECT columns FROM table
 ) AS sq1
) AS sq2;
```

이것을 서브쿼리 중첩이라고 하는데, 쿼리가 너무 복잡해지면 유지보수가 어려운 악몽같은 상황이 될 수 있습니다.

다행히도 CTE를 사용하면 훨씬 더 직관적으로 쿼리를 구성할 수 있습니다.

```sql
WITH
  sq1 AS (SELECT columns FROM table),
  sq2 AS (SELECT columns FROM sql1)
SELECT columns FROM sq2;
```

여러 개의 CTE를 쉼표로 구분하여 연결할 수 있습니다. 앞 예제에서 볼 수 있듯이 각 서브쿼리는 이전 CTE를 참조할 수 있습니다.

나중에 이를 조금 더 확장하여 추가된 CTE가 반드시 이전 CTE를 참조할 필요가 없다는 점도 살펴보겠습니다.

9.4.1 다중 CTE를 사용하여 중복된 이름 요약하기

앞서 예제에서 중복된 이름 목록을 생성했을 때, 각 인스턴스마다 하나의 행이 있었습니다. 7장에서는 더 간결한 목록을 만들었지만 CTE를 사용하지 않았었습니다.

이번에는 CTE를 사용해 더 다루기 쉽고 구조적으로 정리된 목록을 생성해 보겠습니다.

먼저 중복된 이름을 찾는 쿼리부터 시작하겠습니다.

```sql
WITH names AS (
  SELECT familyname, givenname FROM customers
  GROUP BY familyname, givenname HAVING count(*)>1
)
SELECT
  c.id, c.givenname, c.familyname,
  c.email, c.phone
FROM customers AS c
  JOIN names ON c.givenname=names.givenname
    AND c.familyname=names.familyname
ORDER BY c.familyname, c.givenname;
```

이번에는 결과를 두 번째 CTE로 저장하여 더 정리된 형식으로 변환합니다.

```sql
WITH
  names AS (
    SELECT familyname, givenname FROM customers
    GROUP BY familyname, givenname HAVING count(*)>1
  ),
  duplicates(givenname, familyname, info) AS (
    SELECT
    c.givenname, c.familyname,
    cast(c.id AS varchar(5)) || ': ' || c.email
      -- MSSQL에서는 + 연산자 사용
    FROM customers AS c -- Oracle에서는 AS 생략
```

```
      JOIN names ON c.givenname=names.givenname
       AND c.familyname=names.familyname
  )
SELECT * from duplicates
ORDER by familyname, giv1enname;
```

> **NOTE**
> - 여러 개의 CTE를 더 쉽게 이해할 수 있도록 레이아웃을 변경했습니다.
> - **duplicates** CTE에서는 가독성을 위해 매개변수 이름을 지정했습니다. **names** CTE의 경우 계산된 값이 없으므로 별칭을 지정할 필요는 없지만, 일관성을 위해 추가할 수도 있습니다.
> - **id**를 개별 열로 표시하는 대신 문자열로 변환하여 이메일 주소와 연결했습니다. 이는 이후의 작업을 위한 준비입니다.
> - 단순화를 위해 전화번호는 제외했습니다. 일부 고객의 경우 전화번호가 누락되어 있는 경우도 있기 때문입니다.

지금까지의 결과를 확인할 수 있습니다.

givenname	familyname	info
Corey	Ander	429: corey.ander429@example.net
Corey	Ander	85: corey.ander85@example.net
Paul	Bearer	174: paul.bearer174@example.com
Paul	Bearer	482: paul.bearer482@example.com
Terry	Bell	402: terry.bell402@example.com
Terry	Bell	295: terry.bell295@example.com
~ 16 rows ~		

다음 단계는 info 열 값을 결합하여 데이터를 통합하는 것입니다.

```
WITH
  names AS (),
  duplicates(givenname, familyname, info) AS ()
```

```sql
SELECT
 givenname, familyname, count(*),
-- PostgreSQL, MSSQL
 string_agg(info,', ') AS info
-- MariaDB/MySQL
 -- group_concat(info SEPARATOR ', ') AS info
-- SQLite
 -- group_concat(info,', ') AS info
-- Oracle
 -- listagg(info,', ') AS info
FROM duplicates
GROUP BY familyname, givenname
ORDER by familyname, givenname;
```

통합된 목록은 다음과 같은 형태로 출력됩니다.

givenname	familyname	count	info
Corey	Ander	2	429: corey.ander ..., 85: corey.ander8 ...
Paul	Bearer	2	174: paul.bearer ..., 482: paul.bearer ...
Terry	Bell	2	402: terry.bell4 ..., 295: terry.bell2 ...
Mary	Christmas	2	465: mary.christ ..., 594: mary.christ ...
Ida	Dunnit	2	504: ida.dunnit5 ..., 90: ida.dunnit90 ...
Judy	Free	2	93: judy.free93@ ..., 287: judy.free28 ...
Annie	Mate	2	505: annie.mate5 ..., 357: annie.mate3 ...
Ken	Tuckey	2	98: ken.tuckey98 ..., 488: ken.tuckey4 ...

다음 절에서 다중 CTE를 활용한 더 많은 예제를 살펴보겠습니다.

9.5 재귀적 CTE

지금까지 살펴본 바와 같이, CTE의 중요한 특징 중 하나는 이전 CTE를 참조할 수 있다는 점이며 CTE가 자기 자신을 참조할 수 있다는 것입니다.

어떤 개체가 자기 자신을 참조하는 경우, 이를 **재귀**recursive 라고 합니다. 프로그래밍에서 재귀 함수는 자기 자신을 호출하는 함수이며, 적절하게 처리하지 않으면 무한 루프에 빠질 위험이 있습니다. 재귀적 CTE 또한 주의하지 않으면 문제가 발생할 수 있습니다.

재귀적 CTE는 사용하는 DBMS에 따라 두 가지 형태 중 하나를 따릅니다.

```
-- PostgreSQL, MariaDB/MySQL, SQLite의 경우
WITH RECURSIVE cte AS (
  -- 앵커
    SELECT ...
  UNION
  -- 재귀 멤버
    SELECT ... FROM cte WHERE ...
)
-- MSSQL, Oracle의 경우
WITH cte AS (
  -- 앵커
    SELECT ...
UNION ALL
-- 재귀 멤버
SELECT ... FROM cte WHERE ...
)
```

PostgreSQL, MariaDB/MySQL, 그리고 SQLite에서는 **RECURSIVE** 키워드를 사용합니다. 반면, MSSQL과 Oracle은 **RECURSIVE**를 사용하지 않지만 **UNION** 대신 **UNION ALL**을 사용해야 합니다.

재귀적 CTE는 두 부분으로 구성되어 있습니다.

- **재귀 멤버**recursive member 는 CTE의 이전 반복에서 상속받은 데이터를 기반으로 정의됩니다. 즉, 다음 멤버를 정의합니다.
- **앵커**anchor 는 시작점 또는 첫 번째 멤버를 정의합니다. 단순한 경우 하나의 값만 존재하지만, 복잡한 쿼리에서는 여러 개 있을 수 있습니다.

앵커 멤버가 여러 개라면 재귀 멤버도 여러 개가 됩니다. 재귀 CTE는 반드시 종료 조건 즉, 재귀가 언제까지 계속될지를 정의해야 합니다. 일반적으로 **WHERE** 절을 사용해 종료 조건을 설정하지만, **JOIN**과 같은 다른 방법을 사용할 수도 있습니다.

가장 간단한 재귀적 CTE의 예는 숫자 시퀀스를 생성하는 것입니다.

```
-- PostgreSQL, MariaDB/MySQL, SQLite의 경우
WITH RECURSIVE cte(n) AS (
  -- 앵커
    SELECT 1
  UNION
  -- 재귀 멤버
    SELECT n+1 FROM cte WHERE n<10
)
SELECT * FROM cte;
-- MSSQL, Oracle의 경우
WITH cte(n) AS (
  -- 앵커
    SELECT 1 -- Oracle: FROM dual
UNION ALL
-- 재귀 멤버
SELECT n+1 FROM cte WHERE n<10
)
SELECT * FROM cte;
```

편의를 위해 CTE에 매개변수(cte(n))를 포함했습니다. 매개변수를 지정하지 않는다면 **SELECT** 문에 별칭을 넣으면 됩니다.

이 경우 단일 앵커 값은 1입니다. 재귀 값은 n+1이며, n<10의 조건을 만족할 때까지 반복하고 그 이후에는 중단합니다. 그러면 아래와 같이 1부터 10까지의 숫자 시퀀스가 생성됩니다.

N
1
2
3
...
8
9
10

재귀적 CTE는 표준 SQL에서 반복 또는 루프를 구현하는 가장 근접한 기능입니다.[6]

재귀적 CTE의 대표적인 활용 사례 두 가지는 다음과 같습니다.

- 시퀀스 생성
- 계층 구조 탐색

또한 재귀적 CTE를 활용해 문자열을 작은 단위로 분할하는 방법도 소개할텐데, 이처럼 재귀적 CTE를 활용하면 쿼리에 창의적인 접근이 가능합니다.

9.5.1 시퀀스 생성하기

앞서 숫자 시퀀스를 생성하는 방법을 살펴보았습니다.

```
WITH cte AS (
  -- 앵커
   SELECT 0 AS n
  UNION ALL
  -- 재귀 멤버
   SELECT n+1 FROM cte WHERE n<100
)
SELECT * FROM cte;
```

여기서 중요한 점은 재귀 멤버에 시퀀스를 제한하는 **WHERE** 절이 포함되어 있다는 것입니다. 이 제한이 없으면 재귀 쿼리가 무한히 실행되지만, 아시다시피 영원히 지속되는 것은 없습니다.

MSSQL에는 기본적으로 반복 제한이 100회로 설정되어 있습니다. 나중에 이를 해결해 보겠습니다.

---

6 옮긴이_ 일부 SQL에서는 DO ... WHILE과 같은 추가적인 구조를 SQL 스크립트 내에서 제공합니다. 하지만 모든 SQL이 이를 지원하는 것은 아닙니다. 이들은 엄밀히 말해 SQL의 표준은 아니지만, 반복적으로 작업을 수행해야 하는 상황에서 사용할 수 있습니다.

```
-- MSSQL의 경우
WITH cte (
)
SELECT ... FROM cte OPTION(MAXRECURSION ...);
```
PostgreSQL, MariaDB/MySQL의 경우 실행 시간을 제한할 수 있습니다.
```
-- PostgreSQL의 경우
SET statement_timeout TO '5s';
-- MariaDB의 경우
SET MAX_STATEMENT_TIME=1; -- 초 단위
-- MySQL의 경우
SET MAX_EXECUTION_TIME=1000; -- 밀리초 단위
```

재귀가 올바르게 종료된다고 확신할 수 있다면 이러한 제한을 따로 설정할 필요는 없습니다. 하지만 MSSQL에서는 일부 쿼리에 대해 재귀 제한을 늘리거나 해제해야 할 수도 있습니다.

어떤 경우든, 안전을 위해 간단한 숫자 시퀀스를 포함하는 것이 나쁠 것은 없습니다.

시퀀스가 유용한 경우로는 날짜의 시퀀스를 얻는 것이 있습니다. 이는 시작 날짜를 정의하고 재귀 멤버에서 하루씩 추가하는 방식으로 구현됩니다.

CTE는 다음과 같이 간단하게 작성합니다.

```
-- PostgreSQL, MariaDB/MySQL의 경우
WITH RECURSIVE dates(d, n) AS (
  SELECT date'2023-01-01', 1
)
SELECT * FROM dates;
-- MSSQL의 경우
WITH dates(d, n) AS (
  SELECT cast('2023-01-01' as date), 1
)
SELECT * FROM dates;
-- Oracle의 경우
WITH dates(d, n) AS (
  SELECT date '2023-01-01', 1 FROM dual
)
SELECT * FROM dates;
-- SQLite의 경우
WITH RECURSIVE dates(d, n) AS (
  SELECT '2023-01-01', 1
```

```
)
SELECT * FROM dates;
```

첫 번째 값 d는 날짜 타입으로 변환되었습니다. SQLite는 날짜 타입을 지원하지 않기 때문에 문자열 그대로 사용됩니다. n은 시퀀스 번호로서 1이 설정되었지만 실제로 필요하지는 않습니다. 여기서는 CTE가 과도하게 실행되지 않도록 종료 조건을 설정하는 방법을 설명하기 위해 추가했습니다.

재귀 부분도 충분히 간단하지만, 하루를 추가하는 방법은 DBMS마다 다릅니다.

```
-- PostgreSQL의 경우
WITH RECURSIVE dates(d, n) AS (
  SELECT date'2023-01-01', 1
  UNION
  SELECT d+1, n+1 FROM dates
  WHERE d<'2023-05-01' AND n<10000
)
SELECT * FROM dates;
-- MariaDB/MySQL의 경우
WITH RECURSIVE dates(d, n) AS (
  SELECT date'2023-01-01', 1
  UNION
  SELECT date_add(d, interval 1 day), n+1 FROM dates
  WHERE d<'2023-05-01' AND n<10000
)
SELECT * FROM dates;
-- MSSQL의 경우
WITH dates(d, n) AS (
  SELECT cast('2023-01-01' as date), 1
  UNION ALL
  SELECT dateadd(day,1,d), n+1 FROM dates
  WHERE d<'2023-05-01' AND n<10000
)
SELECT * FROM dates;
-- SQLite의 경우
WITH RECURSIVE dates(d, n) AS (
  SELECT '2023-01-01', 1
```

```
  UNION
  SELECT strftime('%Y-%m-%d',d,'+1 day'), n+1 FROM dates
  WHERE d<'2023-05-01' AND n<10000
)
SELECT * FROM dates;
-- Oracle의 경우
WITH dates(d, n) AS (
  SELECT date '2023-01-01', 1 FROM dual
  UNION ALL
  SELECT d+1, n+1 FROM dates
  WHERE d<date'2023-05-01' AND n<10000
)
SELECT * FROM dates;
```

다음과 같이 날짜와 숫자의 연속을 볼 수 있습니다.

d	n
2023-01-01	1
2023-01-02	2
2023-01-03	3
2023-01-04	4
2023-01-05	5
2023-01-06	6
~ 121 rows ~	

MSSQL의 경우 `OPTION (MAXRECURSION 0)`을 추가하여 재귀 제한을 해제했습니다.

또한 `WHERE` 절에서 `AND n<10000` 조건을 추가했음을 주목해야 합니다. 10,000이라는 숫자는 27년이 넘는 기간에 해당하지만 무한하지는 않습니다. 만약 CTE 종료 조건을 잘못 설정하더라도 이 표현식이 재귀 호출을 제한하는 역할을 할 것입니다.

2023-01-01부터 2023-05-01 사이의 날짜 시퀀스가 왜 필요한지 궁금할 수 있는데, "그냥 만들어 볼 수도 있는 거지!"라고 답한다면 그다지 설득력이 없습니다. 이 기법을 사용하여 8장에서 언급했던, 요약 데이터에서 일부 날짜가 누락된 문제를 해결하려고 합니다.

9.5.2 시퀀스 CTE를 JOIN해 누락된 값 채우기

재귀적 CTE를 사용하여 연속된 시퀀스를 생성한 후, 다른 테이블 또는 CTE와 JOIN하여 누락된 값을 채울 수 있습니다.

예를 들어, 연도별 출생 고객 수를 구할 때 일부 연도가 누락될 수 있습니다. 모든 연도를 포함한 결과를 출력하고 싶다면 어떻게 해야 할까요?

먼저, 연도 시퀀스를 생성합니다.

```
-- PostgreSQL, MariaDB/MySQL, SQLite의 경우
WITH RECURSIVE
  allyears(year) AS (
    SELECT 1940
    UNION
    SELECT year+1 FROM allyears WHERE year<2010
  )
-- MSSQL, Oracle의 경우
WITH
  allyears(year) AS (
    SELECT 1940
    UNION ALL
    SELECT year+1 FROM allyears WHERE year<2010
  )
```

다음으로, 고객의 id와 출생연도를 가져옵니다.

```
-- PostgreSQL, MariaDB/MySQL, Oracle의 경우
  yobs(yob) AS (
    SELECT id, EXTRACT(year FROM dob)
    FROM customers WHERE dob IS NOT NULL
  )
-- MSSQL의 경우
  yobs(yob) AS (
    SELECT id, year(dob)
    FROM customers WHERE dob IS NOT NULL
  )
-- SQLite의 경우
  yobs(yob) AS (
```

```
    SELECT id, strftime('%Y',dob)
    FROM customers WHERE dob IS NOT NULL
)
```

마지막으로, JOIN하고 집계를 구합니다.

```
WITH RECURSIVE -- MSSQL, Oracle에서는 RECURSIVE 키워드 없음
 allyears(year) AS (),
 yobs AS ()
SELECT allyears.year, count(*) AS nums
FROM allyears LEFT JOIN yobs ON allyears.year=yobs.yob
GROUP BY allyears.year
ORDER BY allyears.year;
```

고객의 출생연도와 일치하지 않더라도 모든 연도 시퀀스를 포함하기 위해 LEFT JOIN이 필요합니다.

year	nums
1940	1
1941	1
1942	1
1943	1
1944	1
1945	1
~ 71 rows ~	

판매 데이터에 대해서도 같은 방식으로 진행하겠습니다.

9.5.3 누락된 날짜를 포함한 일별 비교

같은 방법을 누락된 날짜에도 적용할 수 있습니다. 8장에서는 일일 판매 요약 데이터를 생성했습니다. 그런 다음 일일 판매 데이터를 포함하는 뷰를 만들었습니다. 이제 해당 뷰에서 데이터를 조회할 수 있습니다.

```
SELECT *
FROM daily_sales
ORDER BY ordered_date;
```

다음과 같은 결과가 나옵니다.

ordered_date	ordered_month	daily_total
2022-04-08	2022-04	97.5
2022-04-09	2022-04	96
2022-04-10	2022-04	191
2022-04-11	2022-04	201.5
2022-04-12	2022-04	91
2022-04-13	2022-04	160
~ 385 rows ~		

하지만 자세히 살펴보면 일부 날짜가 누락된 것을 확인할 수 있습니다. 이제 누락된 값을 채워보겠습니다.

이를 위해 다음이 필요합니다.

- daily_sales 뷰
- daily_sales 뷰에서 첫 번째 날짜와 마지막 날짜를 가져오는 CTE
- 연속된 날짜 시퀀스

날짜 시퀀스를 생성하는 방법은 이미 알고 있습니다. 이번에는 임의의 날짜로 시작하고 끝내는 대신, daily_sales 뷰에서 첫 번째 날짜와 마지막 날짜를 가져와 시퀀스의 범위를 설정하겠습니다. 이 값을 참조할 수 있도록 CTE에 저장합니다.

```
WITH
 vars(first_date, last_date) AS (
  SELECT min(ordered_date), max(ordered_date)
  FROM daily_sales
 )
```

이제 이 값을 사용하여 연속된 날짜 시퀀스를 생성할 수 있습니다.

```
-- PostgreSQL의 경우
 WITH RECURSIVE
  vars(first_date, last_date) AS (),
  dates(d) AS (
   SELECT first_date FROM vars
   UNION
   SELECT d+1 FROM vars, dates WHERE d<last_date
  )
-- MariaDB/MySQL의 경우
 WITH RECURSIVE
  vars(first_date, last_date) AS (),
  dates(d) AS (
   SELECT first_date FROM vars
   UNION
   SELECT date_add(d, interval 1 day)
   FROM vars, dates WHERE d<last_date
 )
-- MSSQL의 경우
 WITH
  vars(first_date, last_date) AS (),
  dates(d) AS (
   SELECT first_date FROM vars
   UNION ALL
   SELECT dateadd(day,1,d)
   FROM vars, dates WHERE d<last_date
 )
-- SQLite의 경우
 WITH RECURSIVE
  vars(first_date, last_date) AS (),
  dates(d) AS (
SELECT first_date FROM vars

   UNION
   SELECT strftime('%Y-%m-%d',d,'+1 day')
   FROM vars, dates WHERE d<last_date
 )
-- Oracle의 경우
 WITH
  vars(first_date, last_date) AS (),
  dates(d) AS (
   SELECT first_date FROM vars
```

```
    UNION ALL
    SELECT d+1 FROM vars, dates WHERE d<last_date
  )
```

RECURSIVE 키워드를 사용하는 DBMS의 경우, 일부 CTE가 재귀적이지 않더라도 한 번만 사용하면 됩니다.

vars와 dates를 CROSS JOIN했는데, 이는 변수를 다른 테이블에 적용하는 일반적인 기법입니다. CROSS JOIN을 명시적으로 사용할 수도 있지만, 굳이 그렇게 할 필요는 없습니다.

이제 LEFT JOIN을 사용하여 전체 날짜 시퀀스를 포함하는 쿼리를 완성할 수 있습니다.

```
WITH RECURSIVE -- MSSQL, Oracle에서는 RECURSIVE 키워드 없음
  vars(first_date, last_date) AS (
    -- 기타
  ),
  dates(d) AS (
    -- 기타
  )
SELECT d AS ordered_date, daily_sales.daily_total
FROM dates LEFT JOIN daily_sales ON dates.d=daily_sales.ordered_date
ORDER BY dates.d;
```

다음과 같은 결과가 나옵니다.

ordered_date	daily_total
2022-04-08	97.5
2022-04-09	96
2022-04-10	191
2022-04-11	201.5
2022-04-12	91
2022-04-13	160
~ 387 rows ~	

daily_sales 뷰의 ordered_date 대신 dates.d AS ordered_date를 선택했습니다. 그 이유는 daily_sales에 일부 누락된 날짜가 있기 때문이며 이 문제를 해결하기 위해 이와 같은 과정을 거쳤습니다.

물론, 재귀적 CTE의 용도는 단순히 시퀀스 생성만을 위한 것은 아닙니다.

9.5.4 계층 구조 탐색

재귀적 CTE의 또 다른 용도는 계층 구조를 탐색하는 것입니다. 이번에는 employees 테이블에 있는 계층 구조를 살펴보겠습니다.

```
SELECT * FROM employees;
```

물론 실제 employees 테이블에는 더 많은 세부 정보가 있겠지만 여기서는 핵심 개념을 설명하기 위한 최소한의 데이터만 포함하겠습니다.

특히 employees 테이블에는 supervisorid 열이 있는데, 이는 동일한 테이블의 id 열을 참조하는 외래 키입니다.

```
employees.supervisorid ▶ _employees.id
```

좀 더 단순하게 관리자의 이름을 포함할 수도 있겠지만, 이는 books 테이블에 저자의 이름을 포함하지 않는 것과 같은 잘못된 방법입니다. 별도의 supervisors 테이블을 참조하는 방법 또한 조금 미묘한 이유로 잘못된 방법입니다.

도서와 저자는 서로 동일한 개체가 아니므로 분리해야 합니다. 잘 설계된 데이터베이스는 각 테이블에 한 가지 유형의 개체만 포함합니다. 그러나 직원과 관리자의 경우는 다릅니다. 관리자도 직원 중 하나일 뿐입니다.

이제 employees 테이블을 탐색해 직원과 그들의 관리자 목록을 가져오겠습니다.

단일 계층 구조 가져오기

재귀적 CTE 없이도, 동일한 테이블에 대해 OUTER JOIN을 적용하면 직원의 관리자를 가져올 수 있습니다. 이러한 방식을 SELF JOIN(자기 조인)이라고 합니다.

```
SELECT
  e.id AS eid,
  e.givenname, e.familyname,
  s.id AS sid,
  s.givenname||' '||s.familyname AS supervisor
  -- s.givenname+' '+s.familyname AS supervisor -- MSSQL
FROM employees AS e LEFT JOIN employees AS s
  ON e.supervisorid=s.id -- Oracle: AS 사용 불가
ORDER BY e.id;
```

다음과 같은 결과가 나옵니다.

eid	givenname	familyname	sid	supervisor
1	Marmaduke	Mayhem	10	Beryl Bubbles
2	Osric	Pureheart	12	Mildred Thisenthat
3	Rubin	Croucher	[NULL]	[NULL]
4	Gladys	Raggs	29	Fred Nurke
5	Cynthia	Hyphen-Smythe	12	Mildred Thisenthat
6	Sebastian	Trefether	5	Cynthia Hyphen-Smythe

~ 34 rows ~

테이블을 SELF JOIN할 때 중요한 것은, 테이블에 서로 다른 별칭을 지정해 JOIN 조건을 명확히 해야 한다는 것입니다.

재귀적 CTE를 사용한 다중 계층 구조

이 예제에서 원하는 것은 직속 관리자뿐만 아니라 각 직원 별 전체 관리자 목록을 조회하는 것입니다. 여기엔 재귀적 CTE가 필요합니다.

앵커 멤버는 직속 관리자가 없는 직원으로, 아마 계층 구조의 최상위에 있는 사람들일 것입니다.

```
WITH RECURSIVE -- MSSQL, Oracle: RECURSIVE 키워드 없음
 cte(id, givenname, familyname, supervisorid,
   supervisors, n) AS (
  -- 앵커 멤버(최상위 관리자)
  SELECT
    id, givenname, familyname, supervisorid, '', 1
  FROM employees WHERE supervisorid IS NULL
 )
```

이 열에는 일부 원본 데이터와 관리자 목록을 저장하는 문자열이 포함되어 있습니다. 당연히, 앵커 멤버인 최상위 관리자는 **supervisorid**가 NULL이며, 문자열은 비어 있습니다. 또한 시퀀스 번호가 1부터 시작하는데, 이는 나중에 사용할 기법을 위한 것입니다.

앵커 멤버에는 여러 개의 행이 존재할 수 있습니다. 하지만 그래도 괜찮습니다. 동일한 방식으로 작동할 것이기 때문입니다. 단지 여러 개의 시퀀스가 진행될 뿐입니다.

재귀 멤버는 관리자에 속해 있는 직원들, 즉 나머지 인원입니다. 관리자 목록이 늘어날수록 재귀 멤버도 늘어납니다.

```
 -- Not MSSQL or MariaDB/MySQL은 아직 지원되지 않음
 WITH RECURSIVE -- MSSQL, Oracle: RECURSIVE 키워드 없음
  cte(id, givenname, familyname, supervisorid,
    supervisors, n) AS (
   -- 앵커 멤버(최상위 관리자)
   UNION ALL
   -- 재귀 멤버(관리자에 속해있는 직원들. supervisorid가 NULL이 아님)
   SELECT
     e.id, e.givenname, e.familyname, e.supervisorid,
     cte.givenname||' '||cte.familyname||' < '||
      cte.supervisors, n+1
   FROM cte JOIN employees AS e ON cte.id=e.supervisorid
   -- Oracle: AS 사용 불가
  )
 SELECT * FROM cte
 ORDER BY id;
```

이 JOIN은 이전에 다룬 SELF JOIN과 비슷합니다. 현재 직원은 e 테이블 별칭을 사용해 참조되며, 이 별칭이 지정된 테이블은 재귀적 CTE와 JOIN되어 해당 직원의 관리자를 찾습니다. 원본 데이터는 별칭이 지정된 테이블에서 가져오며, 관리자에 대한 세부 정보는 새로운 supervisors 매개변수로 연결됩니다.

보통 WHERE 절을 사용하여 재귀를 제한하는 것이 일반적입니다. 하지만 이 경우에는 JOIN이 그 역할을 수행합니다. 더 이상 JOIN할 관리자가 없을 때 재귀가 자동으로 중단될 것이기 때문입니다.

이 과정에서 핵심은 supervisors 문자열을 만드는 표현식입니다. 재귀 멤버에서 CTE는 상속된 값들을 나타냅니다.

id	givenname	familyname	sid	supervisors	n
1	Marmaduke	Mayhem	10	Beryl Bubbles < Mildred Thisenth ... <	3
2	Osric	Pureheart	12	Mildred Thisenth ... <	2
3	Rubin	Croucher	[NULL]	[NULL]	1
4	Gladys	Raggs	29	Fred Nurke < Murgatroyd Murdo ... < Rubin Croucher <	4
5	Cynthia	Hyphen-Smythe	12	Mildred Thisenth ... <	2
6	Sebastian	Trefether	5	Cynthia Hyphen-S ... < Mildred Thisenth ... <	3

~ 34 rows ~

이 쿼리는 대부분의 DBMS에서 정상적으로 작동하지만, MSSQL 및 MariaDB/MySQL에서는 아직 완전히 지원되지 않습니다. 그러나 **거의** 작동할 수 있게 만들 수 있습니다.

MariaDB/MySQL의 경우, 앵커에서 ''를 사용하면 문자열의 길이가 0이라고 판단하여 supervisors 열이 비어 있게 됩니다.

따라서 앵커에서 빈 문자열을 더 긴 문자열로 변환해야 합니다.

```
SELECT
  ..., cast('' AS char(255)), 1
FROM employees WHERE supervisorid IS NULL
```

MySQL에 대한 오랜 불만 중 하나는 **VARCHAR**가 아닌 **CHAR**로 형변환해야 한다는 점입니다. 그러나 일반적인 **CHAR**과 달리 MySQL의 **CHAR**은 고정 길이가 아니어서 실제로는 **VARCHAR**처럼 동작합니다. 그 이유는 아무도 모릅니다. 반면 MariaDB에서는 **VARCHAR** 변환이 가능하며 길이는 255면 충분합니다.

MSSQL은 더 까다롭습니다. 앵커와 재귀 멤버의 열은 데이터 타입이 일치해야 하는데, MSSQL에서는 이 일치를 매우 엄격하게 적용합니다. 단순히 두 열이 문자열이라는 것만으로는 부족하며, 문자열의 유형과 크기가 정확히 일치해야 합니다. 문자열을 연결하면 더 긴 문자열이 생성되는데, MSSQL에서는 이렇게 길어진 문자열이 다른 문자열과 데이터 타입이 호환되지 않는다고 판단하게 됩니다.

이 경우, 두 표현식을 동일한 형식으로 변환해야 합니다.

```
SELECT
  ..., cast('' AS nvarchar(255)), ...
FROM employees WHERE supervisorid IS NULL
UNION ALL
SELECT
  ...,
  cast(cte.givenname+' '+cte.familyname
  +' < '+cte.supervisors as nvarchar(255)), ...
FROM cte JOIN employees AS e ON cte.id=e.supervisorid
```

이 변경 사항을 적용하면 쿼리가 정상적으로 작동할 것입니다.

목록 끝부분 정리하기

`supervisors` 문자열이 비어 있는 경우를 제외하고, 문자열 끝에 <가 붙어 있는 것을 보실 수 있습니다. 이는 재귀 멤버에서 해당 문자가 항상 추가되기 때문입니다.

n열은 계층 수준을 나타냅니다. 이 문자는 이미 다른 관리자가 있을 때만 추가되어야 합니다. 즉, 두 번째 이상의 관리자를 추가할 때 n이 2 이상일 때만 추가되어야 합니다.

이 부분은 CASE ... END 표현식을 사용하여 다음과 같이 변경할 수 있습니다.

```
-- 기타 DBMS
cte.givenname||' '||cte.familyname
  || CASE WHEN n>1 THEN ' < ' ELSE '' END
  || cte.supervisors
-- MSSQL
cte.givenname+' '+cte.familyname
  + CASE WHEN n>1 THEN ' < ' ELSE '' END
  + cte.supervisors
```

이제 더 깔끔한 결과가 나옵니다.

id	givenname	familyname	sid	supervisors	n
1	Marmaduke	Mayhem	10	Beryl Bubbles < Mildred Thisenth ...	3
2	Osric	Pureheart	12	Mildred Thisenth ...	2
3	Rubin	Croucher	[NULL]	[NULL]	1
4	Gladys	Raggs	29	Fred Nurke < Murgatroyd Murdo ... < Rubin Croucher	4
5	Cynthia	Hyphen-Smythe	12	Mildred Thisenth ...	2
6	Sebastian	Trefether	5	Cynthia Hyphen-S ... < Mildred Thisenth ...	3

~ 34 rows ~

물론 이제 n 열은 더 이상 필요하지 않습니다.

9.6 테이블 리터럴 다루기

어떤 경우에는 저장되지 않은 값의 집합을 다뤄야 할 수도 있습니다. 데이터를 처리하는 동안만 유지되고, 처리가 끝나면 사라지는 가상 테이블 같은 것들 말합니다.

원칙적으로, SQL은 테이블에 리터럴 값을 삽입할 때 항상 이런 작업을 수행합니다. 예를 들어, 다음과 같은 구문이 있습니다.

```
INSERT INTO table(columns)
VALUES ( ... ), ( ... ), ( ... );
```

앞의 VALUES 절은 가상 테이블에서 데이터를 가져오는 것과 유사한 방식으로 작동합니다. 원칙상으로는 실제로 아무것도 삽입하지 않고도 VALUES ...를 사용하여 가상 테이블을 만들 수 있다는 것을 의미합니다. 하지만 안타깝게도 그렇게 간단하지 않습니다.

테이블 리터럴table literal은 행과 열의 집합인 가상 테이블을 결과로 생성하는 표현식입니다. 이론적으로는 다음과 같이 작성할 수 있습니다.

```
VALUES ('a','apple'), ('b','banana'), ('c','cherry')
```

모든 DBMS가 이런 방식으로 처리하는 것은 아닙니다. 일부 DBMS는 이러한 표현식을 허용하지만, 다른 DBMS는 보다 복잡한 구문을 요구할 수도 있습니다.

잠시 후에 가상 테이블을 사용해 실험을 해 볼 예정이니, 먼저 첫 번째 단계로 이를 CTE로 변환합니다. 표준 구문을 사용하면 다음과 같이 작성할 수 있습니다.

```
-- PostgreSQL, MariaDB (MySQL 제외), SQLite
WITH cte(id,value) AS (
  VALUES ('a','apple'), ('b','banana'), ('c','cherry')
)
SELECT * FROM cte;
```

다음과 같은 결과가 나옵니다.

id	value
a	apple
b	banana
c	cherry

CTE 이름에 열 이름을 포함했다는 점에 유의하세요. 다른 DBMS의 경우 여러 대안이 있습니다.

```
-- MSSQL
WITH cte(id,value) AS (
 SELECT * FROM
 (VALUES ('a','apple'), ('b','banana'),
   ('c','cherry')) AS sq(a,b)
)
SELECT * FROM cte;
-- MySQL (MariaDB 제외)
WITH cte(id,value) AS (
 VALUES ROW('a','apple'), ROW('b','banana'),
   ROW('c','cherry')
)
SELECT * FROM cte;
-- Oracle
WITH cte(id,value) AS (
 SELECT 'a','apple' FROM dual
 UNION ALL SELECT 'b','banana' FROM dual
 UNION ALL SELECT 'c','cherry' FROM dual
)
SELECT * FROM cte;
```

보시다시피 가장 불편한 것은 Oracle인데, 아직 제대로 된 테이블 리터럴을 지원하지 않지만 곧 지원될 예정이라고 합니다.

MSSQL은 테이블 리터럴을 지원하지만, 알 수 없는 이유로 더미 서브쿼리 이름과 더미 열 이름이 포함된 서브쿼리 내에 있어야 합니다. MySQL도 테이블 리터럴을 지원하지만, 각 행을 ROW() 생성자 안에 넣어야 합니다. MySQL은 비표준 VALUES() 함수를 사용하는데, 이로 인해 테이블 리터럴로 단순하게 사용하는 것과 충돌이 발생하기 때문입니다. 이 부분에서 MarqiaDB와 MySQL은 동일하지 않습니다.

9.6.1 테이블 리터럴로 테스트하기

테스트를 위해 임시 값을 사용할 때 테이블 리터럴이 유용할 수 있습니다. 특히, 테스트 값을 실제 테이블이나 임시 테이블에 넣는 것이 번거로울 때 유용합니다.

예를 들어, 날짜 차이를 계산하여 나이를 구하는 경우 다음과 같이 할 수 있습니다.

```
WITH dates(dob,today) AS (
  -- 생년월일(dob, day of birth)과 오늘 날짜 목록
)
SELECT
  -- today - dob AS age
FROM dates;
```

실제 코드는 주석 처리했습니다. DBMS마다 날짜 차이를 계산하는 방식이 다르기 때문입니다. 날짜 리터럴의 처리 방식도 DBMS마다 차이가 있어 이 문제는 더욱 복잡해집니다.

이제, 다음과 같은 날짜 목록을 사용하여 테스트를 진행해 보겠습니다.

dob	today
1940-07-07	2023-01-01
1943-02-25	2023-01-01
1942-06-18	2023-01-01
1940-10-09	2023-01-01
1940-07-07	2022-12-31
1943-02-25	2022-12-31
1942-06-18	2022-12-31
1940-10-09	2022-12-31
1940-07-07	2023-07-07
1943-02-25	2023-02-25

dob	today
1942-06-18	2023-06-18
1940-10-09	2023-10-09

(생년월일로 나이를 알아챘어도 일단 모르는 척하세요.)

먼저, 날짜를 포함하는 **dates** CTE를 설정해야 합니다. SQL에서는 날짜 리터럴이 작은따옴표(') 안에 있어야 한다는 점이 문제를 복잡하게 만듭니다. 문맥 없이 작은따옴표를 사용하면, SQL은 이를 문자열로 인식해서 날짜 연산에 사용할 수 없습니다. 예외적으로 SQLite는 원래 문자열 기반으로 날짜를 처리하기 때문에, SQLite에서는 문자열을 그대로 사용해도 문제가 발생하지 않습니다.

dates CTE는 다음과 같습니다.

```sql
-- PostgreSQL, MariaDB (MySQL 제외)
WITH dates(dob, today) AS (
  VALUES
    (date'1940-07-07',date'2023-01-01'),
    ('1943-02-25','2023-01-01'),
    ('1942-06-18','2023-01-01')
    -- 기타 데이터 추가
)
-- MySQL (MariaDB 제외)
WITH dates(dob, today) AS (
  VALUES
    row(date'1940-07-07',date'2023-01-01'),
    row('1943-02-25','2023-01-01'),
    row('1942-06-18','2023-01-01')
    -- 기타 데이터 추가
)
-- MSSQL
WITH dates(dob, today) AS (
  SELECT * FROM (VALUES
    (cast('1940-07-07' as date),
    cast('2023-01-01' as date)),
    ('1943-02-25','2023-01-01'),
    ('1942-06-18','2023-01-01')
    -- 기타 데이터 추가
```

```
  ) AS sq(a,b)
 )
-- SQLite
 WITH dates(dob, today) AS (
  VALUES
   ('1940-07-07','2023-01-01'),
   ('1943-02-25','2023-01-01'),
   ('1942-06-18','2023-01-01')
    -- 기타 데이터 추가
 )
-- Oracle
 WITH dates(dob, today) AS (
  SELECT date'1940-07-07',date'2023-01-01' FROM dual
  UNION ALL SELECT date'1943-02-25',date'2023-01-01'
   FROM dual
  UNION ALL SELECT date'1942-06-18',date'2023-01-01'
   FROM dual
   -- 기타 데이터 추가
 )
```

> **NOTE**
>
> - PostgreSQL, MariaDB/MySQL, Oracle에서는 **date'...'** 표현식을 사용하여 리터럴을 날짜로 해석할 수 있습니다.
> - PostgreSQL, MariaDB/MySQL, MSSQL에서는 첫 번째 행의 리터럴만 형변환하면 충분합니다. SQL 엔진이 이를 기준으로 나머지 값을 유추합니다. 반면 Oracle은 모든 행을 형변환해야 합니다.

이제 테스트 날짜가 포함된 가상 테이블이 준비되었습니다. 이제 나이 계산을 할 수 있습니다.

```
-- PostgreSQL
 WITH dates(dob, today) AS (
  -- 기타
 )
 SELECT
  dob, today,
```

```
    extract(year from age(today,dob)) AS age
  FROM dates;
-- MariaDB/MySQL
  WITH dates(dob, today) AS (
    -- 기타
  )
  SELECT
    dob, today,
    timestampdiff(year,dob,current_timestamp) AS age
  FROM dates;
-- MSSQL
  WITH dates(dob, today) AS (
    -- 기타
  )
  SELECT
    dob, today,
    datediff(year,dob,today) AS age
  FROM dates;
-- SQLite
  WITH dates(dob, today) AS (
    -- 기타
  )
  SELECT
    dob, today,
    cast(
      strftime('%Y.%m%d', today) - strftime('%Y.%m%d', dob)
    as int) AS age
  FROM dates;
-- Oracle
  WITH dates(dob, today) AS (
    -- 기타
  )
  SELECT
    dob, today,
    trunc(months_between(today,dob)/12) AS age
  FROM dates;
```

4장에서 MSSQL이 나이를 잘못 계산하는 문제를 언급했는데, 이 방법을 사용하면 이를 직접 테스트할 수 있습니다.

9.6.2 테이블 리터럴로 정렬하기

5장에서 문자열 값을 정렬하는 문제를 다뤘습니다. 연속적인 항목을 알파벳 순서로 정렬하는 것은 적절하지 않은 경우가 많습니다. 예를 들어, 요일 이름, 월 이름, 무지개 색상, 숫자를 세는 말(하나, 둘, 셋 등)과 같이 순서가 중요한 문자열을 알파벳 순서로 정렬하면 혼란스러워질 수 있습니다.

5장에서는 문자열의 위치 값을 활용하는 편법을 사용했지만, 더 나은 해결책은 정확한 순서를 포함한 (가상) 테이블을 활용하는 것입니다.

8장에서는 요일별 판매 요약 데이터를 생성했습니다.

```
WITH
 data AS (...)
 summary AS (...)
SELECT
 weekday_number, total,
 100*total/sum(total) OVER()
FROM weekday_number
ORDER BY weekday_number;
```

문제는 정확한 정렬을 위해 weekday_number(요일 번호)를 사용했다는 점입니다. 요일 이름을 직접 사용하여 정렬할 수 있다면 더 직관적일 것입니다. 이를 위해, 추가적인 가상 테이블을 활용하여 요일 이름을 올바른 순서로 정렬할 수 있습니다.

먼저, 요일 이름을 포함하도록 data CTE를 다시 작성하겠습니다.

```
-- PostgreSQL, Oracle
 WITH data AS (
  SELECT to_char(ordered,'FMDay') AS weekday, total
  FROM sales
 )
-- MSSQL
 WITH data AS (
  SELECT datename(weekday,ordered) AS weekday, total
  FROM sales
```

```
  )
-- MariaDB/MySQL
WITH data AS (
  SELECT date_format(ordered,'%W'), total
  FROM sales
)
```

SQLite는 이 목록에 포함되지 않았습니다. 그 이유는 SQLite에는 요일 이름을 가져오는 방법이 없기 때문입니다. 만약 SQLite에서 요일 이름이 필요하다면, 다음 절에서 다룰 역방향 기술 reverse technique을 사용해야 합니다.

이제 요일 이름을 기준으로 그룹화하는 summary CTE를 작성할 수 있습니다.

```
WITH
  data AS (
    SELECT
      ... AS weekday,
      total
    FROM sales
  ),
  summary AS (
    SELECT weekday, sum(total) AS total
    FROM data
    GROUP BY weekday
  )
  -- 기타
```

sequence	weekday
1	Monday
2	Tuesday
3	Wednesday
4	Thursday
5	Friday
6	Saturday
7	Sunday

이제 요일 이름과 순서 번호가 포함된 테이블 리터럴이 필요합니다.

```
-- PostgreSQL, MariaDB (MySQL 제외), SQLite
weekdays(sequence,weekday) AS (
  VALUES (1,'Monday'),(2,'Tuesday') -- 기타 요일 추가
)
-- MySQL (MariaDB 제외)
weekdays(sequence,weekday) AS (
  VALUES row(1,'Monday'), row(2,'Tuesday') -- 기타 요일 추가
)
-- MSSQL
weekdays(sequence,weekday) AS (
  SELECT * FROM (
    VALUES (1,'Monday'),(2,'Tuesday') -- 기타 요일 추가
  ) AS sq(a,b)
)
-- Oracle
weekdays(sequence,weekday) AS (
  SELECT 1,'Monday' FROM dual
  UNION ALL SELECT 2,'Tuesday' FROM dual -- 기타 요일 추가
)
```

마지막으로, summary CTE와 weekdays CTE를 JOIN하고 순서 번호로 정렬합니다.

```
WITH
  data AS (),
  summary AS (),
  weekdays(dob, today) AS ()
SELECT
  summary.weekday, summary.total,
  100*total/sum(summary.total) OVER()
FROM summary JOIN weekdays
  ON summary.weekday=weekdays.weekday
ORDER BY weekdays.sequence;
```

다음과 같은 결과가 나옵니다.

weekday	total	proportion
Monday	49304	15.081
Tuesday	45156.5	13.813
Wednesday	45959.5	14.058
Thursday	47528	14.538
Friday	42372.5	12.961
Saturday	48415.5	14.81
Sunday	48182.22	14.738

이 기법의 장점은 테이블 리터럴의 순서 번호를 변경할 수 있다는 것입니다. 예를 들어, 필요한 경우 수요일을 첫 번째 요일로 설정해 수요일부터 주가 시작하도록 설정할 수 있습니다.

참고로, 요일이나 이와 유사한 기준으로 자주 정렬해야 한다면, 영구적인 조회 테이블에 데이터를 저장하는 것이 더 나을 수 있습니다.

9.6.3 테이블 리터럴을 조회 테이블로 사용하기

앞서 이야기했듯, SQLite에는 요일 번호만 있을 뿐 요일 이름을 가져오는 함수가 없습니다. 어떤 경우에는 현재 보유한 데이터가 직관적이거나 이해하기 쉬운 형태가 아닐 수도 있습니다.

이 경우 테이블 리터럴을 조회 테이블처럼 사용할 수 있습니다.

예를 들어, vip 테이블에는 1, 2, 3이라는 상태 값이 있고 이는 각각 Gold, Silver, Bronze를 의미합니다. 여기서는 테이블 리터럴을 사용하여 이를 구현해 보겠습니다.

먼저, 상태 이름이 포함된 CTE를 만들어보겠습니다.

```
-- PostgreSQL, MariaDB (not MySQL), SQLite
WITH statuses(status,name) AS (
  VALUES (1,'Gold'),(2,'Silver'),(3,'Bronze')
)
```

```
-- MySQL (MariaDB 제외)
WITH statuses(status,name) AS (
  VALUES row(1,'Gold'),row(2,'Silver'),row(3,'Bronze')
)
-- MSSQL
WITH statuses(status,name) AS (
  SELECT * FROM (
    VALUES (1,'Gold'),(2,'Silver'),(3,'Bronze')
  ) AS sq(a,b)
)
-- Oracle
WITH statuses(status,name) AS (
  SELECT 1,'Gold' FROM DUAL
  UNION ALL SELECT 2,'Silver' FROM DUAL
  UNION ALL SELECT 3,'Bronze' FROM DUAL
)
```

이제 CTE를 customers 테이블과 vip 테이블에 JOIN할 수 있습니다.

```
WITH statuses(status,name) AS (
  -- 기타
)
SELECT *
FROM
  customers
  LEFT JOIN vip ON customers.id=vip.id
  LEFT JOIN statuses ON vip.status=statuses.status
;
```

이 방식의 장점은 상태 이름을 바로 변경할 수 있다는 점입니다.

같은 방식으로 저자나 고객의 성별 데이터를 변경하는 것도 가능합니다. 또한, 이 방법을 활용하면 한 세트의 이름을 다른 세트의 이름으로 변환하는 것도 가능합니다.

> **NOTE** 왜 테이블에 성별이나 VIP 등급 상태의 전체 이름을 직접 저장하지 않는지 궁금할 수 있습니다. 데이터는 한 번만 기록해야 하며, 가장 단순한 형태로 저장하는 것이 원칙이라는 점을 기억하세요. 성별을 한 글자(예 'M', 'F')로 저장하거나 VIP 등급 상태를 정수(예 1, 2, 3)로 저장하면 데이터 오류나 변형 가능성을 줄일 수 있고 필요할 때 전체 이름(Gold, Silver, Bronze 등)으로 풀어서 표현할 수 있습니다.

9.6.4 문자열 분할하기

데이터베이스를 생성한 스크립트를 자세히 살펴보면, 마지막 부분에 두 개의 재귀적 CTE가 포함된 것을 볼 수 있습니다.

```
-- 장르 데이터 삽입
INSERT INTO genres(genre)
WITH split(bookid,genre,rest,genres) AS (
 ...
)
SELECT DISTINCT genre
FROM split
WHERE split.genre IS NOT NULL;
-- 도서 장르 삽입
INSERT INTO bookgenres(bookid,genreid)
WITH split(bookid,genre,rest,genres) AS (
 ...
)
SELECT split.bookid,genres.id
FROM split JOIN genres ON split.genre=genres.genre
WHERE split.genre IS NOT NULL;
```

이는 순전히 실용적인 이유 때문입니다. 도서-장르의 조합은 수천 개에 달합니다. 때문에 **bookgenres** 테이블을 직접 저장하는 대신 결합된 장르들을 테이블로 코딩하고 재귀적 CTE를 사용하여 분리하는 것이 더 편리합니다. 장르를 결합된 상태로 두는 것은 잘못된 방식이며, 앞서 3장에서 그 이유를 다뤘습니다. 여기서는 몇 가지 샘플 문자열을 분할하면서 이 프로세스가 어떻게 작동하는지 살펴보겠습니다.

먼저 간단한 문자열을 테이블 리터럴에 넣어보겠습니다. 일단은 쉼표로 구분된 단순한 문자열을 사용할 것이며, 이후에는 더 복잡한 문자열을 다룰 예정입니다.

```
-- PostgreSQL, SQLite, MariaDB (MySQL 제외)
WITH
 cte(fruit) AS (
  VALUES ('Apple,Banana,Cherry,Date,
   Elderberry,Fig')
 ),
```

```
-- MySQL (MariaDB 제외)
WITH
  cte(fruit) AS (
    VALUES row('Apple,Banana,Cherry,Date,
    Elderberry,Fig')
  ),
-- MSSQL
WITH
  cte(fruit) AS (
    SELECT *
    FROM (VALUES ('Apple,Banana,Cherry,Date,
    Elderberry,Fig')) AS sq(a)
  ),
-- Oracle
WITH
  cte(fruit) AS (
    SELECT 'Apple,Banana,Cherry,Date,
    Elderberry,Fig' FROM dual
  ),
```

> **NOTE** 코드의 가독성을 위해 문자열을 두 줄로 나누었지만, **실제 코드에서는 이렇게 하지 마세요!**
>
> 일부 DBMS는 문자열 리터럴에 줄 바꿈이 포함되는 것을 허용하지 않습니다. 설령 허용하더라도 줄 바꿈이 데이터의 일부로 저장될 수 있으며, 이는 원치 않는 결과를 초래할 수 있습니다.
>
> 문자열이 매우 길더라도 반드시 한 줄에 작성하세요.

재귀적 CTE에서는, 개별 항목과 원래 문자열의 나머지 부분을 포함하는 문자열 두 가지 값을 생성할 것입니다. 이 CTE를 split이라고 하겠습니다.

```
WITH
  cte(fruit) AS (),
  split(fruit, rest) AS (
  )
```

앵커 멤버는 문자열에서 쉼표까지의 첫 번째 항목과 쉼표 이후의 나머지 부분을 가져옵니다.

```
WITH
 cte(fruit) AS (),
-- PostgreSQL
 split(fruit, rest) AS (
  SELECT
   substring(fruit,0,position(',' in fruits)),
   substring(fruit,position(',' in fruits)+1)||','
  FROM cte
 )
-- MariaDB/MySQL
 split(fruit, rest) AS (
  SELECT
  substring(fruit,1,position(',' in fruits)-1),
  substring(fruit,position(',' in fruits)+1)||','
  FROM cte
 )
-- MSSQL
 split(fruit, rest) AS (
  SELECT
   cast(substring(fruit,0,charindex(',',fruits)) as varchar(255)),
   cast(substring(fruit,charindex(',',fruits)+1,255)+',' as varchar(255))
  FROM cte
 )
-- SQLite
 split(fruit, rest) AS (
  SELECT
   substring(fruit,0,instr(fruits,',')),
   substring(fruit,instr(fruits,',')+1)||','
  FROM cte
 )
-- Oracle
 split(fruit, rest) AS (
  SELECT
   substr(fruit,1,instr(fruits,',')-1),
   substr(fruit,instr(fruits,',')+1)||','
  FROM cte
 )
```

MSSQL에서는 문자열 호환성과 관련된 특징 때문에 계산 결과를 varchar(255)로 형변환해야 합니다.

재귀 멤버는 rest 값을 사용합니다. 먼저, 문자열에서 첫 번째 쉼표까지의 부분을 가져와 fruit 값으로 설정합니다. 쉼표 이후의 나머지 문자열은 새로운 rest 값으로 할당합니다.

```sql
WITH
 cte(fruit) AS (),
-- PostgreSQL
 split(fruit, rest) AS (
  SELECT ...
  UNION
  SELECT
   substring(rest,0,position(',' in rest)),
   substring(rest,position(',' in rest)+1)
  FROM cte WHERE rest<>''
 )
-- MariaDB/MySQL
 split(fruit, rest) AS (
  SELECT ...
  UNION
  SELECT
   substring(rest,1,position(',' in rest)-1),
   substring(rest,position(',' in rest)+1)
  FROM cte WHERE rest<>''
 )
-- MSSQL
 split(fruit, rest) AS (
  SELECT ...
  UNION ALL
  SELECT
   substring(rest,0,charindex(',', rest)),
   substring(rest,charindex(',', rest)+1,255)
  FROM cte WHERE rest<>''
 )
-- SQLite
 split(fruit, rest) AS (
  SELECT ...
  UNION
  SELECT
   substring(rest,0,instr(rest,',')),
   substring(rest,instr(rest,',')+1)
  FROM cte WHERE rest<>''
 )
```

```
-- Oracle
split(fruit, rest) AS (
 SELECT ...
 UNION ALL
 SELECT
  substr(rest,1,instr(rest,',')-1),
  substr(rest,instr(rest,',')+1)
 FROM cte WHERE rest<>''
)
```

이번에는 rest 값에 쉼표를 추가하지 않습니다. 이전 단계에서 초기 설정을 위해 쉼표를 사용했지만, 이제는 필요하지 않습니다. 또한, FROM 절에 WHERE rest<>'' 조건을 추가했습니다. 이 조건은 더 이상 검색할 문자열이 없을 때 재귀를 중단하기 위해 필요합니다.

이제 실행해서 확인해 볼 수 있습니다.

```
WITH
cte(fruit) AS (),
split(fruit,rest) AS ()
SELECT * FROM split;
```

다음과 같은 결과가 나옵니다.

fruit	rest
Apple	Banana,Cherry,Date,Elderberry,Fig,
Banana	Cherry,Date,Elderberry,Fig,
Cherry	Date,Elderberry,Fig,
Date	Elderberry,Fig,
Elderberry	Fig,
Fig	[NULL]

물론, rest 값은 진행 과정을 확인하기 위한 것이므로 출력에서 꼭 볼 필요는 없습니다.

더 복잡한 데이터 분할하기

지금까지는 **단순한 문자열**을 분할했지만, 더 **복잡한 데이터 세트**에도 적용할 수 있습니다. 여기서는 3개의 행과 2개의 열을 포함하는 CTE를 사용해 보겠습니다.

name	list
colours	Red,Orange,Yellow,Green,Blue,Indigo,Violet
elements	Hydrogen,Helium,Lithium,Beryllium,Boron,Carbon
numbers	One,Two,Three,Four,Five,Six,Seven,Eight,Nine

다행히도 과정은 거의 동일합니다. 우선, 테이블 리터럴을 포함하는 CTE를 생성하겠습니다.

```
-- PostgreSQL, SQLite, MariaDB (MySQL 제외)
WITH
 cte(name,items) AS (
  VALUES
    ('colours','Red,Orange,...,Indigo,Violet'),
    ('elements','Hydrogen,Helium,...,Carbon'),
    ('numbers','One,Two,...,Eight,Nine')
 ),
-- MySQL (MariaDB 제외)
WITH
 cte(name,items) AS (
  VALUES
    row('colours','Red,Orange,...,Indigo,Violet'),
    row('elements','Hydrogen,Helium,...,Carbon'),
    row('numbers','One,Two,...,Eight,Nine')
 ),
-- MSSQL
WITH
 cte(name,items) AS (
  SELECT *
  FROM (
   VALUES
    ('colours','Red,Orange,...,Indigo,Violet'),
    ('elements','Hydrogen,Helium,...,Carbon'),
    ('numbers','One,Two,...,Eight,Nine')
  ) AS sq(a,b)
 ),
```

```
  -- Oracle)
  WITH
   cte(name,items) AS (
    SELECT 'colours','Red,Orange,...,Indigo,Violet'
      FROM dual
    UNION ALL SELECT 'elements','Hydrogen,...,Carbon'
      FROM dual
    UNION ALL SELECT 'numbers','One,Two,...,Eight,Nine'
      FROM dual
   ),
```

(목록들을 페이지에 깔끔하게 맞추기 위해 축약했습니다.)

앵커 멤버의 경우, 이전과 동일한 방식으로 시작하되 이번에는 목록의 이름도 포함할 것입니다. 분할 작업에는 영향을 미치지 않지만, 출력에 유용하게 사용됩니다.

```
  WITH
   cte(name, items) AS (),
  -- PostgreSQL
   split(name, item, rest) AS (
    SELECT
     name,
     substring(items,0,position(',' in items)),
     substring(items,position(',' in items)+1)||','
    FROM cte
   )
  -- MariaDB/MySQL
   split(name, list, rest) AS (
    SELECT
     name,
     substring(items,1,position(',' in items)-1),
     substring(items,position(',' in items)+1)||','
    FROM cte
   )
  -- MSSQL
   split(name, list, rest) AS (
    SELECT
     name,
     cast(substring(items,0,charindex(',', items)) as varchar(255)),
     substring(items,charindex(',', items)+1,255)+','
    FROM cte
```

```
  )
-- SQLite
 split(name, list, rest) AS (
  SELECT
    name,
    substring(items,0,instr(items,',')),
    substring(items,instr(items,',')+1)||','
  FROM cte
 )
-- Oracle
 split(name, list, rest) AS (
  SELECT
    name,
    substr(items,1,instr(items,',')-1),
    substr(items,instr(items,',')+1)||','
  FROM cte
 )
```

재귀 멤버도 같은 방식으로 동작하며, name 값이 포함됩니다.

```
WITH
 cte(name, items) AS (),
-- PostgreSQL
 split(name, list, rest) AS (
  SELECT ...
  UNION
  SELECT
    name,
    substring(rest,0,position(',' in rest)),
    substring(rest,position(',' in rest)+1)
  FROM cte WHERE rest<>''
 )
-- MariaDB/MySQL
 split(name, list, rest) AS (
  SELECT ...
  UNION
  SELECT
    name,
    substring(rest,1,position(',' in rest)-1),
    substring(rest,position(',' in rest)+1)
  FROM cte WHERE rest<>''
 )
```

```
-- MSSQL
 split(name, list, rest) AS (
  SELECT ...
  UNION ALL
  SELECT
   name,
   cast(substring(rest,0,charindex(',', rest)) as varchar(255)),
   substring(rest,charindex(',', rest)+1,255)
  FROM cte WHERE rest<>''
 )
-- SQLite
 split(name, list, rest) AS (
  SELECT ...
  UNION
  SELECT
   name,
   substring(rest,0,instr(rest,',')),
   substring(rest,instr(rest,',')+1)
  FROM cte WHERE rest<>''
 )
-- Oracle
 split(name, list, rest) AS (
  SELECT ...
  UNION ALL
  SELECT
   name,
    substr(rest,1,instr(rest,',')-1),
    substr(rest,instr(rest,',')+1)
  FROM cte WHERE rest<>''
 )
이제 이를 실제로 테스트해 볼 수 있습니다.
WITH
 cte(name, items) AS ()
 split(name, item, rest) AS ()
SELECT *
FROM split
ORDER BY name, item;
```

모든 과정이 정상적으로 실행되면, 다음과 같은 결과가 나옵니다.

name	item	rest
colours	Blue	Indigo,Violet,
colours	Green	Blue,Indigo,Violet,
colours	Indigo	Violet,
colours	Orange	Yellow,Green,Blue,Indigo,Violet,
colours	Red	Orange,Yellow,Green,Blue,Indigo,Violet,
colours	Violet	[NULL]
colours	Yellow	Green,Blue,Indigo,Violet,
elements	Beryllium	Boron,Carbon,
elements	Boron	Carbon,
elements	Carbon	[NULL]
elements	Helium	Lithium,Beryllium,Boron,Carbon,
elements	Hydrogen	Helium,Lithium,Beryllium,Boron,Carbon,
elements	Lithium	Beryllium,Boron,Carbon,
numbers	Eight	Nine,
numbers	Five	Six,Seven,Eight,Nine,
numbers	Four	Five,Six,Seven,Eight,Nine,
numbers	Nine	[NULL]
numbers	One	Two,Three,Four,Five,Six,Seven,Eight,Nine,
numbers	Seven	Eight,Nine,
numbers	Six	Seven,Eight,Nine,
numbers	Three	Four,Five,Six,Seven,Eight,Nine,
numbers	Two	Three,Four,Five,Six,Seven,Eight,Nine,

보시다시피 재귀적 CTE는 여러 행의 데이터를 처리할 수 있습니다.

9.7 복습하기

이번 장에서는 공통 테이블 표현식(CTE)에 대해 자세히 살펴보았습니다. 공통 테이블 표현식은 가상 테이블을 생성해 이를 나중에 메인쿼리에서 사용할 수 있도록 합니다. 예전에는

FROM 절의 서브쿼리로 이러한 기능을 수행하곤 했습니다.

CTE나 FROM 서브쿼리를 사용하는 이유는 데이터를 준비해야 하지만 뷰나 임시 테이블로 저장하는 번거로움을 피하고 싶어서 입니다. CTE는 임시 테이블보다 더 일시적으로만 존재하고 저장되지 않습니다.

CTE는 FROM 서브쿼리보다 다음과 같은 여러 장점이 있습니다.

- CTE를 먼저 정의한 후 사용할 수 있어, 쿼리가 더 읽기 쉽고 관리하기 쉬워집니다.
- 여러 개의 종속 또는 독립 CTE를 간단히 연결할 수 있습니다. FROM 서브쿼리를 사용할 경우 중첩으로 인해 쿼리가 지나치게 복잡해질 수 있습니다.
- CTE는 재귀적으로 사용할 수 있어 데이터를 반복적으로 탐색하거나 처리하는데 유용합니다.

9.7.1 간단한 CTE

가장 단순한 CTE의 활용 방법은 추가적인 데이터 처리를 위해 데이터를 준비하는 것입니다. 대표적인 활용 사례는 다음과 같습니다.

- 리터럴이나 계산된 값으로 상수 값 정의
- 집계 데이터를 생성해 비집계 쿼리와 결합

9.7.2 매개변수 이름

CTE는 각 열에 대한 이름 또는 별칭을 가져야 합니다. 이름은 CTE 내부에서 정의하거나 CTE 정의의 일부로 지정할 수도 있습니다.

9.7.3 다중 CTE

일부 쿼리는 여러 단계로 구성될 수 있습니다. 이러한 단계는 여러 CTE를 연결하여 구현할 수 있습니다.

9.7.4 재귀적 CTE

재귀적 CTE는 자기 자신을 참조하는 CTE입니다. 이를 통해 데이터 집합을 반복적으로 처리할 수 있습니다.

재귀적 CTE를 활용하는 예는 다음과 같습니다.

- 값의 연속적인 시퀀스 생성
- SELF JOIN을 통한 계층 구조 탐색
- 문자열을 더 작은 부분으로 분할

9.8 앞으로 다룰 내용

지금까지 SQL의 주요 개념들을 다루었습니다. 다음 장에서는 데이터베이스를 더 효율적으로 활용하는 방법을 살펴보겠습니다.

- **트리거**trigger: 데이터가 변경될 때마다 프로세스를 자동화할 수 있게 해 줍니다.
- **피벗 테이블**pivot table: 2차원 집계 쿼리입니다.
- **변수**variable: 처리해야 할 작업이 너무 많을 때 중간값을 저장할 수 있습니다.

CHAPTER 10

트리거, 피벗 테이블, 변수 등 더 많은 기법 알아보기

그동안 이 책을 통해 SQL에 대한 지식과 활용을 넓혀가면서 새로운 것뿐만 아니라 기존의 기법도 살펴보았습니다. 특히 집계 함수와 공통 테이블 표현식을 다루면서, SQL을 보다 깊이 있게 활용하는 다중 쿼리 구조를 알아보기도 했습니다.

이번 장에서는 단순한 SQL을 넘어서 부가적이지만 실무에서 유용한 SQL 기법을 살펴보겠습니다. 이 기법들은 서로 직접적인 관련은 없지만, 데이터를 더욱 효과적으로 다룰 수 있게 해 줍니다.

SQL 트리거는 특정 데이터베이스 이벤트가 발생했을 때 자동으로 실행되는 작은 코드 블록입니다. 트리거의 개념과 작성 방법을 살펴보고, 특히 삭제된 데이터를 자동으로 보관하는 트리거를 구현하는 방법을 알아보겠습니다.

다음으로 살펴볼 피벗 테이블은 2차원으로 데이터를 집계하는 방식으로, 행과 열 데이터를 요약하여 분석할 수 있도록 도와줍니다. 데이터를 요약할 수 있도록 준비하는 과정과 피벗 테이블을 생성하는 방법을 예제를 통해 알아보겠습니다.

그리고 마지막에 다룰 SQL 변수는 SQL 문 간에 값을 유지하는 임시 데이터입니다. 변수를 활용하면 여러 SQL 문을 실행하면서, 각 문에서 생성된 값을 다른 문으로 전달할 수 있습니다. 이번 장에서는 변수를 사용하여 여러 테이블에 데이터를 추가하는 과정을 다루겠습니다.

10.1 트리거 이해하기

때로는 단순한 SQL 쿼리만으로는 충분하지 않을 때가 있습니다. 어떤 경우에는 하나의 쿼리가 추가적인 여러 개의 쿼리를 실행하도록 만들고 싶을 수도 있습니다. 이러한 경우 **트리거** trigger가 필요합니다.

트리거는 데이터베이스에서 특정 이벤트가 발생할 때 자동으로 실행되는 SQL 절차 코드입니다. 트리거에는 다음과 같은 여러 유형이 있습니다.

- **데이터 조작어**Data Manipulation Language**(DML) 트리거:** INSERT, UPDATE, DELETE 문이 실행될 때 데이터 테이블에서 변경이 발생하면 실행됩니다.
- **데이터 정의어**Data Definition Language**(DDL) 트리거:** CREATE, ALTER, DROP 문이 실행될 때 데이터베이스 구조에 변경이 발생하면 실행됩니다.
- **로그온**Logon **트리거:** 사용자가 데이터베이스에 로그인할 때 실행됩니다.

DDL 또는 로그온 트리거는 활동을 추적하여 로깅 테이블에 저장하는 등의 목적으로 사용할 수 있습니다. 이번 장에서는 DML 트리거를 집중적으로 살펴보겠습니다.

트리거는 기본적인 DBMS 동작의 부족한 부분을 보완하는 데 사용할 수 있습니다. 다음과 같은 사례에서 트리거가 유용할 수 있습니다.

- 데이터가 변경될 때마다 날짜 열을 자동으로 갱신해야 하는 activity(활동) 테이블이 있는 경우, 트리거를 사용하면 데이터 삽입 또는 업데이트 시 자동으로 값을 설정할 수 있습니다.
- 대여 시작일과 종료일을 입력해야 하는 rental(대여) 테이블이 있는 경우, 종료일이 입력되지 않았을 때 자동으로 시작일과 동일하게 설정하도록 하고싶다면 SQL의 기본 기능만으로는 이를 처리할 수 없지만, 트리거를 사용하면 가능합니다.
- SQL에는 감사audit 기능이 없습니다. 하지만 테이블에 행이 삽입, 업데이트, 삭제될 때마다 해당 변경 사항을 로깅 테이블에 저장하는 트리거를 만들 수 있습니다.

이번 예제에서는 sales 테이블에서 삭제할 데이터를 사본으로 보관하는 트리거를 생성해 보겠습니다.

이전 장에서 판매 테이블의 일부 행에 주문 날짜/시간이 NULL인 경우가 있는 것을 확인했습니다. 아마 최종적으로 결제가 완료되지 않은 건일 것입니다.

지금까지는 이를 용인하고 필요할 때마다 필터링해 왔지만, 이제는 이 문제를 해결해야 할 때가 되었습니다. NULL을 가진 판매 데이터를 모두 삭제하려면 다음과 같이 실행할 수 있습니다.

```
-- 아직 실행하지 마세요!
DELETE FROM sales WHERE ordered IS NULL;
```

saleitems 테이블에는 sales 테이블을 참조하는 외래 키가 존재합니다. 일반적으로 외래 키가 존재하는 경우 관련된 판매 데이터를 삭제할 수 없습니다. 그러나 샘플 데이터베이스를 생성하는 스크립트를 확인해 보면, ON DELETE CASCADE 제약 조건이 적용되어 있습니다. 즉, 판매 데이터가 삭제되면 연관된 saleitems도 자동으로 삭제될 것입니다.

> **NOTE** 데이터는 언제 삭제해야 할까요? 쉽게 답하자면 '절대 삭제하지 말아야 한다'입니다. 하지만 좀 더 자세히 답하자면, 잘못 입력된 데이터가 있거나 테스트 데이터를 제거할 필요가 있는 경우에는 삭제를 고려할 수 있습니다.
> 이번 경우에는 ordered 날짜가 NULL인 판매 데이터를 삭제하려 합니다. 이는 결제가 완료되지 않았고 고객이 다시 돌아와서 결제를 완료할 가능성이 없다고 판단되기 때문입니다. 하지만 혹시 필요할 경우를 대비해 삭제 전 해당 데이터를 사본으로 보관해 백업해두겠습니다.

대부분의 DBMS는 트리거를 처리하는 방식이 유사하지만, 일부 차이가 있습니다. 먼저 트리거의 기본 개념을 살펴본 후 개별 DBMS에 대한 세부 사항을 알아보겠습니다.

10.1.1 트리거 기초

트리거를 생성하는 기본 구문은 다음과 같습니다.

```
CREATE TRIGGER something
ON some_table
BEFORE DELETE
BEGIN
  ...
END
```

DBMS마다 조금씩 다르지만 기본적으로는 다음과 같습니다.

- **트리거 이름 지정:** `CREATE TRIGGER something`
- **트리거가 적용될 테이블 지정:** `ON some_table`
- **트리거가 실행될 이벤트 지정**

트리거 이벤트는 일반적으로 `BEFORE`, `AFTER`, 또는 `INSTEAD OF` 중 하나이며, DML 문과 함께 사용됩니다. 이 예제에서는 기존 데이터를 삭제하기 전(`BEFORE`)에 백업을 해두려 합니다.

샘플 트리거에서는 기존 데이터를 `deleted_sales` 테이블로 복사할 것이라, 데이터가 사라지기 전에 접근해야 합니다. 이 때 적절한 이벤트는 다음과 같습니다.

```
BEFORE DELETE
```

이 과정은 약간 복잡할 수 있습니다. `sales` 테이블뿐만 아니라 `saleitems` 테이블의 데이터도 복사해야 하기 때문인데, 이러한 항목들을 하나의 문자열로 연결하겠습니다. 여러 항목을 이런 방식으로 저장하는 것은 바람직하지 않지만 보관 목적으로는 충분하며, 필요하면 언제든지 데이터를 다시 분리할 수 있습니다.

보관 테이블의 구조는 다음과 같습니다.

```
CREATE TABLE deleted_sales (
  id INT PRIMARY KEY, -- 자동 증가
  saleid INT,
  customerid INT,
  items VARCHAR(255),
```

```
    deleted_date TIMESTAMP -- 삭제된 날짜/시간
);
```

이 테이블은 이미 생성되어 있습니다.

10.1.2 보관할 데이터 준비하기

트리거 코드의 기본 구조는 `sales`와 `saleitems` 테이블에서 준비된 값을 삽입하는 `INSERT` 문입니다. 값을 준비하기 위해 CTE를 사용하겠습니다.

```
-- PostgreSQL, MSSQL의 경우
WITH cte AS (
 ...
)
INSERT INTO deleted_sales(saleid, customerid, items,
 deleted_date)
SELECT saleid,customerid, items, current_timestamp
FROM cte;
-- MariaDB/MySQL, SQLite, Oracle의 경우
INSERT INTO deleted_sales(saleid, customerid, items, deleted_date)
WITH cte AS (
 ...
)
SELECT saleid,customerid, items, current_timestamp
FROM cte;
```

보시다시피 일부 DBMS에서는 `SELECT` 문을 사용할 때처럼 CTE를 먼저 선언하고, 다른 DBMS에서는 `INSERT` 절을 먼저 작성합니다.

CTE 자체는 삭제될 데이터를 기반으로 생성됩니다.

대부분의 DBMS에서 삭제될 각 행은 `old`라는 가상 행으로 표현됩니다. Oracle에서는 `:old`를 사용하며 MSSQL은 `deleted`라는 가상 테이블을 사용합니다.

만약 단일 테이블에서만 보관하는 경우에는 CTE가 필요하지 않으며, 다음과 같이 간단히 행을 복사하면 됩니다.

```
 -- MSSQL이 아닌 경우 FOR EACH ROW 필요
 INSERT INTO deleted_sales
 VALUES(old.saleid, old.customerid, '...',
  current_timestamp);
 -- MSSQL의 경우 deleted는 가상 테이블
 INSERT INTO deleted_sales
 SELECT saleid, customerid, '...', current_timestamp
 FROM deleted;
```

그러나 salesitems 테이블과 같은 다른 테이블의 데이터도 포함해야 하는 경우에는 단순하게 복사하는 것이 불가능합니다. 이번 예제에서는 salesitems 테이블에서 책 id와 수량을 가져와 string_agg, group_concat, 또는 listagg를 사용하여 하나의 문자열로 결합해 보겠습니다.

데이터를 생성하기 위해 JOIN을 사용하고 결과를 집계할 것입니다.

```
WITH cte(saleid,customerid,items) AS (
 SELECT
  s.id, s.customerid,
  string_agg(si.bookid||':'||si.quantity,';')
 FROM sales AS s JOIN saleitems AS si ON s.id=si.saleid
 WHERE s.id=old.id
 GROUP BY s.id, s.customerid
)
```

이 예제는 PostgreSQL용이며, 다른 DBMS에서도 거의 동일하지만 string_agg() 함수, 문자열 연결 방식, 테이블 별칭 등에 차이가 있습니다.

items 문자열은 다음과 같은 형식을 갖습니다.

```
123:3;456:1;789:2
```

이와 같이 하나 이상의 bookid:quantity 항목이 세미콜론으로 결합되어 있습니다.

이 문자열을 다시 분리해야 하는 경우, 9장에서 다뤘던 문자열 분할 기법을 사용할 수 있습니다. 이제 트리거를 생성해 보겠습니다.

10.1.3 트리거 생성하기

이제 트리거가 어떻게 작동하는 지에 대한 기본적인 내용을 다뤘으니 실제 코드를 작성해 보겠습니다. 대부분 이전에 보았던 내용과 비슷하지만, DBMS에 따라 약간의 차이가 있습니다.

트리거를 생성한 후 아래의 예제를 테스트해 보겠습니다. 삭제할 대상은 **ordered** 날짜가 없는 판매 데이터입니다.

```
-- 실행 전
SELECT * FROM sales order by id;
SELECT * FROM saleitems order by id;
SELECT * FROM deleted_sales order by id;
-- 트리거를 통한 삭제
DELETE FROM sales WHERE ordered IS NULL;
-- 실행 후
SELECT * FROM sales order by id;
SELECT * FROM saleitems order by id;
SELECT * FROM deleted_sales order by id;
```

이제 각각의 DBMS에 대한 세부 사항을 살펴보겠습니다.

PostgreSQL 트리거

PostgreSQL에서는 조금 불편하지만 트리거 코드를 포함할 함수를 먼저 준비해야 합니다. 함수는 나중에 언제든지 호출할 수 있는 이름이 지정된 코드 블록입니다.

함수와 트리거를 준비하기 위해 몇 가지 DROP 문을 작성하겠습니다.

```
DROP TRIGGER IF EXISTS archive_sales_trigger ON sales;
DROP FUNCTION IF EXISTS do_archive_sales;
```

이 함수는 앞서 설명한 코드를 포함합니다.

```
CREATE FUNCTION do_archive_sales() RETURNS TRIGGER
LANGUAGE plpgsql AS
$$BEGIN
 WITH cte(saleid,customerid,items) AS (
  SELECT
    s.id, s.customerid,
    string_agg(si.bookid||':'||si.quantity,';')
  FROM sales AS s JOIN saleitems AS si
   ON s.id=si.saleid
  WHERE s.id=old.id
  GROUP BY s.id, s.customerid
 )
 INSERT INTO deleted_sales(saleid, customerid,items,
  deleted_date)
 SELECT saleid, customerid, items, current_timestamp
  FROM cte;
 RETURN old;
END$$;
```

이 함수는 CTE 및 `deleted_sales` 테이블로 복사하는 코드를 포함하고 있습니다. 다음은 함수 자체에 대한 몇 가지 요점입니다.

- 함수에는 이름(`do_archive_sales`)이 있으며 특정 유형의 결과를 반환하는데, 이 경우에는 TRIGGER를 반환합니다.
- PostgreSQL은 여러 가지 프로그래밍 언어를 지원하지만, 표준은 `plpgsql`입니다.
- PostgreSQL에서 함수 정의는 문자열입니다. 하지만 단일 따옴표(')를 사용하면 함수 정의 내부의 단일 따옴표와 충돌할 수 있어 $$와 같은 대체 문자열 구분 기호를 사용할 수 있습니다. 이것이 PostgreSQL 함수를 작성하는 데 있어 가장 헷갈릴 수 있는 부분입니다.

함수가 준비되었다면 트리거를 생성하는 것은 간단합니다.

```
CREATE TRIGGER archive_sales_trigger
 BEFORE DELETE ON sales
 FOR EACH ROW
 EXECUTE FUNCTION do_archive_sales();
```

이제 트리거를 테스트할 수 있습니다.

MariaDB/MySQL 트리거

MariaDB/MySQL에서는 트리거를 단일 블록으로 작성할 수 있습니다. 먼저 기존에 존재하는 트리거가 있으면 삭제합니다.

```
DROP TRIGGER IF EXISTS archive_sales_trigger;
```

트리거 코드의 기본 형식은 다음과 같습니다.

```
CREATE TRIGGER archive_sales_trigger
 BEFORE DELETE ON sales
 FOR EACH ROW
BEGIN
 ...
END;
```

트리거를 작성할 때 BEGIN ... END 블록을 사용하여 여러 개의 SQL 문을 포함할 수 있습니다. 그러나 MariaDB/MySQL은 기본적으로 세미콜론(;)을 문장의 끝으로 인식하기 때문에 트리거 내부의 END;에서 실행이 중단될 수 있습니다. 이를 방지하기 위해 문장 구분자를 변경합니다.

```
DELIMITER $$
 CREATE TRIGGER archive_sales_trigger
 BEFORE DELETE ON sales
 FOR EACH ROW
BEGIN
 ...
END; $$
DELIMITER ;
```

여기서는 구분자를 $$로 변경합니다. 꼭 $$를 사용할 필요는 없지만, 용도가 겹칠 가능성이 낮은 조합입니다. 새 구분자는 코드의 끝을 표시하는 데 사용되며, 이후 다시 세미콜론으로 변경됩니다.

그 다음, 트리거 코드는 앞서 설명한 대로 작성됩니다.

```
DELIMITER $$
CREATE TRIGGER archive_sales_trigger
 BEFORE DELETE ON sales
 FOR EACH ROW
BEGIN
 INSERT INTO deleted_sales(saleid,customerid,items,deleted_date)
 WITH cte(saleid,customerid,items) AS (
  SELECT
    s.id, s.customerid,
    group_concat(si.bookid||':'||si.quantity SEPARATOR ';')
  FROM sales AS s JOIN saleitems AS si ON s.id=si.saleid
  WHERE s.id=old.id
  GROUP BY s.id, s.customerid
 )
 SELECT saleid,customerid,items,current_timestamp
 FROM cte;
END; $$
DELIMITER ;
```

이제 트리거를 테스트할 수 있습니다.

MSSQL 트리거

MSSQL에서도 트리거 간단하고 직접적으로 만들 수 있습니다. 하지만 이를 위해 먼저 해결해야 할 문제가 있습니다.

먼저, 트리거를 삭제하는 코드부터 추가합니다.

```
DROP TRIGGER IF EXISTS archive_sales_trigger;
```

다른 DBMS에서는 **BEFORE DELETE** 트리거를 생성해 데이터가 삭제되기 전에 저장할 수 있습니다. 하지만 MSSQL에서는 **AFTER DELETE**와 **INSTEAD OF DELETE**만 사용할 수 있습니다. 두 경우 모두 삭제될 행을 저장하는 가상 테이블인 `deleted`가 제공됩니다.

AFTER DELETE의 문제는 deleted 가상 테이블에 sales 테이블에서 삭제된 행의 정보가 남아있더라도, saleitems 테이블의 데이터는 이미 삭제되었기 때문에 이를 가져올 방법이 없다는 점입니다.

이를 해결하기 위해 다른 접근 방식을 사용하겠습니다. INSTEAD OF DELETE 이벤트를 사용해 MSSQL이 실제로 데이터를 삭제하는 대신 트리거를 실행하도록 합니다. 여기서 요령은 트리거의 마지막 부분에서 삭제를 수행하는 것입니다.

```
CREATE TRIGGER archive_sales_trigger
 ON sales
 INSTEAD OF DELETE AS
BEGIN
 ...
 DELETE FROM sales WHERE id IN(SELECT id FROM deleted);
END;
```

deleted 가상 테이블에는 아직 실제로 삭제되지 않았지만, 트리거가 개입하기 전 삭제될 예정이었던 행들이 남아 있습니다. 여기서 필요한 것은 id 값으로, 마지막에 삭제되어야 할 판매 데이터를 식별하고 관련된 판매 항목 데이터도 삭제할 수 있습니다.

MSSQL에서는 문자열과 숫자를 직접 연결할 수 없는 추가적인 제약이 있어서 숫자를 문자열로 변환해야 합니다.

```
cast(si.bookid AS varchar)+':'+cast(si.quantity AS varchar)
```

MSSQL에서 varchar는 varchar(30)을 의미합니다. 우리가 필요한 정수보다 훨씬 크지만, 실제 정수 크기에 맞게 자동으로 줄어들며 가독성이 좋다는 장점이 있습니다.

완성된 트리거 코드는 다음과 같습니다.

```
CREATE TRIGGER archive_sales_trigger
 ON sales
 INSTEAD OF DELETE AS
BEGIN
```

```
  WITH cte(saleid, customerid, items) AS (
   SELECT
     s.id, s.customerid,
     string_agg(cast(si.bookid AS varchar)+':'
      +cast(si.quantity AS varchar),';')
   FROM
     sales AS s
     JOIN saleitems AS si ON s.id=si.saleid
     JOIN deleted ON s.id=deleted.id
   GROUP BY s.id, s.customerid
  )
  INSERT INTO deleted_sales(saleid, customerid, items,
   deleted_date)
  SELECT saleid, customerid, items, current_timestamp
  FROM cte;
  DELETE FROM sales
  WHERE id IN(SELECT id FROM deleted);
END;
```

이제 판매 데이터를 삭제할 수 있습니다.

SQLite 트리거

이 책에서 다룬 DBMS 중에서 SQLite는 가장 간단하고 직접적인 방식으로 트리거를 작성할 수 있습니다.

우선, 트리거를 삭제하는 코드부터 작성해 보겠습니다.

```
DROP TRIGGER IF EXISTS archive_sales_trigger;
```

트리거를 생성하는 코드는 앞서 설명한 내용과 거의 동일합니다.

```
CREATE TRIGGER archive_sales_trigger
 BEFORE DELETE ON sales
 FOR EACH ROW
BEGIN
 INSERT INTO deleted_sales(saleid, customerid, items,
  deleted_date)
```

```
  WITH cte(saleid, customerid, items) AS (
   SELECT
     s.id, s.customerid,
     group_concat(si.bookid||':'||si.quantity,';')
   FROM sales AS s JOIN saleitems AS si
    ON s.id=si.saleid
   WHERE s.id=old.id
   GROUP BY s.id, s.customerid
  )
  SELECT saleid, customerid, items,current_timestamp
  FROM cte;
END;
```

현재 SQLite에서 **FOR EACH ROW** 절이 필수는 아니지만, 삭제될 각 행에 대해 트리거가 실행된다는 점을 명확히 하기 위해 포함되었습니다.

이제 트리거를 테스트할 수 있습니다.

Oracle 트리거

Oracle에서 트리거 코드를 작성하는 방식은 앞서 설명한 기본 코드와 비슷하지만, 몇 가지 해결해야 할 복잡한 요소가 있습니다.

그 전에 트리거를 삭제하는 코드를 작성할 수 있습니다.

```
-- DROP TRIGGER archive_sales_trigger;
```

코드를 주석처리 한 이유는 Oracle이 **IF EXISTS**를 지원하지 않기 때문입니다.

해결해야 할 복잡한 요소 중 첫 번째는 트리거 코드가 여러 개의 구문으로 구성되어 있어서 어떤 구문이 하나의 블록에 속하는지 파악하기 어렵다는 것입니다.

Oracle은 여러 구문을 결합할 때 사용할 수 있는 대체 구문 구분자가 있습니다.

```
/
CREATE TRIGGER archive_sales_trigger
```

```
  BEFORE DELETE ON sales
  FOR EACH ROW
BEGIN
  ...
END;
/
```

코드 앞뒤의 슬래시(/)는 블록을 정의합니다. 세미콜론으로 끝나는 구문을 포함하여 슬래시 사이의 모든 내용은 하나의 코드 블록으로 처리됩니다.

두 번째는 Oracle이 트리거를 실행하는 테이블의 변경을 허용하지 않는다는 것입니다. 이를 해결하기 위해 Oracle에게 해당 코드가 별도의 트랜잭션임을 알려줘야 합니다.

```
  CREATE TRIGGER archive_sales_trigger
   BEFORE DELETE ON sales
   FOR EACH ROW
  DECLARE
   PRAGMA AUTONOMOUS_TRANSACTION;
  BEGIN
   ...
   COMMIT;
  END;
```

트랜잭션은 문제가 발생했을 때 롤백할 수 있도록 여러 개의 변경 사항을 하나의 그룹으로 묶은 것입니다. 하지만 변경 사항을 유지하려면 COMMIT 문을 사용해야 합니다.

나머지 코드는 앞서 설명한 것과 거의 동일합니다.

```
  /
  CREATE TRIGGER archive_sales_trigger
   BEFORE DELETE ON sales
   FOR EACH ROW
  DECLARE
   PRAGMA AUTONOMOUS_TRANSACTION;
  BEGIN
   INSERT INTO deleted_sales(saleid, customerid, items, deleted_date)
   WITH cte(saleid,customerid,items) AS (
    SELECT
```

```
      s.id, s.customerid,
      listagg(si.bookid||':'||si.quantity,';')
    FROM sales s JOIN saleitems si ON s.id=si.saleid
    WHERE s.id=:old.id
    GROUP BY s.id, s.customerid
  )
  SELECT saleid, customerid, items, current_timestamp
  FROM cte;
  COMMIT;
END;
/
```

이제 트리거를 테스트할 수 있습니다.

10.1.4 트리거의 장단점

트리거의 주요 역할은 데이터베이스에 존재하지 않는 동작을 추가하는 것입니다. 예를 들어, DBMS에서는 이미 기본값과 열 제약 조건을 지원하므로, 트리거를 사용하기 전에 내장 기능으로 해결할 수 있는지 확인하는 것이 좋습니다.

이전 버전의 Oracle에서 트리거는 매우 유용했습니다. 다른 DBMS들은 오래전부터 자동 증가 기본 키를 지원했지만, Oracle은 비교적 최근에야 이를 도입했습니다. 그 당시에는 트리거를 사용하여 별도의 시퀀스를 유지하고, 새로 삽입된 행의 기본 키를 자동으로 할당하는 방식이 필요했습니다.

기본으로 제공되는 기능보다 더 복잡한 열의 기본값을 제공해야 하거나 특정 열을 자동으로 업데이트하고 싶은 경우를 이야기한 적이 있는데, 이 경우 트리거가 추가 기능을 제공할 수 있습니다.

그러나 트리거를 과도하게 사용하면 문제가 될 수 있습니다. 테이블에 DML 트리거가 설정되어 있으면, 해당 테이블 데이터가 변경될 때마다 추가적인 작업이 수행되어 성능에 부담을 줄 수 있습니다.

또한, 트리거는 데이터베이스를 사용하는 다른 사용자에게 혼란을 줄 수도 있습니다. 어떤 작업을 수행할 때마다 예상치 못한 일이 발생할 수 있으며, 이로 인해 문제 해결이 어려워지고 데이터의 정확성을 확인하는 과정이 복잡해질 수 있습니다.

10.2 데이터 피벗팅

좋은 데이터베이스 설계의 중요한 원칙 중 하나는 각 열이 서로 독립적으로 다른 역할을 수행해야 한다는 것입니다. 이러한 원칙에 따라, 2장에서는 customers 테이블로부터 도시 정보를 분리하는 데 많은 노력을 기울였습니다.

하지만, 이와 같은 설계 방식이 분석에 적합하지 않은 경우도 있습니다. 예를 들어, 전형적인 원장ledger 형식의 테이블을 생각해 보겠습니다.

date	description	food	travel	accommodation	misc
...	...	...	...	...	...
...	...	...	...	...	...

이러한 레이아웃은 이해하기 쉽고 분석하기 용이합니다. 특정 카테고리의 합계를 구하려면 해당 열을 아래로 더하면 되고, 특정 항목의 합계를 구하려면 가로로 더하면 됩니다. 과거에는 이러한 작업을 수작업으로 했지만, 스프레드시트가 등장하면서 이제는 컴퓨터가 이러한 작업을 대신 수행하게 되었습니다.

이러한 설계는 데이터 베이스 테이블에서도 볼 수 있습니다. 하지만 SQL 테이블에서는 다음과 같은 이유로 인해 좋은 설계 방식이 아닙니다.

- 한 열에 값을 입력하면 다른 열에는 값을 입력할 수 없게 되므로, 열 간의 의존성이 높아집니다.
- 많은 빈 공간이 생길 가능성이 큽니다.
- 새로운 카테고리가 생길 때마다 테이블 구조에 새로운 열을 추가해야 하므로, 과도하게 많은 열이 생길 수 있습니다.

- 데이터를 분석하기 어렵습니다. SQL의 집계 함수는 주로 행을 기준으로 집계를 수행하도록 설계되어 있기 때문입니다.

더 나은 설계 방식은 다음과 같습니다.

date	description	category	amount
...	...	...	...
...	...	...	...

일반적으로, 카테고리는 열이 아닌 행에 위치해야 합니다.

하지만 두 번째 형태의 데이터를 첫 번째 형태로 변환할 수 있다면, 이를 프레젠테이션에서 활용할 수도 있고 멋진 차트로 만들 수도 있어 더 유용할 것입니다.

10.2.1 데이터 피벗하기

두 번째 형태의 데이터를 첫 번째 형태로 변환하는 작업을 데이터 피벗팅이라고 합니다. 이는 카테고리가 수직에서 수평으로 피벗(회전)한다는 개념입니다.

스프레드시트 프로그램에서 데이터를 쉽게 피벗팅할 수 있습니다. 하지만 데이터베이스 내에서 직접 피벗된 데이터를 생성할 수도 있습니다. 다만 그 과정이 스프레드시트만큼 간단하지는 않습니다.

스프레드시트에서 피벗 테이블을 생성하면 다음과 같은 장점이 있습니다.

- 더 인터랙티브하게 데이터를 조작할 수 있고, 어떤 항목을 피벗팅하고 요약할지 쉽게 변경할 수 있습니다.
- 카테고리를 자동으로 생성할 수 있습니다. 반면 데이터베이스에서는 이를 수동으로 지정해야 해 번거로운 경우가 많습니다.
- 차트로 변환하는 과정이 더 쉽습니다.

반면, 데이터베이스를 사용하면 다음과 같은 장점이 있습니다.

- 데이터가 단일 환경에서 생성됩니다.
- 뷰를 생성해서 언제든지 피벗 테이블을 다시 만들 수 있습니다.

SQL에서 피벗 테이블을 생성하는 주요 방법에는 두 가지가 있습니다.

- 수동으로 하는 방법: GROUP BY 절을 사용하여 여러 열의 데이터를 집계할 수 있습니다.
- MSSQL과 Oracle에는 내장된 피벗 테이블 기능이 있어 자동으로 처리할 수 있습니다. PostgreSQL에도 피벗 기능이 있지만 별도로 설치가 필요합니다.

데이터 피벗팅의 목적은 요약을 만드는 것이기 때문에, 그룹화된 필드를 사용하거나 직접 값을 그룹화해야 합니다. 예를 들어, 다음과 같습니다.

- state 열을 사용하여 주소를 기반으로 그룹화할 수 있습니다.
- month( )와 같은 날짜 함수를 사용하여 날짜를 월별로 그룹화할 수 있습니다.
- 문자열 함수를 사용하여 문자열에서 공통된 부분을 추출할 수 있습니다.

row groups	column group	column group	column group
group 1	...	...	...
group 2	...	...	...
group 3	...	...	...

sales와 customers 테이블의 데이터를 피벗팅하여 state와 VIP 카테고리별 총 매출을 계산하는 방법을 살펴보겠습니다. 결과는 다음과 같은 형태가 될 것입니다.

state	gold	silver	bronze
...	...	...	...
...	...	...	...
...	...	...	...

원칙적으로 테이블을 전환하여 VIP 그룹을 세로로, state를 가로로 배치할 수도 있습니다. 하지만 이 방식이 더 깔끔해 보일 것입니다.

10.2.2 수동으로 데이터 피벗하기

이미 여러 번 살펴보았듯이, 데이터를 집계하기 전에 먼저 데이터를 준비해야 하는 경우가 많습니다. 이번 요약에는 customers, towns, vip, sales 이렇게 네 개의 테이블의 데이터가 필요합니다. 다행히 customerdetails 뷰가 이미 customers와 towns 테이블을 결합하고 있어서 필요한 테이블 수를 세 개로 줄일 수 있습니다.

모든 준비 작업은 여러 개의 CTE에서 수행됩니다.

```
WITH
 statuses AS (
  ...
 ),
 customerinfo AS (
  ...
 ),
 salesdata AS (
 )
...
```

- vip 테이블에는 status number(상태 번호)가 있습니다. statuses CTE는 이 번호에 적절한 이름을 할당하는 테이블 리터럴이 됩니다.
- customerinfo CTE는 테이블들을 JOIN하고 요약할 열을 선택합니다.
- salesdata는 피벗 테이블 요약의 첫 단계가 될 집계 쿼리 역할을 합니다.

이 CTE들을 활용하여 또 다른 집계 쿼리를 실행하면 최종적으로 피벗 테이블을 생성할 수 있습니다.

status CTE는 간단합니다. 상태 번호를 이름과 매칭하기만 하면 됩니다.

```
WITH
  statuses(status, statusname) As (
  -- PostgreSQL, SQLite, MariaDB (단, MySQL 제외):
   VALUES (1,'Gold'), (2,'Silver'), (3,'Bronze')
  -- MySQL:
   VALUES row(1,'Gold'), row(2,'Silver'),
     row(3,'Bronze')
  -- MSSQL:
   SELECT * FROM (VALUES (1,'Gold'),(2,'Silver'),
     (3,'Bronze'))
  -- Oracle:
  SELECT 1,'Gold' FROM dual
  UNION ALL SELECT 2,'Silver' FROM dual
  UNION ALL SELECT 3,'Bronze' FROM dual
  )
```

customerinfo CTE는 이를 customerdetails 뷰와 vip 테이블에 JOIN하여, 각 고객의 id, state, 그리고 status name(상태 이름)을 가져옵니다.

```
WITH
  statuses(status, statusname) AS (
   ...
  ),
  customerinfo(id, state, statusname) AS (
   SELECT customerdetails.id, state, statuses.statusname
   FROM
     customerdetails
     LEFT JOIN vip ON customerdetails.id=vip.id
     LEFT JOIN statuses ON vip.status=statuses.status
  )
SELECT *
FROM customerinfo;
```

테스트해 보면 다음과 같은 결과가 나올 것입니다.

id	state	statusname
407	NSW	Bronze
299	QLD	Gold
21	[NULL]	Gold
597	TAS	[NULL]
106	NSW	Gold
26	VIC	Gold

~ 303 rows ~

이 시점에서 state나 status name으로 그룹화하여 각 항목이 몇 개씩 있는지 확인할 수도 있지만, 지금은 총 매출액에 더 관심이 있습니다.

이를 위해, 앞서 작성한 CTE와 sales 테이블을 또 다른 CTE에서 JOIN해야 합니다.

```
WITH
  statuses(status, statusname) AS (
    ...
  ),
  customerinfo(id, state, statusname) AS (
    ...
  ),
  salesdata(state, statusname, total) AS (
    SELECT state, statusname, total
    FROM customerinfo JOIN sales
      ON customerinfo.id=sales.customerid
  )
SELECT *
FROM salesdata;
```

지금까지 진행한 내용을 다시 테스트해 보면 다음과 같은 결과가 나옵니다.

state	statusname	total
NSW	[NULL]	56
NSW	Silver	43.5
VIC	[NULL]	70

state	statusname	total
QLD	[NULL]	28
VIC	Gold	24.5
VIC	[NULL]	133
~ 5294 rows ~		

이 모든 과정은 모두 데이터를 준비하기 위한 것입니다. 이제는 그룹 행을 생성할 때입니다.

먼저, state별로 그룹화하는 집계 쿼리가 필요합니다. 보통은 다음과 같은 형태입니다.

```
WITH
 statuses(status, statusname) AS (
  ...
 ),
 customerinfo(id, state, statusname) AS (
  ...
 ),
 salesdata(state, statusname, total) AS (
  ...
 )
SELECT state, sum(total)
FROM salesdata
GROUP BY state;
```

결과는 다음과 같습니다.

state	sum
WA	20274
ACT	6781.5
TAS	28193
VIC	79199.5
NSW	101889
NT	6151
QLD	53331.5
SA	30977.5

하지만 원장 테이블과 같은 형태를 얻기 위해서, 집계 필터를 사용하여 세 개의 개별 합계를 생성합니다.

```
WITH
  statuses(status, statusname) AS (
    ...
  ),
  customerinfo(id, state, statusname) AS (
    ...
  ),
  salesdata(state, statusname, total) AS (
    ...
  )
SELECT
  state,
  sum(CASE WHEN statusname='Gold' THEN total END) AS gold,
  sum(CASE WHEN statusname='Silver' THEN total END)
    AS silver,
  sum(CASE WHEN statusname='Bronze' THEN total END)
    AS bronze
FROM salesdata;
```

결과는 다음과 같습니다.

state	gold	silver	bronze
WA	213	1655	[NULL]
ACT	1272.5	[NULL]	[NULL]
TAS	4182.5	2203	2764.5
VIC	8190	5875	5752.5
NSW	11068.5	9319	10760.5
NT	[NULL]	[NULL]	339.5
QLD	5094	3522.5	10480
SA	644	1390.5	3362

피벗팅을 위해 데이터를 준비하는 과정은 항상 가장 어려운 부분입니다.

다만, 몇몇 DBMS에서는 내장 피벗 기능을 통해 마지막 단계의 작업을 간단하게 처리할 수 있습니다.

10.2.3 MSSQL, Oracle에서 피벗 기능 사용하기

MSSQL과 Oracle은 피벗 테이블 생성을 단순화하는 비표준 피벗 기능을 제공합니다. 기본 구문은 다음과 같습니다.

```
SELECT ...
FROM ...
PIVOT (aggregate FOR column IN(columnnames)) AS alias
```

- **aggregate**: 적용할 집계 함수입니다. 여기서는 `sum(total)`입니다.
- **column**: 피벗 테이블에서 가로 방향(열)으로 변환할 열입니다. 여기서는 `statusname`입니다.
- **columnnames**: 피벗 테이블의 열이 될 값들의 목록입니다. 여기서는 Gold, Silver, Bronze입니다.
- **alias**: 피벗된 결과 테이블에 부여할 별칭입니다. 실제 사용되지 않을 수도 있지만, 피벗 테이블은 가상 테이블이기 때문에 반드시 지정해야 합니다.

피벗 테이블은 다음과 같습니다.

```
WITH
  statuses(status, statusname) AS (
    ...
  ),
  customerinfo(id, state, statusname) AS (
    ...
  ),
  salesdata(state, statusname, total) AS (
    ...
  )
SELECT *
FROM salesdata
-- MSSQL:
PIVOT (sum(total) FOR statusname IN (Gold, Silver, Bronze))
```

```
        AS whatever
    -- Oracle:
    PIVOT (sum(total) FOR statusname IN ('Gold' AS Gold, 'Silver'
    AS Silver, 'Bronze' AS Bronze))
    ;
```

이는 이전에 사용한 필터링된 집계보다 간단합니다. 하지만 이 기법에는 몇 가지 특이한 점이 있습니다. MSSQL과 Oracle의 구문이 동일하지 않다는 것입니다.

- MSSQL에서는 열 이름 목록이 단순한 이름 목록입니다. 또한 PIVOT 절에는 반드시 별칭이 필요합니다.
- Oracle에서는 열 이름 목록이 문자열 목록입니다. 열 이름에 작은따옴표가 포함되지 않도록 별칭을 지정해야 합니다. PIVOT 절 자체는 별칭이 필요하지 않습니다.

PIVOT 절에서는 state 열이 나타나지 않고 statusname과 total만 표시된다는 것을 알 수 있습니다. **PIVOT 절에서 언급되지 않은 모든 열은 PIVOT 절에서 그룹화 행으로 표시됩니다.** 이러한 열이 여러 개 있는 경우 더 복잡한 피벗 테이블을 만들 수 있지만, 피벗하려는 (가상) 테이블에 불필요한 열이 없도록 해야 합니다.

IN 표현식이 일반적인 IN 표현식과 다르다는 것도 알 수 있습니다. 값 목록이 아닌 열 이름 목록입니다.

또한 서브쿼리를 사용하여 열 이름 목록을 가져올 수 없습니다. 열 이름이 무엇이 될지 미리 알아야 하며, 직접 입력해야 합니다.

피벗 기능은 기대만큼 편리하지는 않지만, 사용할 수만 있다면 필터링된 집계 방식보다 더 간단합니다. 다만, 피벗을 적용하기 전에 데이터를 준비하는 과정은 약간의 노력이 필요합니다.

언피벗 기능 사용하기

MSSQL과 Oracle에서는 UNPIVOT을 사용하여 이 과정을 역으로 수행할 수도 있습니다. 피벗 테이블은 비정규화된 형태이므로, UNPIVOT 절을 사용하면 정규화된 결과를 얻을 수 있습니다. 즉, 여러 열에 분산된 요약 데이터를 행 형태로 변환할 수 있습니다.

샘플 데이터베이스에는 피벗된 형태의 테이블이 포함되어 있지 않지만, 앞에서 생성한 피벗 테이블을 사용하여 UNPIVOT 기능을 설명하겠습니다.

우선, 최종 SELECT 문을 또 다른 CTE로 감싸야 합니다.

```
WITH
  statuses(status, statusname) AS (
   ...
  ),
  customerinfo(id, state, statusname) AS (
   ...
  ),
  salesdata(state, statusname, total) AS (
   ...
  ), -- 쉼표 추가
 pivottable AS (
   SELECT *
   FROM salesdata
   PIVOT ...
  )
   SELECT *
   FROM pivottable
;
```

이 코드를 실행하면 이전과 동일한 결과를 얻을 수 있습니다. 단지 결과를 pivottable CTE에 저장했을 뿐입니다.

다음 단계는 SELECT 문 끝에 UNPIVOT 절을 추가하는 것입니다.

```
WITH
  statuses(status, statusname) AS (
   ...
  ),
  customerinfo(id, state, statusname) AS (
   ...
  ),
  salesdata(state, statusname, total) AS (
   ...
  ),
  pivottable AS (
```

```
    ...
)
SELECT *
FROM pivottable
-- MSSQL:
UNPIVOT (
 total FOR statuses IN (Gold,Silver,Bronze)
) AS w
-- Oracle:
UNPIVOT (
 total FOR statuses IN (Gold,Silver,Bronze)
)
```

다음과 같은 내용이 표시됩니다.

state	total	statuses
QLD	5532.5	Gold
QLD	3557.5	Silver
QLD	10937	Bronze
VIC	8352	Gold
VIC	6381.5	Silver
VIC	6023	Bronze
NSW	11526	Gold
NSW	9567	Silver
NSW	11941.5	Bronze
NT	349.5	Bronze
ACT	1387	Gold
TAS	4574	Gold
TAS	2459.5	Silver
TAS	2873.5	Bronze
SA	826.5	Gold
SA	1634.5	Silver
SA	3709.5	Bronze
WA	213	Gold
WA	1655	Silver

UNPIVOT 절은 PIVOT 절보다 더 미스터리한 부분이 있습니다. 구체적으로 언급된 열은 statuses 열뿐이며, 마찬가지로 가능한 값을 직접 나열해야 합니다. 이후 DBMS는 state 열이 있다는 것을 인식하고, 남은 값들은 우리가 total이라고 부르는 다른 열에 나타나게 됩니다.

10.3 SQL 변수 다루기

SQL은 **프로그래밍** 언어가 아닙니다. 프로그래밍 언어에서는 작업을 수행하는 일련의 단계로 코딩을 합니다. 반면 SQL은 **선언적** 언어로, 수행하고자 하는 작업을 코딩하면 이를 어떻게 수행할지는 DBMS에 맡깁니다.

그럼에도 여러 단계로 작업을 수행해야 할 때가 있으며, 코드를 단계별로 작성할 수 있는 기능이 유용할 때가 있습니다. 3장에서 새로운 판매 데이터를 추가하는 과정에서도 이렇게 여러 단계가 필요했습니다.

3장에서 다루지 않았던 과정인 중간값을 저장하는 기능을 이번 절에서 살펴보겠습니다.

> **NOTE** 대부분의 DBMS는 특수 함수 또는 시스템 변수나 전역 변수를 통해 현재 데이터베이스 환경에 대한 정보를 제공합니다. 때로는 이러한 시스템 변수들을 SET 명령어를 사용하여 새로운 값으로 설정할 수 있지만 이번 절에서 다룰 내용은 이것이 아닙니다. 이번 절에서는 사용자가 직접 생성하고 설정하는 변수들에 대해 알아보겠습니다.

변수variable는 임시 데이터 조각입니다. 일반적으로 변수를 사용하기 전에 **선언**declare 하고 데이터 타입을 정의합니다. 변수는 그 시점에서 설정할 수도 있지만, 보통은 이후 단계에서 설정합니다.

일반적으로 변수는 **함수**function 또는 **프로시저**procedure 라고 하는 저장된 코드 블록과 연관되어 있고, 이는 DBMS와 코드에서 수행하려는 작업에 따라 달라집니다. 이 절에서는 코드를 저장하지 않고 작업하겠습니다.

DBMS마다 는 변수를 다루는 방식이 조금씩 다릅니다.

- **PostgreSQL**: 과거에는 변수를 저장된 코드 블록(함수)으로 제한해 왔지만, 버전 11부터는 코드 블록을 저장하지 않고도 코드를 작성할 수 있는 익명(DO) 블록을 도입했습니다. PostgreSQL 변수는 반드시 데이터 타입을 선언해야 합니다.
- **MariaDB/MySQL**: 변수 사용에 가장 관대합니다. 변수를 사용하기 전에 선언할 필요가 없고 변수 이름은 @ 기호로 시작합니다.
- **MSSQL**: 변수를 선언할 때 반드시 데이터 타입을 지정해야 합니다. 변수 이름은 @ 기호로 시작합니다.
- **Oracle**: 변수를 선언할 때 데이터 타입을 지정해야 합니다.

여기에는 SQLite가 빠졌는데, 그 이유는 SQLite가 변수를 지원하지 않기 때문입니다. SQLite는 일반적으로 호스트 애플리케이션에 내장되어 있습니다. 호스트 애플리케이션용 프로그래밍 코드를 작성한다는 것을 전제로, 이를 통해 필요한 변수와 기능을 구현할 수 있습니다.

10.3.1 코드 블록

한 번에 하나의 명령문을 실행하기 쉽게 만들어진 클라이언트를 사용하는 경우, 여러 명령문으로 구성된 블록을 처리할 때 혼란이 생길 수 있습니다. 이 경우 블록을 구분자로 감싸면 작업이 더 수월해집니다.

각 DBMS에서 사용하는 구분자는 다음과 같습니다.

```
-- PostgreSQL
DO $$
  ...
END $$;
-- MariaDB/MySQL
DELIMITER $$
  ...
$$
DELIMITER ;
-- MSSQL
```

```
    GO
    ...
    GO
-- Oracle
   /
   ...
   /
```

결국에는 모든 코드 라인을 선택하여 한 번에 실행하는 것이 가장 좋습니다. 코드를 실행할 때는 **한 줄씩 실행하지 말고** 전체를 함께 실행하는 것을 권장합니다.

다음 코드에서는 3장에서 했던 것처럼 새로운 판매 데이터를 추가할 것입니다. 당시에는 후속 명령문에서 사용할 수 있도록 새로운 판매 id를 기록하는 것에 중점을 두었습니다. 하지만 이번에는 변수를 사용하여 중간값을 저장함으로써 코드를 단일 배치로 실행할 수 있도록 하겠습니다.

코드 실행 단계는 다음과 같습니다.

1. 사용할 데이터를 설정합니다.
2. 판매를 삽입합니다.
3. 새로운 판매 id를 변수에 저장합니다.
4. 해당 판매 id를 사용하여 판매 항목을 삽입합니다.
5. 판매 id를 사용하여 판매 항목의 가격을 업데이트합니다.
6. 판매 id를 사용하여 총 판매 금액을 업데이트합니다.

이와 함께, 몇 가지 다른 변수들도 설정합니다.

- 고객 id를 저장할 변수
- 주문 날짜 및 시간을 저장할 변수

판매 항목을 위한 변수도 있으면 좋겠지만, 대부분의 DBMS에서는 다중 값 변수를 쉽게 정의할 수 없고 별도의 사용자 정의 데이터 타입을 설정해야 합니다. 여기서는 간단하게 진행하고 넘어가고자 합니다.

이어서 네 가지 주요 DBMS에서 코드 블록을 작성하는 방법에 대해 살펴보겠습니다.

10.3.2 판매 데이터 추가를 위한 코드 업데이트

코드 블록의 기본적인 흐름은 다음과 같습니다.

- 변수 정의
- INSERT 및 UPDATE 문 실행
- 결과 테스트

이제 주요 DBMS별 코드 작성에 대해 살펴보겠습니다.

PostgreSQL에서 변수 사용하기

원래 PostgreSQL에서는 저장된 코드 블록 밖에서 이러한 작업을 수행할 수 없었지만, 버전 11부터는 **익명 블록**anonymous block을 사용할 수 있게 되었습니다. 만약 이전 버전을 사용하고 있다면, 이 기능을 사용할 수 없습니다.

익명 블록은 DO ... END 사이에 정의됩니다.

```
DO $$
  ...
END $$ ;
```

$$ 코드는 여러 개의 명령문을 하나의 블록으로 처리할 수 있게 해 줍니다. 이를 통해 세미콜론이 블록을 중간에 종료시키는 것을 방지할 수 있습니다.

변수는 DECLARE 섹션 내에서 선언됩니다.

```
DO $$
DECLARE
  cid INT := 42;
```

```
   od TIMESTAMP := current_timestamp;
   sid INT;
 END $$ ;
```

변수명은 원하는 대로 정할 수 있지만, 이후 코드에서 열 이름과 충돌할 위험이 있습니다. 몇몇 개발자들은 변수명 앞에 언더바를 붙여 구별하기도 합니다(예 _cid).

sid 변수는 나중에 할당될 정수형 변수입니다. cid와 od 변수는 고객 id와 주문 날짜/시간을 위한 것으로, := 특수 연산자를 통해 초기에 할당됩니다.

실제 코드는 BEGIN ... END 블록 안에 있습니다. 이 블록에는 3장에서 사용했던 모든 코드가 있으며 한번에 실행됩니다. 여기서 중요한 점은 sid 변수가 새로운 판매 id를 관리하는 데 사용된다는 것입니다.

```
DO $$
DECLARE
 cid INT := 42;
 od TIMESTAMP := current_timestamp;
 sid INT;
BEGIN
 INSERT INTO sales(customerid, ordered)
 VALUES(cid, current_timestamp)
 RETURNING id INTO sid;

 INSERT INTO saleitems(saleid, bookid, quantity)
 VALUES
   (sid,123,3),
   (sid,456,1),
   (sid,789,2);

 UPDATE saleitems AS si
 SET price=(SELECT price FROM books AS b
  WHERE b.id=si.bookid)
 WHERE saleid=sid;

 UPDATE sales
 SET total=(SELECT sum(price*quantity)
   FROM saleitems WHERE saleid=sid)
 WHERE id=sid;
END $$;
```

sid 변수는 첫 번째 INSERT 문에서 RETURNING 절을 통해 값을 할당 받습니다. 이후 나머지 구문에서 이 값이 사용됩니다.

다음 쿼리를 실행해 결과를 테스트할 수 있습니다.

```
SELECT * FROM sales ORDER BY id DESC;
SELECT * FROM saleitems ORDER BY id DESC;
```

새로운 판매와 판매 항목이 맨 위에 표시되어야 합니다.

MariaDB/MySQL에서 변수 사용하기

MariaDB/MySQL은 변수를 사용하는 방식이 가장 간단합니다. 저장 함수나 프로시저 외부에서는 변수나 데이터 타입을 선언할 필요 없이 바로 사용하면 됩니다.

또한 익명 코드 블록이라는 개념이 강하지 않기 때문에, 코드 블록을 정의하는 것은 단순히 구조를 정리하는 역할을 할 뿐 실제로는 큰 차이가 없습니다.

```
DELIMITER $$
BEGIN
END; $$
DELIMITER ;
```

먼저, 몇 가지 변수를 할당하겠습니다.

```
DELIMITER $$
BEGIN
 SET @cid = 42;
 SET @od = current_timestamp;
 SET @sid = NULL;
END; $$
DELIMITER ;
```

변수는 @ 문자로 시작합니다. 이는 변수를 더 명확하게 구분하고 열 이름과의 충돌을 방지합니다.

SET @sid = NULL; 문은 필요하지 않습니다. MariaDB/MySQL에서는 변수를 선언하지 않아도 되지만, 나중에 @sid 변수를 사용할 것이라는 점을 명확히 하기 위해 이 구문을 포함했습니다.

전체 코드는 다음과 같습니다.

```
DELIMITER $$
BEGIN
 SET @cid = 42;
 SET @od = current_timestamp;
 SET @sid = NULL; -- unnecessary; just to make clear

 INSERT INTO sales(customerid, ordered)
 VALUES(@cid, @od);

 SET @sid = last_insert_id();

 INSERT INTO saleitems(saleid,bookid,quantity)
 VALUES
   (@sid,123,3),
   (@sid,456,1),
   (@sid,789,2);
 UPDATE saleitems
 SET price=(SELECT price FROM books
  WHERE books.id=saleitems.bookid)
 WHERE saleid=@sid;
 UPDATE sales
 SET total=(SELECT sum(price*quantity)
   FROM saleitems WHERE saleid=@sid)
 WHERE id=@sid;
END;
$$

DELIMITER ;
```

다음 구문에 주의하세요.

```
SET @sid = last_insert_id();
```

자동 생성된 기본 키로 새로운 행을 추가할 때는 나중에 사용할 새로운 값을 가져와야 합니다. last_insert_id() 함수는 현재 세션에서 가장 최근에 자동 생성된 값을 가져옵니다. 이 함수는 특정 테이블을 지정하지 않기 때문에 반드시 INSERT 문 바로 다음에 호출해야 합니다.

보시다시피 나머지 코드는 3장에서 다룬 것과 거의 동일하며, @sid 변수를 사용하여 새로운 판매 id를 관리합니다.

다음을 실행해 결과를 테스트할 수 있습니다.

```
SELECT * FROM sales ORDER BY id DESC;
SELECT * FROM saleitems ORDER BY id DESC;
```

새로운 판매와 판매 항목이 맨 위에 표시되어야 합니다.

MSSQL에서 변수 사용하기

MSSQL 코드는 GO 키워드로 구분된 블록 안에 작성할 수 있습니다.

```
GO
  ...
GO
```

GO 키워드는 실제로 MSSQL 언어의 일부가 아니며, 다른 SQL에서도 마찬가지입니다. 이 키워드는 클라이언트 소프트웨어에 내부 내용을 단일 배치로 처리하고 실행하도록 지시하는 역할을 합니다. 일부 클라이언트는 GO 키워드를 들여쓰는 것을 허용하고, 같은 줄에 세미콜론과 주석을 추가하는 것을 허용하지만, 가장 안전한 방법은 GO를 들여쓰지 않고 GO 외에는 그 줄에 아무것도 추가하지 않는 것입니다.

MSSQL에 변수를 선언하는 블록은 없지만, 선언할 수 있는 명령문은 있습니다. 세 개의 변수를 선언하려면 세 개의 DECLARE 문을 사용할 수 있습니다.

```
GO
 DECLARE @cid INT = 42;
 DECLARE @od datetime2 = current_timestamp;
 DECLARE @sid INT;
GO
```

또는 변수를 쉼표로 구분해 하나의 **DECLARE** 문에서 선언할 수도 있습니다.

```
GO
 DECLARE
  @cid INT = 42,
  @od datetime2 = current_timestamp,
  @sid INT;
GO
```

변수는 **@** 문자로 시작하기 때문에 쉽게 찾을 수 있고 열 이름과 구별할 수 있습니다.

@sid 변수는 나중에 할당될 정수형 변수입니다.

나머지 코드는 3장에서 다룬 것과 비슷하지만, 새로운 판매 id는 **@sid** 변수를 사용하여 관리됩니다.

```
GO
 DECLARE @cid INT = 42;
 DECLARE @od datetime2 = current_timestamp;
 DECLARE @sid INT;

 INSERT INTO sales(customerid,ordered)
 VALUES(@cid, @od);

 SET @sid = scope_identity();
 INSERT INTO saleitems(saleid,bookid,quantity)
 VALUES
  (@sid,123,3),
  (@sid,456,1),
  (@sid,789,2);

 UPDATE saleitems
 SET price=(SELECT price FROM books
```

```
    WHERE books.id=saleitems.bookid)
  WHERE saleid=@sid;

  UPDATE sales
  SET total=(SELECT sum(price*quantity)
    FROM saleitems WHERE saleid=@sid)
  WHERE id=@sid;
GO
```

@sid 변수는 scope_identity() 함수를 통해 값을 할당받습니다. 이 함수는 특정 테이블을 지정하지 않기 때문에 INSERT 문 바로 다음에 호출해야 합니다. 그 이후로는 @sid 변수가 나머지 구문에서 사용됩니다.

다음을 실행해 결과를 테스트할 수 있습니다.

```
SELECT * FROM sales ORDER BY id DESC;
SELECT * FROM saleitems ORDER BY id DESC;
```

새로운 판매와 판매 항목이 맨 위에 표시되어야 합니다.

Oracle에서 변수 사용하기

Oracle 코드 블록은 슬래시로 구분할 수 있습니다.

```
/

/
```

전체 블록이 단일 배치로 실행됩니다.

변수는 DECLARE 섹션 안에서 선언됩니다.

```
/
DECLARE
 cid INT := 42;
 od TIMESTAMP := current_timestamp;
```

```
  sid INT;
/
```

변수명은 원하는 대로 지정할 수 있지만, 이후 코드에서 열 이름과 충돌할 위험이 있습니다. 몇몇 개발자들은 변수명 앞에 언더바를 붙여 이를 방지하기도 합니다(예 _cid).

sid 변수는 나중에 할당될 정수형 변수입니다. cid와 od 변수는 고객 id와 주문 날짜/시간을 위한 것으로, := 특수 연산자를 통해 초기에 할당됩니다.

실제 코드는 BEGIN ... END 블록 안에 있습니다. 이 블록에는 3장에서 사용했던 모든 코드가 있으며 한번에 실행됩니다. 여기서 중요한 점은 sid 변수가 새로운 판매 id를 관리하는 데 사용된다는 것입니다.

```
/
DECLARE
 cid INT := 42;
 od TIMESTAMP := current_timestamp;
 sid INT;
BEGIN
 INSERT INTO sales(customerid,ordered)
 VALUES(cid, od)
 RETURNING id INTO sid;

 INSERT INTO saleitems(saleid,bookid,quantity)
 VALUES (sid,123,3);
 INSERT INTO saleitems(saleid,bookid,quantity)
 VALUES (sid,456,1);
 INSERT INTO saleitems(saleid,bookid,quantity)
 VALUES (sid,789,2);

 UPDATE saleitems
 SET price=(SELECT price FROM books
  WHERE b.id=saleitems.bookid)
 WHERE saleid=sid;

 UPDATE sales
 SET total=(SELECT sum(price*quantity) FROM saleitems
  WHERE saleid=sid)
 WHERE id=sid;
```

```
        END;
        /
```

sid 변수는 첫 번째 INSERT 문에서 RETURNING 절을 통해 값을 할당 받습니다. 이후 나머지 구문에서 이 값이 사용됩니다.

다음과 같이 결과를 테스트할 수 있습니다.

```
SELECT * FROM sales ORDER BY id DESC;
SELECT * FROM saleitems ORDER BY id DESC;
```

상단에 새로운 판매 내역과 판매 항목이 표시되어야 합니다.

10.4 복습하기

이번 장에서는 데이터베이스를 더욱 효과적으로 활용할 수 있는 몇 가지 추가적인 기법을 살펴보았습니다.

10.4.1 트리거

트리거는 데이터베이스에서 특정 이벤트가 발생할 때 실행되는 코드 스크립트입니다. 일반적으로 INSERT, UPDATE, DELETE와 같은 이벤트가 이에 해당합니다. 트리거를 사용하면 이벤트를 가로채서, 영향을 받는 테이블이나 다른 테이블에 추가적인 변경을 할 수 있습니다. 일부 트리거는 DBMS나 운영체제와 더 밀접하게 작동하기도 합니다.

sales 테이블에서 삭제가 발생할 때 실행되는 트리거를 생성하여 이 개념을 살펴보면서, 트리거를 통해 판매 데이터와 관련된 판매 항목 데이터를 보관 테이블로 복사했습니다.

DBMS마다 세부적인 차이는 있지만, 일반적으로 트리거는 다음과 같은 원칙을 따릅니다.

- 트리거는 한 테이블에서 발생하는 이벤트에 대해 정의됩니다.
- 트리거 코드는 영향을 받을 데이터에 접근할 수 있습니다.
- 트리거 코드는 해당 데이터를 활용하여 추가적인 SQL 작업을 수행할 수 있습니다.

10.4.2 피벗 테이블

피벗 테이블은 데이터를 행과 열로 요약하는 가상 테이블이며, 일종의 2차원 집계입니다.

원본 테이블 데이터는 대부분 이런 방식으로 요약하기에 적합하지 않기 때문에 데이터를 적절한 형태로 준비하고 하나 이상의 CTE에서 사용할 수 있도록 하는 과정이 필요합니다.

다음 두 가지 기법을 조합하여 수동으로 피벗 테이블을 생성할 수 있습니다.

- 집계 쿼리로 수직(행) 그룹과 요약될 데이터를 생성합니다.
- 집계 필터가 있는 SELECT 문으로 각 수평(열) 카테고리에 대한 요약을 생성합니다.

MSSQL과 Oracle 모두 비표준 PIVOT 절을 지원해서, 이를 활용하면 두 번째 과정은 어느 정도 자동화할 수 있습니다. 그러나 완전한 자동화는 아니기 때문에 SQL 개발자가 추가적인 작업을 해줘야 합니다.

10.4.3 SQL 변수

이번 장에서는 3장에서 다룬, 판매 데이터를 여러 테이블에 삽입하고 업데이트하는 코드를 최적화하기 위해 변수를 사용했습니다.

지금까지 다룬 SQL의 대부분은 단일 구문이었습니다. 이 중 일부는 CTE를 사용하여 중간 데이터를 생성함으로써 사실상 여러 단계로 이루어진 구문이 되기도 했습니다.

여러 구문에서 실행해야 하는 더 복잡한 코드에서는 중간값을 저장해야 할 수 있습니다. 이러한 값들은 임시 데이터 조각인 변수에 저장됩니다.

이 장에서는 변수를 두 가지 목적으로 사용했습니다.

- 코드에서 사용할 고정값을 저장하기 위해
- 코드 실행 중 생성된 중간값을 저장하기 위해

대부분의 DBMS에서 변수는 코드 블록 내에서 선언되고 사용됩니다. 일반적으로 코드 블록이 실행된 후에는 변수와 그 값들이 소멸됩니다. 하지만 MariaDB/MySQL의 경우에는 실행이 끝난 후에도 변수가 유지됩니다.

SQLite는 변수를 지원하지 않습니다. 변수가 관리해야 할 임시 데이터는 호스팅 애플리케이션이 처리하도록 되어 있습니다.

10.5 마치며

기본적인 SQL 구문과 기능만으로도 많은 작업을 수행할 수 있지만, 추가 기능을 활용하면 DBMS를 더욱 효과적으로 활용할 수 있습니다.

- 트리거는 데이터베이스 이벤트에 반응하여 코드가 실행되도록 합니다. 이를 통해 데이터베이스에서 추가적인 처리를 자동으로 수행할 수 있습니다.
- 피벗 테이블은 요약 데이터를 간단하게 볼 수 있는 가상 테이블입니다. 일반적으로 집계 쿼리를 조합해 피벗 테이블을 생성할 수 있고, 일부 DBMS는 이를 쉽게 할 수 있는 피벗 기능을 제공합니다.
- SQL 변수는 SQL 구문 사이에서 임시 값을 저장하는 데 사용됩니다. 이를 활용하면 중간값을 저장하여 이후의 구문에서 사용할 수 있습니다.

지금까지 배운 내용을 활용하면 데이터베이스를 다루고 분석하기 위한 더 복잡한 쿼리를 작성할 수 있습니다.

APPENDIX A

문화적 참고 사항

샘플 데이터베이스는 호주를 배경으로 만들어졌습니다. 국가에 상관없이 비슷한 부분이 많겠지만, 몇 가지 다를 수 있는 세부 사항이 있습니다.

A.1 주소 및 전화번호

일반적인 주소 형식은 다음과 같습니다.

```
Street Number & Name --도로 번호 및 이름
Town State Postcode --town state 우편번호
```

호주의 주소 체계에서는 '시티(City)'라는 개념이 광범위한 정의를 갖고 있어서, 주소에 '시티 이름(City Name)'을 많이 사용하지 않습니다.

도시(town)

도시를 정의하는 방식에 따라 다르지만, 호주에는 약 15,000-20,000개의 도시가 있습니다. 샘플 데이터베이스에는 호주 내에서 최소 3번 이상 등장하는 도시 이름을 선정해 넣었습니다.

주(state)

호주는 지리적으로 8개의 주를 가지고 있습니다. 엄밀히 말하면 이 중 두 곳은 정치적 특성이 다른 영토territory입니다.

각 주는 두 글자 또는 세 글자로 된 코드를 가지고 있습니다.

Name	Code
Northern Territory	NT
New South Wales	NSW
Australian Capital Territory	ACT
Victoria	VIC
Queensland	QLD
South Australia	SA
Western Australia	WA
Tasmania	TAS

우편번호(postcode)

우편번호는 4자리 숫자로 구성된 코드이며, 예외적인 경우도 있지만 일반적으로 도시와 연관되어 있습니다.

- 인접한 두 도시는 같은 우편번호를 가질 수 있습니다.
- 대도시의 경우 여러 개의 우편번호를 가질 수 있습니다.
- 대형 기관이나 기업은 자체적으로 고유한 우편번호를 가질 수 있습니다.

우편번호는 주와 밀접한 관련이 있지만, 주 경계선 근처에 있는 일부 도시는 인접한 다른 주의 우편번호를 사용할 수도 있습니다.

전화번호(phone number)

호주의 일반적인 전화번호는 10자리 숫자로 구성됩니다. 휴대전화가 아닌 경우, 앞 두 자리는 0으로 시작하는 지역 코드이며, 네 개의 주요 지역 중 하나를 나타냅니다. 휴대전화의 경우, 지역 코드는 04로 시작합니다. 또한, 특수한 유형의 전화번호도 있습니다. 1800으로 시작하는 번호는 수신자 부담이며, 1300으로 시작하는 번호는 기업에서 요금을 부담합니다.

13으로 시작하는 짧은 번호는 대형 기관용입니다. 그 외의 짧은 번호는 긴급 비상 연락처와 같은 특수 목적으로 사용됩니다.

호주는 가짜 전화번호 그룹을 유지하고 있으며, 데이터베이스에 사용된 모든 전화번호는 당연히 가짜입니다. 이 번호로 전화를 걸어도 소용없으니 시간을 낭비하지 마세요.

A.2 이메일 주소

테스트나 교육용으로 만들어진 특수한 도메인이 있습니다. 예를 들어, `example.com`과 `example.net`이 여기에 해당합니다. 데이터베이스에 사용된 모든 이메일 주소가 이 도메인을 사용하고 있는 이유이며, 이는 전 세계적으로 통용됩니다.

A.3 측정 단위, 가격, 통화

호주는 대부분의 국가와 마찬가지로 미터법을 사용합니다. 특히, 샘플 데이터베이스에서는 키를 센티미터 단위로 측정합니다. 인치로 변환한다면 2.54cm가 1인치입니다.

통화의 경우, 호주는 달러와 센트를 사용합니다.

대부분의 상품에는 부가가치세$^{\text{Goods and Services Tax}}$(GST)가 부과됩니다. 예외가 있긴 하지만, 샘플 데이터베이스 내의 항목에도 모두 부가가치세가 포함되어 있습니다. 부가가치세율은 10%입니다.

호주에서는 부가가치세를 반드시 표시해야 하며, 판매 가격에 포함되어 있습니다.

A.4 날짜

호주에서는 날짜를 짧게 표기할 때 일/월/년 형식을 사용하고 있어서 미국 또는 캐나다의 날짜 형식과 헷갈릴 수 있습니다. 때문에 월 숫자 대신 월 이름을 사용하거나, ISO8601 형식을 사용하는 것을 권장합니다.

APPENDIX B

DBMS별 차이

이 책은 다음과 같이 인기 있는 DBMS들의 코드 작성법을 다루고 있습니다.

- PostgreSQL
- MariaDB/MySQL
- Microsoft SQL Server(MSSQL)
- SQLite
- Oracle

SQL 표준이 존재하지만, 각 DBMS마다 이를 지원하는 정도에는 차이가 있습니다. 대체로 SQL 문법은 80~90% 정도 동일하지만, 다음과 같은 주요 차이점이 있습니다.

일반적으로 동일한 작업을 수행할 때 표준 방식과 비표준 방식이 있다면 항상 표준을 따르는 것이 좋습니다. 이렇게 하면 다른 SQL 문법과도 쉽게 호환될 수 있습니다. 무엇보다 모든 벤더들이 표준 구현을 향해 가고 있기 때문에 미래에도 호환성을 유지할 수 있을 가능성이 큽니다.

B.1 SQL 작성하기

대체로 모든 DBMS는 SQL을 동일한 방식으로 작성하지만, 구문과 일부 데이터 타입에 약간의 차이가 있습니다.

세미콜론

MSSQL은 문장 사이에 세미콜론이 필요하지 않습니다. 하지만 마이크로소프트에서 앞으로의 버전에서는 세미콜론이 필수가 될 것이라 발표했기 때문에 항상 사용하는 것이 좋습니다.[7]

데이터 타입

DBMS마다 데이터 타입에 변형을 가지고 있지만, 공통점도 많습니다.

- SQLite는 데이터 타입을 엄격하게 적용하지 않고, 일반적인 타입 친화성 type affinitie을 가지고 있습니다.
- PostgreSQL, MariaDB/MySQL, SQLite는 불리언 타입을 지원하지만, MSSQL과 Oracle은 지원하지 않습니다. MariaDB/MySQL은 불리언 값을 정수로 처리하는 경향이 있습니다.

날짜 처리

- Oracle은 ISO8601 형식(yyyy-mm-dd)의 날짜 리터럴을 지원하지 않습니다. 하지만 `to_date()` 함수나 `to_timestamp()` 함수를 사용해 여러 날짜 형식을 처리할 수 있습니다.
- MariaDB/MySQL은 ISO8601 형식의 날짜 리터럴만 허용합니다. 다른 형식을 사용하고 싶다면 `str_to_date()` 함수를 사용하면 됩니다.
- SQLite는 날짜 데이터 타입을 지원하지 않아서 복잡합니다. 일반적으로 ISO8601 문자열을 TEXT 타입으로 저장하고 적절한 함수로 처리하는 것이 가장 간단한 방법입니다.

---

[7] 옮긴이_ 세미콜론에 대한 마이크로소프트의 설명. 세미콜론은 권장 사항이며 향후 필수가 될 예정입니다. (https://learn.microsoft.com/en-us/sql/t-sql/language-elements/transact-sql-syntax-conventions-transact-sql?view=sql-server-ver16&tabs=code#transact-sql-syntax-conventions-transact-sql)

대소문자 구분

SQL 언어는 대소문자를 구분하지 않습니다. 하지만 이는 DBMS마다 달라질 수 있습니다.

- MariaDB/MySQL과 Oracle은 운영체제에 따라 테이블 이름의 대소문자 구분이 달라질 수 있습니다.
- 문자열은 DBMS 기본 설정 및 데이터베이스나 테이블을 생성할 때의 추가 옵션에 따라 대소문자를 구분할 수 있습니다.

기본적으로는 다음과 같습니다.

- MSSQL과 MariaDB/MySQL은 대소문자를 구분하지 않습니다.
- PostgreSQL, SQLite, Oracle은 대소문자를 구분합니다.

SQLite에는 또 다른 특이 사항이 있습니다.

- 문자열 매칭은 대소문자를 구분합니다.
- 패턴 매칭(LIKE)은 대소문자를 구분하지 않습니다.

따옴표

표준 SQL에서 따옴표 사용법은 다음과 같습니다.

- 작은따옴표는 '값'에 사용합니다.
- 큰따옴표는 "이름"에 사용합니다.

하지만 다음과 같은 예외도 있습니다.

- MariaDB/MySQL은 두 가지 모드가 있습니다. 전통적인 모드에서는 큰따옴표도 값에 사용되며, 이름에는 비공식적인 백틱(`)을 사용해야 합니다. ANSI 모드에서는 큰따옴표가 이름에 사용됩니다.
- MSSQL은 이름에 대괄호([ ])도 사용합니다. 하지만 개인적으로는 권장하지 않기 때문에 여기서는 다루지 않았습니다.

B.2 정렬

- DBMS마다 정렬할 때 NULL을 앞 또는 뒤 어디에 배치할지에 대한 기본 동작이 다릅니다.
- PostgreSQL, Oracle, SQLite는 사용자가 선택할 수 있습니다.

결과 제한

이 기능은 SQL 표준에서 제외되었기 때문에 DBMS마다 구현 방식이 다릅니다.

- PostgreSQL, Oracle, MSSQL은 모두 약간의 차이는 있지만 OFFSET ... FETCH... 표준을 따릅니다.
- PostgreSQL, MariaDB/MySQL, SQLite는 모두 비표준인 LIMIT ... OFFSET ... 을 지원합니다. PostgreSQL은 둘 다 지원합니다.
- MSSQL은 또한 자체적인 비표준 TOP 절을 가지고 있습니다.
- Oracle은 비표준 행 번호도 지원합니다.

B.3 필터링

DBMS마다 필터링을 위한 값 매칭 방식이 다릅니다.

대부분의 DBMS와 달리, SQLite는 표준 절 순서에 위배됨에도 SELECT 절에서 정의된 별칭을 WHERE 절에서 사용할 수 있도록 허용합니다.

대소문자 구분

앞서 설명한 내용과 동일합니다.

문자열 비교

표준 SQL에서는 문자열 비교 시 후행 공백이 무시되는데, 이는 CHAR 패딩을 고려한 것입니다. 더 정확히 말하면, 짧은 문자열을 긴 문자열과 비교할 때, 긴 문자열의 길이에 맞춰 짧은 문자열의 오른쪽에 공백이 추가됩니다.

PostgreSQL, SQLite, Oracle은 이 표준을 따르지 않으며, 후행 공백도 중요하게 취급합니다. MSSQL과 MariaDB/MySQL은 이 표준을 따릅니다.

날짜 처리

Oracle의 날짜 처리 방식은 앞서 설명했습니다. 이는 날짜를 비교하는 방식에도 영향을 미칩니다.

날짜 형식 ??/??/????의 해석 방식도 문제가 될 수 있습니다. 미국의 **일/월/년** 형식일 수도 있지만, 그렇지 않을 수도 있습니다. 따라서 이러한 형식은 **항상** 피하는 것이 좋습니다.

와일드카드 매칭

모든 DBMS는 LIKE 연산자를 사용한 기본적인 와일드카드 매칭을 지원합니다.

- PostgreSQL은 문자열이 아닌 데이터에 대한 와일드카드 매칭을 지원하지 않습니다.

와일드카드 확장 기능은 다음과 같습니다.

- PostgreSQL, MariaDB/MySQL, Oracle은 정규 표현식을 지원하지만, DBMS마다 다르게 동작합니다.
- MSSQL은 정규 표현식을 지원하지 않지만, 기본 와일드카드에 대한 간단한 확장 기능이 있습니다.
- SQLite는 최근에 정규 표현식을 네이티브로 지원하도록 업데이트되었습니다.
- (www.sqlite.org/releaselog/3_36_0.html).

B.4 계산

기본적인 수학 연산은 대부분 동일하지만 함수의 동작 방식은 DBMS마다 매우 다릅니다.

앞서 언급한 DBMS 중에서 SQLite는 대부분의 작업을 호스트 애플리케이션에서 수행한다는 가정을 하고 있어 내장 함수의 수가 가장 적습니다.

FROM 없는 SELECT

테스트 목적으로, Oracle을 제외한 모든 DBMS는 FROM 절 없이도 SELECT를 지원합니다.

Oracle은 더미 FROM dual 절이 필요합니다. MariaDB/MySQL도 FROM dual을 사용할 수 있지만, 필요한 경우가 거의 없습니다.

다음과 같이 나만의 dual 테이블을 쉽게 만들 수 있습니다.

```
CREATE TABLE dual(
  dummy CHAR(1)
);
INSERT INTO dual VALUES('X');
```

테이블을 직접 만들어야 하는 수고를 할 필요가 있는지는 생각해 봐야 합니다.

산술 연산

산술 연산은 대부분 동일하지만, 정수 처리는 DBMS마다 약간의 차이가 있습니다.

- PostgreSQL, SQLite, MSSQL은 정수 나눗셈에서 소수점을 버립니다. Oracle과 MariaDB/MySQL은 소수점을 반환합니다.
- Oracle은 나머지 연산자(%)를 지원하지 않는 대신 mod() 함수를 사용합니다.

서식 함수

DBMS마다 서식 함수는 모두 다릅니다.

- PostgreSQL과 Oracle은 모두 to_char() 함수를 지원합니다.
- MSSQL은 format() 함수를 제공합니다.

- SQLite는 format() 함수만 있습니다. printf()라고도 하며, 가장 제한적입니다.
- MariaDB/MySQL은 다양한 전용 함수를 가지고 있습니다.

날짜 함수

모든 DBMS는 서로 다른 함수 세트를 가지고 있습니다. 가장 간단한 날짜 연산에 대해서는 다음과 같은 차이를 가지고 있습니다.

- PostgreSQL과 Oracle은 interval을 사용하여 날짜를 더하고 빼는 작업을 간단하게 처리할 수 있습니다.
- MariaDB/MySQL도 유사한 기능을 제공하지만, 유연성이 떨어집니다.
- MSSQL은 dateadd() 함수를 사용합니다.
- SQLite는 날짜 데이터 유형을 지원하지 않지만, 날짜 형식의 문자열을 처리하는 몇 가지 함수를 제공합니다.

문자열 연결

아래는 문자열에 대한 기본 연산입니다.

- MSSQL은 비표준 + 연산자를 사용하여 연결합니다. 다른 데이터베이스들은 || 연산자를 사용합니다. 단, MariaDB/MySQL은 다음과 같이 예외적인 부분이 있습니다.
- MariaDB/MySQL에는 두 가지 모드가 있습니다. 전통적인 모드에는 문자열 연결 연산자가 없으며, ANSI 모드에서는 표준 || 연산자가 동작합니다.
- SQLite를 제외한 모든 DBMS는 비표준 concat() 함수를 지원합니다.
- Oracle은 NULL 문자열을 빈 문자열로 취급합니다. 이는 NULL과 연결할 때 예상과 달리 NULL 결과를 생성하지 않는다는 점에서 특히 주목할 만합니다.

문자열 함수

SQL 표준이 일부 존재하지만, 다음과 같은 차이가 있습니다.

- 대부분의 DBMS는 이를 따르지 않습니다.
- 이를 지원하는 DBMS도 변형된 형태 또는 고유한 함수를 가지고 있습니다.

때문에 이러한 함수를 사용할 때는 DBMS별로 주의가 필요합니다.

일반적으로 대부분의 DBMS는 lower() 및 upper()와 같이 기본적인 문자열 함수를 지원하지만, 각각 서로 다른 방식으로 구현되어 있습니다. DBMS들 간에 상당 부분 중복되는 기능들이 있습니다.

테이블 JOIN

기본적으로 JOIN은 대부분 동일하게 동작하지만 몇 가지 예외가 있습니다.

- Oracle은 테이블 별칭에 AS 키워드를 허용하지 않습니다.
- SQLite는 RIGHT JOIN을 지원하지 않습니다.

이유는 아무도 모릅니다.

집계 함수

기본적인 집계 함수는 대부분의 DBMS에서 동일하게 동작합니다. 다만 일부 특수한 함수들은 특정 DBMS에서만 지원됩니다.

PostgreSQL, Oracle, 및 MSSQL은 선택적인 명시적 GROUP BY () 절을 지원합니다. 이 절은 특별한 기능을 제공하지는 않지만, 요점을 명확하게 표현하는 데 도움이 됩니다. 그러나 다른 DBMS들은 이를 지원하지 않습니다.

데이터 조작

모든 DBMS는 기본적인 데이터 조작 기능을 지원하지만, 몇 가지 차이점이 있습니다.

- Oracle은 여러 개의 값을 한 번에 INSERT하는 기능을 기본적으로 지원하지 않으며, 이를 위한 복잡한 우회 방법이 필요합니다. 그러나 향후 지원될 가능성이 있습니다.
- MSSQL은 이를 지원하지만 최대 1,000개의 행까지만 가능합니다. 이 제한을 우회하는 방법도 존재합니다.

테이블 조작

모든 DBMS는 기본적인 테이블 조작 기능을 지원하지만, 데이터 타입과 자동 증가 키 처리 방식에서 차이가 있습니다.

이는 테이블 생성 스크립트가 DBMS 간에 호환되지 않는다는 것을 의미합니다.

- MSSQL은 NULL을 허용하는 열에서 고유 인덱스를 생성할 때 특이 사항이 있으며, 이를 해결하기 위한 우회 방법이 필요합니다.

자동 증가 기본 키

자동 증가 기본 키에 직접 값을 삽입하는 경우, 작업이 끝난 후 조정이 필요합니다. 그렇지 않으면 DBMS가 올바른 값부터 자동 증가를 시작하지 않을 수 있습니다.

- PostgreSQL에서는 데이터를 삽입한 후 기본 제공 시퀀스를 다음과 같이 수동으로 조정해야 합니다.

```
SELECT setval(pg_get_serial_sequence('customers',
'id'), max(id))
FROM customers;
```

- Oracle의 경우, 데이터를 추가한 후 테이블을 변경해야 합니다.

```
ALTER TABLE customers
MODIFY ID GENERATED BY DEFAULT AS IDENTITY
START WITH LIMIT VALUE;
```

- MSSQL의 경우, 수동으로 값을 삽입한 후 다시 자동 증가를 활성화해야 합니다.

```
SET IDENTITY_INSERT customers ON;
-- 수동으로 ID 값을 삽입하는 INSERT 문 실행 ...
SET IDENTITY_INSERT customers OFF;
```

다른 DBMS는 별도의 조정 없이도 잘 동작합니다.

B.5 DBMS별 특이 사항과 차이점

DBMS별로 흥미롭거나 중요한 차이점이 있습니다.

PostgreSQL의 특이 사항

PostgreSQL에서는 yesterday(어제), today(오늘), tomorrow(내일)와 같은 문자열을 날짜로 변환할 수 있습니다.

MSSQL의 특이 사항

마이크로소프트는 CREATE VIEW와 같은 CREATE 문은 하나의 배치에서 단독으로 실행되어야 한다는 특징이 있습니다. 배치는 GO 키워드로 정의합니다.

```
GO
 CREATE something AS
  ...
 ;
GO
```

CREATE TABLE의 경우에는 다른 명령문들과 함께 배치에서 실행할 수 있습니다.

Oracle의 특이 사항

SELECT 절에서 별표(*)를 열 이름과 함께 사용할 수 없습니다.

```
SELECT
id, customers.*
FROM customers;
```

TIMESTAMP(날짜 및 시간이 결합된 형식)를 날짜 형식으로 형변환해도, 날짜만 남는 것이 아니라 시간 정보도 그대로 남아있습니다.

때문에 trunc() 함수를 사용해야 합니다. 이 경우에도 시간에 대한 구성 요소는 그대로 남아 있지만 자정으로 설정됩니다.

MariaDB/MySQL의 특이 사항

SELECT 절에서 별표(*)와 열 이름을 함께 사용하려면, 별표를 먼저 작성해야 합니다.

```
SELECT *, id            -- id, *는 사용할 수 없음
FROM customers;
```

OFFSET ... LIMIT ... 절에서 OFFSET 값은 계산할 수 없습니다.

아시다시피, GROUP BY 쿼리에서 집계 함수나 GROUP BY 절에 있는 열만 선택할 수 있습니다. 그러나 MariaDB/MySQL에서는 GROUP BY 열이 계산된 값일 경우 작동하지 않습니다. 때문에 CTE를 사용하는 것이 좋습니다.

MariaDB/MySQL이 다른 DBMS와 동일하게 큰따옴표와 문자열 연결을 처리하도록 하려면, 세션을 ANSI 모드로 설정해야 합니다.

```
SET session sql_mode = 'ANSI';
```

APPENDIX C

파이썬에서 SQL 사용하기

파이썬은 과학 및 데이터 분석 분야에서 널리 사용되는 프로그래밍 언어입니다. 이 부록에서는 파이썬 프로그램을 기존 데이터베이스에 연결하여 데이터베이스에서 읽고 쓰는 방법을 살펴보겠습니다.

> **NOTE** 이 책을 읽고 계신다면, 파이썬 전문가는 아니더라도 파이썬 프로그래밍에 익숙하다고 할 수 있을 것입니다.
>
> 특히 기본적인 개념 외에도 튜플, 리스트, 딕셔너리와 같은 컬렉션에 대해 알고 있고, 함수 생성에도 익숙할 것이며, 모듈을 설치하고 가져오는 방법도 알고 있을 것이라 가정하겠습니다.

본격적으로 시작하기 전에 필요한 모듈을 설치하고, 다음과 같은 단계로 확인하겠습니다.

1. 데이터베이스 모듈을 가져옵니다.
2. 데이터베이스에 연결하고, **연결** 객체와 해당하는 **커서** 객체를 저장합니다.
3. SQL을 실행하고 결과를 처리합니다.
4. 연결을 종료합니다.

연결 객체는 데이터베이스와의 연결을 나타내며, 이를 통해 데이터베이스 세션을 관리할 수 있습니다.

더 중요한 것은, 커서 객체가 데이터베이스에 SQL을 전송하고 관련 데이터를 주고받는 데 사용된다는 점입니다. 물론, 연결 객체에도 데이터 조작 메서드가 있지만, 실질적으로는 커서를 생성하고 나머지 작업을 커서에 위임하는 역할 정도만 합니다.

C.1 데이터베이스 커넥터 모듈 설치

대부분의 DBMS의 경우 모듈의 이름만 알면 설치는 쉽습니다. 모듈을 설치하려면 `pip` 프로그램을 사용해야 하는데, 현재 파이썬 버전에 따라 `pip3`로 부르기도 합니다.

예외적으로 MSSQL은 맥이나 리눅스에서 설치할 경우 몇 가지 추가 작업이 필요할 수 있습니다. 이에 대해서는 나중에 설명하겠습니다.

SQLite는 `sqlite3`라는 모듈이 이미 파이썬에 패키지로 포함되어 있어서 별도로 설치하지 않아도 됩니다.

그 외의 DBMS의 경우, 터미널이나 명령 프롬프트에서 다음의 명령어를 입력해 모듈을 설치할 수 있습니다.

```
# MariaDB/MySQL
  pip3 install mysql-connector-python
# PostgreSQL
  pip3 install psycopg2-binary
# Oracle
  pip3 install oracledb
```

MariaDB와 MySQL의 경우 동일한 모듈을 사용합니다. 더 전문적인 기능이 필요하다면 MariaDB 전용 모듈도 있습니다.

윈도우에 MSSQL 모듈 설치하기

윈도우에 MSSQL을 설치하는 것은 간단합니다.

```
# MSSQL (Windows)
pip3 install pyodbc
```

pyodbc 모듈은 작업을 수행하기 위해 ODBC^Open Database Connectivity 드라이버가 필요합니다. 윈도우에 MSSQL이 설치되어 있다면 ODBC 드라이버도 기본적으로 설치되어 있을 가능성이 높은데, 드라이버의 이름을 확인해야 합니다.

파이썬에서 다음을 실행합니다.

```
import pyodbc
print(pyodbc.drivers())
```

그러면 하나 이상의 드라이버 목록이 표시됩니다. 필요한 드라이버는 다음과 같은 형태일 것입니다.

```
ODBC Driver 18 for SQL Server
```

드라이버 이름은 버전에 따라 다를 수 있습니다.

맥 또는 리눅스에서 MSSQL 모듈 설치하기

맥이나 리눅스에서는 ODBC 드라이버를 직접 설치해야 합니다. 설치 방법은 마이크로소프트 공식 문서에서 확인할 수 있습니다(https://learn.microsoft.com/en-us/sql/connect/python/pyodbc/step-1-configure-development-environment-for-).

맥의 경우 먼저 **홈브류**^Homebrew(https://brew.sh/)를 설치해야 합니다. 다양한 터미널 애플리케이션을 설치할 수 있게 해 주는 패키지 관리자입니다.

```
/bin/bash -c "$(curl -fsSL https://raw.githubusercontent.com/Homebrew/install/master/install.sh)"
```

홈브류가 설치되면 이를 통해 MSSQL용 드라이버를 설치할 수 있습니다.

```
brew tap microsoft/mssql-release \ https://github.com/Microsoft/homebrew-mssql-release
```

라이선스 계약에 동의하고 설치를 마무리합니다.

```
HOMEBREW_ACCEPT_EULA=Y brew install msodbcsql18 mssql-tools18
```

마지막으로, 추가적으로 필요한 패키지를 설치합니다.

```
brew install unixodbc
```

이제 모듈을 설치할 수 있습니다. M1 맥북을 사용하는 경우 간단히 설치하는 것이 어려울 수 있어, 다음과 같이 실행하는 것이 더 안전합니다.

```
pip3 install --no-binary :all: pyodbc
```

그 다음, 드라이버 이름을 확인해야 합니다. 파이썬에서 다음을 실행하세요.

```
import pyodbc
print(pyodbc.drivers())
```

그러면 하나 이상의 드라이버 목록이 표시됩니다. 필요한 드라이버는 다음과 같은 형태일 것입니다.

```
ODBC Driver 18 for SQL Server
```

드라이버 이름은 버전에 따라 다를 수 있습니다.

C.2 데이터베이스 연결하기

데이터베이스에 연결하고 커서를 생성하는 코드는 다음과 같습니다.

```
import dbmodule
connection = dbmodule.connect(...)
cursor = connection.cursor()

connection.close()
```

`dbmodule`은 DBMS에 따라 다릅니다. DBMS별 연결 코드는 아래와 같습니다.

SQLite에 연결하기

SQLite에서 사용할 모듈은 `sqlite3`입니다. 모듈을 불러온 후, 데이터베이스에 연결해야 합니다.

SQLite 데이터베이스는 단순한 파일 형태입니다. 보안 관리는 호스트 애플리케이션에서 하기 때문에 추가적인 인증 정보가 필요하지 않고, 파일 경로만 지정하면 연결할 수 있습니다.

다음과 같이 SQLite에 연결합니다.

```
import sqlite3
connection = sqlite3.connect(file) # path name of the file
cursor = connection.cursor()
```

`file` 문자열은 SQLite 파일의 전체경로나 상대 경로입니다.

MSSQL에 연결하기

MSSQL용 모듈은 `pyodbc`입니다. 이 모듈은 ODBC를 지원하는 모든 데이터베이스에 사용할 수 있습니다.

MSSQL에서 연결 문자열은 모든 연결 세부 정보를 포함한 DSN$^{\text{Data Source Name}}$이라고 합니다. 그러나 가독성과 유지보수성을 위해 각 세부 정보를 별도의 함수 매개변수로 추가하는 것이 더 좋습니다. 일반적으로 다음과 같은 형태로 작성합니다.

```
import pyodbc
connection = pyodbc.connect(
 driver='ODBC Driver 18 for SQL Server',
 TrustServerCertificate='yes',
 server='...',
 database='bookshop',
 uid='...',
 pwd='...'
)
cursor = connection.cursor()
```

매개변수에 대해 설명하면 다음과 같습니다.

- **driver**: 이전에 획득한 현재 데이터베이스 드라이버의 이름입니다. 이 글을 작성하는 시점에서 최신 버전은 ODBC Driver 18 for SQL Server입니다.
- **TrustServerCertificate**: 다른 서버와의 연결을 허용하기 위한 것입니다. 이는 파이썬 애플리케이션이 해당 서버를 신뢰하도록 하는 것을 의미합니다.
- **server**: 데이터베이스 서버의 이름 또는 IP 주소입니다. 기본 포트 번호는 1433입니다. 포트 번호를 변경해야 할 경우 server='...,1432'와 같이 서버 주소에 추가할 수 있습니다.
- **database**: 연결할 데이터베이스의 이름입니다.
- **uid**: 사용자 이름입니다.
- **pwd**: 비밀번호입니다.

MariaDB/MySQL에 연결하기

MariaDB/MySQL에 연결하기 위한 모듈은 `mysql.connector`입니다. 데이터베이스에 연결하려면 서버와 데이터베이스, 그리고 사용자 이름과 비밀번호를 지정해야 합니다.

```
import mysql.connector
connection = mysql.connector.connect(
```

```
    user='...',
    password='...',
    host='...',
    database='bookshop'
)
cursor = connection.cursor()
```

host는 일반적으로 데이터베이스 서버의 IP 주소입니다. 기본 포트 번호는 3306입니다. 포트 번호를 변경해야 하는 경우 port=3305와 같이 다른 매개변수로 추가할 수 있습니다.

PostgreSQL에 연결하기

PostgreSQL에 연결하기 위한 모듈은 psycopg2입니다. 데이터베이스에 연결하려면 서버와 데이터베이스, 그리고 사용자 이름과 비밀번호를 지정해야 합니다.

```
import psycopg2
connection = psycopg2.connect(
    database='...',
    user='...',
    password='...',
    host='...'
)
cursor = connection.cursor()
```

host는 일반적으로 데이터베이스 서버의 IP 주소입니다. 기본 포트 번호는 5432입니다. 포트 번호를 변경해야 하는 경우 port=5433과 같이 다른 매개변수로 추가할 수 있습니다.

Oracle에 연결하기

Oracle에 연결하기 위한 모듈은 oracledb입니다. 데이터베이스에 연결하려면 서버와 데이터베이스, 그리고 사용자 이름과 비밀번호를 지정해야 합니다.

```
import oracledb
connection = oracledb.connect(
    user='...',
```

```
    password='...',
    host='...',
    service_name='...'
)
cursor = connection.cursor()
```

host는 일반적으로 데이터베이스 서버의 IP 주소입니다. 기본 포트 번호는 1521입니다. 포트 번호를 변경해야 하는 경우 port=1522와 같이 다른 매개변수로 추가할 수 있습니다.

C.3 데이터베이스에서 가져오기

데이터베이스에 연결이 완료되었다면, 이제 SQL 문을 전송하고 결과를 처리할 수 있습니다. SQL 문은 간단한 문자열로 설정합니다.

```
sql = 'SELECT * FROM customers'
```

그런 다음 연결 객체를 사용하여 명령문을 실행합니다.

```
connection.execute(sql)
```

데이터를 처리하기 전에, 먼저 열 이름 목록을 가져와야 합니다. 이 정보는 `cursor.description` 객체에서 확인할 수 있습니다. `cursor.description`은 각 열에 대한 튜플들의 튜플입니다. 각 튜플 내의 데이터에는 데이터 타입에 대한 정보가 포함되어 있을 수 있지만, 모든 DBMS 연결에서 사용할 수 있는 것은 아닙니다.

열 이름은 각 튜플의 첫 번째 항목입니다. 리스트 컴프리헨션을 사용하여 이름을 가져올 수 있습니다.

```
columns = [i[0] for i in cursor.description]
```

이는 각 튜플의 첫 번째 멤버를 columns 리스트에 추가합니다.

SELECT 문의 데이터는 커서 객체를 통해 사용할 수 있습니다. 커서 객체에는 하나 이상의 행을 가져오는 메서드가 포함되어 있고, 행을 가져오기 위해 반복할 수도 있습니다.

다음과 같이 커서를 반복할 수 있습니다.

```
for row in cursor:
 print(row)
```

각 행은 값들의 튜플입니다. 튜플은 변경할 수 없는 값들의 모음이기 때문에, 각 값에는 이름이 없습니다.

열 이름과 각 튜플의 값을 매칭하고 싶다면 파이썬의 zip 함수를 사용하면 됩니다. 이름과 달리 파일을 압축하는 것과는 전혀 상관이 없습니다.

zip 함수는 두 개의 컬렉션을 받아서 첫 번째 컬렉션의 요소와 두 번째 컬렉션의 항목을 묶은 튜플의 컬렉션을 반환합니다.

```
zip(columns,row)
```

여기서 결과는 첫 번째 멤버가 열 이름이고 두 번째 멤버가 해당 행의 값인 튜플의 컬렉션이 됩니다. 엄밀히 말하면, 이는 컬렉션이 아니라 이터레이터^{iterator}지만, 다음 단계에서 사용하기에는 충분합니다.

다음 단계는 각 튜플의 첫 번째 멤버를 두 번째 멤버의 키로 사용하여 딕셔너리 객체로 변환하는 것입니다. 다음을 실행해 딕셔너리 객체들의 집합을 생성합니다.

```
data = []
for row in cursor:
 data.append(dict(zip(colums,row)))
print(data)
```

각 행이 딕셔너리 객체로 저장되므로, 나중에 원하는 방식으로 데이터를 처리할 수 있습니다.

데이터 처리가 끝나면 반드시 연결을 닫아야 합니다.

```
connection.close()
import ...
connection = ... . connect(...)

sql = 'SELECT * FROM customers'
connection.execute(sql)

columns = [i[0] for i in cursor.description]

data = []
for row in cursor:
 data.append(dict(zip(colums,row)))
print(data)
connection.close()
```

C.4 쿼리에서 매개변수 사용하기

간단한 SQL 쿼리로 테스트를 마쳤으니 이제 조금 더 흥미로운 것을 시도해 보겠습니다. 42번 고객이라는 특정 고객을 찾아보겠습니다. 다음과 같이 변경할 수 있습니다.

```
sql = 'SELECT * FROM customers WHERE id=42'
```

이렇게 하면 작동은 하겠지만 하드코딩되어 있어 실용적이지 않습니다. 대신 사용자가 고객 id를 입력하도록 해 보겠습니다.

```
customerid = input('Customer Number: ')
```

입력 받은 고객 id를 SQL 문자열에 넣기 위해 다음과 같은 방법을 시도할 수 있습니다.

```
# 이 방법은 좋지 않습니다.
customerid = input('Customer Number: ')
sql = f'SELECT * FROM customers WHERE id={customerid}'
#sql = 'SELECT * FROM customers WHERE id={0}'
  .format(customerid)
cursor.execute(sql)
```

요즘 파이썬에서는 이른바 f-string을 지원합니다. 또는 더 전통적인 format() 문자열 메서드를 사용할 수도 있습니다.

문제는 이제 사용자가 입력한 값이 쿼리에 포함된다는 점입니다. 예를 들어, 사용자가 42라는 숫자 대신에 다음과 같은 것을 입력했다고 가정합시다.

```
42 OR 1=1
```

그 결과로 나오는 문자열은 다음과 같을 것입니다.

```
SELECT * FROM customers WHERE id=42 OR 1=1
```

이 경우 전체 데이터가 반환될 수 있습니다.

더 심각한 것은, 여기에 만약 비밀번호 같은 것이 있다면 사용자가 교묘하게 조작한 입력을 통해 비밀번호 확인을 우회할 수도 있습니다.[8]

이와 같이 원래 코드에 추가 SQL 코드를 끼워 넣는 것을 **SQL 인젝션**injection이라고 하며, 이로 인해 데이터가 손상되거나 심지어 유출될 위험이 있습니다. 이것이 가능한 이유는 DBMS가 추가 코드가 삽입된 후에야 SQL 문자열을 받기 때문에, 어떤 것이 진짜이고 어떤 것이 가짜인지 알 수 없기 때문입니다. 문자열을 해석하는 시점에서는 이미 너무 늦었습니다.

사용자 입력을 안전하게 처리하려면 데이터를 받기 전에 문자열을 해석해야 합니다. 이것을

---

[8] 옮긴이_ 비밀번호를 데이터베이스 테이블에 저장하는 것은 절대 생각조차 하지 마세요. 이 책에서는 사용자 데이터를 안전하게 관리하는 방법에 대해서는 다루지 않지만, 비밀번호를 저장하는 것은 매우 위험하고 무책임한 행동입니다.

일반적으로 **준비된 구문**prepared statement이라고 합니다. 파이썬에서 이를 수행하려면 아래의 두 단계가 필요합니다.

- 데이터 대신 자리 표시자placeholder가 포함된 SQL 문자열을 생성합니다.
- SQL 문자열을 실행한 뒤에 데이터를 나중에 전달합니다.

DBMS마다 사용하는 자리 표시자가 다릅니다. 다음은 SQL 문자열을 생성하는 방법입니다.

```
# SQLite, MSSQL (use ?)
sql = 'SELECT * FROM customers WHERE id=?'
# PostgreSQL, MariaDB/MySQL (use %s)
sql = 'SELECT * FROM customers WHERE id=%s'
# Oracle (:named or :numbered)
sql = 'SELECT * FROM customers WHERE id=:0'
```

- SQLite와 MSSQL은 자리 표시자로 ?를 사용합니다.
- PostgreSQL과 MariaDB/MySQL은 자리 표시자로 로 %d를 사용합니다.
- Oracle은 콜론 뒤에 이름이나 숫자를 붙여 사용합니다.

일부 DBMS는 자리 표시자 이름을 사용하는 것과 같이 위 단계의 변형을 허용하지만, 여기서는 간단한 자리 표시자로도 충분합니다.

이후 데이터를 튜플 형태로 추가할 수 있습니다.

```
(customerid,)
```

단일 값을 가진 튜플은 끝에 쉼표를 추가해야 한다는 것을 기억하세요. 코드는 다음과 같이 작성하면 됩니다.

```
$sql = '...' # SELECT with placeholders
customerid = input('Customer Number: ')
cursor.execute(sql, (customerid,))
```

값을 포함한 튜플이 execute() 메소드의 두 번째 매개변수로 추가되는 것을 볼 수 있습니다.

C.5 새로운 판매 데이터 추가하기

파이썬을 사용하여 더 복잡한 작업을 수행할 수도 있습니다. 이번에는 새로운 판매 데이터를 추가해 보겠습니다.

다음과 같은 단계로 진행합니다.

1. 새로운 판매 데이터를 추가합니다.
2. 새로운 판매 id를 가져옵니다.
3. 도서를 추가합니다.
4. 도서 가격을 가져옵니다.
5. 판매 총액을 입력합니다.

편의를 위해 주요 단계별로 별도의 SQL 문자열을 만들 수 있습니다.

```
insertsale = '...' # 새로운 판매 데이터 추가
insertitems = '...' # 도서와 함께 판매 항목 추가
updateitems = '...' # 도서 가격을 반영해 판매 항목 업데이트
updatesale = '...' # 총액을 반영해 판매 데이터 업데이트
```

잠시 후에 이 문자열을 살펴보겠습니다. 그전에 새로운 판매 id를 확인해야 합니다.

SQL에서 새로 생성된 id를 가져오는 방법에는 두 가지가 있습니다.

- INSERT 문에서 반환하기
- 별도의 단계에서 가져오기

첫 번째 방법이 더 좋지만, 현재 모든 DBMS가 지원하지는 않습니다. 따라서 첫 번째 SQL 문자열에서 이 점을 고려해야 합니다.

또한 이 문자열들에 자리 표시자를 포함할 것입니다. 사용자가 입력하는 상황을 고려하지 않고 있기 때문에 지금 꼭 필요한 것은 아니지만, 더 안전하고 값을 추가하기가 더 쉬워집니다.

코드의 재사용성을 높이기 위해 이를 함수로 감싸겠습니다.

```
def addsale(customerid, items, date):
    insertsale = '...' # 새로운 판매 데이터 추가
    insertitems = '...' # 도서와 함께 판매 항목 추가
    updateitems = '...' # 도서 가격을 반영해 판매 항목 업데이트
    updatesale = '...' # 총액을 반영해 판매 데이터 업데이트
    return saleid
```

`customerid`는 단순한 정수입니다. `items`는 나중에 설명할 딕셔너리의 리스트가 될 것입니다. `date`는 날짜 객체가 됩니다.

`saleid`를 반환할 필요는 없지만, 반환해도 상관없으며 나중에 유용할 수 있습니다.

SQL 문자열

실제 문자열들은 DBMS마다 미세하게 다르므로, DBMS별로 다루도록 하겠습니다. 주요 고려 사항은 새로운 `id`가 어떻게 반환되는지와 자리 표시자가 표현되는 방식입니다.

일부 문자열은 길어서 가독성을 위해 여러 줄 문자열을 사용했습니다. 파이썬에서 여러 줄 문자열은 따옴표 세 개를 사용합니다.

```
multiline = '''
Multi
Line
String
'''
```

또 다른 고려 사항은 작은따옴표나 큰따옴표 중 어느 것을 사용할지입니다. 많은 개발자가 한 줄 문자열과 여러 줄 문자열 모두에 큰따옴표를 사용합니다. 이 부록에서는 작은따옴표를 사용하고 있습니다. 일관성 있게만 사용한다면 어느 쪽을 사용해도 상관없습니다.

PostgreSQL용 SQL 문자열

PostgreSQL은 INSERT 문의 RETURNING 절을 사용하여 새로운 id를 반환할 수 있습니다. 나중에 이 값을 가져올 것입니다.

문자열은 다음과 같습니다.

```
insertsale = '''
 INSERT INTO sales(customerid, ordered) VALUES(%s,%s) RETURNING id;
'''
insertitems = '''
 INSERT INTO saleitems(saleid, bookid, quantity) VALUES(%s,%s,%s);
'''
updateitems = '''
 UPDATE saleitems SET price=(SELECT price FROM books WHERE
   books.id=saleitems.bookid) WHERE saleid=%s;
'''
updatesale = '''
 UPDATE sales SET total=(SELECT sum(price*quantity)
   FROM saleitems WHERE saleid=%s) WHERE id=%s;
'''
```

대부분 책의 앞부분에서 사용했던 것과 동일한 명령문입니다.

SQLite용 SQL 문자열

SQLite는 INSERT 문에서 새로운 id를 반환하지 않기 때문에, 다른 방법을 사용해서 나중에 이를 가져와야 합니다. 문자열은 다음과 같습니다.

```
insertsale = '''
 INSERT INTO sales(customerid, ordered) VALUES(?,?)
 RETURNING id;
'''
insertitems = '''
 INSERT INTO saleitems(saleid, bookid, quantity)
 VALUES(?,?,?);
'''
updateitems = '''
```

```
 UPDATE saleitems SET price=(SELECT price FROM books
  WHERE books.id=saleitems.bookid) WHERE saleid=?;
'''
updatesale = '''
 UPDATE sales SET total=(SELECT sum(price*quantity)
   FROM saleitems WHERE saleid=?) WHERE id=?;
'''
```

대부분 책의 앞부분에서 사용했던 것과 동일한 명령문입니다.

MSSQL용 SQL 문자열

MSSQL도 INSERT 문에서 id를 반환할 수 있지만, 비표준 OUTPUT 절을 사용합니다. 간단한 INSERT 문에서는 사용하기 까다롭지만, 파이썬 코드에서 사용할 때는 잘 작동합니다.

```
insertsale = '''
 INSERT INTO sales(customerid, ordered)
 OUTPUT inserted.id VALUES(?,?);
'''
insertitems = '''
 INSERT INTO saleitems(saleid, bookid, quantity)
 VALUES(?,?,?);
'''
updateitems = '''
 UPDATE saleitems SET price=(SELECT price FROM books
  WHERE books.id=saleitems.bookid) WHERE saleid=?;
'''
updatesale = '''
 UPDATE sales SET total=(SELECT sum(price*quantity)
   FROM saleitems WHERE saleid=?) WHERE id=?;
'''
```

OUTPUT 절을 제외하면, 대부분 책의 앞부분에서 사용했던 것과 동일한 명령문입니다.

MariaDB용 SQL 문자열

MariaDB/MySQL은 INSERT 구문에서 새로운 id를 반환하지 않기 때문에, 다른 방법을 사용해서 나중에 이를 가져와야 합니다. 문자열은 다음과 같습니다.

```
insertsale = '''
 INSERT INTO sales(customerid, ordered) VALUES(%s,%s);
'''
insertitems = '''
 INSERT INTO saleitems(saleid, bookid, quantity)
 VALUES(%s,%s,%s);
'''
updateitems = '''
 UPDATE saleitems SET price=(SELECT price FROM books
  WHERE books.id=saleitems.bookid) WHERE saleid=%s;
'''
updatesale = '''
 UPDATE sales SET total=(SELECT sum(price*quantity)
  FROM saleitems WHERE saleid=%s) WHERE id=%s;
'''
```

대부분 책의 앞부분에서 사용했던 것과 동일한 명령문입니다.

Oracle용 SQL 문자열

Oracle에서는 `INSERT` 문에서 새로운 `id`를 반환할 수 있지만, 특이한 구문을 사용합니다. 반환된 값을 위한 자리 표시자를 포함해야 합니다.

또한 날짜/시간 처리에서도 약간 복잡한 점이 있습니다. Oracle은 날짜/시간 형식에 대해 매우 까다로워서 파이썬에서 사용하는 형식을 거부할 가능성이 높습니다. 이를 해결하기 위해 `to_timestamp()` 함수를 사용하여 입력 값을 Oracle이 처리할 수 있는 형식으로 변환해야 합니다. 다음과 같이 작성할 수 있습니다.

```
to_timestamp( ... , 'YYYY-MM-DD HH24:MI:SS')
```

Oracle은 이름 지정 또는 번호 지정 자리 표시자를 사용할 수 있습니다. 여기서는 간단하게 번호 지정 자리 표시자를 사용하겠습니다.

```
insertsale = '''
 INSERT INTO sales(customerid, ordered)
 VALUES(:1, to_timestamp(:2,'YYYY-MM-DD HH24:MI:SS'))
 RETURNING id INTO :3
 '''
insertitems = '''
 INSERT INTO saleitems(saleid, bookid, quantity)
 VALUES(:1,:2,:3)
 '''
updateitems = '''
 UPDATE saleitems SET price=(SELECT price FROM books
   WHERE books.id=saleitems.bookid) WHERE saleid=:1
 '''
updatesale = '''
 UPDATE sales SET total=(SELECT sum(price*quantity)
   FROM saleitems WHERE saleid=:1) WHERE id=:2
 '''
```

주의할 점이 몇 가지 있습니다. 문장의 끝에 세미콜론(;)을 붙이면 안 됩니다. 세미콜론을 붙이면 'SQL command not properly ended(SQL 명령어가 올바르게 종료되지 않았습니다)'라는 조금 모호한 오류 메시지가 표시됩니다.

insertsale 문자열에는 작은따옴표가 포함된 표현식이 있다는 점에 유의하세요.

이 경우 문자열이 따옴표 세 개로 둘러싸여 있다면 문제가 없지만, 한 줄로 작성하는 경우에는 문자열을 큰따옴표로 감싸야 할 수도 있습니다.

판매 데이터 추가하기

문자열을 생성한 후, 다음 단계는 첫 번째 SQL 문을 실행하여 판매 데이터를 추가하고 그 결과로 생성된 판매 id를 가져오는 것입니다.

DBMS마다 조금씩 다르지만, 기본적인 방법은 다음과 같습니다. 첫 번째 단계는 addsale() 함수 매개변수에서 가져온 고객 id와 날짜로 구성된 튜플과 함께 insertsale 쿼리를 실행하는 것입니다.

```
# Not Oracle
cursor.execute(insertsale, (customerid, date))
```

Oracle의 경우, 새로운 id를 저장할 추가 변수를 정의해야 합니다.

```
# Oracle
id = cursor.var(oracledb.NUMBER)
cursor.execute(insertsale, (customer, date, id))
```

새로운 판매 id를 검색하는 것은 INSERT 문에서 id가 반환되는지 여부에 따라 달라집니다.

PostgreSQL과 MSSQL의 경우, INSERT 문에서 값을 반환하므로 다음과 같은 방법으로 해당 값을 가져올 수 있습니다.

```
# PostgreSQL, MSSQL
saleid = cursor.fetchone()[0]
```

fetchone() 메서드는 결과 집합의 첫 번째 및 그 이후의 행을 튜플로 반환합니다. 여기서는 첫 번째 행과 항목만 필요합니다.

SQLite와 MariaDB/MySQL의 경우, 값을 반환하지 않으므로 특별한 lastrowid 속성을 사용해야 합니다.

```
# SQLite, MariaDB/MySQL
saleid = cursor.lastrowid
```

Oracle의 경우, 새로운 판매 id가 id 변수에 포함되어 있지만, 제대로 사용하려면 이를 추출해야 합니다.

```
# Oracle
saleid = int(id.getvalue()[0])
```

지금까지의 코드는 다음과 같습니다.

```python
def addsale(customerid, items, date):
    insertsale = '...'  # 새로운 판매 데이터 추가
    insertitems = '...'  # 도서와 함께 판매 항목 추가
    updateitems = '...'  # 도서 가격을 반영해 판매 항목 업데이트
    updatesale = '...'  # 총액을 반영해 판매 데이터 업데이트
    # PostgreSQL, MSSQL
    cursor.execute(insertsale, (customer, date))
    saleid = cursor.fetchone()[0]
    # SQLite, MariaDB/MySQL
    cursor.execute(insertsale, (customer, date))
    saleid = cursor.lastrowid
    # Oracle
    id = cursor.var(oracledb.NUMBER)
    cursor.execute(insertsale, (customer, date, id))
    saleid = int(id.getvalue()[0])
    return saleid
```

들여쓰기를 함부로 변경하지 마세요. 모든 코드는 addsale() 함수의 일부가 되도록 한 단계 들여 써야 합니다.

판매 항목 추가하기

판매 항목은 컬렉션입니다. SQL과 달리 파이썬은 변수를 자유롭게 사용할 수 있으며, 특히 컬렉션 변수를 선호합니다.

여러 항목을 처리하기 위해 튜플이나 리스트를 사용할 수 있습니다. 여기서는 값을 변경하지 않을 것이므로 튜플을 사용하겠습니다. 튜플은 불변합니다.

각 항목은 도서 id와 수량이라는 두 부분으로 구성됩니다. 튜플을 사용할 수도 있지만, 그러면 각 부분이 익명 상태가 됩니다. 향후 더 복잡한 프로젝트에서는 유지보수가 어려워질 수 있습니다. 따라서 여기서는 딕셔너리 객체를 사용하겠습니다.

판매 항목은 다음과 같습니다.

```
(
 { 'bookid': 123, 'quantity': 3},
 { 'bookid': 456, 'quantity': 1},
 { 'bookid': 789, 'quantity': 2},
)
```

함수 내에서 튜플은 `items` 변수에 나타날 것입니다. `for` 반복문을 사용하여 튜플을 순회할 수 있습니다.

각 반복에서 `insertitems` 문을 실행하여, 한 번에 하나의 항목을 삽입합니다.

데이터는 이전 단계의 판매 `id`와 함께 딕셔너리 객체의 `bookid`와 `quantity` 멤버를 포함하는 튜플입니다.

코드는 다음과 같습니다.

```
for item in items:
  cursor.execute(insertitems, (saleid, item['bookid'], item['quantity']))
```

지금까지의 함수는 다음과 같습니다.

```
def addsale(customerid, items, date):
 # SQL Strings
 # cursor.execute
 # saleid
 for item in items:
  cursor.execute(
    insertitems,
    (saleid, item['bookid'], item['quantity'])
  )
 return saleid
```

나머지는 쉽습니다.

완성하기

이제 판매 항목을 업데이트하고 판매를 업데이트하기 위해 두 개의 SQL 문을 실행해야 합니다.

```
cursor.execute(updateitems, (saleid,))
cursor.execute(updatesale, (saleid, saleid))
connection.commit()
```

updateitems 쿼리는 판매 id만 필요합니다. 값은 하나뿐이지만 튜플 형태여야 하기 때문에 끝에 쉼표가 있습니다. updatesale 쿼리는 판매 id가 두 번 필요한데, 하나는 메인쿼리에서 다른 하나는 서브쿼리에서 사용됩니다.

작업이 끝날 때는 트랜잭션을 커밋해야 합니다. 이는 변경 사항을 데이터베이스에 영구적으로 저장한다는 의미입니다. 그렇지 않으면 지금까지의 전체 작업이 무의미해집니다.

함수는 다음과 같습니다.

```
def addsale(customerid, items, date):
 # SQL 문자열
 # cursor.execute
 # saleid
 for item in items:
  cursor.execute(
   insertitems,
   (saleid, item['bookid'], item['quantity'])
  )
 cursor.execute(updateitems, (saleid,))
 cursor.execute(updatesale, (saleid, saleid))
 connection.commit()
 return saleid
```

이제 이를 테스트할 수 있습니다. 필요한 것들은 다음과 같습니다.

- 고객 id (customerid, 예 42)
- 판매 항목(이전에 사용한 딕셔너리 객체의 튜플 형태)

- 현재 날짜와 시간 (date)

현재 날짜와 시간을 얻으려면 datetime 모듈에서 가져와야 합니다. 그런 다음 .now() 메서드를 사용합니다.

```
from datetime import datetime
print(datetime.now())
```

완성된 스크립트는 다음과 비슷하게 될 것입니다.

```
from datetime import datetime
import ...      # 연결 모듈 가져오기
connection = ... . connect(... ) # 데이터베이스 연결
cursor = connection.cursor()  # 커서 객체 가져오기
def addsale(customerid, items, date):
 ...
addsale (
 42,       # 고객 id
 (       # 판매 항목
  { 'bookid': 123, 'quantity': 3},
  { 'bookid': 456, 'quantity': 1},
  { 'bookid': 789, 'quantity': 2},
 ),
 datetime.now()   # 현재 날짜/시간
)
```

이제 판매 데이터를 추가할 수 있는 재사용 가능한 함수를 완성했습니다.

INDEX

ㄱ ㄴ

가상 테이블 243
값 함수 310
계산 열 261, 264
계획된 관계 87
공통 테이블 표현식 (CTE) 33, 110, 301
관계 86
구분자 102
구체화 뷰 96, 244, 258
근사 함수 157
기본 키 50
내장 함수 135
노멀 50

ㄷ ㄹ ㅁ

다대다 관계 87, 102
단락 평가 181
단일 값 267
대체 기본 키 104
데이터 정의어 (DDL) 404
데이터 조작문 (DML) 46
데이터 조작어 (DML) 404
데이터베이스 관리 소프트웨어 (DBMS) 27
데이터베이스 무결성 64
데카르트 곱 298
로그온 404
매개변수 뷰 251
문자 데이터 161

문자열 161

ㅂ

바이너리 45
배송 완료 184
배송 전 184
백분위수 340
백틱 138
변수 350, 430
별칭 40
복합 기본 키 106
부분 인덱스 76
불리언 45
불리언 값 150
뷰 41, 81, 244
브리지 테이블 103
비상관 271
비정규화 81
빈도표 229, 231

ㅅ

산술 평균 229
상관 서브쿼리 55, 126
상수
서브쿼리 40, 270
서식 함수 159
선언 430
소계 214

수정자 178
수학 함수 157
순서 함수 309
순위 함수 309
스냅샷 261
스칼라 서브쿼리 270
스칼라 함수 251
십분위수 340

ㅇ

앵커 362
어설션 36
여러 값 80, 101
역방향 기술 386
연결 162, 164
연관 테이블 103
오분위수 340
외래 키 45
원시 데이터 133
원자 단위 33
원장 418
윈도우 함수 191, 277, 308, 309
이동 평균 324
이십분위수 343
익명 블록 433
인덱스 일체형 테이블 75
인라인 뷰 270
일대다 관계 86

일대불확실 관계 98, 129
일대일 관계 86
일반적 50
임시 관계 87
임시 이름 136
임시 테이블 244, 264

ㅈ

자리 표시자 31
자연 키 62
재귀 361
재귀 멤버 362
재귀적 공통 테이블 표현식 233
정규 분포 229
정규형 80
정렬 규칙 162
제약 조건 45
종형 곡선 229
준비된 구문 472
중앙값 229
중첩 서브쿼리 288
집계 43
집계 함수 309
집합 연산 46

ㅊ ㅋ

참조 86
총계 214

INDEX

최빈값 229, 233
최종적 50
캐시 258
캐싱 261
클러스터형 인덱스 75

ㅌ ㅍ ㅎ

테이블 리터럴 379
테이블 반환 함수 244
테이블 반환 함수 (TVF) 251
트리거 404
평균 229
프레이밍 절 319
프로시저 430
함수 430
합치다 143
형변환 41, 151

기 타

ASCII (ASCII) 163
BLOBs 150
n분위수 340

A

ad hoc relationship 87
aggregate 43
aggregate function 309
aliases 40
American Standard Code for Information Interchange(ASCII) 163
anchor 362
anonymous block 433
approximation function 157
arithmetic mean 229
assertion 36
associative table 103
atomic 33

B

backtick 138
bell curve 229
binary 45
binary large objects(BLOBs) 150
boolean 45
boolean value 150
bridging table 103
built-in function 135

C

cache 258
caching 261
Cartesian product 298
casting 41, 151
character 161
character data 161
clustered index 75

collation 162
combine 143
common 50
common table expression(CTE) 33, 110, 301
compound primary key 106
computed column 261, 264
concatenation 162, 164
constant
constraint 45
correlated subquery 55, 126

D

Data Definition Language (DDL) 404
Data Manipulation Language (DML) 404
data manipulation statement (DML) 46
database integrity 64
database management software (DBMS) 27
deciles 340
declare 430
definitive 50
delimiter 102
denormalization 81
dummy name 136

F

foreign key 45
formatting function 159
frequency table 229, 231

function 430

I J

index organized table 75
inline view 270
JOIN 41

L M

ledger 418
Logon 404
many-to-many relationship 87, 102
materialized view 96, 244, 258
mathematical function 157
mean 229
median 229
mode 229, 233
modifier 178
multiple value 80, 101

N

natural key 62
nested subquery 288
non-correlated 271
normal 50
normal distribution 229
normal form 80
not shipped 184
ntiles 340

INDEX

O

one-to-many relationship 86
one-to-maybe relationship 98, 129
one-to-one relationship 86

P

parameterized view 251
partial index 76
pentiles 340
percentiles 340
placeholder 31
planned relationship 87
prepared statement 472
primary key 50
procedure 430

R

ranking function 309
raw data 133
recursive 361
recursive common table 233
recursive member 362
reference 86
relationship 86
reverse technique 386

S

scalar function 251

scalar subquery 270
sequencing function 309
set operation 46
shipped 184
short-circuited 181
single value 267
sliding average 324
snapshot 261
subquerie 40, 270
subtotal 214
surrogate primary key 104

T

table-valued function 244
table literal 379
table-valued function(TVF) 251
temporary table 244, 264
The Framing Clause 319
total 214
trigger 404

V W

value function 310
variable 350, 430
view 41, 81, 244
vigintiles 343
virtual table 243
window function 191, 277, 308, 309